# dtv junior Opernführer

Der Autor:

Arnold Werner-Jensen wurde 1941 in Innsbruck geboren. Er studierte Schulmusik und Germanistik in Frankfurt/Main und wurde dort auch zum Kapellmeister ausgebildet. Danach war er zehn Jahre lang Gymnasiallehrer und freier Musikkritiker. In dieser Zeit promovierte er in der Musikwissenschaft und Kunstgeschichte zum Doktor phil.

Seit 1975 ist Arnold Werner-Jensen Dozent und Professor für Musik und Musikdidaktik, zunächst an der Pädagogischen Hochschule Heidelberg, seit 1993 an der Pädagogischen Hochschule Weingarten. Er ist ausübender Pianist und Cembalist mit vielen Konzertverpflichtungen und Rundfunkaufnahmen (vor allem Kammermusik und Liedbegleitung).

Er schrieb zahlreiche musikpädagogische und musikwissenschaftliche Aufsätze und war Mitarbeiter der Paul-Hindemith-Gesamtausgabe. Darüber hinaus verfaßte er eine Reihe von Büchern, darunter ›Oper intern. Berufsalltag vor und hinter den Kulissen‹ (München 1981), ›Didaktik der Oper‹ (Wiesbaden 1981), ›Reclams Kammermusikführer‹ (Herausgeber und Mitautor; Stuttgart 1990), ›Wolfgang Amadeus Mozart‹, Reclams Musikführer, 2 Bände (Stuttgart 1989 und 1990) und ›Johann Sebastian Bach‹, Reclams Musikführer, 2 Bände (Stuttgart 1993).

Arnold Werner-Jensen

# dtv junior Opernführer

Mit Zeichnungen von Reinhard Heinrich

Deutscher Taschenbuch Verlag

Der vorliegende Band ist eine stark erweiterte und überarbeitete Neuausgabe des erstmals 1983 erschienenen »dtv junior Opernführers« (Band 79005).

Oktober 1994
Erweiterte und überarbeitete Neuausgabe
© 1994 Deutscher Taschenbuch Verlag GmbH & Co. KG, München
Umschlaggestaltung: Klaus Meyer
Gesetzt aus der Times 10½/12˙
Notensatz: Satz & Grafik, Planegg
Gesamtherstellung: Kösel, Kempten
Printed in Germany · ISBN 3-423-79518-2

Für meine Kinder
Ilia, Alma und Senta

# INHALT

# Vorwort

Nicht nur Erwachsene, auch Kinder und Jugendliche werden vom magischen Zauber der Opernbühne angezogen. Da ist es gut, wenn man bei den ersten Opernbesuchen schon etwas über das Musiktheater weiß und die Handlung des Stückes versteht. Und je mehr Verständnis für Handlung und Musik vorhanden ist, um so größer wird das Erlebnis sein. Zu diesem Verständnis will der dtv junior Opernführer hinführen. Damit ist auch der Jugendliche vorbereitet für das Geschehen auf der Bühne, wenn die Gespräche im Zuschauerraum verstummen, aus der Dämmerung des Orchestergrabens die ersten Töne aufsteigen und sich endlich der große, schwere Vorhang öffnet.

In der Einführung des Buches kann der Leser zunächst einen Blick hinter die Kulissen werfen: er erfährt, was dort geschieht, wer dort arbeitet und wie es dort aussieht. Die wichtigsten Begriffe werden hier erklärt, was etwa eine Ouvertüre, eine Arie, ein Ensemble oder ein Duett ist, was man unter Chor, Dialog, Rezitativ, Libretto, Orchester und Orchestergraben versteht, und es gibt Hinweise zu den Stimmlagen, Tonarten und natürlich auch zu den Berufen vom Regisseur bis zur Souffleuse, vom Beleuchter bis zur Garderobenfrau. In einem Register am Ende des Buches werden unvermeidliche Fachausdrücke noch einmal gesondert aufgeführt und erläutert.

Dann folgen 52 Operndarstellungen, die nach unterschiedlichen Gesichtspunkten ausgewählt wurden: zum einen handelt es sich um Werke, die für erste Opernbesuche gut geeignet sind; zum andern wurde bei der Auswahl der Opern berücksichtigt, wie häufig sie auf den Spielplänen unserer Opernhäuser auftauchen, wie oft sie in Deutschland gespielt werden.

Darüber hinaus gibt das Buch einen ersten Überblick über die lange und abwechslungsreiche Geschichte dieser Gattung:

Opern gibt es seit etwa 1600; allerdings erscheinen die frühen Opern der ersten anderthalb Jahrhunderte auf unseren Bühnen nur noch sehr selten; das Repertoire unserer Opernbühnen beginnt eher bei Gluck und Händel und umfaßt dann vor allem die großen Höhepunkte der Operngeschichte von Mozart über Rossini, Verdi, Wagner und Puccini bis zu Richard Strauss.

Mit den Werken von Strauss haben wir bereits unser 20. Jahrhundert erreicht, in dem die Oper die erstaunlichsten Wandlungen durchlaufen hat, bis hin zu den ungeheuer komplizierten Partituren eines Aribert Reimann. Auf der anderen Seite gibt es auch ganz sparsam besetzte kurze Werke wie ›Die Geschichte vom Soldaten‹ von Strawinsky, wo die Handlung nur noch angedeutet und von einem Erzähler vorgetragen wird. Und zugleich entwickelt sich neben der Oper eine unterhaltsame Sonderform in Gestalt des Musicals, das aus Amerika stammt und beim breiten Publikum riesige Erfolge erzielt hat.

Abend für Abend werden diese Werke in den zahlreichen Opernhäusern Deutschlands und in aller Welt aufgeführt, in immer neuen und phantasievollen, bisweilen auch überraschenden und manchmal gar fremdartigen oder schockierenden Einstudierungen von mehr oder weniger berühmten Regisseuren und Bühnenbildnern.

Den Zugang zu solchen Theatererlebnissen soll unser Opernbuch vorbereiten und erleichtern.

Und so werden die Opern vorgestellt: Ein Steckbrief informiert über ihre Daten und die Personen ihrer Handlung; es folgt eine Inhaltsbeschreibung, und schließlich wird auf die Entstehungsgeschichte und auf die musikalischen Stilmittel hingewiesen. Die ausgewählten Notenbeispiele stehen meistens in einer einfachen Tonart und werden fast immer im Violinschlüssel aufgeschrieben. Auf diese Weise wird es leichter, sich den Anfang einer Ouvertüre, einer Arie oder eines Duetts vorzustellen oder sie auf dem Klavier oder auf der Blockflöte nachzuspielen. Wer gerne singt, kann sie natürlich auch nachsingen.

Nun wünschen wir viel Vergnügen beim ersten oder wiederholten Opernbesuch, beim Wiederhören einer bekannten Oper oder bei der Begegnung mit einem bislang unbekannten Stück:

Die Instrumente sind gestimmt, die Lichter erlöschen, die Gespräche verstummen – der Vorhang hebt sich.

*Arnold Werner-Jensen*

# Was ist eine Oper?

Die Oper ist sehr alt: die erste wurde vor fast vierhundert Jahren in Italien geschrieben. Vornehme und gebildete Florentiner ließen sich mit Opernaufführungen unterhalten. Griechische Sagenstoffe wurden mit Gesang und begleitenden Instrumenten dargestellt.

Seit dieser Zeit sind unzählige Opern von vielen Komponisten in allen möglichen Ländern geschaffen worden. Viele sind inzwischen vergessen, aber ebenso viele werden noch immer in unseren Theatern aufgeführt.

Manches hat sich seit den ersten Opern der Italiener geändert, immer aber gibt es eine spannende Handlung, die auf der Bühne vor Kulissen gespielt wird, von Darstellern, die in phantastischen Kostümen kunstvoll singen, aber sehr oft auch miteinander sprechen wie in einem Schauspiel. Und immer werden sie von einem Orchester begleitet.

Die meisten Opern beginnen mit einem Vorspiel, der sogenannten Ouvertüre. Das Orchester spielt allein, und der Vorhang bleibt auch noch geschlossen. Manche Vorspiele sind sehr kurz und dienen nur der Ankündigung der Bühnenhandlung – ähnlich wie eine Trompetenfanfare oder auch wie eine kurze Vorspannmelodie im Fernsehen. Andere Ouvertüren sind länger und hängen sehr eng mit dem kommenden Spiel auf der Bühne zusammen. Hier soll die Musik den Zuhörer erst einmal auf den Inhalt der Oper vorbereiten: auf eine Tragödie durch düstere, traurige Klänge oder auf eine Komödie durch heitere und beschwingte Melodien. Oft hören wir im Vorspiel schon einzelne Teile aus der kommenden Oper und können sie dann später wiedererkennen. In einigen Ouvertüren kann man bei genauem Hinhören sogar schon den Gang der Ereignisse bis zum tragischen oder glücklichen Ende mitverfolgen. So ist das zum Beispiel beim ›Freischütz‹ oder auch beim ›Fliegenden Holländer‹. Ähnlich ist es auch bei manchen Zwischenspielen, die bei geschlossenem Vorhang zwei

Szenen musikalisch miteinander verbinden, oder auch bei Vorspielen zu einzelnen Aufzügen (Akten).

Opern aus früheren Jahrhunderten sind immer in viele einzelne Abschnitte unterteilt, die sogenannten Nummern – sie heißen so, weil man sie durchzählt von 1 bis 20 oder mehr. Daher nennt man diese Art von Opern auch Nummernoper. Hier wechseln sich in bunter Folge viele musikalische Einzelstücke ab: Es gibt Arien für jeweils nur einen Sänger allein, also für Solo-Gesang. In ihnen drücken sich Stimmungen und Gefühle eines Menschen aus, fast wie in Selbstgesprächen oder vielleicht auch so, als könnte man die Gedanken eines Menschen heimlich mithören.

In der Oper gibt es aber auch das kunstvolle Ensemble, bei dem mehrere Sänger gleichzeitig oder nacheinander singen. Was in unserem Alltag als unhöflich gilt, wenn alle gleichzeitig durcheinander reden – das ist in der Oper zur hohen Gesangskunst entwickelt. Je nachdem, wie viele Sänger daran beteiligt sind, heißt das dann Duett (2), Terzett (3), Quartett (4), Quintett (5), Sextett (6), Septett (7). Solche Ensembles, vor allem die mit vielen Sängern, findet man besonders an den spannenden Höhepunkten der Handlung, wenn es dramatisch zugeht, also oft am Ende größerer Teile, bevor der Vorhang fällt. Einige der schönsten Ensembles erklingen in Mozarts ›Figaro‹.

In vielen Opern gibt es auch einen Chor; hier singen immer viele Sänger die gleiche Stimme. Der Chor ist immer dann auf der Bühne, wenn etwa eine große Volksmenge gebraucht wird. Es gibt verschiedene Chorbesetzungen: den reinen Frauenchor – zum Beispiel die Brautjungfern im ›Freischütz‹ oder die Spinnmädchen im ›Fliegenden Holländer‹; den reinen Männerchor – etwa den berühmten Jägerchor, wieder im ›Freischütz‹, oder auch die Priester um Sarastro in der ›Zauberflöte‹; und dann natürlich sehr häufig den gemischten Chor, in dem Frauen und Männer zusammen singen – zum Beispiel das Gefolge des Bassa Selim in der ›Entführung aus dem Serail‹ oder die große Menschenmenge auf der Festwiese in den ›Meistersingern von Nürnberg‹. Auch hier begleitet fast immer das Orchester.

Manchmal werden solche Volksmengen noch durch <u>Statisten</u> verstärkt; das sind nicht-ausgebildete Mitwirkende, die nicht singen und die vom Theater für einzelne Abendvorstellungen engagiert werden. Für solche Aufgaben darf sich jedermann bewerben, der Spaß am Theaterspielen hat; und wer gut singen kann und schon in Chören mitgewirkt hat, der kann auch im sogenannten Extrachor mitmachen, durch den der eigentliche Theaterchor in großen Opern verstärkt wird.

Wie werden nun diese vielen Einzelteile der Oper – Arien, Ensembles und Chöre – miteinander verbunden?

Hier gibt es wieder, je nach der Absicht des Komponisten und wohl auch der jeweiligen musikalischen Mode folgend, mehrere Möglichkeiten: In manchen Opern sprechen die Sänger auch zwischen ihren Gesangsnummern, gerade so wie im Schauspiel. Das nennt man dann auch genau so wie dort, nämlich <u>Dialog</u>. Solche Opern, in denen viel gesprochen wird, heißen <u>Singspiele</u>. Die ersten und berühmtesten stammen von Mozart: ›Die Entführung aus dem Serail‹ und ›Die Zauberflöte‹. Der gesungene wie der gesprochene Text ist manchmal schwer zu verstehen, auch wenn sich die Sänger viel Mühe geben, ihn deutlich vorzutragen. Deshalb ist es immer gut, wenn man den Inhalt der Oper kennt, bevor man ins Theater geht.

In zahlreichen Opern aber sprechen die Sänger überhaupt nicht, sondern singen auch zwischen ihren Arien und Ensembles. In diesen Teilen hält sich das Orchester meistens sehr zurück, spielt oft nur einzelne Harmonien, und besonders häufig schweigt es ganz und überläßt die Akkorde einem <u>Cembalo</u>. Diese Abschnitte der Oper nennt man <u>Rezitativ</u> – das wird gewöhnlich mit »Sprechgesang« übersetzt: es wird jedoch nicht gesprochen, sondern eindeutig gesun-

gen, aber besonders deutlich und mit richtigen Wort- und Silbenbeto-
nungen, fast wie in der normalen Sprache.

Diese Opern stammen ursprünglich aus Italien. Aber es war auch
lange in Deutschland und Österreich Mode, »italienische Opern« –
also Opern mit italienischem Text und mit Rezitativen – zu komponieren. Hier gibt es wieder berühmte Beispiele von Mozart: ›Figaros
Hochzeit‹ und ›Don Giovanni‹. Und natürlich sind die großen Werke
der berühmten italienischen Komponisten (Rossini, Verdi, Puccini
und andere) solche »italienische Opern«.

Heute spielt man diese fremdsprachigen Werke häufig in deutscher
Übersetzung, vor allem an kleinen Opernhäusern. Das Publikum kann
so die Feinheiten der Handlung besser verstehen, und außerdem
beherrschen nicht alle Sänger perfekt die italienische Sprache. An
großen Theatern aber und bei internationalen Opernfestspielen (wie in
Salzburg oder Verona) wird in der jeweiligen Originalsprache gesungen. Auch bei russischen (›Boris Godunow‹), französischen (›Carmen‹) oder tschechischen (›Die verkaufte Braut‹) Opern gibt es
meistens mehrere Übersetzungen ins Deutsche. Deshalb kann es
manchmal passieren, daß auf der Bühne ganz andere Wörter und
Sätze gesungen werden, als man sie vielleicht aus dem kleinen
Textbüchlein kennt, mit dem man sich auf den Theaterabend vorbereitet hat.

Eine dritte Sorte von Opern entstand recht spät, nämlich im
vergangenen Jahrhundert. Das sind die sogenannten durchkomponierten Opern, in denen es weder Dialoge noch Rezitative gibt. Hier
spielt das Orchester ununterbrochen und verbindet alle Teile eng
miteinander. Da gibt es keine einzelnen »Nummern« mehr, die auch
in einem Konzert allein gesungen werden könnten. Diese Opern
bestehen nur aus wenigen langen und durchgehenden Hauptabschnit-
ten, den Aufzügen (oder auch Akten). Dazwischen sind Pausen, in
denen der Vorhang geschlossen wird. Die berühmtesten Beispiele
stammen von Richard Wagner, wie ›Der fliegende Holländer‹ und
›Die Meistersinger von Nürnberg‹. Fast könnte man sagen: er hat die
»durchkomponierte Oper« erfunden. Gleichzeitig sind aber auch
einige andere Komponisten auf diese Möglichkeit gekommen

(Verdi), und wieder andere haben ihm darin nachgeeifert (Puccini, Richard Strauss).

Wir sehen also, daß sich jede Oper recht gut gliedern läßt: <u>Aufzüge</u> (oder Akte) gibt es fast immer; allerdings begegnen uns manchmal auch »Einakter«, Opern mit nur einem Aufzug (z. B. ›Cavalleria Rusticana‹).

Jeder Aufzug läßt sich wieder unterteilen, und zwar entweder nach rein musikalischen Gesichtspunkten in Arien, Ensembles und anderes oder nach dem Verlauf der Handlung. Man unterscheidet <u>Auftritte</u>, <u>Szenen</u> und <u>Bilder</u>. Das alles klingt zunächst etwas verwirrend, ist aber ganz leicht zu erklären.

Ein neuer Auftritt beginnt immer dann, wenn eine neue Person auf die Bühne kommt oder wenn eine andere abgeht – kurz, wenn die Zahl der Anwesenden sich verändert.

Ein Bild dagegen dauert so lange, bis sich das Bühnenbild verwandelt. Ein Aufzug besteht also immer aus mindestens einem Bild, oder aber aus mehreren. Im ›Freischütz‹ gibt es beispielsweise im 1. Aufzug nur ein einziges Bild (Platz vor der Waldschänke), im 2. Aufzug aber zwei (Im Forsthaus und Furchtbare Waldschlucht).

Im Textbuch einer Oper, dem sogenannten <u>Libretto</u>, suchen wir die Bezeichnung »Bild« meistens vergeblich. Nur die Theaterleute unterteilen das Stück, das sie aufführen, gern in Bilder. So kann es für den Besucher manchmal verwirrend sein, wenn er im Programmheft über den ›Freischütz‹ liest: »Oper in sechs Bildern« und nicht »in drei Aufzügen«. Man zählt also die <u>Dekorationswechsel</u>, die <u>Verwandlungen</u>. »Pause nach dem 3. Bild«, das heißt dann in diesem Fall: nach dem 2. Aufzug!

Die Szene dagegen ist nicht so klar zu beschreiben. In manchen Opern faßt das Wort »Szene« inhaltlich verbundene Teile zusammen (etwa in ›Hänsel und Gretel‹), in anderen wieder entsprechen die Szenen den Auftritten. In einer Übersicht kann man sich das noch besser verständlich machen, zum Beispiel wieder am ›Freischütz‹:

## Ouvertüre

## 1. Aufzug

1. Bild (6 Auftritte)

P a u

## Zwischenspiel (Entreacte)

4. Bild (1 Auftritt)

2. Bild (3 Auftritte)

3. Bild (3 Auftritte)

s e

5. Bild (4 Auftritte)

6. Bild (1 Auftritt)

Übrigens werden auch die durchkomponierten Opern der Übersichtlichkeit halber nach Szenen oder Auftritten und Bildern gegliedert. Auf diese Weise können sich die Mitwirkenden zum Beispiel in den Proben schneller verständigen.

Den Text der Oper nennt man in der Fachsprache Libretto; das ist ein italienisches Wort und heißt »kleines Buch«. Einige wenige Komponisten haben sich ihre Libretti selbst gedichtet, vor allem Richard Wagner, die meisten aber greifen auf Bücher anderer Textdichter (Librettisten) zurück. Die wiederum haben sich ihre Einfälle sehr oft bei berühmten Dichtern geholt, etwa aus bekannten Schauspielen von Shakespeare oder Schiller, oder auch aus Romanen, Märchen und Sagen, wie ›Orpheus und Eurydike‹.

## Die Mitwirkenden

Zur Aufführung einer Oper wird eine stattliche Anzahl von Mitwirkenden gebraucht – es sind noch viel mehr, als der Zuschauer im Theater erkennen kann. Er sieht und hört nur die Sänger und das Orchester mit seinem Dirigenten. Was aber gleichzeitig hinter den Kulissen und Vorhängen noch alles geschieht, bleibt seinem Auge und Ohr verborgen. Darüber sprechen wir deshalb im folgenden Abschnitt!

## Die Sänger

Wer Sänger an einem Opernhaus werden will, muß natürlich eine schöne Stimme mitbringen. Den eigentlichen Beruf aber erlernen Sängerinnen und Sänger meistens an einer Musikhochschule. Sie lernen dort nicht nur kunstvoll mit ihrer Stimme umzugehen, sondern auch noch schauspielern, tanzen, fechten, italienisch sprechen und werden mit musikalischen Grundlagen wie Harmonielehre und Musikgeschichte vertraut gemacht. Wenn sie von der Hochschule kommen, haben sie schon die wichtigsten Rollen, die für sie in Frage kommen, studiert. Dazu muß man wissen, daß es in der Oper eben nicht nur *die* Sängerin und *den* Sänger gibt, sondern eine große Anzahl von Unterschieden stimmlicher und schauspielerischer Art. So wie es im täglichen Leben Menschen mit hohen und tiefen, hellen und dunklen, lauten und leisen Stimmen gibt, so unterscheidet man auch in der Oper nach den Eigenarten der Stimme. Erst dadurch wird ja die Handlung lebendig, und wir können die Personen auf der Bühne gut unterscheiden.

Man gliedert zunächst einmal ganz einfach nach der Höhe oder Tiefe der Stimme. Die wichtigsten Namen dafür sind: bei der Frauenstimme Sopran (hoch) und Alt (tief), bei den Männern Tenor (hoch) und Baß (tief). Wenn diese vier Stimmlagen zusammen singen, dann hat man schon ein richtiges Gesangsquartett. Auch im Chor sind das die vier Hauptstimmen.

Dazwischen aber gibt es jeweils noch eine Mittellage, die weder besonders hoch noch besonders tief singt: den Mezzosopran bei den Frauen und den Bariton bei den Männern, so daß wir insgesamt von sechs Stimmlagen sprechen können:

So weit geht die Unterscheidung, wenn man nur auf die Musik achtet. Für die lebendige Oper mit ihren zahlreichen verschiedenartigen Rollen genügt das jedoch nicht. Zum besseren Verständnis sehen wir uns wieder die Menschen unserer alltäglichen Umgebung an: wir unterscheiden sie ja nicht nur nach der Höhe und dem Ausdruck ihrer Stimme, sondern vor allem nach ihrem Aussehen, ihrem Gesichtsausdruck (Mimik) und ihren Bewegungen (Gesten), nach ihrem ganzen Verhalten. Genau so verfährt man auch im Theater, im Schauspiel ebenso wie in der Oper. Deshalb gibt es neben den Stimmlagen auch sogenannte Stimmfächer. Jeder Sänger wird also nach Möglichkeit vor allem in den Rollen eingesetzt, zu denen er nach seinem ganzen Erscheinungsbild – seinem »Typ« – am besten paßt. Welcher »Typ« er nun ist, das stellt sich jedoch erst im Laufe seiner Ausbildung heraus. Und entsprechende Rollen wird er dann vor allem lernen und später auf der Bühne auch am überzeugendsten darstellen. Wenn er in einem Theater angestellt werden will, muß er einige Arien aus Rollen seines Faches vorsingen und wird dann für dieses Fach engagiert.

Es gibt so viele unterschiedliche Fächer, daß wir sie hier nicht alle aufzählen können. Wir nennen deshalb nur einige wichtige Beispiele.

Wie schon gesagt, unterscheidet man bestimmte »Typen«, sowohl nach ihren stimmlichen Eigenarten als auch nach ihren schauspielerischen Fähigkeiten. Beim Sopran gibt es etwa die helle, sehr bewegliche, dabei jugendlich klingende Stimme mit großer Höhe, die Soubrette (Spielsopran), vorwiegend für lebenslustige und temperamentvolle Frauengestalten wie Blondchen in der ›Entführung aus dem Serail‹ oder Ännchen aus dem ›Freischütz‹. Oft ist diese Soubrette die Zofe oder Dienerin einer vornehmen, aber ebenfalls jungen Dame, die auch Sopran singt, aber weicher und ausdrucksvoller, getragener – diese berühmten Hauptrollen besonders in Mozart-Opern werden vom lyrischen Sopran gesungen – zum Beispiel die Pamina in der ›Zauberflöte‹.

Wenn Sopranistinnen ganz besonders bewegliche und weit in die Höhe reichende Arien zu singen haben, nennt man sie Koloratur-Sopran. Am berühmtesten und wohl auch am schwierigsten ist die Partie der Königin der Nacht, ebenfalls in der ›Zauberflöte‹. Unter Koloraturen versteht der Fachmann die Verzierungen des Gesanges, die in Arien besonders am Ende einzelner Teile vorkommen und die aus allerlei Trillern, Tonleitern und Sprüngen bestehen.

Der dramatische oder auch der hochdramatische Sopran begegnet uns dagegen in den langen und anspruchsvollen Opern von Wagner. Diese Stimme ist schwerer, mit ausgeprägteren tiefen Tönen, sie kann sich auch gegenüber einem großen Orchester durchsetzen; hierher gehört die Senta im ›Fliegenden Holländer‹.

Das waren jedoch nur die wichtigsten von vielen Abstufungen der Sopranstimme. Ähnlich sorgfältig unterscheidet man auch bei den Alt-, Tenor- und Baßstimmen. Der lyrische Tenor entspricht dem lyrischen Sopran; beide bilden gemeinsam meistens das Liebespaar der Oper, wie zum Beispiel Tamino und Pamina in der ›Zauberflöte‹. Und zur Soubrette gehört der Tenorbuffo, ein Sänger heiterer Rollen in der Opera buffa, also der komischen Oper. So gehört zu Blondchen in der ›Entführung aus dem Serail‹ eben ihr Pedrillo!

Dagegen tritt der Heldentenor wieder vorwiegend in Opern von Wagner auf (›Lohengrin‹). Er entspricht dem hochdramatischen Sopran. Man spricht gern vom sogenannten Heldenfach – gemeint sind alle schweren Partien in Opern von Wagner, auch bei Bariton- und Baßstimmen. Hier unterscheidet man beispielsweise zwischen dem lyrischen Bariton (Papageno in der ›Zauberflöte‹) und dem Charakterbariton (Escamillo in ›Carmen‹), dem Spielbaß (Leporello in ›Don Giovanni‹) und dem seriösen Baß (Philipp in ›Don Carlos‹).

Auf den ersten Blick mag diese Gliederung sehr verwirrend klingen. Es ist aber für das Publikum im Theater auch nicht nötig, sich alles in allen Einzelheiten zu merken. Wichtig ist diese Gliederung vielmehr für die Theaterleute selbst. Nur so können nämlich alle Rollen einer Oper richtig, das heißt glaubwürdig und überzeugend, besetzt werden!

Wir als Zuschauer müssen nur wissen, daß es sechs verschiedene Stimmlagen und darüber hinaus eine große Zahl von Typen gibt, von denen die verschiedenartigen Rollen einer Oper gespielt werden: laute und leise, ausdrucksvoll-lyrische und spielerisch-lustige . . ., aber natürlich auch kleine und große, dicke und dünne, denn wir hören die Menschen auf der Bühne ja nicht nur, sondern wir sehen sie auch!

# Der Dirigent und das Orchester

Die Sänger stehen im Rampenlicht, sie sind die Stars jeder Opernaufführung. Außer ihnen ist nur noch einer, wenigstens von einem Teil
der Sitzplätze im Zuschauerraum aus, während der Vorstellung zu
sehen: der Dirigent.

Er ist der Verantwortliche für die Musik. Er leitet mit den Bewegungen seiner Hände die Oper vom ersten bis zum letzten Ton. Dafür
darf er sich auch gemeinsam mit den Sängern am Schluß auf der Bühne
verbeugen. Sein Sitzplatz – manchmal steht er auch auf! – ist so hoch und
geschickt auf einem kleinen Podest angebracht, daß ihn alle Mitwirkenden gut sehen können und er sie ebenfalls sieht: in der Mitte vor der
Bühne, an der Brüstung des sogenannten Orchestergrabens:

Man hat sich sehr lange überlegt, an welcher Stelle das große Opernorchester denn am geschicktesten untergebracht werden kann – die Musiker müssen gute Verbindung zu den Sängern oben auf der Bühne haben, dürfen aber weder den Zuschauern die Sicht auf die Bühne versperren noch zu laut sein. Und der Dirigent muß, wie gesagt, nicht nur vom Orchester aus gut zu sehen sein, sondern auch von den Sängern. Eine schwierige Aufgabe! Man hat viele Versuche gemacht, bis sich doch herausgestellt hat, daß die heute übliche Anordnung die beste und praktischste Lösung ist. So hat man beispielsweise probiert, ob man das Orchester nicht hinter die Bühne setzen könnte – aber wie sollen so die Sänger den Kapellmeister sehen, ohne daß sie gleichzeitig dem Publikum den Rücken zuwenden müssen?

Also hat man zwar das ganze Orchester direkt *vor* die Bühne gesetzt, es aber zugleich sozusagen in den Keller verbannt, damit es nicht den Zuschauern die Sicht versperrt. Und so entstand der sogenannte Orchestergraben. Er ist in einem kleinen Theater klein und in einem großen Opernhaus groß, je nach der Größe des vorhandenen Orchesters.

Von seinem Platz aus zeigt der Dirigent den Sängern und Musikern an, wie die Musik klingen soll; schnell oder langsam, laut oder leis, zart oder grob, denn unsere Notenschrift kann gar nicht alle Einzelheiten so fein aufschreiben, wie sie der Komponist sich vorgestellt hat.

Der Dirigent schlägt vor allem die Taktfiguren mit einem hellen dünnen Taktstöckchen, das überall im Orchester und auf der Bühne gut zu sehen ist. Schließlich muß einer dafür verantwortlich sein, daß alle ganz genau zusammen singen und spielen und auch immer den richtigen Einsatz erwischen; und jeder Dirigent hat eine ganz eigene Vorstellung von der Wiedergabe der aufgeschriebenen Musik.

Kurz noch einige Hinweise zum Orchester selbst! Meistens spielen sehr viele Musiker, manchmal so viele, daß der ganze Orchestergraben ausgefüllt ist, zum Beispiel in Opern von Wagner und Richard Strauss. Weil der Graben aber so lang und zugleich so schmal ist, muß die Sitzordnung immer eine Notlösung bleiben. Das genaue Zusammenspiel der Instrumente, die beispielsweise ganz weit links oder rechts außen sitzen, ist ziemlich schwierig. Sie hören sich gegenseitig nämlich kaum und haben nur über den Dirigenten in der Mitte Verbindung zueinander.

In fast allen Opern spielen als größte Gruppe die Streichinstrumente, von denen jedes einzelne immer mehrfach vorkommt: Geigen (Violinen), Bratschen (Violen), Violoncelli und Kontrabässe. Sie sitzen meistens in der Mitte um den Dirigenten herum.

Dann gibt es normalerweise je zwei Holz-Blasinstrumente: Querflöten, Oboen, Klarinetten, Fagotte, manchmal auch noch die Pikkoloflöte und zum Beispiel das noch tiefere Kontrafagott. Sie sitzen vom Zuschauerraum aus gesehen oft links hinter den Streichern. Ebenfalls links dahinter und ganz rechts kommen die Blech-Blasinstrumente: Trompeten, Hörner, Posaunen und Baßtuba sind die wichtigsten. Bei ihnen oder auch schon ein Stückchen unter der Bühnenrampe (dem vorderen Abschluß der Spielfläche) stehen mehrere Pauken, oft aber noch weitere Schlaginstrumente wie Trommeln, Becken, Triangel und andere.

Diese Zusammenstellung des Orchesters gibt es ungefähr seit Mozart; seitdem ist die Zahl der mitwirkenden Musiker allmählich angestiegen, während sie vorher oft sehr viel kleiner war. Auch haben sich alle Instrumente – ob Streicher oder Bläser – in ihrer Bauart und Spielweise im Laufe der Jahrhunderte immer weiter entwickelt. Und in unserem, dem 20. Jahrhundert haben manche Komponisten mit abweichenden und oft ganz neuartigen Orchesterbesetzungen experimentiert und dabei auch Geräuscheffekte und elektronische Klangerzeuger verwendet.

Übrigens: Wenn in einigen Opern Instrumente oder auch Sänger unsichtbar hinter der Bühne zu hören sind, dann hilft heutzutage oft eine kleine Fernsehkamera, die unauffällig auf den Dirigenten gerichtet ist. Ihr Bild kann dann an jeder beliebigen Stelle hinter der Szene auf Bildschirme übertragen werden, so daß der unsichtbare Sänger oder Instrumentalist den Dirigenten gut sehen kann. Wer genau hinsieht, kann die kleine Kamera etwa gegenüber dem Dirigentenpodium direkt unter der Bühnenrampe erkennen – wenn sie läuft, leuchtet an ihr ein kleines Kontrollicht! Früher, als es diese technische Errungenschaft noch nicht gab, schaute statt dessen ein Hilfsdirigent durch ein Löchlein in der Kulisse und leitete so die unsichtbare Musik, indem er vom Dirigenten im Orchestergraben den Taktschlag übernahm.

Natürlich üben Sänger und Orchester schon lange vor dieser ersten abendlichen Aufführung – man sagt dazu: »proben« oder auch »probieren«. Jeder Sänger studiert seine Rolle ein, wobei ihm ein »Mann am Klavier« – der sogenannte Korrepetitor – hilft. Der Chor übt allein mit seinem eigenen Chorleiter, und das Orchester probt zunächst ebenfalls öfter allein mit dem Dirigenten. Alle haben sie für sich große oder kleine Übzimmer, die Probenräume. Erst ganz am Schluß, ungefähr in der letzten Woche, bevor die neue Aufführung zum ersten Mal vor Publikum gespielt wird, kommen alle auf der großen Bühne des Theaters zusammen. Die vorletzte Probe heißt Hauptprobe, die letzte Generalprobe. Wenn zum ersten Mal Zuschauer dabei sind, nennt man das Premiere dieses gerade eingeübten Stückes. Dabei sind natürlich alle Mitwirkenden aufgeregt und hoffen, daß alles auf der Bühne und im Orchestergraben gut klappt, was man so lange einstudiert hat. Wenn ein Stück zum ersten Mal in einem Land oder einer Stadt aufgeführt wird, nennt man die Premiere eine Erstaufführung. Von einer Uraufführung spricht man dagegen nur, wenn eine Oper zum allerersten Mal auf der ganzen Welt gespielt wird.

Mit dem Korrepetitor und dem Chorleiter haben wir nun bereits zwei Leute kennengelernt, die an der Abendvorstellung gar nicht mitwirken. Von dieser Sorte der »heimlichen« Mitarbeiter gibt es im Theater viel mehr, als es sich ein Theaterbesucher denken kann. Wir wollen uns diese Mitarbeiter deshalb einmal kurz der Reihe nach ansehen.

## Regisseur, Bühnenbildner, Kostümbildner

Die wichtigsten Leiter der Aufführung bekommt der Zuschauer – außer beim Schlußbeifall nach der Premiere – nie zu sehen. Er findet nur ihre Namen im Programmheft und auf dem Theaterplakat. Es sind

<u>Regisseur</u>, <u>Bühnenbildner</u> und <u>Kostümbildner</u>, die unter der Leitung des Regisseurs ein Team bilden. Sie sind für alles verantwortlich, was man auf der Bühne sehen kann, und sie haben sich auch alle Einzelheiten nach den Angaben im Libretto selbst ausgedacht und entworfen.

Vielen Zuschauern ist es gar nicht klar, wofür man überhaupt einen Regisseur braucht. Sie sagen: »Es steht doch alles in der Partitur und im Textbuch, was auf der Bühne passieren soll! Warum machen denn die Sänger ihre Bewegungen und ihre Gänge nicht von allein?«

Die Antwort ist sehr einfach. Nehmen wir uns als Beispiel einmal den Anfang von Mozarts ›Entführung aus dem Serail‹. Dort heißt es: »Platz vor dem Palast des Bassa Selim am Ufer des Meeres. Belmonte allein« – das ist auch schon alles. Und schon beginnt der 1. Aufzug! Wenn es jetzt nicht einen Regisseur mit großer Phantasie gäbe und neben ihm einen ebenso einfallsreichen Bühnenbildner und einen geschickten Kostümbildner, dann gäbe es bereits zu Beginn eine riesige Verwirrung und unzählige Fragen. Wir wollen hier nur die wichtigsten aufschreiben:

– Soll es auf der Bühne am Anfang hell oder dämmerig sein, also Tag oder Abend?
– Wo ist denn das Meer: weit hinten am Horizont, oder ganz weit vorn, links oder rechts vom Zuschauer aus gesehen? Und wie ahmt man überhaupt Wasser auf der Bühne nach, damit es das Publikum auch erkennt, ohne daß die Sänger nasse Füße bekommen?
– Wo steht eigentlich der Palast des Bassa Selim – links oder rechts, oder ist er gar schräg zu sehen? Und wie groß soll er sein? Ist er reich verziert oder zeigt er strenge, karge Maße und Farben?
– Wo soll denn Belmonte stehen, wenn er seine Arie singt? Dicht am Palast oder vorn gleich am Orchestergraben? Oder: Warum soll er überhaupt stehen bleiben, vielleicht kann er ja auch unruhig auf und ab gehen!
– Wie sieht Belmonte aus – ist er vornehm gekleidet, modern oder phantasievoll wie im Märchen? Oder soll man ihm die Strapazen der langen anstrengenden Reise ansehen?
– Und, und, und . . .

Fragen über Fragen, die alle eine Antwort fordern! Wir sehen: das Textbuch läßt uns da gänzlich im Stich, und deshalb brauchen wir einen Regisseur, der sich auf alle diese Fragen und auf noch viele mehr eine klare und überzeugende Antwort ausdenken muß. Dieses sorgfältig durchdachte und oft sehr persönliche Regiekonzept wird in allen Einzelheiten im Regiebuch aufgeschrieben; nach dieser Vorlage wird die Oper einstudiert und auch noch nach Jahren, wenn sie wieder in den Spielplan aufgenommen werden soll, wiederholt.

Während der Proben hilft dem Regisseur ein Regie-Assistent, der später einmal selbst Regisseur werden möchte. Gemeinsam mit dem Bühnenbildner plant der Regisseur also vorher alle Szenen – und zwar nicht nur so, daß alles schön aussieht und auch zueinander paßt. Wichtig ist auch, daß zwischen diesen Bühnenbildern, den sogenannten Dekorationen, alle Bewegungen und Handlungen bequem und ungestört möglich sind. Ein einfaches Beispiel dafür finden wir wieder in der gleichen Anfangsszene der ›Entführung aus dem Serail‹: Sehr bald tritt Osmin auf, also muß in der Dekoration, die den Palast darstellen soll, auch eine Tür vorhanden sein, durch die Osmin tatsächlich auf den Platz vor dem Palast heraustreten kann. Und wenn er gleich mit seiner Leiter an einem Feigenbaum hochklettern soll, dann muß es dieser Baum auch aushalten, daß an ihn eine Leiter gelehnt wird, und die Sprossen der Leiter müssen das Gewicht Osmins tragen, ohne zu zerbrechen.

Der Regisseur richtet also anhand der wenigen Angaben im Libretto die Handlung auf der Bühne ein. Manche Regisseure kümmern sich dabei ziemlich wenig um die Vorschriften des Textbuches und vertrauen lieber auf ihre eigene Phantasie. Man muß also immer darauf gefaßt sein, daß auf der Bühne manches anders aussieht, als man es sich nach dem Lesen der Inhaltsbeschreibung ausgemalt hat.

Dafür gibt es unzählige Beispiele. Im ›Freischütz‹ etwa kann es passieren, daß Samiel überhaupt nicht zu sehen ist – obwohl viele Zuschauer gerade auf ihn warten! Statt dessen hört man nur seine unheimliche Stimme irgendwo im Bühnenhintergrund, seine Schritte werden im Orchester musikalisch nachgeahmt, und es wird auf einmal auf der Bühne dunkel . . .

Passend zu den Bühnenbildern entwirft der Kostümbildner alle Kleider – eben die Kostüme –, Hüte und Schuhe und was die Darsteller sonst noch alles tragen sollen. Die Zeichnungen, die er macht, nennt man Figurinen; sie sehen oft so ähnlich aus wie Modezeichnungen.

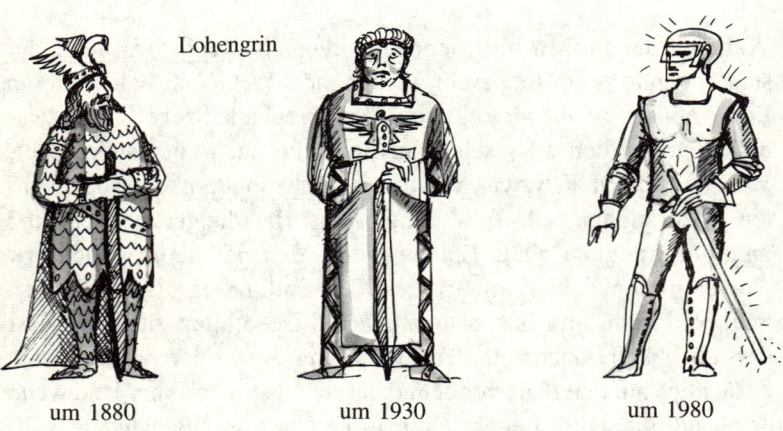

Lohengrin

um 1880                    um 1930                    um 1980

Der Bühnenbildner fertigt ebenfalls genaue Zeichnungen an, und zwar sowohl für jedes vollständige Bild wie für alle einzelnen Dekorationsteile (Gebäude, Möbel, Bäume, Hintergrundlandschaften, Himmel mit Wolken und vieles andere). Außerdem bastelt er noch kleine Modelle der Bühnenbilder, damit man sie sich auch räumlich gut vorstellen kann. Manchmal entwirft der Bühnenbildner übrigens auch gleich die Kostüme mit; einige Regisseure machen sogar alles alleine: Regie, Bilder und Kostüme.

Nun endlich beginnt im Theater selbst die eigentliche Vorbereitung der Aufführung, und zwar an mehreren Stellen zugleich.

Bühnenbild zu Lohengrin    um 1880                                  um 1980

## *Proben*

Der Regisseur probt alle Vorgänge, Handlungen und Bewegungen,
alle Auftritte, Szenen, Bilder und schließlich vollständige Aufzüge
der Oper mit seinen Darstellern – den Sängern und dem Chor. Dazu
braucht er zunächst weder Kostüme und Bühnenbilder – die sind auch
noch gar nicht fertig! – noch ein Orchester: das wird am Klavier durch
einen Korrepetitor ersetzt.

Wenn die große Bühne des Theaters frei ist, dann wird auf ihr
geprobt. So kann man sich allmählich an ihre Ausmaße gewöhnen.
Oft aber probiert man auf kleineren Probenbühnen; das sind mittel-
große Säle mit einer kleineren Spielfläche, also einem Podium. Dort
stehen nur ein paar Stellwände und einfache Möbel, die das spätere
Bühnenbild andeuten sollen. So geht das viele Wochen lang, Tag für
Tag, vormittags und abends, und mit der Zeit entsteht Szene für Szene
die neue Opernaufführung.

## *Die Werkstätten*

Gleichzeitig werden alle Dekorationsteile hergestellt, von den größten Gebäudekulissen bis zu den kleinsten Ausstattungsteilen wie Fenstervorhänge, Teppiche, Lampen, Möbel, Tischdecken und so weiter. Dafür hat das Theater mehrere eigene Werkstätten mit viel Personal, die von erfahrenen Meistern geleitet werden: die Schreinerei, die Schlosserei, einen großen Malersaal mit viel Farbe und Pinseln, ein Plastikatelier – wenn etwa eine Statue benötigt wird, wie im ›Don Giovanni‹ von Mozart –, und die Dekorationsabteilung, in der alle Stoffarbeiten gemacht werden: Vorhänge, Decken, Wandbespannungen, Teppiche . . .

Nach den Figurinen werden die Kostüme in der großen Schneiderwerkstatt angefertigt, und zwar nach Damen- und Herrenkostümen getrennt. Dazu gehören natürlich auch eine Schuhmacherwerkstatt, die Hutmacher und Perückenknüpfer und die Waffenmeister – in vielen Opern wird mit Gewehren geschossen oder mit Degen und Säbeln gekämpft, vor allem wenn das Ende tragisch ist.

Alle anderen Kleinteile, die während der Aufführung auf der Bühne benötigt werden, nennt man Requisiten. Das Requisitenlager, in dem sie aufbewahrt werden, ist eine wahre Fundgrube: es gibt dort künstliche Blumen, Bücher und Zeitungen, Geschirr und Flaschen aller Art, Taschen, Vasen, alle Sorten echter und nachgeahmter Musikinstrumente und vieles andere mehr. Auf alle diese Kleinteile gibt der Requisiteur acht: er beschafft sie oder fertigt sie selbst an, er behebt kleinere Schäden, er übergibt sie zum richtigen Zeitpunkt hinter dem Vorhang dem jeweiligen Darsteller, und vor allem – er sammelt sie hinterher schnell wieder ein, damit sie alle zur nächsten Vorstellung vollzählig vorhanden sind!

Die Maskenbildner gehören eng zur Schneiderei. Sie haben ihren richtig großen Auftritt erst abends vor (und nach) der Vorstellung, wenn sie den Sängern beim Schminken und Abschminken helfen.

Die Beleuchter sorgen mit ihren unzähligen verschiedenartigen

Scheinwerfern und Lampen für helles Tageslicht ebenso wie für den Mondschein in tiefer Nacht. In modern eingerichteten Theatern können alle Lichtwechsel – die Beleuchtungsregie – von einem einzigen großen Schaltpult aus gesteuert werden. Das steht oft hinter großen Glasfenstern an der Rückwand des Zuschauerraumes. Von dort aus kann der Beleuchtungsmeister nämlich die Bühne am besten überblicken. Nur die einzelnen Scheinwerfer, die mit ihrem Licht ständig die Personen auf der Bühne verfolgen, werden mit der Hand bedient. Sie heißen deshalb auch »Verfolger«.

Dann gibt es natürlich auch Tonmeister, die für alle Geräusche und Klänge zuständig sind, die nicht aus dem Orchestergraben kommen: zum Beispiel für Gewitter und Unwetter wie in der Wolfsschlucht im ›Freischütz‹, für Kirchenglocken und ähnliches mehr. Auch in ihrem Studio stehen die modernsten technischen Geräte, und manche Tanzmusik auf der Bühne oder manches Chorsolo hinter der Szene hören wir in Wirklichkeit von ihrem Tonbandgerät über versteckt aufgestellte Lautsprecher.

Wenn die Abendvorstellung läuft und wir auf der Bühne nur die Darsteller sehen, dann wirkt hinter den Kulissen und Vorhängen ein Heer von Hilfskräften mit:

Bühnenarbeiter bauen jedes neue Bild mit seinen Dekorationen auf, und ebenso schnell und leise muß auch das vorige Bild abgebaut werden. Die Dekorationsteile – Möbel, Bäume und alles übrige – werden auf der Seiten- und Hinterbühne aufbewahrt, die sich hinter Vorhängen unmittelbar an die Hauptbühne anschließen:

Bei den Bühnenarbeitern muß jeder Handgriff sitzen, und so üben auch sie schon in den Proben ihre Arbeit mit. Mancher Umbau von einer Szene zur nächsten ist auf Sekunden genau berechnet, während das Orchester bei geschlossenem Vorhang eine Zwischenmusik spielt. Der ahnungslose Zuschauer würde sich wundern, wenn er sehen könnte, wie lebendig es hinter dem Vorhang zugeht, während er die Klänge des Orchesters genießt!

Wieder andere Handwerker bedienen die Maschinen für die beweglichen Teile des Bühnenbodens, für Falltüren, Versenkungen – wenn zum Beispiel Samiel im ›Freischütz‹ aus der Unterwelt auftauchen soll.

Die Drehbühne, die in großen Theatern als große kreisrunde Scheibe in den Bühnenboden eingebaut ist, wird ebenfalls von eigenen geräuschlosen Motoren angetrieben. Sie bietet den Vorteil, daß man mehrere Bühnenbilder einer Oper schon vor der Vorstellung vollständig aufbauen kann, so daß der Bildwechsel sehr schnell geht – vielleicht sogar bei offenem Vorhang.

Die Schnürmeister betätigen die Seilzüge, an denen manche Dekorationsteile und Vorhänge aufgehängt sind: wenn diese Teile gebraucht werden, kommen sie aus dem Bühnenturm herabgefahren, in dem sie sonst aufbewahrt werden. Auch die drei Knaben in der ›Zauberflöte‹ kommen oft in einer Gondel herabgeschwebt, die an solchen Schnüren aufgehängt ist.

Natürlich muß auch der Hauptvorhang vor der Bühne auf- und zugezogen werden. Die Anweisung dazu und zu allen anderen wichtigen Maßnahmen hinter der Bühne gibt der Inspizient. Er sorgt zum Beispiel auch dafür, daß alle Darsteller zur rechten Zeit und an der richtigen Stelle auftreten. Er ist also überhaupt für den reibungslosen Ablauf der Vorstellung am Abend verantwortlich.

Die gewaltige Stahlwand, der »eiserne Vorhang«, der nach dem Schlußbeifall ganz langsam herabgelassen wird, dient der Sicherheit: im Falle eines Brandes kann zum Beispiel durch diese Trennwand ein Übergreifen der Flammen von der Bühne auf den Zuschauerraum verhindert werden. Im eisernen Vorhang ist übrigens eine kleine Tür – wenn der Beifall überhaupt nicht enden will, treten durch sie die Darsteller noch einmal vor ihr Publikum.

Fast hätten wir noch eine unsichtbare Person vergessen, die den ganzen Abend auf – oder besser – halb unter der Bühne ist: die Souffleuse in ihrem kleinen, nur zur Bühne hin offenen Souffleurkasten in der Mitte der Bühnenrampe. Sie spricht den Darstellern leise ihren Text vor und hilft ihnen über Gedächtnislücken hinweg. In ihren »Käfig« gelangt sie von unten durch den Orchestergraben. Ganz selten gibt es übrigens auch Männer in diesem Beruf, sie heißen dann Souffleure.

## Theaterleitung, Verwaltung und Hauspersonal

Bisher haben wir die Mitarbeiter kennengelernt, die am Abend hinter der Bühne mithelfen oder die in den Wochen vorher die Aufführung vorbereiten. Nun braucht aber jeder <u>Großbetrieb</u> wie das Theater eine verantwortliche Leitung, eine Verwaltung und viel Hauspersonal.

Damit am Abend auch wirklich der Vorhang aufgehen kann, müssen eine Unmenge von Dingen bedacht, organisiert und geplant werden. An der Spitze des Theaters steht der <u>Intendant</u> und ihm zur Seite der <u>Verwaltungsdirektor</u>. Diese beiden haben nun für alle verschiedenen Aufgaben ihre Mitarbeiter. Was ist da nicht alles zu tun:

Da wird ein Hauptdarsteller krank, zum Beispiel der Papageno in der ›Zauberflöte‹, und es muß noch schnell bis zum Abend ein Ersatzmann gefunden werden. Und für die nächste Einstudierung einer Oper muß überlegt werden, wer welche Rolle übernehmen kann und soll – dafür gibt es das <u>Betriebsbüro</u> und den <u>Chefdisponenten</u>.

Da muß das Programmheft zusammengestellt und auf vielfältige Weise die Beziehung zum Publikum gepflegt werden: zum Beispiel durch Vorträge, Einführungsveranstaltungen, Pressemitteilungen – dafür und für vieles andere ist der <u>Dramaturg</u> zuständig.

Da müssen alle Werkstätten überwacht und Zeitpläne aufgestellt werden, damit alle Dekorationsteile auch pünktlich fertig werden. Und vor allem wird den einzelnen Werkstätten das Geld zugeteilt, denn neue Dekorationen sind sehr kostspielig. Also gibt es einen <u>Technischen Direktor</u>, dem übrigens auch der theatereigene <u>Fuhrpark</u> mit seinen Fahrern und Lastkraftwagen untersteht. Oft sind nämlich die Lagerräume für Dekorationsteile in fremden Gebäuden untergebracht, also braucht man zum Hin- und Rücktransport Lastkraftwagen.

Da sollen alle im Theater Angestellten, ob das nun Sänger, Musiker oder Arbeiter sind, regelmäßig ihr Gehalt bekommen. Also gibt es ein <u>Personalbüro</u>. Und alle Büros und Abteilungen haben natürlich auch <u>Sekretärinnen</u>.

Zu guter Letzt gibt es noch das <u>Hauspersonal</u>. Einige seiner Mitglieder begegnen uns auch, wenn wir als Zuschauer in der Oper sind, etwa die Damen und Herren an der <u>Kasse</u>, die <u>Garderobenfrauen</u>, die

Programmverkäufer und Platzanweiser. Tagsüber muß vor allem der Zuschauerraum gereinigt werden, dafür gibt es Reinigungspersonal. Und auch Hausmeister und Pförtner sind nötig: Wer sonst könnte dafür sorgen, daß im großen Theatergebäude beispielsweise alle Türschlösser funktionieren, oder wer kümmert sich um die wichtige Feuerlöschanlage? Und wer sonst würde aufpassen, daß beim Künstlereingang keine Unbefugten hereinspazieren? Und schließlich müssen auch viele Telefonverbindungen hergestellt werden.

Ein Theater hat also sehr viele Mitarbeiter, von denen nur ein ganz kleiner Teil am Abend den Beifall des Publikums entgegennehmen kann. Ganz große Opernhäuser, wie zum Beispiel in Berlin, Hamburg oder München, haben fast tausend Beschäftigte!

Nun wird es uns auch verständlich, warum ein Theatergebäude so riesenhaft groß sein muß, denn allen diesen Mitarbeitern müssen doch Räume zur Verfügung stehen, in denen sie arbeiten können. Das Publikum kennt eigentlich immer nur die schöne Schauseite des Theatergebäudes; von vorn sieht das aus dem 19. Jahrhundert stammende klassizistische Theater oft so aus:

Der Theaterbau aus den letzten 50 Jahren zum Beispiel so:

Im vorderen Teil sieht man die Eingangshalle, dahinter liegt die Pausenhalle – oder vornehm ausgedrückt: das Foyer, dann sehen wir den Zuschauerraum und über ihm den großen Bühnenturm.

Wenn man aber außen um das Gebäude herumgeht, dann erkennt man, wie groß und vielseitig das ganze Haus in Wirklichkeit ist: mit seinen Räumen für die Verwaltung, den zahlreichen Probenräumen, den Garderoben für die Künstler, den Werkstätten und vor allem den großen Abstellflächen für die Kulissen (die Magazine) und für die Kostüme (der Fundus) – nicht zu vergessen die Kantine, in der alle Angestellten in Arbeitspausen essen und trinken können!

Oft reicht das große Hauptgebäude gar nicht aus. Dann sind die Werkstätten und auch die Lagerräume in einem zweiten Haus untergebracht. Wenn man durch die Mauern blicken könnte, dann würde das etwa so aussehen:

# Das Opernhaus

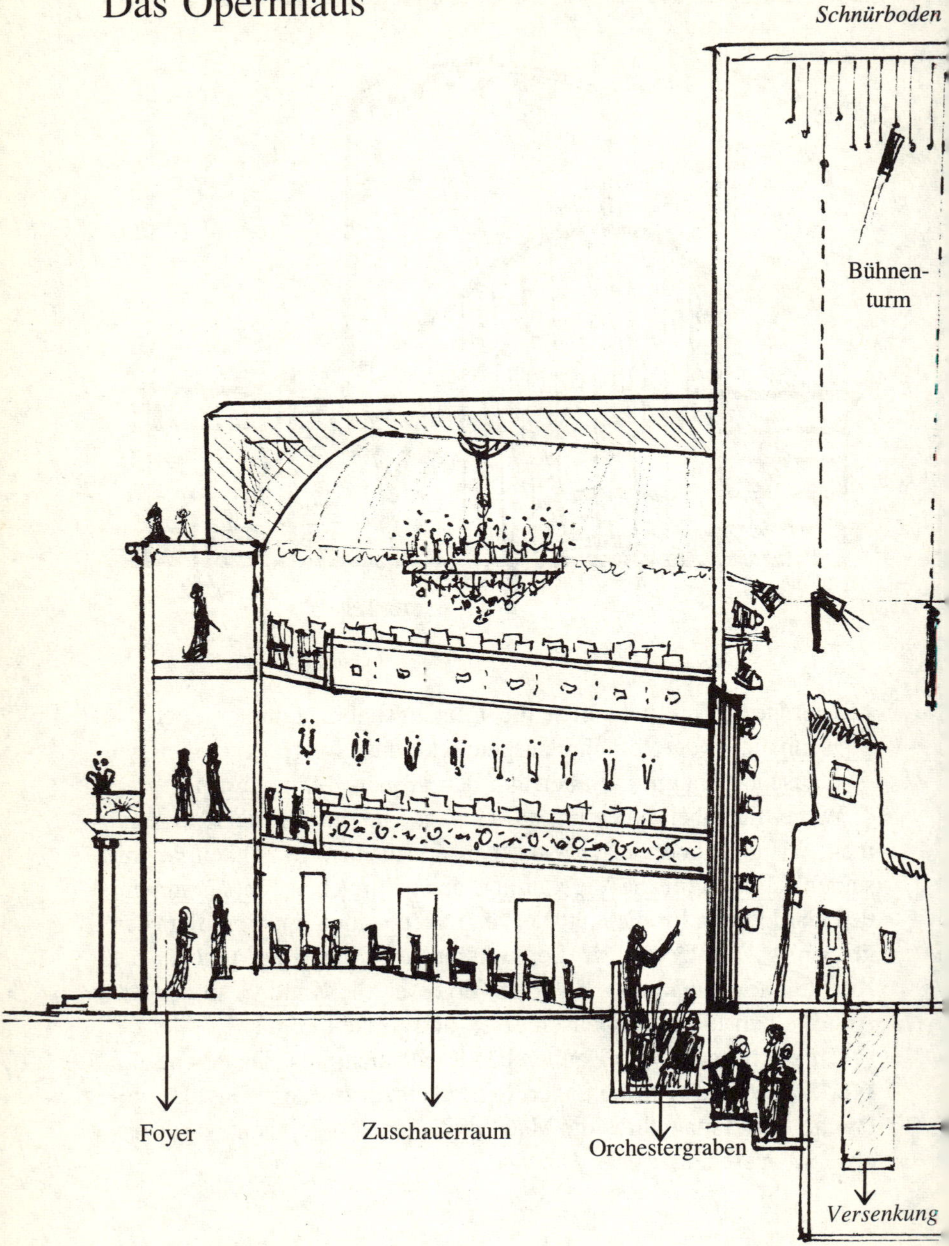

Bühnen-
turm

Foyer          Zuschauerraum          Orchestergraben

*Versenkung*

Man sieht: Die großen Räume, die der Zuschauer am Abend sieht, sind in Wirklichkeit nur ein kleinerer Teil des ganzen Theatergebäudes. Allein die Bühne mit ihren Nebenräumen ist schon größer als der Zuschauerraum!

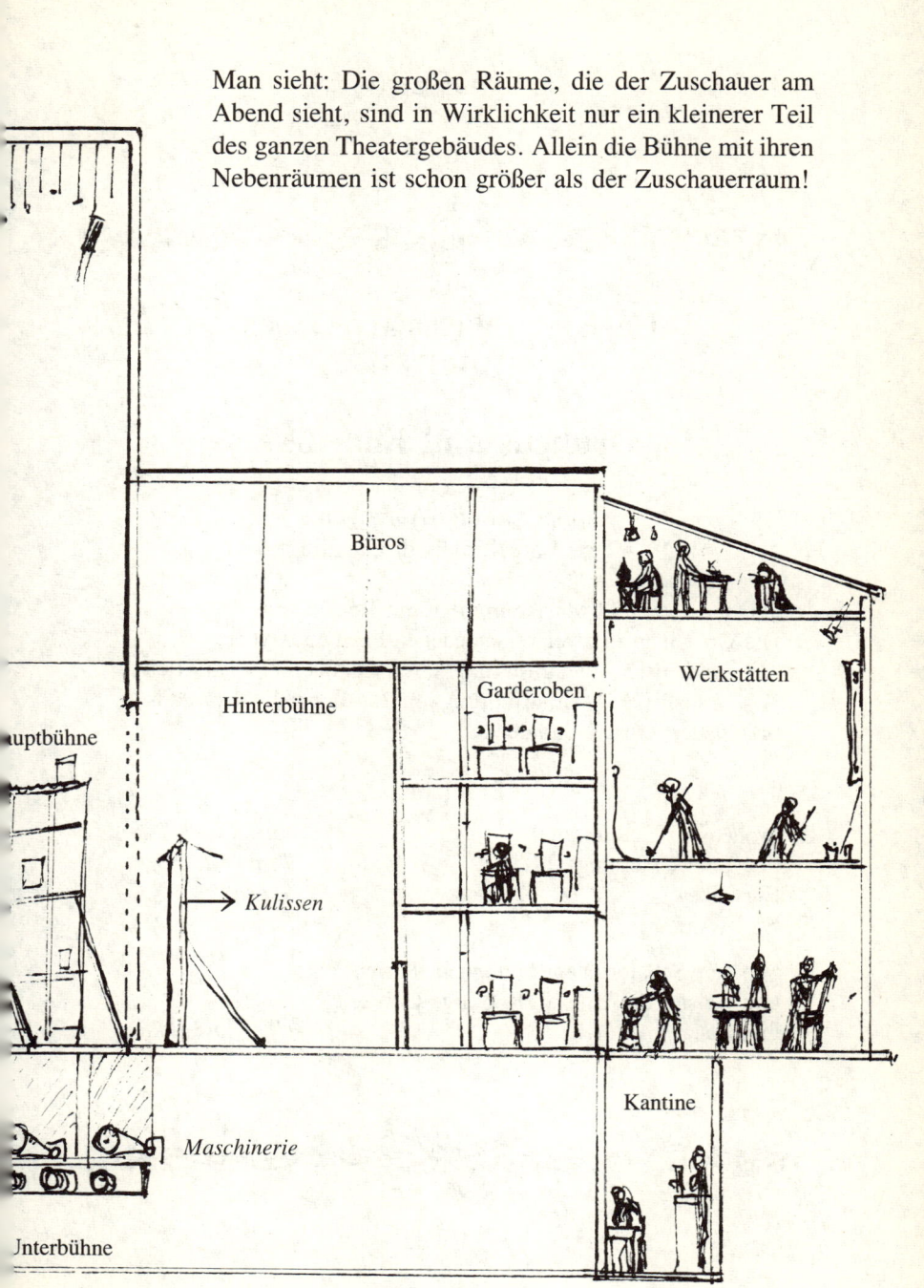

# DIE OPERN

CHRISTOPH WILLIBALD GLUCK
(1714–1787)

## Orpheus und Eurydike

Oper in drei Aufzügen
Text von Ranieri di Calzabigi

Ouvertüre und 53 Musiknummern mit Rezitativen
Die Oper liegt in zwei verschiedenen Fassungen vor:
    1. italienisch – Uraufführung am 5. Oktober 1762 in Wien
    2. französisch – Uraufführung am 2. August 1774 in Paris
Spieldauer: etwa 2 Stunden

### Besetzung

| | |
|---|---|
| Orpheus 1. Fassung | *Alt* |
|     2. Fassung | *Tenor* |
| Eurydike | *Sopran* |
| Eros (Amor) | *Sopran* |

Schäfer, Schäferinnen, Nymphen, Furien
und Geister der Unterwelt, Selige Geister
im Elysium                        *Chor und Ballett*

# Die Handlung

In der Sagenwelt des antiken Griechenland lebt der Sänger Orpheus, ein Sohn des Götterfürsten Apollo. Mit betörendem Gesang und Harfenspiel vermag er Pflanzen, Tiere, Menschen und sogar Götter zu bezaubern. Doch ein grausames Schicksal hat ihm seine geliebte Gattin Eurydike entrissen – sie ist am Biß einer giftigen Schlange gestorben und hat den verzweifelten Orpheus allein unter den Lebenden zurückgelassen.

 Umgeben von Schäfern und Nymphen, den freundlichen Göttinnen der Natur, gibt sich Orpheus am frischen Grab Eurydikes seinem Kummer hin; gemeinsam bekränzen sie das Grabmal mit Blumen und entzünden ein Opferfeuer. Dann bleibt der todtraurige Sänger allein zurück und wendet sich auf seine Art an die Götter. Er fleht sie an, ihm Eurydike wiederzugeben, doch nur das Echo antwortet ihm. Aber als er in seiner ausweglosen Verzweiflung die Grausamkeit der Götter beklagt, erbarmt sich seiner der mitleidige Liebesgott Eros – zu gewaltig ist diese Liebesklage, als daß er ihr widerstehen könnte! Doch Eros stellt Orpheus zwei Bedingungen, unter denen allein er seine Geliebte wiedergewinnen kann: er soll mit der Macht seiner Musik die unerbittlichen Geister der Unterwelt bezwingen, damit sie ihm Eurydike zurückgeben; und dann, auf dem Rückweg in die Welt der Lebenden, darf er sie nicht ansehen, sonst wäre sie ihm auf ewig verloren.

Orpheus schaudert beim Gedanken an diese harten Bedingungen; er ahnt, welch unmenschliche Qualen da auf ihn zukommen. Aber sein Entschluß ist trotzdem gefaßt: »Ich werde es vollbringen!«

Das finstere Reich der Toten unter der Erde wird vom Gott Hades beherrscht; der Fluß Styx ist die Grenze, die alle Seelen überschreiten müssen, bevor sie durch die Pforte des Tartaros ins Schattendasein hinübergleiten, aus dem es keine Rückkehr gibt. Furien – das sind Rachegöttinnen – bewachen den Eingang und beobachten nun mißtrauisch den Lebenden, der hier auf einmal, gegen alle Regeln, Einlaß begehrt. Doch da erweist sich aufs neue und am allerstärksten die Zauberkraft des Sängers Orpheus: Mit der sanften Gewalt seiner Stimme und seines Harfenspieles bricht er allmählich den Widerstand der Furien, die ihm staunend, wie unter magischem Zwang, den Weg ins Elysium freigeben. Hier, in den Gefilden der seligen Geister, in lieblicher Landschaft voller süßer, sanfter Harmonie, findet er seine Eurydike wieder.

Doch es darf kein zärtliches Wiedersehen geben – die schwere Aufgabe des Rückweges lastet auf Orpheus; hastig zieht er die Geliebte hinter sich her.

Der Weg zurück zum Leben führt die beiden durch ein unheimlich drohendes Labyrinth. Unruhig und voller trüber Ahnungen eilt Orpheus voran, seine Eurydike an der Hand hinter sich führend. Sie aber kann nicht begreifen, was ihr da geschieht: sie sieht, sie fühlt ihren Geliebten, und doch hat sie ihn nicht wieder, denn er würdigt sie keines Blickes. Immer stärker wird ihre Unruhe, immer drängender werden ihre Fragen; sie beginnt an seiner Liebe zu zweifeln. Wenn er sie doch liebt: warum um alles in der Welt schaut er sie nicht ein einziges Mal an?
Eurydike wird immer schwächer; ihr Flehen wird eindringlicher, und mehrmals schon hat sich Orpheus fast nach ihr umgesehen. Als sie schließlich umzusinken droht – man weiß nicht: ist es wirklich aus Schwäche, oder will sie ihn nur in seiner scheinbaren Gleichgültigkeit herausfordern? – da bricht sein Widerstand in sich zusammen. Im gleichen Augenblick, in dem sie sich ansehen, stirbt Eurydike noch einmal.

Aus Orpheus bricht nun die ganze Verzweiflung über den erneuten Verlust der Gattin hervor. Laut beklagt er sein Schicksal: »Ach, ich habe sie verloren! Wäre ich doch nie geboren!« – Doch als er sich in dieser Ausweglosigkeit selbst töten will, greift noch einmal der Gott Eros ein. Er entwindet ihm die Waffe und schenkt ihm Eurydike ein zweites Mal: übergroße Liebe hat den Widerstand sogar von Göttern besiegt!

Inmitten einer Schar von Hirten und Hirtinnen feiern Orpheus und Eurydike in einem prächtigen Tempel ihren Gott Eros.

## Hinweise

*In der ersten Fassung auf italienisch wurde die Alt-Partie des Orpheus von einem Kastraten gesungen. Kastraten waren in den Opern des 17. und 18. Jahrhunderts neben den Primadonnen die Stars der Bühne. Durch eine Operation wurden sie in ihrer Jugend entmannt und behielten dadurch ihre hohe Stimmlage. Heute wird diese Partie statt dessen von einer Sängerin in Männerkleidern übernommen.*

*In der zweiten Fassung für Paris überarbeitete und ergänzte Gluck seine Oper und veränderte bei dieser Gelegenheit die Rolle des Orpheus zum Tenor. Die wohl berühmteste Arie ist seine Klage im 3. Akt: »Ach, ich habe sie verloren!«, die – obwohl sie todtraurig klingt – doch in klarem C-Dur steht:*

*Der Gott Eros unterscheidet sich in der Art seines Singens deutlich von den getrageneren Melodien des Orpheus und der Eurydike: er wird von einer Soubrette verkörpert, sein Gesang ist graziös und heiter.*

*Manches an dieser Oper war für die damalige Zeit so neuartig, daß sich das Publikum erst allmählich daran gewöhnen mußte. Neu waren etwa die langen und ausdrucksvollen Rezitative, die vom Orchester begleitet werden – Rezitativ wird etwas ungenau meistens mit Sprechgesang übersetzt. Es wird jedoch richtig gesungen, nur richtet sich die Musik in den Teilen zwischen den Arien und Chören sehr genau nach den WORTBETONUNGEN und nach dem SINN und ist deshalb äußerst abwechslungsreich und oft dramatisch. Neu war auch, daß die Arien nicht mehr wie bisher einen starr festliegenden Aufbau hatten, wie man das gewohnt war; sie folgten vielmehr in ihrem Verlauf genau den wechselnden seelischen Stimmungen der handelnden Personen.*

*›Orpheus‹ ist vor allem aber eine Oper mit großartigen Chören und Balletteinlagen. Besonders eindrucksvoll ist die Szene der Furien im 2. Akt, die Orpheus immer wieder ihr unerbittliches »Nein!« entgegenschleudern. Im zartesten Gegensatz hierzu erklingt dann der »Reigen seliger Geister«, wenn Orpheus das Elysium betritt:*

*Die Ouvertüre steht überraschenderweise in C-Dur und klingt daher recht unbeschwert und heiter. Hier wollte Gluck wohl die Hochzeit von Orpheus und Eurydike darstellen. Um so düsterer wirkt unmittelbar danach dann die Grabesstimmung des ersten Aktes!*

WOLFGANG AMADEUS MOZART
(1756–1791)

# Idomeneo

Oper in drei Aufzügen (Dramma per musica)
Text von Giambattista Varesco

Ouvertüre und 32 Musiknummern mit Rezitativen
Uraufführung am 29. Januar 1781 in München
unter der Leitung des Komponisten
Spieldauer: etwas mehr als 3 Stunden

### Besetzung

| | |
|---|---|
| Idomeneo, König von Kreta | *Tenor* |
| Idamante, sein Sohn | *Mezzosopran* |
| | *(2. Fassung:* |
| | *Tenor)* |
| Elektra, Tochter Agamemnons | *Sopran* |
| Ilia, Tochter des Priamus, des Königs von Troja | *Sopran* |
| Arbaces, Vertrauter des Königs | *Tenor* |
| Oberpriester des Poseidon | *Tenor* |
| Die Stimme des Orakels | *Baß* |
| Volk, Krieger, gefangene Trojaner, Priester | *Chor* |

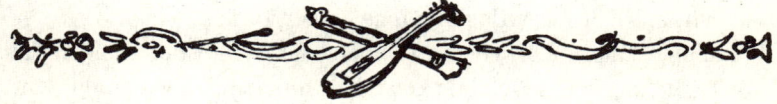

# Die Handlung

 Schauplatz der Handlung ist der sagenhafte Königspalast auf Kreta. Der Trojanische Krieg ist soeben zu Ende gegangen, und die trojanische Prinzessin Ilia wird nun als Kriegsgefangene von den Kretern festgehalten. Man macht sich jedoch große Sorgen um König Idomeneo, denn die siegreiche griechische Flotte ist auf der Rückfahrt von Troja in einen Sturm geraten und untergegangen.

 Idomeneos Sohn Idamante hat sich unterdessen in die trojanische Prinzessin Ilia verliebt. Sie erwidert zwar seine Liebe, hat jedoch bisher ihre Gefühle nicht zu erkennen gegeben, denn die Liebe zwischen einem freien Prinzen und einer gefangenen Gegnerin ist ja eigentlich etwas Verbotenes. Außerdem lebt am Königshof noch eine zweite Prinzessin, Elektra, die Tochter Agamemnons, die sich gleichfalls in Idamante verliebt hat. Eifersüchtig beobachtet sie nun den Prinzen; seine Neigung zu Ilia ist ihr keineswegs entgangen.

Im Augenblick aber bewegt Idamante nur eine einzige große Sorge: Ob der Vater den Untergang seiner Kriegsflotte überlebt hat oder nicht? Arbaces, der Berater und Freund des Königs, überbringt dem Sohn schließlich die furchtbare Nachricht: Idomeneo ist fern der Heimat ertrunken! Einsam und verzweifelt irrt Idamante am Strand des Meeres umher und hält Ausschau nach möglichen Überlebenden, und tatsächlich begegnet ihm ein Schiffbrüchiger, der sich gerade aus den stürmischen Fluten gerettet hat: Überglücklich erkennt Idamante seinen Vater! Doch dessen Verhalten ist äußerst seltsam: Statt seinen Sohn zur Begrüßung in die Arme zu schließen, weist Idomeneo ihn schroff und mit allen Anzeichen des Entsetzens von sich und läßt ihn ratlos allein am Meer zurück.

Idamante kann natürlich nicht ahnen, daß sein Vater in höchster Not ein fürchterliches Gelübde getan hat, um dem Unwetter auf dem

Meer zu entkommen: Er hat nämlich dem Meeresgott Poseidon geschworen, ihm den ersten Menschen zu opfern, der ihm nach seiner Rettung begegnen würde. Deshalb also war er so verstört, als ihm ausgerechnet Idamante mit offenen Armen entgegenlief – sein Gelübde würde ihn nun zum Mörder des eigenen Sohnes machen!

 Idomeneo traut sich nicht, seinem Volk die furchtbare Wahrheit über seine Rettung bekanntzugeben. Er sucht statt dessen heimlichen Rat bei Arbaces. Der schlägt ihm einen vermeintlichen Ausweg vor: Idamante muß unbedingt aus Kreta verschwinden, um den Zorn der Götter zu besänftigen. Als Vorwand könnte Elektra dienen, die der Prinz heimgeleiten soll, um ihr den Thron Agamemnons zurückzugewinnen.

Idamante ist verständlicherweise sehr traurig über diese Entwicklung. Er begreift nicht, warum ihn der Vater von sich stößt und warum er sich außerdem so plötzlich und ohne Hoffnung von Ilia trennen soll. Einzig Elektra ist natürlich glücklich über den Lauf der Dinge.

Die Götter aber lassen sich nicht hintergehen. Als Elektra und Idamante im Hafen von den Kretern Abschied nehmen und an Bord gehen wollen, erhebt sich auf einmal ein fürchterlicher Sturm und zerstört das königliche Schiff am Kai. Aus dem Meer steigt ein entsetzliches Ungeheuer hervor und bringt alsbald Tod und Verwüstung über das Land. Die verzweifelten Kreter aber wenden sich beschwörend an ihren König: Nur er kann dieses Unheil von ihnen abwenden, er muß endlich die Wahrheit sagen und den Meeresgott versöhnen!

 Idamante aber macht sich unterdessen auf eigene Faust mutig auf, das Meeresungeheuer zu bekämpfen. Ilia kann ihn nicht davon abhalten, auch ihr Liebesgeständnis hält ihn nicht zurück. Im Tempel des Poseidon treffen sich alle wieder. Als Idamante seinem Vater vom Sieg über das Ungeheuer berichtet, muß er endlich die ganze ausweglose Wahrheit

erfahren: Nur das Opfer des Königssohnes vermag den Zorn der Götter zu besänftigen! Entschlossen unterwirft sich Idamante diesem tragischen Los, und alsbald beginnen die feierlichen Vorbereitungen zum Menschenopfer. Verzweifelt drängt sich Ilia vor ihren Geliebten und bietet sich dem Priester, der das Schwert bereits erhoben hat, an seiner Stelle zum grausamen Opfer an. Da endlich zeigen sich die Götter versöhnt; menschliche Liebe und Opferbereitschaft haben sie besänftigt. Aus geheimnisvoller Ferne ertönt die überirdische Stimme des göttlichen Orakels und verkündet: Idamante soll an Idomeneos Stelle den Thron Kretas besteigen, und Ilia wird fortan an seiner Seite leben. Mit Ausnahme Elektras sind alle erleichtert und glücklich über diese Lösung; in den Dank des Volkes für die Erlösung vom Fluch mischen sich die Hochrufe auf das junge Königspaar.

## Hinweise

*Zu Mozarts Zeit waren zwei Typen von Opern beliebt: die ältere tragische »Opera seria« und die jüngere heitere »Opera buffa« (und bald kam noch, nicht zuletzt durch Mozarts Wirken, eine dritte Art hinzu: das deutsche Singspiel). Vor allem in seiner Jugend schrieb Mozart eine Reihe von »ernsten Opern«; unter seinen Meisterwerken finden sich zwei Opere serie: ›Idomeneo‹ und ›La Clemenza di Tito‹. Während ›Titus‹ seine letzte Oper war (1791), komponierte er ›Idomeneo‹ bereits 1781 für den Münchner Hof zum Fasching, also ein Jahr vor der ›Entführung aus dem Serail‹ (1782). Von seinem ›Idomeneo‹ hielt Mozart zeit seines Lebens besonders viel – mit Recht: denn hier gelang es ihm, die recht starren und altmodischen Regeln der Opera seria mit seiner ausdrucksvollen unverwechselbaren Musik zu neuem Leben zu erwecken. Eigentlich standen nämlich in der alten »seria« keine Menschen auf der Bühne, sondern ziemlich vereinfachte Typen – gute und böse, vor allem Götter und Fürsten. Und die Musik wechselte ebenfalls recht starr und schematisch zwischen Arien und Rezitativen.*

In den meist dreiteiligen Arien (in der sogenannten »Da-Capo-Form« ABA) drückten die Personen Gefühle aus, während in den großangelegten, oft langatmigen Rezitativen (mit Cembalo- oder Orchesterbegleitung) die Handlung voranschritt.

Mozart gelang es dennoch, uns die Personen seiner Idomeneo-Handlung nahezubringen und Sympathie für sie zu wecken, vor allem für das Liebespaar Ilia–Idamante. Idamante wurde in der Münchner Uraufführung übrigens von einem Kastraten gesungen, also von einem Mann mit Mezzosopran-Stimme, wie es die Tradition der Opera seria und auch der modische Publikumsgeschmack verlangten. Für eine spätere Aufführung in Wien (1786) änderte Mozart diese Partie dann in eine Tenor-Stimme um.

Idomeneos erster Auftritt erfolgt sozusagen direkt aus dem Meer, als Schiffbrüchiger:

Eine Hauptrolle spielt in dieser Oper das Volk – die gefangenen und später freigelassenen Trojaner und die Kreter. Für sie schrieb Mozart einige packende Chorszenen, etwa den Abschiedsgesang am Hafen, als Elektra und Idamante sich nach Troja einschiffen wollen:

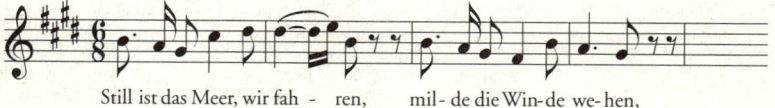

*Die Oper ›Idomeneo‹ spart nicht mit Theatereffekten auf der Bühne: Wir begegnen Sturm und Unwetter auf dem Meer, einem Meeresungeheuer, das dem Wasser entsteigt, hören eine Stimme aus dem Himmel – begleitet von Posaunenklängen –, die am Ende den Ratschluß Poseidons verkündet:*

*Die Ouvertüre nimmt keine Melodie der Oper vorweg; sie bereitet statt dessen temperamentvoll und kontrastreich im Ausdruck das nachfolgende Geschehen vor:*

*In der ersten Fassung schließt ›Idomeneo‹ übrigens mit einer längeren prächtigen Ballettszene, in der dem neuen Königspaar Idamante–Ilia gehuldigt wird. Mozart folgte hier der damaligen Mode; in heutigen Aufführungen streicht man dieses Ballett fast immer.*

## Wolfgang Amadeus Mozart
(1756–1791)

# Die Entführung aus dem Serail

Singspiel in drei Aufzügen
Text von Gottlob Stephanie dem Jüngeren
(nach einer Vorlage von Christoph Friedrich Bretzner)

Ouvertüre und 21 Musiknummern mit gesprochenem Dialog
Uraufführung am 16. Juli 1782 in Wien
unter der Leitung des Komponisten
Spieldauer: etwas mehr als 2 Stunden

### Besetzung

| | |
|---|---|
| Bassa Selim | *Sprechrolle* |
| Konstanze, Geliebte des Belmonte | *Sopran* |
| Blonde, Zofe der Konstanze | *Sopran* |
| Belmonte | *Tenor* |
| Pedrillo, sein Bedienter | *Tenor* |
| Osmin, Aufseher über das Landhaus des Bassa | *Baß* |
| Klaas, ein Schiffer | *Sprechrolle* |
| Ein Stummer | |
| Palastwache, Janitscharen, Sklaven, Sklavinnen | *Chor, Statisten* |

# Die Handlung

 Weit von hier, tief in der Türkei, liegt am Meer das prächtige Landhaus des Bassa Selim, eines vornehmen Herrn mit großem Gefolge. Er ist einst selbst als Fremder aus fernem Land hierhergekommen und vom Christentum zum Islam übergetreten (einen solchen Abtrünnigen nennt man Renegat). Eine berühmte türkische Fußtruppe, die Janitscharen, stellen seine militärische Palastwache, und der einfältige Osmin ist eine Art Hausmeister seines Palastes.

Außerdem aber leben hier drei Fremdlinge, die der Bassa sich vor einiger Zeit als Sklaven gekauft hat. Es sind zwei Engländerinnen: Konstanze, eine feine Dame, und ihr Mädchen Blonde, außerdem noch ein junger Spanier, Pedrillo, der Freund Blondes. Das Unglück wollte es, daß ihr Schiff während einer großen Seereise von Piraten überfallen und ausgeraubt wurde; so gerieten sie alle zusammen auf einen türkischen Sklavenmarkt, wo sie dann der Bassa erstand.

Seitdem die drei im Palast sind, bemüht sich der Bassa Tag für Tag, Konstanzes Liebe zu gewinnen. Blondchen aber schenkte er dem Osmin, der mit ihr jedoch überhaupt nicht fertig wird. Und – gottlob – Pedrillo hat sich immerhin so weit beim Bassa einschmeicheln können, daß er als Gärtner beschäftigt wird. Einer seiner zahlreichen Briefe, die er aus dem Palast herausgeschmuggelt hat, ist nun endlich auf abenteuerlichen Wegen in die Hände Belmontes gelangt. Belmonte, ein vornehmer Spanier, ist der Geliebte Konstanzes; er war damals beim Überfall mit auf dem Schiff und war der einzige gewesen, der den Piraten hatte entkommen können. Nun hat er sich voll neuer Hoffnungen mit einem Schiff auf den Weg gemacht, um seine Freunde aus der Sklaverei zu befreien.

Endlich, nach langen Irrfahrten – und da beginnt die Oper – hat Belmonte den Palast des Bassa gefunden, wo gerade Osmin auf eine Leiter steigt, um Feigen zu pflücken. Dabei vertreibt er sich die Zeit mit einem altklugen Lied voller Ratschläge für Liebhaber. Als es Belmonte endlich nach vielen vergeblichen Versuchen gelingt, Osmins Aufmerksamkeit zu erregen, fragt er ihn unvorsichtigerweise gleich nach Pedrillo. Damit löst er bei Osmin einen Wutanfall aus: Mit wilden Drohungen versperrt der Aufseher dem verblüfften Belmonte den Zugang zum Palast. Er kann sich gar nicht beruhigen, auch als der Spanier schon längst verschwunden ist. Und er verkündet so laut und oft: »ich hab auch Verstand«, daß man gerade deshalb daran zu zweifeln beginnt. Schließlich trollt er sich verärgert in den Palast, während sich draußen Pedrillo und Belmonte voller Freude begrüßen.

Doch gerade da kommt der Bassa mit seinem Gefolge von einer Lustfahrt auf dem Meer zurück. Konstanze ist bei ihm, und wieder bedrängt er sie, seine Geliebte zu werden, ihn endlich zu erhören. Als sie unverändert standhaft bleibt, ist seine Geduld fast am Ende. Noch einmal erhält sie Bedenkzeit.

Ein wenig später bringt es Pedrillo fertig, seinen Herrn Belmonte als Baumeister beim Bassa einzuführen. Der erste Schritt zur Befreiung ist getan! Und Osmin gelingt es diesmal nicht mehr, Belmonte vom Betreten des Palastes abzuhalten. Belmonte und Pedrillo machen sich über ihn lustig und lassen ihn einfach draußen stehen.

Immer wieder versucht Osmin, Blonde als Sklavin zur Liebe zu zwingen; aber er muß sich von ihr belehren lassen, wie man das Herz einer Engländerin gewinnen kann: »Durch Zärtlichkeit und Schmeicheln...« Sie kann sich den ungestümen Freier schließlich nur noch vom Leibe halten, indem sie ihm die Augen auszukratzen droht.

Die Bedenkzeit für Konstanze ist abgelaufen. Zum letzten Mal drängt der Bassa die arme Konstanze, sie möge ihn erhören. Als sie wiederum nicht nachgibt, vergißt er sich im Zorn und stellt ihr »Martern aller Arten« in Aussicht. So bleibt ihr als letzter Ausweg nur die Hoffnung auf den Tod – sie will, sie kann den Bassa nicht erhören, denn sie liebt Belmonte, den sie weit weg wähnt, von dessen Ankunft sie noch nichts weiß.

Unterdessen hat jedoch Blondchen endlich von Pedrillo erfahren, daß Belmonte gekommen ist und sie alle in die Heimat entführen will. Doch ehe sie zur Tat schreiten können, muß das Haupthindernis beseitigt werden! Pedrillo, der inzwischen Osmins kleine Schwächen gut genug kennt, überredet ihn zu einer kleinen Zecherei – wohl wissend, daß der Islam seinen Anhängern das Trinken streng verboten hat. In Osmins große Flasche mit Zypernwein hat Pedrillo vorher vorsorglich ein Schlafmittel gefüllt. Nachdem sie nun beide einträchtig ein schallendes Loblied auf Bacchus, den Gott des Weines, geschmettert haben, wankt Osmin schläfrig und lallend in den Palast – der Plan scheint zu gelingen!

Aber bis Mitternacht ist es noch ein Weilchen hin. Erst einmal feiern alle vier ein frohes Wiedersehen, das nur durch einen kleinen Eifersuchtsanfall der beiden Männer getrübt wird: ob denn Konstanze und Blondchen auch wirklich treu geblieben sind? Blondchen antwortet empört mit einer Ohrfeige, und Konstanze ist ganz betrübt über so viel Mißtrauen, aber dann versöhnen sich die beiden Paare wieder.

Inzwischen ist es dunkel geworden, und allmählich beginnen die heimlichen Vorbereitungen zur Entführung. Ein Matrose von Belmontes Schiff, das im Schutze der Dunkelheit mit aufgezogenen Segeln startbereit wartet, schafft Leitern heran. Während Pedrillo ein letztes Mal um den Palast herumspioniert, spricht sich Belmonte Mut zu: »Ich baue ganz auf deine Stärke« – auf die Kraft der Liebe will er vertrauen.

Alles ist ruhig, und Pedrillo kann endlich das verabredete Zeichen geben. Er steigt auf die Leiter und singt zur Mandoline ein leises Ständchen. Alles scheint zu klappen; die beiden Männer steigen durchs Fenster ein und wollen mit ihren Mädchen fliehen. Doch ein stummer Sklave hat leider alles beobachtet. Er weckt Osmin, dem er gestikulierend klarmacht, was da vorgefallen ist. Osmin kommt erst allmählich zu sich, denn der Wein mit dem Schlafmittel hat ihn ziemlich benebelt. Pedrillo und Blonde können zunächst entwischen, werden aber gleich von der Palastwache wieder eingefangen. Belmonte versucht vergeblich, Osmin mit Geld zu bestechen; so werden sie alle dem Bassa vorgeführt.

Der ist verständlicherweise empört; und im Verhör muß er auch erfahren, daß Belmonte ausgerechnet der Sohn seines ärgsten Feindes ist, des Kommandanten von Oran, der ihm – dem späteren Bassa! – sein gesamtes Vermögen, seine angesehene Stellung und auch seine Geliebte geraubt hatte. Das Schicksal der vier Gefangenen scheint besiegelt zu sein! Angstvoll und unter quälenden Selbstvorwürfen erwarten sie ihre Strafen. Einziger Ausweg scheint ihnen der gemeinsame Tod zu sein.

Da passiert ein Wunder: Der Bassa kommt zurück und schenkt ihnen allen die Freiheit, denn »es ist ein weit größeres Vergnügen, eine erlittene Ungerechtigkeit durch Wohltaten zu vergelten, als Laster mit Lastern zu tilgen«.

In der kurzen Zeit seiner Abwesenheit hat der Bassa sich vom Rächer zum verzeihenden Wohltäter gewandelt. Dankbar stimmen alle in das Loblied auf den großmütigen Bassa Selim ein. Nur Osmin kann sich beim besten Willen nicht mit dieser in seinen Augen so ungerechten Lösung abfinden – seine bekannten Drohungen und Verwünschungen mischen sich noch einmal in die allgemeine Freude.

## Hinweise

>Die Entführung aus dem Serail‹ ist die zu Lebzeiten Mozarts am häufigsten und erfolgreichsten aufgeführte seiner Opern. Zur Zeit ihrer Entstehung hatte sich Mozart gerade mit seinem Salzburger Arbeitgeber, dem Erzbischof Hieronymus, überworfen. Nach mehreren Auseinandersetzungen verließ er deshalb seine Heimatstadt und ging nach Wien; dort erfüllte sich dann jedoch seine Hoffnung auf eine Anstellung, zum Beispiel als Hofkomponist, nicht. In die Zeit der*

*Arbeit an der ›Entführung‹ fiel Mozarts Heirat mit Konstanze Weber.*

*In einem Singspiel – man nannte es damals auch »deutsches Singspiel« – wird abwechselnd gesungen und gesprochen. Das war zu Mozarts Zeit etwas Neues. Bisher war das Publikum gewöhnt, daß in einer Oper nur gesungen wurde, und zwar auf italienisch. Im Singspiel mit seinem deutsch gesprochenen Dialog konnte man die Handlung jedoch viel besser mitverfolgen. In den gesungenen Abschnitten zwischen den Dialogen – den Arien und Ensembles (Duette, Terzette, Quartette, Chöre) – drückten die Personen auf der Bühne mit ihrem ausdrucksvollen Gesang vor allem ihre Empfindungen und Stimmungen aus.*

*Die eigentliche Hauptperson in der ›Entführung‹ – der Bassa Selim – ist ungewöhnlicherweise eine Sprechrolle. Er singt keinen Ton und hebt sich gerade dadurch würdig von allen anderen ab. Auch zwei weitere kleine Nebenrollen, die in heutigen Aufführungen häufig gestrichen werden, sind mit Schauspielern, nicht mit Sängern, besetzt: Klaas, der Matrose, und natürlich der stumme Sklave, der die Entführung am Ende entdeckt.*

*Belmonte ist eine Paraderolle für den lyrischen Tenor. Seine bekannteste Arie ist die zweite im 1. Akt »O wie ängstlich, o wie feurig!«*

*In einem berühmten Brief an seinen Vater hat Mozart selbst einmal beschrieben, wie genau er mit der Musik des Orchesters die Worte Belmontes ausgemalt hat: das ängstlich-feurige Herzklopfen, Tränen, Zittern, Wanken, die schwellende Brust, ihr Lispeln . . .*

*Sein lustiger Diener Pedrillo dagegen ist ein Tenor-Buffo. »Buffa« ist die italienische Bezeichnung für einen Schwank, eine Posse, ein komisches Stück.*

*Die Partie der Konstanze ist wegen ihrer zahlreichen schwierigen Arien und vor allem wegen der darin enthaltenen Koloraturen gefürchtet. In ihrer längsten und berühmtesten Arie »Martern aller Arten« werden neben der Solostimme noch vier Solo-Instrumente eingesetzt: Violine, Violoncello, Oboe und Querflöte.*

*Auch Blonde singt Sopran, sie ist eine Soubrette; ihre Arien sind kürzer und liedähnlicher, enthalten jedoch auch Koloraturen.*

*Osmin ist eine beliebte Baßpartie; seine komischen Seiten werden vor allem durch besonders tiefe Töne zum Ausdruck gebracht.*

*Zur Entstehungszeit dieses Singspiels war es Mode, türkische Musik (so wie man sie sich damals vorstellte) nachzuahmen – die Erinnerung an den Türkenkrieg hundert Jahre vorher war noch lebendig. Und Mozart folgte in der ›Entführung‹ dieser Mode: so ist die Ouvertüre dreiteilig (A B A), und die beiden gleichen Anfangs- und Schlußteile klingen »türkisch«:*

*Das wird sehr schnell, abwechselnd laut (forte) und leise (piano) gespielt, unter Mitverwendung einiger Instrumente, die Mozart sonst selten oder gar nicht in seinem Orchester einsetzt, nämlich Pikkolo- flöte und die Schlaginstrumente Becken, Triangel und große Trom- mel – eben die »türkische Musik«.*

*Wenn sich nach der Ouvertüre der Vorhang zum 1. Akt öffnet, setzt Belmonte mit genau der gleichen Melodie ein, die im langsamen Mittelteil der Ouvertüre erklungen ist, in unserem Beispiel jedoch von Moll nach Dur versetzt:*

Hier soll ich dich denn se- hen, Kon- stan- ze, dich,⸻ mein Glück

## Wolfgang Amadeus Mozart
### (1756–1791)

# Figaros Hochzeit

*Le Nozze di Figaro*
Komische Oper (Opera buffa) in vier Aufzügen
Text von Lorenzo Da Ponte

Ouvertüre und 28 Musiknummern sowie Rezitative
Uraufführung am 1. Mai 1786 in Wien
unter der Leitung des Komponisten
Spieldauer: etwa 3 Stunden

## Besetzung

| | |
|---|---|
| Graf Almaviva | *Bariton* |
| Gräfin Rosina Almaviva | *Sopran* |
| Susanna, ihr Kammermädchen | *Sopran* |
| Figaro, Kammerdiener des Grafen | *Baß/Bariton* |
| Cherubino, Page des Grafen | *(Mezzo-)Sopran* |
| Marcellina, Hausdame im gräflichen Schloß | *Mezzosopran* |
| Doktor Bartolo, Arzt aus Sevilla | *Baß* |
| Basilio, Musikmeister | *Tenor* |
| Don Curzio, Richter | *Tenor* |
| Antonio, Gärtner des Grafen, Susannas Onkel | *Baß* |
| Barbarina, seine Tochter | *Sopran* |
| Zwei Mädchen | *Sopran und Alt* |
| Bauern und Bäuerinnen, Gäste, Jäger, Diener | *Chor* |

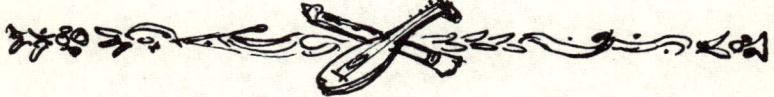

# Die Handlung

 Graf Almaviva ist ein typischer Fürst des absolutistischen Zeitalters: er ist gewohnt, daß ihm alle Untertanen widerspruchslos gehorchen. Er ist aber gleichzeitig auch ein bißchen eitel und einem galanten Liebesabenteuer mit einer Zofe durchaus nicht abgeneigt. Dabei ist er mit einer jungen, schönen Frau – der Gräfin Rosina – verheiratet, um die er vor gar nicht langer Zeit leidenschaftlich geworben hat. (In Rossinis ›Barbier von Sevilla‹, einer dreißig Jahre nach Mozarts ›Figaro‹ entstandenen Oper, erfahren wir hierzu die Vorgeschichte – siehe Seite 98).

Allerdings ist der Graf umgeben von einem recht gewitzten Völkchen von Untergebenen, die keineswegs auf den Mund gefallen sind und die sich in jeder noch so verfahrenen Lage ihrem Herrn gegenüber mit List zur Wehr setzen.

Einer von ihnen ist sein Kammerdiener Figaro, der das hübsche Kammermädchen Susanna möglichst bald heiraten möchte. Doch seinem Herrn fällt leider immer wieder ein neuer Grund ein, warum er seine Zustimmung zur Hochzeit aufschiebt. Er möchte nämlich gar zu gern zuerst einmal selbst seine Zofe verführen, wie es übrigens zu jener Zeit tatsächlich den Fürsten nach dem Gesetz zustand (einem Gesetz, das diese natürlich einmal selbst zu ihren Gunsten gemacht hatten!). Almaviva hat diesem »Recht auf die erste Nacht« zwar öffentlich längst abgeschworen, doch gerade jetzt bereut er seine Großzügigkeit und möchte das alte Recht just mit Susanna erneuern.

 Gerade sind Figaro und Susanna dabei, das Zimmer auszumessen und einzurichten, das ihnen der Graf im Schloß scheinbar so großzügig überlassen hat. Susannchen aber hat ihren Herrn längst durchschaut und sagt jetzt laut, was sie davon hält: Wenn der Graf seinen Diener Figaro auf Reisen schickt, kann er unterdessen rasch und ungesehen in ihr Zimmer schlüpfen. Figaros Eifersucht ist geweckt, und er sinnt sofort

auf Gegenmaßnahmen – »will der Herr Graf den Tanz mit mir wagen!«

Von allen Seiten beginnt sich nun ein Netz von Plänen und Intrigen zu ranken. Da sind zum Beispiel noch zwei Menschen, die auch etwas gegen Figaros Heiratsabsichten haben: die ältliche Marcellina und Doktor Bartolo. Figaro hat nämlich vor langer Zeit Marcellina für die Gewährung eines Darlehens die Ehe versprochen. Und nun soll der Graf ihr zu diesem Recht verhelfen, was ja auch in seinem Interesse liegt. Bartolo wiederum hat seine eigenen Gründe, warum er Figaro nicht mag. Schließlich hat dieser Bursche mit Graf Almaviva in Sevilla unter einer Decke gesteckt und seine reiche Pflegetochter Rosina – die jetzige Gräfin – entführt. Klar, daß sich auch Marcellina und Susanna nicht gut leiden können und sich gegenseitig ärgern, wenn sie sich nur treffen.

Dann gibt es da noch den Pagen Cherubino, der so jung ist, daß er noch nicht einmal eine tiefe Stimme hat, aber doch schon alt genug, daß er beim Anblick eines Frauenrockes sofort entflammt und errötet, ob nun Susanna, Barbarina, die Tochter des Gärtners, oder gar die Gräfin persönlich darin steckt. Mit Barbarina hat er übrigens gerade angebandelt und ist dabei natürlich gleich erwischt worden. Jetzt holt er sich Rat bei Susanna, und trägt ihr auch gleich sein neuestes verliebtes Gedicht vor. Als unvermutet der Graf ins Zimmer tritt, kann sich der Junge gerade noch hinter einem großen Sessel verstekken. Gleich fängt der Graf an, Susannchen zu bedrängen – man könnte sich doch heute abend im Schloßgarten zu einem Stelldichein verabreden! Da hört man die Stimme des Musikmeisters Basilio, der die Spur des verliebten Grafen verfolgt. Almaviva verbirgt sich blitzschnell ebenfalls hinter dem Sessel, während sich Cherubino noch rechtzeitig auf den Sitz unter ein langes Kleid retten kann.

Sofort fängt der geschwätzige Basilio an, allerhand Klatsch zu verbreiten: Macht nicht der Bursche Cherubino gar der Frau Gräfin schöne Augen? Unbeherrscht springt der Graf hinter dem Sessel hervor – das ist doch zu stark! Und Basilio freut sich natürlich diebisch, seinen Herrn bei der Zofe seiner Frau ertappt zu haben. Welch ein glücklicher Zufall! Nun hat Susanna große Sorge, daß die beiden den versteckten Pagen finden. Das Unglück nimmt auch gleich seinen Lauf: gerade erzählt der Graf vergnügt, wie er den Jungen neulich bei Barbarina erwischt hat, nämlich unter einer Decke. Und wie er das so augenfällig vormachen will, enthüllt er wiederum Cherubino auf dem Sessel. Basilio amüsiert sich boshaft: zwei Männer heimlich bei Susanna?

Mitten in die Verwirrung hinein platzt Figaro mit Bauern und Bäuerinnen, die mit ihm gemeinsam um einen Hochzeitstermin bitten. Das ist jetzt natürlich weiß Gott nicht der rechte Augenblick dafür! Aber nun muß Figaro den verzweifelten Pagen trösten, den der Graf in seinem Zorn als Offizier zu den Soldaten seines Regiments schicken will.

Gräfin Rosina ist in ihrem Salon, von dem aus man durch zwei Türen in Susannas Kammer und in ein weiteres Kabinett gelangen kann, allein. Sie ist todunglücklich, daß ihr Mann kaum noch Augen für sie hat. Susanna und Figaro kommen nacheinander herein und berichten, was der Graf nun wieder vor hat: Er will tatsächlich Marcellinas Heiratsabsicht unterstützen und sie Figaro zur Frau geben. Und das alles nur, weil Susanna ihn nicht erhört hat. Also muß man nun dem Grafen eine Falle stellen und ihn ein wenig eifersüchtig auf seine eigene Frau machen. Figaro will ihm einen anonymen Brief zuspielen, in dem von einem angeblichen Stelldichein der Gräfin die Rede ist. Außerdem wird vereinbart, daß Susanna zum Schein in die vom Grafen gewünschte nächtliche Verabredung einwilligen soll, bei der man ihn dann bloßstellen könne. An ihrer Stelle könnte dann zum Beispiel Cherubino in Frauenkleidern den Grafen empfangen. Statt zum Regiment nach Sevilla abzureisen, läßt sich der Junge nun mit Susannas Kleidern in ein ganz allerliebstes Mädchen verwandeln. Zuvor darf er aber noch schnell der Gräfin sein neuestes Liebesgedicht vorsingen, das sie entzückend findet. Vorsichtshalber halten die Damen aber die Tür des Salons verschlossen.

Susanna hat gerade das Zimmer verlassen, um ein Kleid für den Pagen zu holen, als unerwartet der Graf anklopft, den man doch auf der Jagd vermutet. Cherubino wird Hals über Kopf ins anliegende Kabinett gesteckt, wo er eilig die Tür von innen verriegelt. Dann darf der Graf hereinkommen. In der Hand hält er Figaros anonymes Brieflein, das schon seine Wirkung tut. Da stößt Cherubino nebenan ungeschickt einen Stuhl um – wer war das? Die Gräfin ist sichtlich verlegen: Vielleicht etwa Susanna? Vergebens versucht der Graf die Tür zum Kabinett zu öffnen. Da beschließt er, in Begleitung seiner Frau passendes Werkzeug zur Sprengung der Tür herbeizuholen. Bevor er mit ihr das Zimmer verläßt, schließt er vorsichtshalber die Tür sowohl zu Susannas Kammer als auch die des Salons ab. Nun wäre es doch gelacht, wenn nicht Klarheit in das Dunkel gebracht werden könnte! Susanna allerdings ist inzwischen längst wieder in das Zimmer der Gräfin zurückgekommen und hat das Gespräch des Grafenpaares belauscht. Sie weiß im Augenblick keinen anderen Ausweg, als schnell den Pagen zum Öffnen der Tür zu bewegen. Cherubino bleibt nur die überstürzte Flucht durchs Fenster in den Garten. Dann schließt sich Susanna an seiner Stelle im Nebenraum ein.

Das gräfliche Paar kehrt unterdessen zurück, und die Gräfin gesteht in ihrer Angst, daß nebenan tatsächlich der Page verborgen sei. Schon sieht der Graf Figaros Briefchen bestätigt – ein Verehrer bei seiner Frau! Doch zum allgemeinen Erstaunen tritt nun wie selbstverständlich Susanna aus der Tür heraus. Mühsam versucht die Gräfin, ihr Erstaunen zu verbergen, und ihr Mann muß sie zähneknirschend um Verzeihung bitten.

Alles scheint sich endlich zur Zufriedenheit aufzulösen, da kommt Figaro unbeschwert des Weges. Eifrig tuscheln ihm die beiden Damen die nötigen Informationen zu, und Figaro weiß sich mit ihrer Hilfe geschickt auf die vielen mißtrauischen Fragen des Grafen herauszureden. Jetzt ist der Graf in die Enge getrieben. Diesen günstigen Moment will man nutzen und die Erlaubnis zu Figaros Hochzeit erwirken. Da naht neues Unheil in Gestalt des Gärtners Antonio. Empört zeigt er einen Blumentopf, den ein Unbekannter beim Sprung aus dem Fenster der Gräfin zerbrochen hat. Figaro muß wieder aus der Not helfen –»ich selber sprang«, angeblich durch des Grafen Gepolter erschreckt, als er nämlich in Susannas Kammer gewesen sein will. Doch was ist mit den Papieren, die bei dem Sprung verloren gingen und die Antonio unter dem Fenster gefunden hat? Tatsächlich, es sind Cherubinos Militärdokumente, auf denen – welch ein Glück! – noch das gräfliche Siegel fehlt; Cherubino hat sie der Gräfin ja gerade vorhin noch gezeigt! So muß es auch dem Grafen einleuchten, daß Figaro die Papiere des Jungen bei sich hatte, um sie seinem Herrn zum Siegeln vorzulegen. Zu guter Letzt kommen auch noch Marcellina mit ihrem Eheanspruch, Bartolo und Basilio dazu und machen die allgemeine Verwirrung komplett.

 Mißtrauisch beobachtet der Graf die Hochzeitsvorbereitungen, die trotz allem beginnen und die er nicht mehr so recht durchschaut. Die Gräfin und Susanna schmieden indes Pläne für das nächtliche Rendezvous, zu dem die Gräfin in den Kleidern ihrer Zofe selbst zu gehen beabsichtigt. Der Graf soll endgültig und in aller Öffentlichkeit der Untreue überführt werden. Susanna wird nun unter der Bedingung, daß der Graf Figaros alte Schulden bei Marcellina abgilt, einem Stelldichein im Park zustimmen. Schließlich hat ihr der Fürst ja eine Belohnung versprochen, wenn sie ihn erhört. Der geht großzügig und in Vorfreude auf seine neue Eroberung auf den Handel ein. Als er jedoch Susannas Freude darüber beobachtet, wittert er eine Intrige und schwört zornig Rache.

Doch jetzt gibt es gleich die allergrößte Überraschung, die wieder alle Pläne des Grafen über den Haufen wirft. In der Verhandlung mit dem herbeigerufenen Richter stellt sich nämlich heraus, daß ausgerechnet Marcellina Figaros Mutter und Bartolo Figaros Vater ist! Untrügliches Zeichen dafür ist ein Muttermal am rechten Arm des gräflichen Kammerdieners. Schnell finden die beiden Alten sich in die neue Situation und schließen ihren verloren geglaubten Sohn gerührt in die Arme. Nichtsahnend kommt Susanna hinzu; sie will ihren Figaro gerade bei Marcellina mit dem gräflichen Geld loskaufen, da sieht sie empört die Umarmung zwischen Figaro und ihrer »Rivalin«. Nachdem man ihr aber die überraschende Familienzusammenführung erklärt hat, ist auch sie nur zu glücklich über diese unverhoffte Lösung. Der Graf dagegen hat nun seinen stärksten

Trumpf gegen Figaros Hochzeit verloren. So bahnt sich womöglich eine Doppelhochzeit an, denn Marcellina und Bartolo wollen noch heute das Versäumte nachholen und ebenfalls heiraten.

Die Gräfin allein ist voller Unruhe. Auf welch unwürdige Weise muß sie sich die Liebe ihres Mannes zurückerobern! Und immer neue Hindernisse gilt es zu überwinden. Jetzt hat der Gärtner Antonio auch noch den Hut gefunden, den Cherubino offenbar beim Verkleiden im Kabinett der Gräfin verloren hat. Der Graf stutzt: Der Page sollte doch überhaupt schon längst in Sevilla sein!

Einstweilen diktiert nun die Gräfin ihrer Zofe den Brief, der dem Grafen den genauen Ort zum versprochenen Stelldichein im Park kundtut. Eine kleine beigefügte Nadel muß zum Zeichen des Einverständnisses von ihm zurückgegeben werden.

Barbarina und einige Mädchen bringen der verehrten Frau Gräfin Blumen. Wieder ist es Antonio, der unter den Landmädchen den verkleideten Pagen entdeckt und es übereifrig dem Grafen kundtut. Barbarina rettet geistesgegenwärtig die Lage: auch an sie hat sich der Graf ja schon einmal herangemacht und ihr dabei die Erfüllung ihrer Wünsche versprochen; und so bittet sie gleich in Gegenwart der Gräfin und aller Leute um die Hand Cherubinos. Wieder einmal – zum wievielten Mal eigentlich? – sieht sich der Graf hereingelegt und muß wutschnaubend nachgeben.

Schon naht der Hochzeitszug. Man stellt sich fein säuberlich in Reihen zum Tanz auf. Und während der Graf Susanna den Brautschleier überreicht, steckt sie ihm das falsche Liebesbriefchen zu, wobei sich der Graf ungeduldig mit der kleinen Nadel in den Finger sticht.

 Es ist Abend geworden, ein toller Tag neigt sich dem Ende zu. Barbarina sucht die kleine Nadel, die sie im Auftrag des Fürsten zum Zeichen des Einverständnisses an Susanna zurückgeben soll. Figaro findet sie und hört bei dieser Gelegenheit von Susannchens bevorstehendem Stelldichein mit dem Grafen. Zorn und Eifersucht lädt er bei seiner alten – neuen – Mutter Marcellina ab, die jedoch einen kühlen Kopf bewahrt.

Im nächtlichen Park des Schlosses beginnt nun eine verwirrende

Verwechslungskomödie. Nach und nach finden sich alle Personen mit den verschiedenartigsten Absichten ein. Figaro zum Beispiel lauert seiner Susanna auf, um sie auf frischer Tat zu ertappen – er glaubt allen Ernstes, daß sie ihn am Abend ihrer Hochzeit mit dem Grafen betrügen könnte! Sie aber hat inzwischen mit der Gräfin die Kleider getauscht. Natürlich ist auch der ununterbrochen verliebte Cherubino unterwegs; er möchte zu Barbarina, die sich bereits in einer der Lauben versteckt hat. Da läuft ihm die als Susanna verkleidete Gräfin in die Arme, und er bestürmt sie sogleich mit Liebkosungen. Als dann noch der Graf des Weges kommt, zieht sich der Page schnell in die Laube zurück. Ohne voneinander zu wissen, haben sich Figaro und Susanna hinter verschiedenen Büschen versteckt. Sie beobachten jetzt, wie sich der Graf vom Charme seiner eigenen Frau – der vermeintlichen Zofe – betören läßt und ihr den Hof macht. Figaro huscht eifersüchtig im Dunkeln vorüber, woraufhin sich die verkleidete Gräfin rasch in der Laube verbirgt – ihr gräflicher Anbeter aber schlägt sich in die Büsche, um nicht erkannt zu werden. Endlich begegnen sich nun Figaro und sein Susannchen, die natürlich immer noch in den Kleidern der Gräfin steckt. In der Eile vergißt sie jedoch, ihre Stimme zu verstellen, und Figaro erkennt erleichtert sein Bräutchen. Aber er tut weiter so, als halte er sie für die Gräfin und fällt vor ihr begeistert und anbetend auf die Knie. Dafür fängt er sich sogleich eine Ohrfeige ein, doch beide versöhnen sich schnell, denn nun kommt auch der Graf wieder, auf der erneuten Suche nach Susanna. Statt dessen sieht er »seine Frau« zwischen den Büschen stehen. Die Stunde der Rache hat geschlagen: Figaro macht »der Gräfin« (es ist ja sein Susannchen) lauthals die tollsten Liebeserklärungen, und der empörte Graf vergißt ganz schnell seine eigentliche Fährte. Er ruft seinen gesamten Hofstaat zusammen, um seine Frau bloßzustellen, und muß auf einmal merken, daß alle bereits hinter Büschen und Bäumen und vor allem in der Laube beisammen waren – als Zeugen seiner eigenen Untreue. Schließlich aber tritt die echte Gräfin aus ihrem Versteck, und Almaviva begreift endlich, daß er allein der Dumme ist. Ihm bleibt nichts als die Bitte um Verzeihung – ob er sie wohl aufrichtig meint und zu seiner Frau zurückfindet?

## *Hinweise*

*›Figaros Hochzeit‹ ist neben Verdis ›Falstaff‹ sicher die berühmteste Opernkomödie (Opera buffa). Ihre Handlung geht zurück auf das Vorbild eines Theaterstückes von Beaumarchais, dessen Titel ›Der tolle Tag‹ genausogut auch über der Oper stehen könnte, obwohl der Inhalt des Schauspiels viel gesellschaftskritischer gemeint ist.*

*Die ausgelassene Stimmung dieses einen tollen Tages bestimmt auch den Grundton der temperamentvollen Ouvertüre, die vom ersten bis zum letzten Ton im Presto dahineilt. Ihre Themen kommen in der Oper selbst zwar alle nicht vor, sie bereiten aber die turbulente Komödie trefflich vor:*

*Im ›Figaro‹ wechseln in farbiger Verschiedenartigkeit Arien und Ensembles. Berühmt ist diese Oper besonders durch ihre großen Final-Ensembles jeweils am Ende des 2. und 4. Aufzuges.*

*Bis zu sieben Einzelpersonen singen da in ständigem verwirrendem Wechselspiel: einzeln, in Gruppen oder gar alle gleichzeitig. Keiner außer Mozart hat solche kunstvollen Ensemblesätze komponieren können, in denen jede Figur ihren eigenen unverwechselbaren Charakter bewahrt und obendrein noch das Orchester seine witzigen Kommentare zur Handlung abgibt!*

*In großem Gegensatz hierzu stehen, gleichsam als Ruhepunkte, sehr ausdrucksvolle, getragene Arien, wenn zum Beispiel die Gräfin ihren Kummer um ihren untreuen Gatten ausdrückt. Ein anrührender Höhepunkt ist auch Susannas berühmte »Rosen-Arie« im letzten Akt, in der sie zwar als Gräfin verkleidet ihren Figaro an der Nase herumführt, ihm aber doch gleichzeitig die schönsten versteckten Liebesgeständnisse macht:*

Cherubino, der ja noch eine Knabenstimme hat, wird von einer Frau in Männerkleidern dargestellt; man nennt so etwas eine »Hosenrolle«. Seine beiden Arien schildern uns einen ungestümen, ständig verliebten Jüngling an der Schwelle zum Mannesalter, der mit seinen eigenen Problemen noch nicht fertig wird (1. Akt):

Zwischen den Arien und Ensembles stehen Rezitative; sie treiben die spannende Handlung ungeheuer schnell voran. Wenn sie nur von ein paar Cembalo-Akkorden begleitet werden, nennt man sie »Recitativo secco« (trocken, also ohne Orchester); wenn statt dessen das ganze Orchester dazu spielt und den Text musikalisch ausmalt, dann heißen sie »Recitativo accompagnato« (begleitet). Dieser ständige Wechsel zwischen Rezitativen und in sich abgeschlossenen Musiknummern ist typisch für die damalige italienische Opera buffa.

›Figaros Hochzeit‹ ist übrigens die erste einer Reihe berühmter Opern, die alle in Sevilla spielen: es folgen noch ›Der Barbier von Sevilla‹, ›Fidelio‹ und ›Carmen‹.

## WOLFGANG AMADEUS MOZART
## (1756–1791)

# Don Giovanni

Heiteres Drama (dramma giocoso)
in zwei Aufzügen
Text von Lorenzo Da Ponte

Ouvertüre und 24 Musiknummern mit Rezitativen
Uraufführung am 29. Oktober 1787 in Prag
unter der Leitung des Komponisten
Spieldauer: etwa 3 Stunden

## Besetzung

| | |
|---|---|
| Don Giovanni, ein junger, äußerst leichtfertiger Edelmann | *Bariton* |
| Der Komtur | *Baß* |
| Donna Anna, seine Tochter | *Sopran* |
| Don Ottavio, ihr Verlobter | *Tenor* |
| Donna Elvira, einstige Geliebte Giovannis, aus Burgos | *Sopran* |
| Leporello, Don Giovannis Diener | *Baß* |
| Masetto, ein junger Bauer | *Baß* |
| Zerlina, seine Braut | *Sopran* |
| | |
| Bauern, Bäuerinnen, Diener, Geisterstimmen | *Chor, Ballett* |
| | *Mitglieder des* |
| Musikanten auf Giovannis Schloß | *Orchesters* |

# Die Handlung

 Don Giovanni war sicher – neben Casanova – der berühmteste Herzensbrecher, den es je gegeben hat. Unzählige Geschichten und Theaterstücke schildern uns seine Liebesabenteuer. Hier nun erleben wir seine letzten Tage und Stunden mit, in denen es ziemlich dramatisch zugeht und die gar nicht mehr so erfolgreich verlaufen, wie er es in seinem turbulenten Leben gewöhnt war. »Don Giovanni« bedeutet übrigens »Herr Johannes«; in seiner spanischen Heimat heißt er »Don Juan«. Er lebte um 1600.

 Wieder einmal stellt Don Giovanni, seinem unbezähmbaren Triebe folgend, einer schönen Dame nach. Unerkannt ist er in der Nacht bei Donna Anna eingedrungen und hat versucht, sie zu verführen. Ob er auch bei ihr Erfolg gehabt hat? Manches immerhin spricht dafür. Auf jeden Fall verfolgt sie jetzt hilferufend und in höchster Empörung den fliehenden Anbeter. Ihr alter Vater, der Komtur (Vorsteher eines Ritterordens), stellt sich dem leichtfertigen Edelmann zwar tollkühn in den Weg, ist aber dem jüngeren Mann nicht mehr gewachsen und unterliegt ihm tödlich getroffen im kurzen Degenduell. Don Giovannis treuer Diener Leporello, der seinen Herrn auf Schritt und Tritt zu begleiten gewöhnt ist, hat alles im Versteck mit angesehen. Im Schutze der Dunkelheit können Herr und Diener gerade noch entkommen.

Donna Anna empfindet den Schmerz um den toten Vater ebenso leidenschaftlich wie die Kränkung ihrer Ehre. Ihr vornehmer Verlobter Don Ottavio muß denn auch unverzüglich Rache schwören, obwohl er doch alles andere als ein Kämpfer ist!

Kaum ist Don Giovanni die Flucht gelungen, da steht ihm der Sinn schon wieder nach neuen galanten Abenteuern. Doch wieder gibt es Schwierigkeiten. Diesmal gerät er peinlicherweise an Donna Elvira, eine von ihm verlassene Geliebte, die er im Zwielicht der nächtlichen

Straße zu spät erkennt. Ihren Vorwürfen kann er sich nur mit einem Trick entziehen: Leporello liest stolz das unglaublich lange Register von Don Giovannis Liebesaffären in ganz Europa vor – »aber in Spanien tausendunddrei« –, während Don Giovanni sich heimlich davonstiehlt.

Als nächstes trifft unser Verführer auf eine fröhliche Bauernhochzeit, und schon hat er wieder nur Augen für die niedliche Braut Zerlina. Leporello, der sich seinerseits bereits mit einigen Bauernmädchen amüsiert, erhält sogleich den Auftrag, sich um ihren Bräutigam Masetto zu »kümmern«. Don Giovanni selbst aber beginnt ohne Umschweife Zerlinchen den Hof zu machen, und sie ist auf dem besten Wege, seinen betörenden Verführungskünsten zu erliegen. Lediglich das unverhoffte Auftauchen Donna Elviras rettet das Bräutchen aus seinen Armen.

Heute scheint doch alles schiefzugehen! Donna Anna und Don Ottavio kreuzen auch noch Don Giovannis Weg, und er, der zunächst unerkannt bleibt, bietet ihnen scheinheilig sofort Rat und Hilfe an. Doch wieder erscheint Donna Elvira und stört seine Pläne: sie nennt ihn Heuchler, Verräter, und Don Giovanni bemüht seine gesamte Überredungskunst, um das Paar davon zu überzeugen, daß Elvira nicht ganz richtig im Kopf sei. Doch zu spät: Zweifel beschleichen Anna und Ottavio, und auf einmal – Don Giovanni hat unterdessen Elvira hinauskomplimentiert – erkennt Donna Anna an Haltung und Stimme ihren Verführer, den Mörder ihres Vaters! Atemlos lauscht Don Ottavio ihrer Schilderung der Schreckensnacht – »du kennst nun den Frevler!«

Leporello hat allmählich die Nase voll von den gefährlichen Streichen seines Herrn, doch der läßt ihm gar keine Atempause zum Klagen; schon plant er ein rauschendes Fest, auf dem er die reizende Zerlina zu verführen gedenkt. Die aber hat zur gleichen Zeit alle Mühe, ihren eifersüchtigen Bräutigam wieder halbwegs zu beruhigen. Sie umgarnt ihn mit einem zärtlichen Liedchen, doch kaum hat sie ihn besänftigt, da ist schon wieder Don Giovanni zur Stelle, der die Bauern zu sich ins Schloß einlädt.

Inzwischen wird eine Verschwörung ins Werk gesetzt: Donna

Anna, Don Ottavio und Donna Elvira haben sich zusammengetan; sie werden – unerkannt, weil sie sich maskiert haben – ebenfalls ins Schloß gebeten, wo man bereits zur Musik mehrerer Kapellen tanzt und sich trefflich amüsiert. Don Giovanni nützt das fröhliche Durcheinander des Festes auf seine Weise, um sich mit der heftig widerstrebenden Zerlina beiseitezustehlen, während Leporello Masetto abzulenken versucht. Zerlinas schriller Hilfeschrei schreckt die ganze Gesellschaft auf, alle dringen drohend auf den Bösewicht ein, der die Schuld vergeblich auf seinen Diener zu lenken versucht. Durch beherzte Flucht kann er sich schließlich noch einmal retten.

 Wieder wird es Abend. Leporello, dem das alles allmählich zu gefährlich wird, will allen Ernstes seinem Herrn den Dienst aufkündigen. Doch Don Giovanni kennt seine kleinen Schwächen: ein Beutel Geld beendet fürs erste Leporellos Kündigungsneigungen; statt dessen läßt er sich sogar wieder mit in ein Abenteuer verwickeln. Don Giovannis lüsterne Neugier gilt nämlich jetzt Donna Elviras Zofe, und weil sie natürlich ein einfaches Mädchen aus dem Volk ist, will er sie lieber in Leporellos Mantel umgarnen. Man tauscht die Kleider, und schon muß Leporello die Stelle seines Herrn einnehmen, als nämlich Donna Elvira unverhofft ans Fenster tritt. Don Giovanni bezaubert sie erneut mit einem schmeichelnden Liedchen, während sein verkleideter Diener dazu die Bewegungen macht – in der Dunkelheit ist das Verwechslungsspielchen nicht zu durchschauen! Donna Elvira läßt sich auch richtig aus dem Haus locken. Wohl oder übel muß Leporello weiter die Rolle des Verführers spielen, als Don Giovanni ihn und Donna Elvira mit einigem Lärm in die Flucht schlägt.

Endlich freie Bahn! Schmelzend läßt Don Giovanni nun zur Zither seine Stimme erschallen, doch statt der Zofe naht rachedurstig Masetto mit seinen Bauern, auf der Suche nach dem verhaßten Rivalen. Der hat Glück, daß er gerade in den Kleidern seines Dieners steckt. Erst schickt er die eifrigen Bauern in die falsche Richtung, dann knöpft er sich in aller Seelenruhe den einfältigen Masetto vor, entwaffnet ihn listig, schlägt ihn dann brutal zusammen und läßt ihn hilflos liegen. So findet ihn Zerlina, die ihn behutsam wieder aufrichtet und tröstet.

Donna Elvira irrt unterdessen mit dem vermeintlichen Don Giovanni umher. Bald laufen sie Donna Anna und Don Ottavio sowie dem Brautpaar in die Arme; Leporello kann sich aus seiner verzweifelten Lage nur retten, indem er seine Verkleidung abwirft und die Flucht ergreift. Ausgerechnet auf dem Friedhof verstecken sich Herr und Diener vor ihren Verfolgern!

Unbekümmert um die geweihte Stätte erzählt Don Giovanni unter schallendem Gelächter seine neuesten Abenteuer, da ertönt eine unheimliche Stimme wie aus dem Jenseits: zufällig stehen sie gerade am Grabmal des ermordeten Komturs, dessen Standbild warnend die Stimme erhebt! Leporello, zitternd vor Angst, muß seinem Herrn die Inschrift am Sockel vorlesen – »Strafe dem Mörder!« – und erhält auch noch gleich den frevlerischen Auftrag, die Statue zum Nachtmahl einzuladen. Die steinerne Figur nickt tatsächlich mit dem Kopf, antwortet gar mit »Ja!«, als Giovanni ungläubig und selbst erschrocken noch einmal nachfragt.

Nun ist das Unheil nicht mehr aufzuhalten. Don Giovanni speist zu Hause am reichgedeckten Tisch zur Nacht und läßt es sich mit Musik und schönen Mädchen wohlergehen, so als sei nichts geschehen. Unvermutet stürzt Donna Elvira herein, sie will den Mann, den sie unbegreiflicherweise immer noch liebt, zur Umkehr überreden – »entsage dem Laster!« –, doch ohne jeden Erfolg. Beim Hinausgehen stößt sie einen Schreckensschrei aus, Leporello, der ihr nachgeschickt wird, ebenso. Gleich darauf dröhnt ein mächtiges, dumpfes Klopfen durch den Saal: die steinerne Statue vom Friedhof steht in der Tür und begehrt Einlaß! Don Giovannis letzte Stunde hat geschlagen! Standhaft und mutig widersetzt er sich bis zuletzt allen Bekehrungsversuchen seines Gastes aus dem Jenseits, ein steinern-kalter Händedruck besiegelt seinen Untergang. Leporello, der in panischer Angst unter den Tisch gekrochen ist, muß die grausige Höllenfahrt seines Herrn mit ansehen.

Noch ganz benommen vom unfaßbaren Geschehen kann er dann als einziger Zeuge den anderen vom Ende des Übeltäters berichten. Die

Wege trennen sich nun – Donna Elvira wird im Kloster dem weltlichen Leben entsagen, Don Ottavio darf nach einem Jahr der Trauer auf Donna Annas Hand hoffen, Zerlina und Masetto gehen unbeschwert zum Abendessen, und Leporello will sich im Wirtshaus nach einem besseren Herrn umsehen...

## Hinweise

*Mozart hatte mit der ein Jahr zuvor uraufgeführten Oper ›Figaros Hochzeit‹ in Prag großen Erfolg errungen, einen viel größeren als daheim in Wien. So stimmte er Anfang 1787 gern und dankbar zu, als ihn der Prager Theaterdirektor Bondini bat, für seine Bühne eine neue Oper zu komponieren. Als Mozart dann im Sommer des gleichen Jahres in Prag eintraf, war ein Teil des neuen Stückes bereits fertig; der Rest entstand an Ort und Stelle und wurde den Sängern des Theaters sozusagen »auf den Leib« geschrieben, also unter Berücksichtigung ihres Stimmumfanges und ihrer besonderen musikalischen Fähigkeiten. Die Ouvertüre notierte Mozart gar erst in der Nacht unmittelbar vor der Premiere. Solche langweiligen Schreibarbeiten liebte er überhaupt nicht! So mußten die vorzüglichen Prager Musiker das Stück mehr oder weniger vom Blatt spielen – wie das wohl geklungen haben mag? Das Publikum jedenfalls nahm die neue Oper mit großer Begeisterung auf; auf dem Programmzettel wurde sie als ›Don Giovanni oder Der bestrafte Wüstling‹ angekündigt.*

*Die Ouvertüre führt uns umgehend in die beiden gegensätzlichen Welten des ›Don Giovanni‹ ein: die düster-unruhigen Mollklänge nehmen den späteren Auftritt des Steinernen Gastes weitgehend vorweg; dann folgt ein temperamentvoller, unbeschwerter, schneller Hauptteil. Auch der Untertitel der Oper – »dramma giocoso« (heiteres Drama) scheint diesen Zwiespalt zwischen Heiterkeit und Ernst, Komödie und Tragödie, anzudeuten. Je nach Auffassung der Zeit betonte man dann in Aufführungen späterer Jahre eine dieser beiden Seiten: so ließ man etwa häufig den versöhnlichen Schluß fort und beendete die Oper tragisch mit der Höllenfahrt ihres Helden.*

*Zwischen den Arien und Ensembles stehen, wie in ›Figaros Hoch-
zeit‹, dem Stil der Zeit folgend, ausgedehnte Rezitative, in denen die
Handlung wirbelnd vorangetrieben wird. Trotz ›Figaro‹ und ›Zauberflöte‹ ist ›Don Giovanni‹ sicherlich Mozarts berühmteste Oper,
was wohl auch mit an ihrem weltbekannten Stoff liegt, der die
Phantasie der Dichter und Denker immer von neuem beschäftigt hat.
Ihr Ruhm geht aber ebensosehr auf Mozarts unnachahmlichen
musikalischen Ideenreichtum zurück, mit dem er die verschiedensten
Schattierungen der Liebe durch – bis dahin – nie gehörte Orchesterfarben und melodische Wendungen zum Ausdruck brachte – ob nun
überschäumend vor Lebensfreude in Don Giovannis »Champagner-
Arie« (in deren Text überhaupt nicht von Champagner die Rede ist –
ihr Name rührt von einer schlechten alten Übersetzung her):*

*Oder in zärtlichen Verführungsszenen wie dem Duett zwischen Don
Giovanni und Zerlina:*

*Ein besonderes Kabinettstückchen gelang Mozart mit der Ballszene
im 1. Akt: da spielen auf drei Emporen drei kleine Orchester gleichzeitig drei verschiedene Tänze! Doch ebenso fasziniert die kühne
Vertonung des Dämonischen und Jenseitigen in der Friedhofszene
und vor allem beim Besuch des Steinernen Gastes, wo als Instrumente
des Überirdischen drei Posaunen erklingen.*

WOLFGANG AMADEUS MOZART
(1756–1791)

# Così fan tutte

Heitere Oper (opera buffa) in zwei Aufzügen
Text von Lorenzo Da Ponte

Ouvertüre und 31 Musiknummern mit Rezitativen
Uraufführung am 26. Januar 1790 in Wien
unter der Leitung des Komponisten
Spieldauer: 3 Stunden

## Besetzung

| | |
|---|---|
| Fiordiligi | *Sopran* |
| Dorabella, ihre Schwester | *(Mezzo-)Sopran* |
| Guglielmo, Offizier, Verlobter Fiordiligis | *Bariton* |
| Ferrando, Offizier, Verlobter Dorabellas | *Tenor* |
| Despina, Kammermädchen der Damen | *Sopran* |
| Don Alfonso, ein alter Philosoph | *Baß* |
| | |
| Soldaten, Diener, Schiffsleute, | |
| Hochzeitsgäste, Volk | *Chor* |

# Die Handlung

 Così fan tutte – das heißt auf Deutsch: So machen's alle. Gemeint sind alle »Frauen«, von denen in dieser Oper behauptet wird, sie seien alle untreu, wenn man sie nur lange genug auf die Probe stellt.

Dies ist die Geschichte von zwei Liebespaaren: Fiordiligi und Ferrando, Dorabella und Guglielmo. Die beiden Damen sind Schwestern und wohnen in Neapel; die beiden Herren sind Offiziere und miteinander befreundet.

 Die beiden jungen Offiziere haben sich mit ihrem Lehrer, Don Alfonso, an einem dienstfreien Tag getroffen und vertreiben sich ihre Zeit nun mit allerlei geistreichen Gesprächen. Gerade preisen sie in höchsten Tönen die Treue ihrer geliebten Mädchen. Alfonso aber behauptet rundheraus, keine Frau auf der ganzen Welt sei wirklich treu, man müsse sie nur gründlich genug in Versuchung führen! Ferrando und Guglielmo sind empört – wie kann der alte Herr nur so etwas Unverschämtes über ihre Bräute sagen! Da bietet Alfonso ihnen seelenruhig eine Wette an: Die beiden Freunde sollen sich nach seinen Anweisungen verkleiden und unerkannt jeweils einen ganzen Tag lang die Geliebte des anderen umschmeicheln. Die Offiziere sind felsenfest von der Treue ihrer Mädchen überzeugt und willigen deshalb sofort in das Spiel ein. Ja, sie malen sich bereits übermütig aus, was sie mit dem gewonnenen Geld alles machen könnten: zum Beispiel ihren Freundinnen ein zärtliches Ständchen bringen ...

Unterdessen schwelgen Fiordiligi und Dorabella in zärtlichen Gedanken an ihre Freunde. Da überbringt ihnen Alfonso eine schreckliche Nachricht: Es gibt Krieg, der König ruft seine Soldaten ins Feld, und schon eilen auch schon Ferrando und Guglielmo herbei, um herzergreifend Abschied zu nehmen. Ein Schiff entführt die Soldaten auf das Meer, und die Mädchen bleiben trauernd zurück. Alsbald kündigt sich überraschender Besuch an: Die beiden Offiziere haben sich schnell verkleidet und kehren nun als fremdartig herausgeputzte Albaner zurück, bunt angezogen und mit großen Bärten im Gesicht; Alfonso stellt sie als seine alten Freunde vor. Widerwillig geben die Mädchen der Bitte Alfonsos nach und empfangen die seltsamen Fremden. Despina, die muntere Zofe der beiden Schwestern, ist von Alfonso in den ganzen Plan eingeweiht worden und gern bereit, ihm dabei zu helfen. Sie geht um so lieber auf das Spiel ein, als sie selbst kleinen Liebesabenteuern nie abgeneigt ist und Alfonso sie für ihre Hilfe außerdem gut bezahlt.

Zum Entsetzen der Mädchen verhalten sich die fremden Männer jedoch überhaupt nicht vornehm zurückhaltend, sondern beginnen ihnen sogleich temperamentvoll und lautstark den Hof zu machen – jeweils übers Kreuz nicht der eigenen Freundin, sondern der des anderen! Natürlich führt dieser erste Angriff nicht gleich zum Erfolg, die Mädchen wehren sich vielmehr empört. Deshalb greifen Ferrando und Guglielmo umgehend zu einem stärkeren Mittel: In Gegenwart der erschrockenen Mädchen ziehen sie kleine Fläschchen aus der Tasche und trinken daraus. Das »Gift« zeigt sogleich Wirkung: Hilflos liegen die starken Männer auf einmal am Boden und scheinen sich unter Schmerzen zu winden.

Man ruft einen Arzt; Despina erscheint in würdevoller Verkleidung und mit verstellter Stimme. Sie hat einen großen Magneten mitgebracht und »heilt« die beiden angeblich Kranken durch dessen geheimnisvolle Kräfte, so wie es zu Mozarts Zeit der berühmte Doktor Mesmer in Wien auch getan haben soll. Der Wunderdoktor hat zum Abschied noch einen Rat an die spröden Damen: Zärtliche Küsse würden die Heilung sicher sehr beschleunigen! Eine solche Zumutung weisen Fiordiligi und Dorabella zwar wütend von sich, doch man merkt ihnen an, daß die feurigen Liebhaber immerhin Eindruck gemacht haben.

 Despina trägt mit allerlei Ratschlägen in Liebesdingen dazu bei, die Standhaftigkeit der Damen ins Wanken zu bringen. Die Soldaten bemühen sich jetzt jeweils einzeln um die Braut des Freundes. Dabei erweisen sich die Mädchen als unterschiedlich widerstandsfähig. Als erste erliegt Dorabella dem geballten Charme Ferrandos, der ihr bei einem Spaziergang im Garten glühende Liebeserklärungen macht. Doch auch Fiordiligi beginnt zu wanken – gerade noch hat sie ihrer Schwester Vorhaltungen gemacht und will ihrem fernen Freund wild entschlossen auf das Schlachtfeld folgen. Doch Guglielmo mußte soeben heimlich mitansehen, wie seine eigene Freundin ihm untreu geworden ist; mit der ganzen Wut des betrogenen Liebhabers rächt er sich nun, indem er leidenschaftlich Fiordiligi umwirbt. Zu guter Letzt wird auch sie schwach, und ein kleines Amulett wechselt zum Zeichen der Einwilligung den Besitzer. Don Alfonso hat seine Wette gewonnen; und er versucht seine aufgebrachten und enttäuschten Freunde zu besänftigen: »So machen's alle« – er hat es ihnen ja vorausgesagt!

Inzwischen hat der schlaue Alfonso eine kleine Zeremonie arrangiert. Bei Kerzenschein und festlich gedeckter Tafel feiert man recht überstürzt die Verlobung. Despina darf diesmal den Notar spielen, der auch gleich die vorbereiteten Eheverträge mitgebracht hat. Gerade als die Mädchen – aber nur sie, nicht etwa die Männer! – ihre Unterschrift geleistet haben, ertönt von Ferne jene Marschmusik, zu deren Klängen die Offiziere kürzlich in den Krieg gezogen waren. Lähmendes Entsetzen breitet sich aus: die alten Freunde kommen heim! Schnell verstecken sich die neuen Verlobten, an ihrer Stelle treten Ferrando und Guglielmo auf. Sie finden den Hochzeitsvertrag, der »Notar« gibt sich zu erkennen. Und die unglücklichen untreuen Bräute gestehen zerknirscht ihren Fehltritt. Großmütig und wohl auch ein wenig schuldbewußt wird ihnen verziehen – ob sie nun wohl glücklich werden?

# Hinweise

>Così fan tutte< ist die dritte »Opera buffa« (heitere Oper), die Mozart auf ein Textbuch von Lorenzo Da Ponte schrieb, nach >Figaros Hochzeit< und >Don Giovanni<. Kaiser Joseph II. bestellte das Werk bei den beiden. Sein früher Tod verhinderte jedoch, daß er noch eine Aufführung der Oper persönlich besuchen konnte.

Im Gegensatz zu den beiden anderen komischen Opern auf italienische Texte war >Così fan tutte< bis weit ins 20. Jahrhundert hinein wenig erfolgreich. Man störte sich schon bald nach der Wiener Uraufführung am angeblich so unmoralischen Textbuch, in dem drei Männer die Treue zweier Mädchen spielerisch auf die Probe stellen und damit beweisen wollen, daß alle Frauen eben untreu sind. Sogar so berühmte Komponistenkollegen wie Ludwig van Beethoven und Richard Wagner lehnten >Così fan tutte< ab. Auch die erbittertsten Gegner dieses Librettos erkannten aber immer an, daß Mozart dazu geniale Musik komponiert hatte. Man ging im 19. Jahrhundert sogar so weit, daß man der Musik Mozarts völlig neue Texte und Handlungen unterlegte!

Erst in unserem Jahrhundert hat sich die Erkenntnis – wohl endgültig – durchgesetzt, daß Text und Musik in der Originalgestalt eine untrennbare Einheit darstellen und daß auch >Così fan tutte< ein Meisterwerk ist. Und so taucht das Stück auf den Spielplänen unserer Theater inzwischen fast so häufig auf wie die anderen großen Mozart-Opern.

>Così fan tutte< besteht aus einer Folge von Arien, Rezitativen und zahlreichen Ensembles (Duetten bis Sextetten). Besonders typisch für die Gattung der »Opera buffa« und vor allem typisch für Mozarts Kunst sind die großen Ensembles, in denen sich die Handlung lebhaft fortentwickelt und jede einzelne Stimme individuell geführt wird.

Im Finale des zweiten Aktes verloben sich die beiden neuen Paare feierlich und wollen sogar einen Ehevertrag schließen. Bei dieser

*Gelegenheit singen sie einen kunstvollen Kanon, den Fiordiligi an-
stimmt:*

*Er gerät jedoch nicht bis zur Vierstimmigkeit, denn Guglielmo
»stört« ihn durch einen fremden Einsatz – er singt hörbar dagegen!*
*Die Ouvertüre besteht aus zwei Teilen: sie beginnt mit einem
kurzen Andante und leitet alsbald zu einem turbulenten Presto-Teil
über, in dem ständig einige wenige lebhafte Themen und Motive
aneinandergereiht werden:*

*Am Ende der Andante-Einleitung erklingt eine auffällig hervorgeho-
bene Tonfolge, die kurz vor Schluß des Prestos wiederholt wird. Und
kurz vor Schluß der Oper, wenn Don Alfonso seine Wette gerade
gewonnen hat, hören wir dieses Thema ein drittes Mal, nun von den
drei Männern gesungen:*

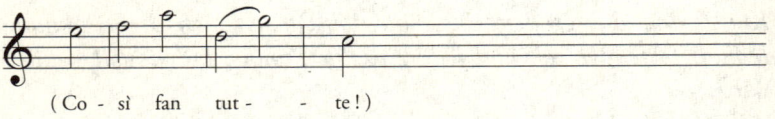

## WOLFGANG AMADEUS MOZART
### (1756–1791)

# Die Zauberflöte

Deutsche Oper in zwei Aufzügen
Text von Johann Emanuel Schikaneder

Ouvertüre und 21 Musiknummern mit gesprochenem Dialog
Uraufführung am 30. September 1791 in Wien
unter der Leitung des Komponisten
Spieldauer: etwa 3 Stunden

### Besetzung

| | |
|---|---|
| Sarastro | *Baß* |
| Tamino, ein Prinz | *Tenor* |
| Sprecher, Priester bei Sarastro | *Baß* |
| Zwei weitere Priester | *Tenor, Baß* |
| Die Königin der Nacht | *Sopran* |
| Pamina, ihre Tochter | *Sopran* |
| Drei Damen der Königin | *Sopran, Mezzosopran und Alt* |
| Drei Knaben | *Sopran, Mezzosopran und Alt* |
| Papageno, ein Vogelfänger | *Bariton* |
| Papagena | *Sopran* |
| Monostatos, ein Mohr in Sarastros Diensten | *Tenor* |
| Zwei Geharnischte | *Tenor, Baß* |
| Drei Sklaven | *Sprechrollen* |
| | |
| Priester, Gefolge, Volk, Sklaven Stimmen, Erscheinungen | *Chor, Statisten* |

# Die Handlung

Im Märchen gibt es immer gute und böse Menschen, und am Ende pflegen die guten zu siegen. Auch Mozarts ›Zauberflöte‹ ist ein Märchen, in dem sich gute und böse Mächte gegenüberstehen: hier der Sonnenpriester Sarastro mit seinen Männern, dort die sternflammende Königin der Nacht mit ihren drei Damen. Aber bei ihnen sind Gut und Böse nicht ganz so klar geschieden; immerhin hält sich Sarastro Sklaven und denkt sich recht harte Strafen aus, wenn ihm jemand nicht gehorcht. Und die Königin der Nacht hat eine Tochter, die sie sehr liebt und nach der sie Sehnsucht hat, denn Sarastro hat sie ihr entführt. Der tiefere Grund ihres Hasses auf Sarastro aber ist ein anderer: als ihr Mann, der Herrscher über das Reich der Sterne, starb, hat er Sarastro und nicht ihr die Macht über den Sonnenkreis übergeben. Auf diese Weise wollte er die Männerherrschaft auch über seinen Tod hinaus gesichert wissen, was den Zorn und die Eifersucht der ohnmächtigen Königin auslöste. Sarastro behauptet nun, er habe ihre Tochter Pamina nur geraubt, um sie vor der unberechenbaren Mutter zu schützen – eine ziemlich verworrene Angelegenheit!

In diese merkwürdige Welt, in der nicht alles mit rechten Dingen zugeht, verirrt sich eines Tages Prinz Tamino, hilflos auf der Flucht vor einer riesigen Schlange. Die drei Damen der Königin retten den Jüngling im letzten Augenblick und bewundern nun neugierig den hübschen Unbekannten, während er in einer Ohnmacht liegt – davon muß sogleich die Königin erfahren! Vielleicht könnte der junge Mann ihr in ihrer Not helfen? Schnell machen sie sich auf den Weg.

Tamino erwacht verwundert und sieht sich einem seltsamen Wesen gegenüber, einem Menschen im Federkleid, der gerade singend und unbekümmert auf seiner Panflöte spielend des Weges kommt. Es ist Papageno, der für die Königin der Nacht Vögel fängt und dafür von ihr regelmäßig seinen Lebensunterhalt bekommt. Damit läßt sich's auskommen, mehr braucht er nicht, höchstens . . . eine kleine Freundin hätte er schon sehr gern!

Die beiden plaudern miteinander und lernen sich kennen. Papageno merkt bald, daß er keine Angst vor dem Prinzen haben muß, und schon fängt er an kräftig aufzuschneiden. Mit den bloßen Händen habe er die Schlange erwürgt und ihn gerettet. Diese Schwindelei bekommen die drei Damen leider gerade noch mit, als sie zurückkehren. Und zum »Lohn« überreichen sie Papageno heute statt Zuckerbrot ausnahmsweise einen Stein und statt Wein klares Wasser, und sie hängen ihm außerdem noch wegen seiner Flunkerei ein Schloß vor den Mund. Dem Prinzen aber bringen sie im Auftrag ihrer Herrin das Bildnis der Tochter Pamina; wie im Zauber verliebt sich Tamino auf der Stelle in das Mädchen, das Sarastro so grausam geraubt hat.

Damit muß die Königin wohl gerechnet haben, denn Blitz und Donner verkünden jetzt ihre leibhaftige Ankunft; plötzlich steht sie selbst dem verschüchterten Prinzen gegenüber, klagt ihm ihr Leid und gibt ihm den Auftrag: »Du wirst meine Tochter befreien!«

Tamino ist tief beeindruckt von so viel Glanz und Mutterliebe zugleich. Natürlich will er sofort ins Reich des Bösewichtes eindringen. Die drei Damen erlösen daraufhin Papageno von seinem Vorhängeschloß und ernennen ihn zu Taminos Reisebegleiter. Zum Schutz erhält jeder von beiden ein Zauberinstrument: der Prinz eine Flöte und Papageno ein Glockenspiel. Und noch etwas kündigen sie an: in der Not sollen ihnen immer drei Knaben weiterhelfen.

Sarastro hält Pamina in seinem Palast gefangen; einige Sklaven und der Mohr Monostatos passen auf sie auf. Gerade hat er einen ihrer Fluchtversuche verhindert und läßt sie nun fesseln. Lüstern macht er sich an die Wehrlose heran, da erschrickt er zu Tode und ergreift die Flucht: ein unbekanntes Gesicht zeigt sich am Fenster! Das ist Papageno, der inzwischen in den Palast eingedrungen ist. Er erkennt auch gleich Pamina, denn er hat vorsorglich das kleine Bild von ihr bei sich. Unverzüglich macht er sich mit Pamina auf die Suche nach einem Ausgang.

Tamino dagegen wählt den Weg über den Haupteingang. Ratlos steht er vor drei verschlossenen Tempeltoren; aus zweien tönen abweisende Stimmen, aber aus der mittleren Pforte tritt ihm ein weiser Priester entgegen. Verwirrt hört Tamino die rätselvollen Worte des würdigen Mannes – »Heiligtum, Freundschaft . . .«, und auf seine ängstlichen Fragen nach Pamina antworten ihm Geisterstimmen: »Sie lebt!« Dankbar spielt er zum ersten Mal auf der neuen Zauberflöte, da nähern sich ihm vielerlei wilde Tiere, ohne ihm etwas zuleide zu tun.

Plötzlich mischt sich der Ton von Papagenos Panpfeifchen unter die Flötenklänge; Tamino macht sich gleich auf die Suche nach seinem Reisebegleiter. Aber Papageno und Pamina nähern sich von der anderen Seite, verfolgt von Monostatos. Und auch Papageno hat nun Gelegenheit, die Zauberkraft seines neuen Glockenspieles auszuprobieren: Kaum läßt er es ertönen, da beginnen nämlich die Sklaven sich tanzend und singend zu entfernen.

Nun aber kommt Sarastro mit großem Gefolge – vorbei ist's mit der Flucht! Der weise Priester jedoch verzeiht Pamina. Er hat sie doch nur zum Schutz vor ihrer stolzen Mutter gefangen gehalten! Monostatos bringt Tamino, der ihm umherirrend in die Arme gelaufen ist, und wie durch Zauberkraft erkennen sich der Prinz und die Prinzessin – schon liegen sie sich in den Armen! So schnell und unverdient aber gibt es in Sarastros Reich kein Glück; erst einmal müssen die beiden Fremdlinge Prüfungen bestehen, um sich würdig zu erweisen.

 Sarastro versammelt seine Priesterschaft und berät mit ihnen über die beiden Eindringlinge. Er enthüllt ihnen auch das Geheimnis, warum er der Mutter die Tochter entführt hat: Pamina ist von den Göttern für Tamino vorherbestimmt worden; ihre Mutter jedoch will mit Zauberei und Aberglauben das Volk verwirren und Sarastros Sonnenreich zerstören. Tamino soll nun, geläutert durch die kommenden Prüfungen, auf Sarastros Seite gezogen werden.

Tamino und Papageno aber finden sich in der Nacht in einer ziemlich unwirtlichen Gegend wieder. Zwei von Sarastros Priestern

nennen ihnen die Prüfungsbedingungen: Sarastros Gesetze beding-
ungslos befolgen und – schweigen! Zum Lohn wird der Prinz seine
Pamina erhalten, und auf Papageno wartet gar eine Papagena.

Schweigen ist natürlich Papagenos Sache nicht, ganz im Gegensatz
zum standhaften Prinzen. Die drei Damen, die heimlich in Sarastros
Reich eingedrungen sind, können Tamino kein einziges Wort entlok-
ken. Und gerade als sie unverrichteter Dinge das Feld räumen,
versinken sie auf einmal mit einem Donnerschlag in der Erde.

Zur gleichen Zeit will sich Monostatos wieder einmal an die
schlafende Pamina heranmachen. Dabei wird er unversehens Zeuge,
wie die Königin der Nacht im Mondschein ihrer Tochter erscheint. Sie
hat einen Dolch mitgebracht, mit dem Pamina Sarastro ermorden soll.
Wenn sie dazu nicht bereit ist, droht sie ihr unerbittlich: »So bist du
meine Tochter nimmermehr!« Pamina ist völlig verzweifelt.

Monostastos, der alles belauscht hat, will ihre Notlage ausnützen –
ihm allein soll sie sich anvertrauen. Da erweist sich wieder einmal
Sarastros Allgegenwart: im letzten Moment rettet er Pamina vor der
blinden Wut des Mohren. Aus den Worten des weisen Mannes
schöpft sie Zuversicht. Hier in seinem Reich kennt man keine Rache.

Unterdessen irren Tamino und Papageno weiter umher. Der Prinz
hält sich tapfer an das Schweigegebot, Papageno aber kann den Mund
natürlich nicht halten. Nur als sich ihm ein uraltes Weib zeigt und sich
als seine Geliebte vorstellt, erschrickt er fürchterlich, und es ver-
schlägt ihm für kurze Zeit die Sprache. Gleich darauf gibt es wenigstens einen Lichtblick, denn die drei geheimnisvollen Knaben bringen
den beiden Gefährten Flöte und Glockenspiel wieder und sprechen
ihnen Mut zu. Den braucht nun vor allem der Prinz, denn Pamina steht
auf einmal überglücklich vor ihm, um ihm in die Arme zu fallen. Er
aber muß ja schweigen und sie zurückweisen, wie es sein unmenschli-
ches Gelöbnis verlangt. Todtraurig entfernt sich Pamina wieder,
während eine ferne Posaunenfanfare die beiden jungen Leute zur
nächsten Prüfung ruft.

Inmitten seiner Priesterschar wartet Sarastro, und nun müssen
sich Tamino und Pamina auch noch endgültig Lebewohl sagen,

dementsprechend herzzerreißend ist ihr Abschied! In ihrem Schmerz achten sie beide nicht auf Sarastros Worte: »Wir sehen uns wieder!«

Papageno ist währenddessen allein und verlassen. In der Not fällt ihm endlich sein Glockenspiel ein, und – o Wunder! – es zaubert sogar hier: Auf einmal taucht wieder das uralte Weib auf, das ganz raffiniert seine Notlage ausnützt und ihm einen Treueschwur abringt. Kaum aber hat er geschworen, da verwandelt es sich blitzartig in ein junges, hübsches Mädchen – seine ersehnte Papagena! Noch aber ist es nicht so weit, ein Priester bringt sie hastig hinaus, und Papageno versinkt im Boden.

Nun müssen die drei Knaben helfend eingreifen. Pamina will sich nämlich in ihrer Verzweiflung mit dem Dolch ihrer Mutter das Leben nehmen, und nur die Wachsamkeit der Knaben kann sie daran hindern. Sie führen Pamina sogleich zu ihrem Geliebten, und zu ihrer übergroßen Freude dürfen die beiden die letzten schwersten Prüfungen gemeinsam bestehen. Zwei Priester in dunkler Rüstung öffnen ihnen die Pforten zu einem geheimnisvollen Gewölbe, in dem es dampft und zischt, raucht und prasselt. Die Macht der Liebe schützt Tamino und Pamina bei ihrem mutigen Gang durch Feuer und Wasser, während der Prinz auf seiner Zauberflöte spielt. Unversehrt überstehen sie diese letzte große Gefahr.

Auch Papageno will nicht mehr länger leben, nachdem er seine Papagena gesehen und man sie ihm wieder entrissen hat. Wieder müssen die drei Knaben rettend einspringen, als er sich mit einem Strick an einem Baum aufhängen will. Sarastro hat offenbar Erbarmen mit diesem liebenswerten Naturburschen, denn er gibt Papageno seine Papagena zu guter Letzt doch, auch ohne daß er seine Prüfungen bestanden hat.

Der enttäuschte böse Mohr Monostatos hat sich inzwischen mit der Königin der Nacht und ihren Damen verschworen. Die Königin hat ihm gar die Hand ihrer Tochter versprochen, wenn er ihr nur den Weg zu Sarastro zeigt. Mitten in ihren gemeinsamen Racheschwur hinein ereilt sie jedenfalls allesamt Sarastros Strafe, und sie versinken in ewiger Nacht.

In strahlender Pracht empfängt Sarastro mit seinem Gefolge dann die beiden glücklichen Paare, die sich endlich gefunden haben. Feierlich werden sie in die Reihen der Eingeweihten aufgenommen.

## *Hinweise*

*Für diese volkstümliche Oper hatte sich Mozart in seinem letzten Lebensjahr mit Emanuel Schikaneder, dem Direktor eines Wiener Vorstadttheaters, zusammengetan. Dieser schrieb selbst den Text und übernahm in der ersten Aufführung auch die Rolle des Spaßmachers Papageno. Schikaneder kannte sein Theater und sein Publikum, er wußte am besten, womit die Leute unterhalten werden wollten. Und so brachte er auch in dieser Oper alle Effekte unter, mit denen das Theater sein Publikum beeindrucken kann: es gibt viele schnelle Verwandlungen der Bühnendekoration, überraschende Lichtwechsel vom Tag zur Nacht und umgekehrt, allerlei Spuk und Zauberei, wie plötzliches Auftauchen oder Verschwinden von Personen (durch Versenkungen im Bühnenboden), die drei Knaben dürfen in einer Flugmaschine vom Himmel herabschweben, und in der großen Prüfungsszene rauscht ein Wasserfall und lodert ein Feuer.*

*Außerdem brachte Schikaneder in seinem Textbuch die verschiedenartigsten Anspielungen unter: Sarastros Priesterwelt betet die altägyptischen Götter Isis und Osiris an, zugleich gibt es manche Hinweise auf das Freimaurertum. Mozart und Schikaneder gehörten der Wiener Freimaurerloge, einem geheimen Männerbund, an.*

*In diesem Textbuch sind einige Ungereimtheiten enthalten: Wem gehorchen zum Beispiel eigentlich die drei Knaben? Der Königin oder Sarastro? Und wieso sind die drei Damen im 1. Akt so harmlos und freundlich, während sie doch später mordlustig in den Palast eindringen? Und wie paßt eigentlich der böse Mohr zum Sonnenheiligtum Sarastros? Diese Widersprüche haben ihre Ursache wohl darin, daß Schikaneder während der Arbeit das Textbuch aus Gründen, die wir heute nur noch ahnen können, mehrfach abgeändert hat. Dabei ist offensichtlich der Überblick über die Handlung ein wenig*

*verloren gegangen, und es fehlte auch einfach die Zeit für Korrektu-
ren – man schrieb damals eben nicht Opern für die Nachwelt, sondern
für den täglichen Bedarf im Theater!*

*Mozarts Musik bewirkt indessen, daß man diese kleinen Schön-
heitsfehler im Text kaum bemerkt.*

*›Die Zauberflöte‹ ist, nach dem deutschen Singspiel ›Die Entfüh-
rung aus dem Serail‹, die erste richtige »Deutsche Oper«, mit
ausführlichem deutschem Dialog und mit den verschiedenartigsten
Arien und Szenen. So finden sich hier volkstümlich schlichte Lieder
wie die beiden Papageno-Arien, deren zweite von einem Glockenspiel
begleitet wird:*

Papageno:

Ein Mäd-chen o-der Weib - chen wünscht Pa-pa-ge-no sich!

O so ein sanf-tes Täub - chen wär' Se-lig-keit für mich!

*Daneben stehen die weihevoll getragenen Gesänge Sarastros und
seiner Priester, sowie zwei der berühmtesten lyrischen Arien für
Sopran und Tenor: Paminas todtraurige Klage, nachdem Tamino sie
vermeintlich zurückgewiesen hat; und vor allem Taminos »Bildnis-
Arie« im 1. Akt, in deren Verlauf man genau verfolgen kann, wie seine
Liebe allmählich erwacht:*

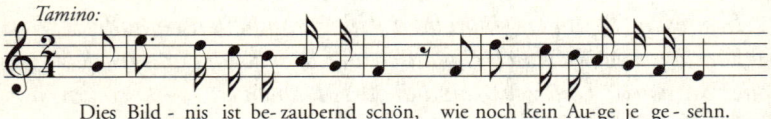

Tamino:

Dies Bild - nis ist be-zaubernd schön, wie noch kein Au-ge je ge-sehn.

*Wieder völlig anders, wie in einer großen italienischen Oper, singt
die Königin der Nacht; ihr launischer Charakter kommt am besten in
ihren Koloraturen zum Ausdruck, die wegen ihrer ungewöhnlichen*

*Schwierigkeiten von allen Sängerinnen gefürchtet werden, wie hier in der Arie »Der Hölle Rache kocht in meinem Herzen« im 2. Akt. Koloraturen sind schnelle Tonfolgen, in denen die Stimme wie ein Instrument eingesetzt wird, nur mit Tonsilben, zum Beispiel lalala, ohne sinnvollen Text, mit Tonleitern und Dreiklangsbrechungen:*

*Die Ouvertüre beginnt mit den gleichen drei Bläserakkorden, die später auch in den Priesterszenen erklingen und die Tamino und Papageno ihre Prüfungen ankündigen. Nach einer ungewiß schillernden langsamen Einleitung folgt der bewegte Hauptteil, der wie in einer altertümlichen Fuge, ähnlich einem Kanon, nacheinander alle Stimmen einsetzen läßt. Mitten in diesen Teil hinein klingen noch einmal die drei weihevollen Akkorde.*

*Die beiden Zauberinstrumente auf der Bühne – Flöte und Glockenspiel – werden übrigens von Musikern im Orchestergraben gespielt: auf der Querflöte und auf der Celesta, einem Glockenspiel mit Klaviertasten, während Papageno sein kleines Panflötchen immer selbst bläst.*

# LUDWIG VAN BEETHOVEN
## (1770–1827)

# Fidelio

Große Oper in zwei Aufzügen
Text von Joseph Sonnleithner
und Georg Friedrich Treitschke
(nach der französischen Vorlage von Jean Nicolas Bouilly)

Ouvertüre und 16 Musiknummern mit gesprochenem Dialog
Uraufführung der 1. Fassung 1805, der 2. Fassung 1806 und der
3. Fassung 1814, alle in Wien unter der Leitung des Komponisten
Spieldauer: etwa 2½ Stunden

## Besetzung

| | |
|---|---|
| Don Fernando, Minister | *Bariton/Baß* |
| Don Pizarro, Gouverneur eines | |
| Staatsgefängnisses | *Bariton* |
| Florestan, ein Gefangener | *Tenor* |
| Leonore, seine Gattin | |
| (unter dem Namen Fidelio) | *Sopran* |
| Rocco, Kerkermeister | *Baß* |
| Marzelline, seine Tochter | *Sopran* |
| Jaquino, Pförtner | *Tenor* |
| Zwei Gefangene | *Tenor und Baß* |
| | |
| Wache, Offiziere, Soldaten, | |
| Gefangene, Volk | *Chor* |

# Die Handlung

Vor den Toren der südspanischen Stadt Sevilla gibt es ein unheimliches Gefängnis, in dessen Zellen zahlreiche unglückliche Gefangene ausharren; unter ihnen befinden sich einige Opfer willkürlicher Gewalt, die ohne Prozeß und Urteil hinter Kerkermauern verbannt wurden. Gouverneur dieses zwielichtigen Gefängnisses ist Pizarro, der auch nicht vor Mord zurückschreckt, wenn es um seine Macht geht.

Sein Kerkermeister Rocco ist zwar diensteifrig und pflichttreu, doch auch menschlich und mitfühlend. Er lebt mit seiner Tochter Marzelline in einer kleinen Wohnung innerhalb der Festung. Jaquino, ein kräftiger junger Mann, ist sein Pförtner; er und Marzelline haben sich ineinander verliebt.

Eines Tages aber stellt sich Fidelio vor, ein fremder Mann mit seltsam hoher Stimme; er bittet um Arbeit und wird von Vater Rocco auch eingestellt. Von dieser Stunde an kommt eine merkwürdige Unruhe in die düsteren Mauern: Marzelline will auf einmal von Jaquino nichts mehr wissen und hat nur noch Augen für den Fremdling. Der jedoch scheint ihre Zuneigung gar nicht recht zu erwidern und interessiert sich dafür um so brennender für das Schicksal der Gefangenen. Seine hohe Stimme, seine seltsame Figur – trotz des Männerkostüms ahnt der Zuhörer, daß Fidelio in Wahrheit eine verkleidete Frau ist: nämlich Leonore, die in verzweifelter Entschlossenheit auf der Suche nach ihrem verschollenen Mann ist, den sie hier im Gefängnis vermutet.

Gerade kommt Fidelio von einem Botengang zurück, mit geheimen Briefen und mit neuen Ketten für die Gefangenen. Rocco ist mit der Arbeit seines neuen Gehilfen sehr zufrieden, er hat überdies auch Marzellines Zuneigung zu ihm bemerkt. Zum Entsetzen Jaquinos, der sich eigentlich schon als Verlobter des Mädchens gesehen hat, scheint sich da gar eine Ehe anzubahnen. Begreiflicherweise aber reagiert

Fidelio (Leonore) ziemlich verstört auf diese Heiratspläne. Zugleich aber nützt »er« die gute Stimmung und macht Vater Rocco den Vorschlag, ihm bei der Gefangenenbetreuung zu helfen. Der ist gar nicht abgeneigt – die Arbeit ist schließlich doch ziemlich anstrengend und unerfreulich! Nur zu jenem Unglücklichen, der auf Pizarros Befehl in geheimer Einzelhaft schmachtet, darf er Fidelio eigentlich nicht mitnehmen.

Die Wache paradiert, ein Marsch kündigt Gouverneur Pizarro an. Schon erscheint er persönlich und läßt sich die erwarteten geheimen Depeschen geben. Da – ein anonymer Brief jagt ihm einen Schreck ein: der Minister will überraschend gerade dieses Gefängnis besuchen, in dem Pizarro seine eigenen politischen Gegner quält! Wenn er dort nun Florestan fände, im tiefsten Gewölbe in Ketten und halb verhungert . . .

Pizarro faßt einen tollkühnen Entschluß: Hier hilft nur »eine kühne Tat«, ein schneller, unauffälliger Mord!

Unverzüglich wird ein Trompeter auf den höchsten Turm der Festung geschickt, damit er sofort die Ankunft des Ministers ankündige. Dann versucht Pizarro den Kerkermeister Rocco zu bestechen: er soll für ihn den Mord ausführen. Rocco weigert sich – Morden ist seine Sache nicht! So wird der Gouverneur selbst die verruchte Tat ausführen müssen.

Aufgeregt beobachtet Leonore die beiden. Als Rocco, der den Gouverneur hinausbegleitet hat, zurückkehrt, nützt sie die Gelegenheit und ringt ihm ein Zugeständnis ab: Die Gefangenen aus den leichteren Gefängnissen dürfen ausnahmsweise ins Freie. Und während diese ängstlich und glücklich zugleich den Anblick des Sonnenlichtes genießen, weiht Rocco Fidelio in Pizarros Plan ein: Der Gehilfe soll mit in den geheimen Kerker hinab, um mit Rocco gemeinsam das Grab für jenen Unglücklichen zu graben.

Der Ausflug der Gefangenen ans Tageslicht wird jäh unterbrochen, denn Pizarro kommt überraschend zurück und schickt die Gefangenen wütend wieder in den Kerker.

Tief unter der Erde, in einem finsteren, feuchten Gewölbe mit einer verfallenen Zisterne, einem Brunnen, wartet Florestan angekettet und halb verhungert auf sein Ende. Zwischen Wachen und Fieberträumen vergeht trostlos langsam die Zeit; in einem verzweifelten Aufflackern der Lebenskräfte erlebt er die Vision eines rettenden Engels: seiner Frau Leonore. Erschöpft bricht er wieder zusammen und dämmert seinem ungewissen Schicksal entgegen.

Rocco und Leonore steigen hinab, um ihr unheimliches Werk zu beginnen. Mit Hacken und Schaufeln legen sie die alte Zisterne frei, in der Florestan begraben werden soll. Da erwacht der Gefangene aufs neue, und Leonore erblickt endlich ihren verlorenen Mann. Noch darf sie sich nicht zu erkennen geben, so schwer es ihr auch fällt! Immerhin läßt sich Rocco erweichen, und Leonore darf Florestan Wasser und ein Stückchen trockenes Brot reichen. Dann gibt Rocco mit seiner Trillerpfeife das verabredete Zeichen: alles ist bereit!

Pizarro taucht mit einem Dolch aus der Dunkelheit auf, und Florestan erkennt im Augenblick höchster Gefahr seinen ärgsten Feind, der nun auch sein Mörder sein wird. Im letzten Moment wirft sich Leonore dazwischen – »töt erst sein Weib!«

Nach einem Augenblick allgemeiner Verwirrung faßt sich der Gouverneur als erster – »soll ich vor einem Weibe beben?« Doch als er rachedurstig von neuem mit der Mordwaffe ausholt, ertönt aus der Ferne vom Turm das erlösende Trompetensignal – der Minister ist da! Überglücklich sinken sich Leonore und Florestan in die Arme, während Pizarro fluchend davonstürzt.

So wird nun alles gut. Als Retter in letzter Sekunde läßt der Minister Don Fernando auf Geheiß des Königs die Staatsgefangenen frei. Erschüttert entdeckt er unter ihnen seinen totgeglaubten Freund Florestan, dem nun seine Frau Leonore selbst die Ketten abnehmen darf. Pizarro aber wird auf einen Wink des Ministers von der Wache abgeführt.

## Hinweise

*Beethoven hat nur diese einzige Oper geschrieben. Nach seinem Willen sollte sie ursprünglich »Leonore« heißen, doch kannte man damals bereits ein Stück gleichen Namens. Die Handlung soll auf eine wahre Begebenheit zurückgehen, die Bouilly, der Verfasser der französischen Vorlage, in den Tagen der Französischen Revolution als Zeuge miterlebt haben will.*

*Der Weg der Oper zum heutigen Welterfolg war zunächst recht dornenreich. Die Uraufführung im November 1805 fand im französisch besetzten Wien statt, und sowohl das überwiegend ausländische Publikum wie die heimischen Kritiker nahmen das Werk ziemlich kühl auf. So begann Beethoven die Oper zu überarbeiten und zu ändern: Aus drei Akten wurden zwei, die Handlung wurde straffer und spannender. Doch auch diese Fassung von 1806 erlebte nur fünf Aufführungen, weil der Komponist selbst weitere Vorstellungen verhinderte – er meinte, zu wenig Geld bekommen zu haben! Erst 1814 erblickte ›Fidelio‹ in der endgültig überarbeiteten Form das Licht der Welt.*

*Insgesamt vier verschiedene Ouvertüren hat Beethoven im Laufe der Jahre dazu komponiert, von denen zwei heute regelmäßig gespielt werden: die letzte, eben die ›Fidelio‹-Ouvertüre unmittelbar vor der Oper und außerdem noch die berühmte lange »Dritte Leonoren-Ouvertüre«. Diese erklingt häufig während des Bühnenumbaues unmittelbar vor dem letzten Bild, also nach der Rettung Florestans, oder aber auch allein im Konzertsaal. Sie schildert mit musikalischen Mitteln das dramatische Geschehen der Opernhandlung, an deren Höhepunkt jene Trompetenfanfare erklingt:*

Trompete:

*Dann erst bricht der befreiende Jubel aus.*

*Die Oper ist ein Singspiel, mit zahlreichen langen Dialogen zwischen den Musiknummern. Allerdings werden diese gesprochenen Texte in heutigen Aufführungen meistens sehr stark gekürzt, wohl auch wegen der Sprachschwierigkeiten ausländischer Sänger. Eine Besonderheit findet sich in der Kerkerszene: Während Rocco und Leonore in der Zisterne graben und sich dabei unterhalten, spielt das Orchester und erläutert gleichsam musikalisch diesen Dialog – man nennt das »Melodram«. Auch lange Rezitative gibt es, etwa vor den beiden großen Arien Leonores (1. Akt) und Florestans (2. Akt). Florestan beginnt seine Kerkerszene mit einem verzweifelten Aufschrei:*

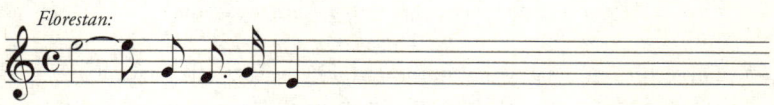

Gott, welch Dun-kel hier!

*Ihm geht ein langes ausdrucksvolles Vorspiel voraus, in dem das Orchester die ausweglose Lage des Gefangenen im Kerker schildert. Dagegen gehören Rocco, Marzelline und Jaquino eher in die schein-bar heitere Welt des Singspiels; ihre Arien und Duette im 1. Akt klingen liedhaft und schlicht. Mit Leonore gemeinsam treffen sie sich im 1. Akt in einem kunstvollen Quartett, das einen der musikalischen Höhepunkte der Oper darstellt:*

Mir ist so wun-der-bar, es engt das Herz mir ein.

*Eine der berühmtesten und ergreifendsten Szenen der ganzen Opern-geschichte ist der »Gefangenenchor« im 1. Akt. Das Finale der Oper klingt mit nicht endenwollenden Jubelgesängen aus:*

Wer ein hol-des Weib er-run-gen, stimm in un-sern Ju-bel ein!

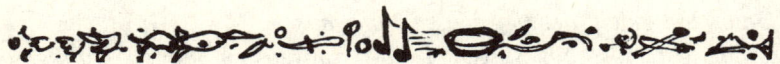

GIOACCHINO ROSSINI
(1792–1868)

# Der Barbier von Sevilla

*Il barbiere di Siviglia*
Komische Oper (Opera buffa) in zwei Aufzügen
Text von Cesare Sterbini
(nach einer Vorlage von Beaumarchais)

Ouvertüre und 19 Musiknummern sowie Rezitative (secco)
Uraufführung am 20. Februar 1816 in Rom
unter der Leitung des Komponisten
Spieldauer: etwa 2½ Stunden

Besetzung

| | |
|---|---|
| Graf Almaviva | *Tenor* |
| Bartolo, Doktor der Medizin | *Baß* |
| Rosina, sein Mündel | *Mezzosopran (Sopran)* |
| Figaro, ein Barbier | *Bariton* |
| Basilio, Bartolos Musikmeister | *Baß* |
| Fiorillo, Almavivas Diener | *Tenor* |
| Ambrosio, Bartolos Diener | *Baß* |
| Marzelline, Bartolos alte Haushälterin | *Alt* |
| Ein Notar | *stumme Rolle* |
| Ein Offizier | *Baß* |
| | |
| Musikanten, Soldaten | *Chor* |

# Die Handlung

 Graf Almaviva ist jung, lebenslustig und voller Tatendrang. Außerdem ist er verliebt bis zur Raserei, hat das Schloß seiner Eltern vor den Toren Sevillas verlassen und ist in die Stadt gezogen, um hier Tage und Nächte um das Haus seiner Angebeteten zu streifen. Er hat herausgefunden, daß die schöne Rosina immer frühmorgens hinaus auf ihren Balkon tritt. Deshalb zieht er zu so früher Stunde mit einer Handvoll Musikanten in jene Gasse, um ihr ein Ständchen zu bringen. Er hat aber auch erfahren, daß sie gar nicht Doktor Bartolos eigene Tochter ist, sondern nur sein Mündel, also seine Pflegetochter, die er allerdings möglichst bald selbst heiraten will, um an ihre große Mitgift heranzukommen. Rosina hat offenbar viel Geld mit ins Haus gebracht! So überwacht der alte Doktor auch eifersüchtig jeden ihrer Schritte, damit ihm nur ja niemand anderes zuvorkommen kann.

Graf Almaviva wiederum hat sich seiner Angebeteten noch nicht zu erkennen gegeben, sondern tritt zunächst immer verkleidet unter dem Namen Lindoro auf. Er möchte nämlich auf diese Weise ganz sichergehen, daß Rosina – falls sie seine Liebe wirklich erwidert – ihn nicht seines Standes wegen heiraten will.

 Heute früh ist das gewohnte Ständchen jedoch zunächst erfolglos. Die Balkontür bleibt verschlossen, und der Graf schickt seine Musikanten reich belohnt heim. Da kommt Figaro, ein in Sevilla bekannter und vielbeschäftigter Barbier (heute würde man sagen: Friseur) des Weges, ein lustiges Lied trällernd. Er kommt dem Grafen gerade wie gerufen. Gegen guten Lohn wird Figaro nun gleich in seine Liebesdienste eingespannt, denn Doktor Bartolo ist ja Figaros Kunde.

Da endlich tritt Rosina auf den Balkon und hält sehnsüchtig nach ihrem Anbeter Ausschau. Bartolo folgt ihr wie immer wachsam auf dem Fuß, doch sie versteht es trotzdem, ein Briefchen vom Balkon hinabzuschmuggeln. Sie möchte zu gern wissen, wer der Unbekannte eigentlich ist und ob er es auch wirklich ernst meint. Außerdem hofft sie, mit Hilfe dieses neuen Verehrers ihrem Gefängnis entfliehen zu können.

Bartolo muß jetzt in die Stadt, um seine Hochzeitsvorbereitungen zu beschleunigen. Sorgfältig verschließt er die Haustür und eilt die Gasse hinab. Der Graf ergreift die günstige Gelegenheit und singt zur Gitarre ein Liebesliedchen, Rosina hört selig hinter dem Vorhang zu. Auch sie hat inzwischen zu Figaro Vertrauen gefaßt, nachdem sie vom Fenster aus beobachtet hat, wie lange dieser mit ihrem Anbeter gesprochen hat. Schnell schreibt sie ein Briefchen für ihren Lindoro. Gerade ist es Figaro gelungen, sich zu Rosina ins Zimmer zu schleichen. Da kommt Bartolo in Begleitung Basilios zurück, und Figaro muß sich schleunigst verstecken. So kann er mit anhören, was der geschwätzige Musikmeister dem Doktor alles einflüstert: Graf Almaviva sei in der Stadt, er stelle Rosina nach, er aber – Basilio – werde durch allerhand Verleumdungen schon dafür sorgen, daß dieser ungebetene Liebhaber schnell wieder aus Sevilla verschwindet. Jetzt drängt es Bartolo mehr denn je zur Hochzeit, und er zieht sich mit Basilio zurück, um alle Einzelheiten zu klären.

Figaro berichtet Rosina in aller Eile, was er an üblen Neuigkeiten aufgeschnappt hat – am besten wäre es wohl, sie schriebe jetzt gleich einen Brief an Lindoro, der sie so innig liebt. Schelmisch zieht sie den bereits fertigen Brief hervor: Figaro soll der Liebesbote sein.

Bartolo kommt schon wieder herein – lange läßt er sein Mündel wirklich nicht allein! Mißtrauisch bemerkt er sogar, daß ein Blatt Papier auf dem Schreibtisch fehlt und daß Rosina Tinte am Finger hat.

Auf Figaros Rat hin hat sich der Graf inzwischen als Soldat verkleidet und bittet nun Bartolo scheinbar betrunken um Quartier – ein betrunkener Soldat kommt ja wohl kaum als Nebenbuhler an die Tür! Und richtig: auf diesen Trick scheint der alte Doktor zunächst hereinzufallen, jedenfalls läßt er ihn ein. Allerdings wird er ihn keineswegs beherbergen, denn als Arzt ist er von dieser lästigen

Pflicht befreit. Drinnen spielt der Graf seine neue Rolle trotzdem lustig weiter. Nur seiner Rosina gibt er sich ganz nebenbei zu erkennen und steckt ihr ein Briefchen zu, während er Bartolo weiter an der Nase herumführt, mit seinem Säbel fürchterlich herumfuchtelt und ein riesiges Durcheinander anstellt. Der Lärm dringt bis auf die Gasse, die Wache stürmt ins Haus, kann aber den angeblichen randalierenden Soldaten nicht festnehmen, weil er sich hinter Bartolos Rücken schnell als Graf Almaviva zu erkennen gibt. So löst sich die ganze Versammlung zunächst einmal unverrichteter Dinge auf.

Graf Almaviva hofft, mit einer neuen List ans Ziel seiner Wünsche zu gelangen. So verkleidet er sich nun zur Abwechslung als »Musikmeister Alonso« und behauptet einfach frech, den erkrankten Basilio bei Doktor Bartolo vertreten zu müssen. Der bleibt wie immer äußerst mißtrauisch: das Gesicht kommt ihm so merkwürdig bekannt vor! Durch einen Trick gewinnt aber der falsche Alonso sein Vertrauen: er zeigt ihm nämlich Rosinas Brief, den ihm ja Figaro überbracht hat, und behauptet, der Graf habe diesen einer anderen Geliebten zugesteckt. Und auf diese Weise ließe sich doch wohl leicht Rosinas Mißtrauen wecken? Wenn er, Alonso, den bewußten Zettel ihr nur schnell selbst geben dürfte?

Sogleich holt Bartolo sein Mündel, Alonso soll ihr heute Singunterricht geben! Sie erkennt, im Gegensatz zu ihrem Vormund, ihren Lindoro sofort. So führen die beiden in schönster Eintracht dem nichtsahnenden Alten eine großartige Musikstunde vor, wobei sie ein langes Liebesduett singen, von dem der einfältige Doktor glaubt, es stünde tatsächlich so in den Notenblättern!

Figaro erscheint, um den Doktor zu rasieren. Weil aber Bartolo sein Mündel jetzt auch nicht mehr einen einzigen Augenblick lang allein lassen möchte, will er sich hier rasieren lassen. Er schickt den Barbier mit seinem Schlüsselbund hinaus in die Wäschekammer, um ein Handtuch zu holen. Der nützt die günstige Gelegenheit und stiehlt den Hausschlüssel. Da naht ein unvorhergesehenes Hindernis: Der richtige Musiklehrer Basilio steht in der Tür und will mit seiner

Unterrichtsstunde beginnen. Nur eine kleine Bestechung kann da helfen: Ein Beutel mit Geld bringt ihn sehr schnell zum Schweigen, und Figaro stellt bei ihm auch gleich das »gelbe Fieber« fest – schnell ins Bett mit ihm! So wird er glücklich hinauskomplimentiert. Währenddessen verabreden sich Almaviva und Rosina für kommende Mitternacht. Leider schnappt das aber der Doktor mit seinen allezeit gespitzten Ohren auf und durchschaut auf einmal die Verkleidung. Wütend wirft er Figaro und Almaviva-Lindoro-Alonso hinaus.

Noch eiliger treibt er die Vorbereitungen zu seiner eigenen Hochzeit mit Rosina voran. Nun ist wirklich keine Zeit mehr zu verlieren, noch heute muß sie ihm gehören! Und mit einem üblen Trick will er sich sein Mündel gefügig machen: Jenes Briefchen, das ihm der geheimnisvolle Alonso zugesteckt hat, wird Rosina sicher brennend interessieren! In der Tat: sie fällt prompt auf diese Lüge herein, und aus Wut über Lindoros scheinbar erwiesene Untreue willigt sie sogar ein, den alten Bartolo gleich heute zu heiraten, ja, sie verrät ihm sogar den mitternächtlichen Entführungsplan.

Die Nacht ist sehr stürmisch, ein Gewitter tobt sich aus.

Der Graf und Figaro steigen mit einer Leiter in Rosinas Zimmer ein und haben zunächst alle Mühe, ihr den Irrtum zu erklären; Almaviva gibt sich ihr endlich zu erkennen. Basilio und der Notar sind auch gleich zur Stelle; Figaro und der Musikmeister werden schnell zu Trauzeugen gemacht – der eine freiwillig, mit einem Ring bestochen der andere. Und schon sind die beiden ein Paar.

Inzwischen hat Bartolo, der noch gar nicht ahnt, was sich in seinem Haus abgespielt hat, in aller Ruhe draußen die Leiter weggeräumt und glaubt nun, den losen Vogel gefangen zu haben. Triumphierend tritt er mit einem Offizier und der Wache ein und steht auf einmal vor vollendeten Tatsachen. Der Graf gibt sich auch ihm zu erkennen und spendiert ihm gleich zur Beruhigung Rosinas ganze Mitgift – Geld genug hat er schließlich selbst. Schlagartig erhellt sich Bartolos Gesicht: Er hat endlich bekommen, was er immer haben wollte. Man verträgt sich, umarmt sich, küßt sich – Ende gut, alles gut!

Die Fortsetzung dieser Oper wird in ›Figaros Hochzeit‹ von Mozart erzählt, siehe S. 60.

# Hinweise

In dieser turbulenten Verwechslungs- und Verkleidungskomödie erfahren wir in allen Einzelheiten die Vorgeschichte zu ›Figaros Hochzeit‹ von Mozart, obwohl sie später entstanden ist. Die meisten Personen dort treten auch hier wieder auf, allerdings zum Teil mit etwas anderen Stimmlagen: etwa der geschwätzige, hinterlistige Basilio, der immer unternehmungslustige, einfallsreiche Figaro, sogar Marzelline, Bartolos Haushälterin, taucht in einer kleinen Nebenrolle wieder auf. Die Charaktere jedenfalls sind in beiden Opern die gleichen.

Auch das spritzige Tempo, mit dem die verzwickte Handlung abläuft, erinnert stark an Mozarts ›Figaro‹. Hier wie dort entwickelt sie sich in den witzigen Rezitativen, während die einzelnen handelnden Personen ihre Gefühle und Gedanken in den Arien aussprechen. Besonders berühmt ist Figaros Auftrittslied – »Ich bin das Faktotum der schönen Welt«, in dem er in halsbrecherischem Tempo sein abwechslungsreiches, vielbeschäftigtes Leben schildert:

Die Partie der Rosina ist ausgesprochen gefürchtet, gespickt mit schwierigster »Stimmbandakrobatik«; wenige berühmte Sängerinnen meistern die geläufigen Koloraturen und Verzierungen, die sich etwa in ihrer ersten »Kavatine« (liedähnliche Arie) im 1. Akt aneinanderreihen:

*Mit Recht berühmt ist auch die »Gewittermusik«: jenes Orchesterzwischenspiel, das zur letzten Szene des 2. Aufzuges überleitet und das auf höchst eindrucksvolle Weise mit rein instrumentalen Mitteln ein nächtliches Unwetter schildert.*

*Wie so oft trieben die Umstände Rossini auch bei der Komposition des ›Barbier‹ sehr zur Eile an. Nur reichlich zwei Monate lagen zwischen der Vertragsunterzeichnung und der Uraufführung des Werkes, und die Komposition selbst erfolgte in ganzen 26 Tagen! So wundert es kaum, daß für eine neue Ouvertüre keine Zeit mehr blieb. Rossini übernahm sie einfach aus einer seiner früheren Opern – sie paßt in ihrem launigen Temperament dennoch hervorragend zum ›Barbier‹. Mit dieser Oper sicherte Rossini erneut den Weltruhm der italienischen »Opera buffa«.*

*Übrigens, das turbulente Künstlerleben scheint dem Komponisten schließlich doch zu anstrengend geworden zu sein; jedenfalls schrieb er nach 1829, also ab seinem 38. Lebensjahr, keine einzige Oper mehr. Bekannt ist auch seine Leidenschaft für die Kochkunst, der er sich die restlichen 39 Jahre seines Lebens besonders widmete.*

GIOACCHINO ROSSINI
(1792–1868)

# Angelina

*La Cenerentola*
Komische Oper in zwei Aufzügen
Text von Jacopo Ferretti

Ouvertüre und 13 Musiknummern mit Rezitativen
Uraufführung am 25. Januar 1817 in Rom
Spieldauer: knapp 3 Stunden

### Besetzung

| | |
|---|---|
| Don Ramiro, Prinz von Salerno | *Tenor* |
| Dandini, sein Kammerdiener | *Bariton* |
| Don Magnifico, Baron von Montefiascone ∨ | *Baß* |
| Tisbe und Clorinde, seine Töchter ∨ | *Alt, Sopran* |
| Angelina, seine Stieftochter ∨ | *Sopran* |
| Alidoro, Philosoph, Erzieher des Prinzen ∨ | *Baß* |
| Kavaliere, Hofgesellschaft, Pagen, Diener | *Chor* |

# Die Handlung

Die Geschichte von Aschenputtel oder Aschenbrödel ist nicht nur in den deutschen Märchenbüchern, sondern auch in denen anderer Länder enthalten, wie so mancher beliebte Märchenstoff. Allerdings wird sie von Land zu Land verschieden erzählt: Die Handlung nimmt bisweilen einen anderen Verlauf, und es treten auch andere Personen auf. Der Kern aber bleibt immer der gleiche; Aschenputtel bekommt zu guter Letzt ihren Prinzen, allen Hindernissen und Neidern zum Trotz!

Baron Magnifico hat drei Töchter: Clorinde, Tisbe und Angelina. Clorinde und Tisbe sind stolz und rücksichtslos und drangsalieren gemeinsam Angelina, denn sie ist ja »nur« ihre Stiefschwester. Deshalb erkennen sie das Mädchen auch gar nicht als ihre gleichberechtigte Schwester an, lassen sich statt dessen von ihr nur bedienen und behandeln sie kalt und unfreundlich. Im übrigen aber widmen sich die eitlen Damen ihrer Garderobe und Toilette – gar zu gern hätten sie einen vornehmen Freier!

Ein solcher könnte zum Beispiel der Prinz Ramiro von Salerno sein, der reich und zudem im heiratsfähigen Alter ist. Tatsächlich hält auch er bereits Ausschau nach einer geeigneten Braut. Allerdings sieht er sich nicht in aller Öffentlichkeit unter den Mädchen des Landes um, sondern hat sich einen vielversprechenden Trick ausgedacht: An seiner Stelle soll der Philosoph Alidoro, der als Erzieher auf den Prinzen großen Einfluß hat, ein geeignetes schönes Mädchen für ihn finden.

Alidoro begibt sich auch tatsächlich auf Brautschau, allerdings klopft er als Bettler verkleidet bei den Damen an, um auf diese Weise vielleicht eher ihren wahren Charakter herausfinden zu können.

So taucht er eines Tages am Palast des Don Magnifico auf; die beiden bösen Schwestern aber wollen ihm gleich die Tür vor der

Nase zuschlagen. Angelina jedoch empfindet Mitleid mit dem vermeintlichen Bettler und versorgt ihn heimlich mit Essen und Trinken. Dafür handelt sie sich dann Prügel von ihren Stiefschwestern ein.

Alidoro berichtet dem Prinzen von seinem Abenteuer, und der schickt den Töchtern des Magnifico umgehend seine Einladung aufs Schloß. Clorinde und Tisbe kommen überhaupt nicht auf den Gedanken, daß auch Angelina eingeladen sein könnte, und sie machen sich schon große Hoffnungen auf den Prinzen. Und Don Magnifico verspricht sich von einer solchen aussichtsreichen Partie viel, denn er hat große Schulden, von denen ihn ein reicher Schwiegersohn befreien könnte. Unverzüglich beginnen sich Vater und Töchter für das Fest gehörig zu putzen, da taucht unerkannt der Prinz selbst auf. Er möchte sich die Verhältnisse gern einmal mit eigenen Augen anschauen. Alidoro hat ihm nämlich angedeutet, daß dort, im Palast des Magnifico, seine zukünftige Braut wartet. Zu diesem Zweck hat sich Ramiro als Stallmeister verkleidet, und er trifft auch sogleich Angelina, ohne zu ahnen, wen er da vor sich hat. Das Mädchen macht großen Eindruck auf ihn, beide empfinden schnell Zuneigung zueinander.

Unterdessen fährt »Prinz Ramiro« vor – in Wirklichkeit sein verkleideter Kammerdiener. Vater Magnifico und seine beiden Töchter empfangen ihn untertänigst, und es ist ihnen sehr peinlich, daß auch Angelina darum bittet, mit zum Tanz aufs Schloß fahren zu dürfen. Empört schlägt die Familie ihre Bitte ab. Alidoro bringt sie alle in große Verlegenheit, als er Magnifico auf einmal anzüglich nach seiner dritten Tochter fragt, von der er erfahren habe. Magnifico beginnt zu lügen: Sie sei doch längst gestorben! Angelina aber zwingt er boshaft zu schweigen.

Verzweifelt bleibt das arme Mädchen allein zurück, als Vater und Schwestern sich schließlich zum Tanzfest aufmachen. Alidoro weiß sie zu trösten: Er will nur schnell die schönsten Kleider für sie besorgen und sie dann auch mit zum Schloß des Prinzen nehmen.

Dort amüsieren sich die beiden bösen Schwestern bereits prächtig. Sie umgurren den »Prinzen« Dandini, beide machen sich große

Hoffnungen, am Ende die Schwester ausstechen zu können und den Prinzen an Land zu ziehen. Über den angeblichen Diener Ramiro aber lachen sie nur: Er behauptet doch tatsächlich, daß er später das übrig gebliebene Mädchen heiraten werde! Da erscheint auf einmal auf dem Ball eine unbekannte Schöne, im prächtigen Kleid und mit kostbarem Schmuck. Verwirrt beobachten Don Magnifico und seine beiden hochmütigen Töchter das Mädchen, denn sie sieht Angelina doch verblüffend ähnlich!

 Angelina aber kommt mit dem falschen Prinzen, dem Diener Dandini, ins Gespräch und vertraut ihm an, daß ihr der »Stallmeister« so gut gefalle. Der Prinz, immer noch inkognito, hat heimlich gelauscht und bietet Angelina glücklich seine Hand an. Ohne daß es jemand bemerkt, schenkt sie ihm ein Armband als Erkennungszeichen: Wenn er sie jemals wiederfände, dann würde er an ihrem Arm ein gleiches Schmuckstück finden. Und vielleicht gefalle sie ihm dann immer noch, auch in einer anderen Umgebung. Dann würde sie ihm bestimmt ihr Ja-Wort geben.

Das Fest ist vorbei, Prinz und Diener tauschen wieder ihre Rollen und brechen unverzüglich auf, um das schöne Mädchen zu suchen. Auch Alidoro bleibt nicht untätig und spielt ein bißchen Schicksal. Er weiß es so einzurichten, daß der Wagen des Prinzen in einem nächtlichen Unwetter gerade vor dem Haus des Don Magnifico eine Panne hat. So müssen sie also dort Unterschlupf suchen. Ramiro begegnet bald Angelina, die längst wieder das arme Aschenbrödel ist, doch an ihrem Arm entdeckt der Prinz auf einmal das Gegenstück zu seinem Armband, das ihm die unbekannte Schöne geschenkt hat. Glücklich schließen sich die beiden in die Arme und versprechen sich ewige Treue.

Magnifico und seine beiden »echten« Töchter verhalten sich natürlich alles andere als vornehm, als sie begreifen, was da passiert ist und daß man sie alle hinters Licht geführt hat. Angelina aber reicht ihnen die Hand zur Versöhnung und lädt sie zur Hochzeit ein.

### Hinweise

›La Cenerentola‹ ist keineswegs die erste Vertonung von »Aschenbrödel«. Rossinis Textdichter konnte sich vielmehr bereits auf eine –
heute vergessene – französische Aschenbrödel-Oper stützen, und
schon 1760 gab es in Italien eine Vertonung des gleichen Stoffs mit
einem Text des berühmten italienischen Dichters Carlo Goldoni
(1707–1793).

›Angelina‹, wie die Oper ›La Cenerentola‹ im Original eigentlich
heißt, entstand nur ein Jahr nach dem ›Barbier von Sevilla‹ und hat
viel mit ihm gemeinsam. Beide sind typisch für die Gattung »Opera
buffa«, reich an witzigen Situationen auf der Bühne, an heiteren
Ensembles und an gesangvollen, hin und wieder von virtuosen Koloraturen angereicherten Partien für die Hauptpersonen. Eine Paraderolle für die Sängerinnen des italienischen Koloraturfaches in
Mezzosopranlage ist die Titelpartie der Angelina, genauso effektvoll
und genauso schwierig zu singen wie die der Rosina im ›Barbier von
Sevilla‹.

Auch die übrigen wichtigen Rollen der Oper entsprechen in Charakter und Stimmfach genau denen der Vorgängeroper ›Barbier von
Sevilla‹: Angelinas Vater, Don Magnifico, ist wie Doktor Bartolo als
»italienischer Spielbaß« ein polternder älterer Herr mit leicht komischen Zügen. Und Don Ramiro ist, wie Graf Almaviva, der Tenor-
Star der Oper im lyrischen italienischen Koloraturfach, das eine
Besonderheit Rossinis darstellt. Dandini schließlich, sein Diener,
ist, wie Figaro selbst, der sogenannte Spielbariton.

Diese genaue Übereinstimmung beider Opern in den musikalischen Eigenschaften und in der Besetzung rührt sicher auch daher,
daß Rossini sich in jenen Jahren vertraglich verpflichtet hatte,
jährlich zwei neue Opern abzuliefern. So blieb zwar das Schema
gleich; es ist aber nur um so erstaunlicher, daß unter den Umständen eines solchen strengen Vertrages tatsächlich bedeutende, geniale Musik entstehen konnte!

Die Partitur Rossinis ist vom ersten bis zum letzten Takt reich an
melodischen Einfällen und an rhythmischem Temperament, das sich

vor allem in den kunstvollen Ensembles zeigt. Die Orchesterbeset-
zung entspricht der gewohnten klassischen Zusammensetzung (mit
Streichern, Holz- und Blechbläsern und Pauken) wie bei Mozart und
Beethoven, und doch gewinnt ihr Rossini eine ganz eigene, durch-
sichtige Klanglichkeit ab. Sogar eine kleine Gewittermusik ist wieder enthalten, genau wie im ›Barbier von Sevilla‹ – Rossini kannte
alle Modeströmungen und die Wünsche seines Publikums sehr genau!

Unser abschließendes Notenbeispiel entnehmen wir der zündenden Ouvertüre:

Ouvertüre

## Carl Maria von Weber
### (1786–1826)

# Der Freischütz

Romantische Oper in drei Aufzügen
Text von Johann Friedrich Kind

Ouvertüre und 16 Musiknummern mit gesprochenem Dialog
Uraufführung am 18. Juni 1821 in Berlin
unter der Leitung des Komponisten
Spieldauer: etwa 2½ Stunden

### Besetzung

| | |
|---|---|
| Ottokar, ein böhmischer Fürst | *Bariton* |
| Kuno, fürstlicher Erbförster | *Baß* |
| Agathe, seine Tochter | *Sopran* |
| Ännchen, eine junge Verwandte Agathes | *Sopran* |
| Kaspar, erster Jägerbursche bei Kuno | *Baß* |
| Max, zweiter Jägerbursche bei Kuno | *Tenor* |
| Eremit (ein frommer Einsiedler) | *Baß* |
| Kilian, ein Bauer | *Bariton* |
| Vier Brautjungfern | *Sopran* |
| Samiel, der Schwarze Jäger | *Sprechrolle* |
| | |
| Jäger, Bauern, Diener, Brautjungfern | *Chor* |

# Die Handlung

 Unsere Geschichte spielt vor mehr als dreihundert Jahren, zu einer Zeit, da weite Teile Deutschlands noch von undurchdringlichem, dunklem Wald bedeckt waren. In ihm lebten zahllose wilde Tiere, die wir heute nur noch aus dem Zoologischen Garten oder aus Filmen kennen: zum Beispiel Wölfe und Bären. Die Menschen jener Jahre – kurz nach dem Dreißigjährigen Krieg, also um die Mitte des 17. Jahrhunderts – mieden den Wald, wenn sie nicht beruflich als Jäger in ihm zu tun hatten oder wenn sie sich nicht gerade darin verstecken wollten, weil sie vor dem Gesetz auf der Flucht waren. Der Wald war braven Bürgern unheimlich: Man hielt ihn für einen Ort, an dem böse Geister ihr Unwesen trieben, vor allem in der Nacht.

Mitten im finsteren Böhmischen Wald liegt Kunos Försterei, die er von seinem Vater geerbt hat. Weil er selbst keinen Sohn hat, soll sie später einmal seiner Tochter Agathe gehören, um deren Hand sein zweiter Jägerbursche Max anhält. Der gütige Fürst Ottokar hat bereits erlaubt, daß Max als zukünftiger Schwiegersohn einmal die Erbförsterei übernehmen darf. Allerdings gibt es da seit urdenklichen Zeiten einen geheimnisvollen Brauch: Jeder neue Erbförster muß zuvor einen Meisterschuß – den »Probeschuß« – ablegen, mit dem er vor seinem Fürsten sein Können beweisen soll.

 Nun steht der Tag dieses Probeschusses unmittelbar bevor. Max aber wird seit Tagen vom Jagdpech verfolgt, kein Schuß will ihm mehr gelingen, und auch im Preisschießen, beim Wirtshaus mitten im Wald, hat er das Nachsehen gehabt – der einfache Bauer Kilian hat ihn besiegt! Max ist natürlich verzweifelt, und obendrein wird er auch noch von der ganzen Jagdgesellschaft gehänselt.

Erbförster Kuno nimmt seinen Jagdburschen in Schutz und erinnert ihn dabei beiläufig an den Probeschuß. Da bedrängen die Jäger neugierig ihren Herrn, und so enthüllt ihnen Kuno, wie es einstmals zum Probeschuß kam. Er erzählt: »Einer meiner Vorfahren, der auch Kuno hieß, war fürstlicher Leibschütze. Auf einem Jagdausflug seines Fürsten begegnete ihnen ein Hirsch, auf dessen Rücken ein Mensch angeschmiedet war – so bestrafte man in alten Zeiten die Wilderer. Den Fürsten aber erfaßte bei diesem Anblick doch Mitleid. Er versprach deshalb demjenigen, der den Hirsch erlege, ohne den Übeltäter zu verwunden, eine Erbförsterei. Der tapfere Leibschütze besann sich nicht lange, legte an, feuerte und traf das Tier, ohne dem Wilddieb ein Haar zu krümmen. Umgehend erfüllte der Fürst sein Versprechen. Kunos Neider aber behaupteten, bei diesem Meister-schuß sei es nicht mit rechten Dingen zugegangen. Aus diesem Grund machte der Fürst bei der endgültigen Stiftung noch einen Zusatz: Jeder künftige Nachfolger in der Erbförsterei muß zuvor einen Probeschuß ablegen.«

Max versinkt in düstere Ahnungen, aber Kuno und seine Jäger versuchen ihn zu trösten und aufzumuntern. Schließlich brechen sie zur Jagd auf.

Max bleibt allein im Wirtshaus zurück, während der Bauer Kilian und die anderen Bauernburschen einen lustigen Walzer tanzen und sich allmählich entfernen.

Die Nacht bricht herein. Immer noch hängt Max seinen trüben Gedanken nach; er denkt an Agathe und an vergangenes Jagdglück. Es ist, als ob sich finstere Mächte gegen ihn verschworen hätten – da erscheint im Hintergrund, lautlos wie ein Spuk, die unheimliche Gestalt Samiels, des Schwarzen Jägers. Doch als Max in seiner Verzweiflung ausruft: »Lebt denn kein Gott?«, da zuckt er zusammen und verschwindet ebenso stumm wie er gekommen ist.

Listig macht sich nun Kaspar, Kunos erster Jäger, an Max heran und überredet ihn mit tückischen Trinksprüchen zum Wein. Aus dem Dunkel des Waldes aber werden die beiden wieder von Samiel belauscht. Kaspar gibt sich als mitleidiger Freund und verspricht Max, ihm morgen zu einem glücklichen Schuß zu verhelfen. Zum Beweis leiht er dem Zweifelnden sein eigenes Gewehr, und Max trifft im trüben Licht der Dämmerung, fast ohne zu zielen, einen Adler.

Staunend und verzweifelt läßt er sich überreden, mit Kaspar neue »Freikugeln« zu gießen – Zauberkugeln, die immer treffen! Denn dies war gerade Kaspars letzte Freikugel, welch ein Zufall! Sie verabreden sich für die kommende Mitternacht in der Wolfsschlucht, einem verrufenen Ort im tiefen Wald. Kaspar aber bleibt allein zurück und triumphiert im voraus: »Der Hölle Netz hat dich umgarnt.«

 Im einsamen Forsthaus vertreiben sich am gleichen Abend Agathe und Ännchen die Zeit. Ännchen hat soeben das Gemälde des Urvaters Kuno, von dem wir schon gehört haben, wieder aufgehängt, denn unerklärlicherweise ist es von der Wand gefallen. Agathe aber hat trübe Gedanken: Vor ein paar Stunden erst war sie beim Eremiten, und der hat sie eindringlich vor einer unbekannten großen Gefahr gewarnt. Das lebenslustige Ännchen versucht, sie mit einem Liebesliedchen aufzumuntern, und läßt sie dann eine Weile allein.

Agathe tritt an das dunkle Erkerfenster und spricht ein inniges Abendgebet. Auf einmal hört sie in der Ferne aus der Tiefe des nächtlichen Waldes die schnellen Schritte ihres Verlobten. Verstört und gehetzt erscheint Max, am Hut den Federbusch jenes Adlers, den er mit Kaspars Gewehr geschossen hat. Unheimlicherweise stellt sich heraus, daß Kunos Bild gerade in dem Augenblick von der Wand gefallen ist und Agathe verletzt hat, als Max mit Kaspars letzter Freikugel den Vogel traf! Max ist unruhig, ihn hält es nicht im Forsthaus. Unter einem Vorwand drängt er wieder hinaus in die Nacht. Zum Entsetzen Agathes will er ausgerechnet in die Wolfsschlucht! Vergebens versucht sie ihn zurückzuhalten; sie hat Angst um den Geliebten und warnt ihn dringend vor der Gefahr, in die er sich begeben will.

In der einsamen und verrufenen Wolfsschlucht, bei bleichem Vollmondschein, wartet bereits ungeduldig Kaspar und ist mit allerlei geheimnisvollen Vorbereitungen zum Kugelgießen beschäftigt. Unsichtbare Geister prophezeien Unheil – »eh noch wieder Abend graut, ist sie tot, die zarte Braut!« Da schlägt eine ferne Kirchenglocke

Mitternacht, und auf Kaspars Anrufung hin erscheint der Schwarze Jäger Samiel. Ihm bietet er an seiner Stelle Max als neues Opfer an; nur so hofft er sein eigenes Leben retten zu können, denn seine Frist ist abgelaufen. Er fleht Samiel um neue Freikugeln an und verspricht ihm: »die siebente sei dein!«, und die soll Agathe treffen. Samiel scheint tatsächlich einzuwilligen: »Es sei. Bei den Pforten der Hölle! Morgen – er oder du!«

Endlich taucht Max hoch oben über dem Abgrund auf, traut sich aber nicht in die Schlucht hinab. Ein Spukbild, die Erscheinung seiner toten Mutter, warnt ihn. Doch der Schwarze Jäger Samiel lockt ihn mit einer anderen Erscheinung hinunter: Agathe will sich, so sieht es aus, in einen Wasserfall stürzen; Max hält es nicht mehr, er muß hinunter in die Schlucht, um sie zu retten.

Erleichtert beginnt Kaspar nun den Zauberbrei anzurühren, dann spricht er die Beschwörungsformel, und sie fangen an, die Freikugeln zu gießen. Sogleich erhebt sich um sie herum ein ungeheures Unwetter, ein wahrer Höllenlärm bricht los, von Kugel zu Kugel bis zur letzten, der siebenten, steigern sich Gewitter, Sturm und Spuk; die Wilde Jagd rast durch die Nacht, die ganze Schlucht scheint, wie von einem Erdbeben geschüttelt, in sich zusammenzustürzen. Samiels Erscheinung greift nach Max, der in Todesangst das Kreuzeszeichen macht. Gleichzeitig schlägt es eins, und in diesem Augenblick ist der ganze Spuk vorbei – Totenstille über den Trümmern!

 Am nächsten Morgen, nach dem großen Unwetter über der Wolfsschlucht, sind die beiden Jägerburschen schon früh auf den Beinen und haben sich die neuen Freikugeln brüderlich geteilt: drei für Kaspar und vier für Max, der vor den Augen seines zufriedenen Fürsten bereits drei Meisterschüsse getan hat. Kaspar aber verschießt seine letzte Kugel völlig sinnlos nach einem Füchslein, so daß Max nur noch die letzte – die siebente, deren Ziel allein Samiel bestimmen kann! – für den Probeschuß übrigbehält.

Im Forsthaus bereitet sich Agathe, von dunklen Ahnungen geängstigt, auf ihren Hochzeitstag vor. Sie sucht Zuflucht im Gebet – möge der gütige Gott ihr und Max helfen! Sie erzählt Ännchen von einem schrecklichen Alptraum, der sie in dieser stürmischen Nacht gepeinigt hat: sie sei eine weiße Taube gewesen, und Max habe auf sie geschossen! Ännchen weiß sich nicht anders zu helfen, als sie mit einer derben, unheimlich-komischen Ballade aufzumuntern.

Da kommen die Brautjungfern herein und singen nach altem Brauch ihr Lied an den Jungfernkranz. Ännchen will die Schachtel mit dem Brautkranz öffnen und fährt entsetzt zurück: drinnen liegt statt dessen eine Totenkrone! Nach dem ersten Schrecken besinnt sich Agathe und nimmt die weißen Rosen, die ihr der Eremit am Vortag geschenkt hat, als Brautkranz.

Später am Tag ist alles zum Fest des Probeschusses vorbereitet, eine große Jagdgesellschaft ist beisammen, und die Jäger verbreiten mit ihren Liedern fröhliche Feststimmung. Ottokar und Kuno beobachten besorgt Max, den sie doch sehr gern haben – wieso ist er heute so unruhig und nervös? Und er hat auch immer wieder danebengeschossen, nach seinen ersten drei Treffern. Die letzte noch verbliebene Freikugel ist ihm selber unheimlich, doch nun gibt es für ihn kein Zurück mehr!

Fürst Ottokar, der mit Max Mitleid hat, will ihm die Last des Probeschusses so leicht wie möglich machen – er kann die Nervosität eines Bräutigams am Hochzeitstag gut verstehen. Schnell gibt er Max ein leichtes Ziel auf – »siehst du dort auf dem Zweig die weiße Taube? Schieß!« Da überschlagen sich auf einmal die unglücklichen Ereignisse: im gleichen Moment tritt Agathe zwischen den Bäumen hervor, die Taube flattert auf, ohne von der Kugel getroffen zu sein, statt dessen sinken Agathe und Kaspar, der sich bisher unsichtbar im Geäst des Baumes verborgen hat, zu Boden.

Unter den Festgästen entsteht aufgeregtes, angstvolles Durcheinander – »oh schaut, er traf die eigne Braut!« Die allgemeine Erleichterung ist groß – Agathe lebt, aber Kaspar ist statt dessen tödlich getroffen! Samiel erscheint, unsichtbar für die anderen, und holt sich sein Opfer. Mit einem gräßlichen Fluch stirbt der Bösewicht.

In seiner Verzweiflung offenbart Max nun dem Fürsten sein Vergehen, und der empörte Ottokar will ihn sofort in die Verbannung schicken – »nie empfängst du diese reine Hand!« –, obwohl alle Anwesenden für Max um Verzeihung bitten.

Da kommt jener weise Eremit, bei dem sich Agathe Rat und Trost geholt hat, und seinem Urteil unterwirft sich ehrfürchtig auch der Fürst: Der unselige Probeschuß wird mit dem heutigen Tag abgeschafft, und Max darf hoffen, nach einem Probejahr doch noch Agathes Hand zu gewinnen. Ein gemeinsames feierliches Dankgebet beschließt versöhnlich diesen unglückseligen Feiertag – »Laßt uns zum Himmel die Blicke erheben!«

## Hinweise

›Der Freischütz‹ ist die erste romantische Oper. Oft wird gesagt, in ihr spiele eigentlich der Wald die Hauptrolle – der deutsche Wald, in dem es gleichermaßen Spuk und Jägerlust gibt. Das ist sicher zutreffend, und man hört das auch gleich in der Ouvertüre: Jagdhornklänge erinnern uns an den Aufenthalt im Wald, dann jedoch verdüstert sich auf einmal die Musik, und es erklingt das dumpfe rhythmische Motiv Samiels, das in der Oper immer dann zu hören ist, wenn der Schwarze Jäger auftritt:

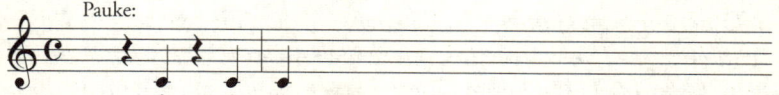

Am abwechslungsreichen und lebhaften Hauptteil der Ouvertüre kann man dann sehr gut den Ablauf des dramatischen Geschehens bis zu seinem glücklichen Ausgang mitverfolgen, wobei einige markante Themen aus der Oper bereits vorweggenommen werden.

Die Oper errang schon bei der Uraufführung in Berlin unter der Leitung ihres Komponisten einen riesigen Erfolg, der ihr bis heute treu geblieben ist, und einige Melodien wurden wie Schlager vom Volk auf der Straße gesungen und gepfiffen, allen voran das berühmte Lied vom Jungfernkranz:

*Brautjungfern:*

Wir   win - den dir den Jung-fern kranz mit veil - chen - blau - er   Sei - de

*oder der fröhlich geschmetterte Jägerchor:*

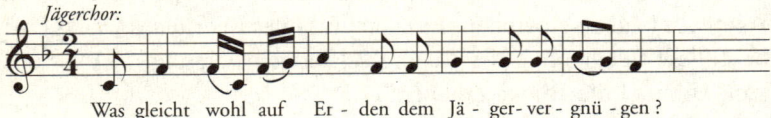

*Jägerchor:*

Was gleicht wohl auf   Er - den dem Jä - ger - ver - gnü - gen?

*aber auch Agathes inniges Gebet »Leise, leise, fromme Weise« aus dem 2. Akt oder die große Soloszene von Max, in der er seine ganze Verzweiflung zum Ausdruck bringt:*

*Max:*

Durch die   Wäl - der, durch die Au - en   zog ich leich - ten Sinns da -   hin!

Auch der ›Freischütz‹ ist wieder ein deutsches Singspiel mit zahlreichen (heute oft stark gekürzten) Dialogteilen. Neuartig für die Zeit seiner Entstehung wirkt dagegen vor allem der Klang des Orchesters, in dem manche Instrumente auf recht ungewohnte Weise eingesetzt werden, etwa die Klarinette mit ihren unheimlichen tiefen Tönen zur Schilderung spukhaften Geschehens. Und die gesamte Wolfsschluchtszene lebt von der faszinierenden Ausdruckskraft und Farbigkeit des großen Orchesters, mit dessen vielfältigen Mitteln diese Geisterszene grandios untermalt wird. Zusätzlich werden hier auf der Bühne natürlich noch die raffiniertesten Geräusch- und Lichteffekte eingesetzt; in dieser Szene ist die gesamte Bühnentechnik mit ihren Versenkungen, Zügen und sonstigen Tricks bis zum Letzten gefordert.

ALBERT LORTZING
(1801–1851)

# Zar und Zimmermann

Komische Oper in drei Aufzügen
Text vom Komponisten

Ouvertüre und 16 Musiknummern mit gesprochenem Dialog
Uraufführung am 22. Dezember 1837 in Leipzig
Spieldauer: etwa 2¾ Stunden

## Besetzung

| | |
|---|---|
| Peter I., Zar von Rußland, unter dem Namen | |
| Peter Michaelow als Zimmergeselle | *Bariton* |
| Peter Iwanow, ein junger Russe, | |
| Zimmergeselle | *Tenor* |
| van Bett, Bürgermeister von Saardam | *Baß* |
| Marie, seine Nichte | *Sopran* |
| Admiral Lefort, russischer Gesandter | *Baß* |
| Lord Syndham, englischer Gesandter | *Baß* |
| Marquis von Chateauneuf, | |
| französischer Gesandter | *Tenor* |
| Witwe Browe, Zimmermeisterin | *Alt* |
| Ein Offizier | *Sprechrolle* |
| Ein Ratsdiener | *Sprechrolle* |
| Ein Brautpaar | *stumme Rollen* |
| | |
| Zimmerleute, Hochzeitsgäste, | |
| Einwohner von Saardam, holländische | |
| Soldaten, Magistratspersonen, Matrosen | *Chor, Ballett* |

# Die Handlung

 Manche politischen Entscheidungen und Verträge kommen auf recht abenteuerlichen Wegen zustande. Das ist nicht erst heute so, auch aus vergangenen Tagen gibt es da merkwürdige Geschichten zu erzählen. Ein beliebter Trick, dessen sich mancher Fürst bediente, war zum Beispiel das »Inkognito«: da verkleidete sich ein Großer in einen einfachen Mann und nahm einen anderen Namen an. Auf diese Weise konnte zum Beispiel Peter der Große von Rußland (1672–1725) unerkannt und ungestört sogar im Ausland seinen politischen Geschäften nachgehen.

 Zar Peter I. arbeitet unter dem Namen Peter Michaelow seit einem Jahr auf einer Schiffswerft in dem kleinen holländischen Städtchen Saardam und läßt sich von erstklassigen Fachleuten in das Handwerk des Schiffszimmermanns einweisen. Hier unter den einfachen und gutmütigen Arbeitern fühlt er sich so richtig wohl. Übrigens gibt es da außer dem Zaren noch einen zweiten jungen Russen, der sich gleichfalls mit falschen Angaben zu seiner Person unter den Zimmerleuten bewegt: Peter Iwanow, ein desertierter Soldat. Der hat großes Vertrauen zu Michaelow gefaßt und erzählt ihm heimlich die Geschichte seiner Flucht aus der Armee, nicht ahnend, daß er seinem obersten Dienstherrn gegenübersteht. Außerdem aber hat er sich in Marie, die niedliche Nichte des Bürgermeisters van Bett, verliebt. Natürlich ist er deswegen auch schrecklich eifersüchtig. Und wieder einmal glaubt er einen Grund dafür zu haben; Marie beklagt sich nämlich, daß ihr seit gestern ein junger Franzose ständig nachschleiche – sogar küssen wollte er sie schon! Peter regt sich darüber sehr auf, und Marie hält ihm eine kleine Standpauke über die Eifersucht, obwohl sie sich insgeheim eigentlich über seine Sorge freut. Viel wichtiger aber ist etwas anderes: ihr Onkel will auf einmal wie aus heiterem Himmel die Werft besichtigen, was er seit drei Jahren nicht mehr getan hat.

Da erhält Zar Peter den heimlichen Besuch seines russischen Gesandten Lefort, der ihm unangenehme Nachrichten aus der Heimat überbringt. Es hat Unruhen in Rußland gegeben, das Volk beginnt über die lange Abwesenheit seines Herrschers zu murren, und auch seine Gegner sind nicht untätig geblieben. Da muß der Zar wohl endlich zu Hause nach dem Rechten sehen! Wütend entschließt er sich zur Rückreise – wenn doch seine Untertanen begreifen könnten, daß er nur für sie die ganze Arbeit im Ausland auf sich genommen hat!

Bürgermeister van Bett ist zu seinem angekündigten Besuch auf der Werft eingetroffen. Groß und aufgeblasen erscheint er auf der Bildfläche, die Bedeutsamkeit in Person – vor lauter Angeberei redet er in Fremdwörtern. Nun läßt er sich von der Witwe Browe, die für ihren verstorbenen Mann die Werft leitet, herumführen. Er hat auch einen Brief mitgebracht; Peter Michaelow darf ihn laut vorlesen. Sollte der Bürgermeister etwa selbst gar nicht lesen können? So erfährt der Zar auch gleich den wirklichen Grund, warum der eitle, dumme van Bett hier ist. Die hohe Politik hat herausgefunden, daß sich unter den Werftarbeitern ein wichtiger Unbekannter verborgen hält. Und nun soll er, van Bett, die Ermittlungen leiten!

Sofort läßt er alle Arbeiter zusammenrufen: »Wer von euch heißt Peter?« Da melden sich natürlich sehr viele – bei so einem Allerweltsnamen. Doch sehr bald lenkt sich sein Verdacht auf einen der beiden verkleideten Fremdlinge, die ja auch beide Peter heißen. Allerdings verfällt er gerade auf den Falschen, auf Iwanow. Bestärkt wird er in seinem Verdacht dadurch, daß eben jener Peter seiner Nichte Marie schöne Augen macht.

Zum Abschied lädt er sich noch schnell plump und dreist bei der Meisterin Browe ein, die heute ein Festessen zur Hochzeit ihres ältesten Sohnes gibt.

In letzter Zeit treiben sich noch einige weitere Ausländer in Saardam herum. Einer von ihnen, ein englischer Lord, sucht nämlich auch einen jungen Mann namens Peter und bietet sogar 200 Pfund als Belohnung für den, der ihn findet! Er vertraut sich dem Bürgermeister an, der ihm wichtigtuerisch seine Hilfe verspricht. Für van Bett kann es sich ja nur um Peter Iwanow handeln, und so macht er sich auch gleich an diesen heran. Der arme Russe jedoch, stets in Angst, daß seine Flucht aus der Armee entdeckt würde, kann aus den Worten des Bürgermeisters nicht schlau werden. Warum nur bietet van Bett ihm sogar die Hand seiner Nichte Marie an, wenn er die Wahrheit über seine Person sagen würde?

Auch der französische Gesandte Marquis Chateauneuf, der Marie nachstellt, glaubt in Peter Iwanow den Zaren entdeckt zu haben. Erst als der richtige Zar ihm gegenübersteht, erkennt er seinen Irrtum. Beide verabreden sich; im Trubel des Hochzeitsfestes können sie sicher ganz ungestört und unentdeckt verhandeln.

Bald ist das Fest in vollem Gange; man trinkt, singt und tanzt und freut sich des Lebens. Doch immer ungeduldi- ger drängt der russische Gesandte den Zaren zur schnel- len Abreise; aber der möchte unbedingt zuvor noch mit dem französischen Gesandten sprechen. Angesichts der Unruhen daheim in Rußland kann er Hilfe vom französischen König brauchen. Der Franzose hat sich inzwischen als holländischer Offizier verkleidet und auch unter die Festgäste gemischt. So verhandelt er nun in aller Ruhe unerkannt mit dem Zaren erfolgreich über den Staatsvertrag, während sich alle rundherum nichtsahnend amüsieren. Dabei bemüht sich der Franzose zum Schein immer noch um Marie, sehr zum Ärger Peter Iwanows.

Auch der englische Lord ist natürlich da, er wiederum als holländi- scher Schiffer verkleidet. Er trifft sich hier mit dem Bürgermeister, der ihm bedeutungsvoll Peter Iwanow als den gesuchten Unbekannten vorstellt. So verhandeln nun zwei ungleiche Paare nebeneinander am Tisch: der echte Zar mit dem Franzosen, der vermeintliche mit dem Engländer, während das Fest munter weitergeht. Peter Iwanow macht dem Lord Versprechungen, immer in der Furcht, dieser sei ein Abgesandter seines eigenen russischen Obersten, aus dessen Truppe er desertiert ist. Auf diese Weise scheint also auch der englische Gesandte ans Ziel zu kommen, ohne zu ahnen, daß er einem Irrtum aufsitzt, während unterdessen der französische Gesandte wirklich erreicht hat, was er wollte.

Gerade als Marie das Brautlied vorträgt, entsteht große Unruhe: holländische Soldaten dringen ein und besetzen auf Befehl der Regierung den Hafen von Saardam. Sie sollen jeden Fremden, der sich nicht ausweisen kann, unverzüglich verhaften. In letzter Zeit sind nämlich zu viele wertvolle Arbeitskräfte aus den Werften von ausländischen Agenten abgeworben worden, gerade hier in Saardam. Das will man nun endlich verhindern. So kommt auf einmal ans Tageslicht, daß gleich drei Gesandte großer Mächte auf dieser ganz normalen Hochzeit zu Gast sind: aus England, aus Frankreich und aus Rußland! Im allgemeinen Durcheinander verliert der Bürgermeister nun völlig den Überblick: Die beiden Gesandten aus England und Frankreich stellen ihm jeweils einen anderen »richtigen« Zaren vor – kurzerhand will er die ganze Versammlung einsperren lassen. Zum Glück bürgt der russische Gesandte für die Freiheit der beiden Peter.

 Am nächsten Tag finden wir Bürgermeister van Bett im Rathaus, nicht etwa bei seinen Amtsgeschäften, sondern bei der Probe mit einem schnell zusammengestellten Chor! Der alte Einfaltspinsel glaubt, seinem hohen Gast, Zar Peter, einen würdigen Empfang bereiten zu müssen, und deshalb studiert er nun eine Kantate ein, zu der er den Text verfaßt hat. Die Probe verläuft jedoch ziemlich wüst und durcheinander. Und als Peter Michaelow, der echte Zar, hinzukommt, droht van Bett ihm gar mit einem Verhör.

Marie aber ist doch sehr beunruhigt über die dunklen Andeutungen, die alle über die Herkunft ihres Peter machen. Und der schlaue Michaelow bestärkt ihre Sorgen noch: Ja, Iwanow sei vielleicht wirklich der Zar und sie könne ihn womöglich heiraten, dafür wolle er, Michaelow, sich verbürgen! Nur eine Bedingung stellt er: sie muß ihren Peter vorläufig in der Öffentlichkeit auch als Kaiser behandeln.

Iwanow selbst ist begreiflicherweise ebenfalls ziemlich verwirrt, denn alle Welt, allen voran der unsympathische Bürgermeister, ist auf einmal so zuvorkommend zu ihm, nennt ihn gar Kaiser, jetzt tut das sogar auch seine Marie. Auch als er mit Michaelow zusammentrifft,

klärt sich für ihn das Durcheinander nicht auf. Zar Peter aber erkennt
während des Gesprächs mit Peter Iwanow ihrer beider Rettungsmög-
lichkeit, die er gleich nutzen will: Der englische Gesandte nämlich
hat Iwanow, den er ja seit gestern abend für den Zaren hält, heimlich einen Paß zugesteckt und ein Schiff zur Ausreise bereitstellen
lassen!

Jetzt aber erfolgt der große Auftritt des Bürgermeisters mit seinem
Chor, und Iwanow wird dabei vor aller Welt als Zar gefeiert. Mitten
hinein in die komisch-feierliche Veranstaltung hört man auf einmal
Kanonenschüsse und Lärm vom Hafen her, und ein Gerücht breitet
sich in Windeseile aus: Peter Michaelow ist soeben dabei, an der
Spitze einer großen Mannschaft mit einem Schiff aus dem Hafen
auszulaufen! Eilig reißt man die Vorhänge auf, der Blick zum Hafen
wird frei und siehe da: auf dem Schiff steht prächtig gekleidet der
russische Zar.

Peter Iwanow aber und seine Marie dürfen auf sein Geheiß hin
gleich mit ihm zusammen nach Rußland reisen – er als kaiserlicher
Oberaufseher und sie als dessen Frau!

## Hinweise

*Albert Lortzing war ein waschechter Theatermann, der sich aus
eigener Berufserfahrung auf der Bühne bestens auskannte – er war
selbst Schauspieler, Sänger und sogar Kapellmeister. So komponierte
er nicht nur zahlreiche erfolgreiche Opern, sondern verfaßte auch
gleich die Textbücher selbst. Als Vorlage zu seinem ›Zar‹ diente ihm
ein Stoff, der zu jener Zeit sehr beliebt war und auch schon in
zahlreichen anderen Schauspielen und Opern behandelt wurde und
auf eine wahre historische Begebenheit zurückgeht. Lortzing veränderte allerdings manches; besonders der 3. Akt lebt von seinen
eigenen originellen Einfällen, worunter vor allem die köstliche Kan-
tatenprobe des Bürgermeisters zu nennen ist.*

*Wir verdanken Lortzing die »Deutsche Spieloper«, deren lustige
und verständliche Handlung immer unter einfachen Leuten »wie du*

und ich« spielt. Diese Spieloper ist das deutsche Gegenstück zur italienischen »Opera buffa«. In ihr gibt es keine Rezitative, sondern – wie in Mozarts deutschen Singspielen – nur gesprochenen Dialog. Typisch für Lortzings Spielopern sind seine eingängigen, volkstümlichen Lieder, ob nun für Chor oder für Solostimmen. In ›Zar und Zimmermann‹ finden sich einige der bekanntesten, so gleich zu Beginn das rhythmische Zimmermannslied:

Auf,  Ge- sel- len, greift zur Axt  und regt die nerv'gen  Ar - me ...

Später, im 2. Akt, gibt es dann etwa das zarte, ausdrucksvolle »Flandernlied«, das der Marquis von Chateauneuf flötespielend anstimmt; diesem Stück liegt eine flandrische Volksweise zugrunde, ähnlich wie dem Brautlied, ein wenig später, eine russische Volksmelodie:

Le - be wohl, mein  fland - risch  Mäd - chen ...

Auch das Ballett hat seinen großen Auftritt mit dem berühmten Holzschuhtanz:

Besonders wirkungsvoll sind natürlich die Szenen, in denen der einfältige und aufgeblasene Bürgermeister auftritt. Dieser musikalische Humor vor allem hat neben den volkstümlichen Liedern zum Ruhm dieser Oper beigetragen. Sie hieß übrigens mit vollem Titel ›Zar und Zimmermann oder Die beiden Peter‹.

ALBERT LORTZING
(1801–1851)

# Der Wildschütz

Komische Oper in drei Aufzügen
Text vom Komponisten

Ouvertüre und 16 Musiknummern mit gesprochenem Dialog
Uraufführung am 31. Dezember 1842 in Leipzig
Spieldauer: 3 Stunden

## Besetzung

| | |
|---|---|
| Graf von Eberbach | *Bariton* |
| Die Gräfin, seine Gemahlin | *Alt* |
| Baron Kronthal, Bruder der Gräfin | *Tenor* |
| Baronin Freimann, eine junge Witwe, Schwester des Grafen | *Sopran* |
| Nanette, ihr Kammermädchen | *Mezzosopran* |
| Baculus, Schulmeister auf dem Gut des Grafen | *Baß* |
| Gretchen, seine Braut | *Sopran* |
| Pankratius, Haushofmeister des Grafen | *Baß* |
| Diener und Jäger, Dorfbewohner, Schuljugend | *Chor, Ballett* |

# Die Handlung

Verkleidungen waren seit eh und je auf dem Theater beliebt, vor allem dann, wenn das Publikum mehr weiß, als die Figuren auf der Bühne zu ahnen scheinen. Im ›Wildschütz‹ wird dieses lustige, doppelte und dreifache Verkleidungsspiel auf die Spitze getrieben!

Baculus ist als Schulmeister beim Grafen von Eberbach angestellt. Er hat schon eine Reihe von Dienstjahren auf dem Buckel; um so ausgelassener feiert er unter Freunden und Bekannten seine Verlobung mit dem hübschen Gretchen, das viel jünger ist als ihr zukünftiger Ehemann. Da findet das Fest auf einmal ein jähes Ende: Graf Eberbach schickt Baculus einen Brief, in dem er ihm fristlos kündigt, und zwar wegen Wilderei! Schuld daran hat genaugenommen Gretchen. Sie hat nämlich Baculus dazu angestachelt, in den Wäldern des Grafen auf die Jagd zu gehen, damit sie zum Fest etwas Leckeres zu essen bekämen. Und dabei ist der Schulmeister dann leider erwischt worden, als er einen Bock schoß.

Gretchen will die Sache beim Grafen gleich selbst wieder in Ordnung bringen; Baculus aber ist – wohl mit Recht! – eifersüchtig und hindert sie daran. Zu Hilfe kommen zwei Studenten, von denen einer – als Mädchen verkleidet – aufs Schloß gehen will. In Wirklichkeit aber handelt es sich bei diesen beiden Burschen um die Baronin Freimann, die Schwester des Grafen, und deren Zofe Nanette. Das merkt jedoch niemand. Die Baronin hat eigentlich ganz andere, private Absichten, warum sie unerkannt ins Schloß gelangen möchte. Jung verwitwet will sie sich dort einen möglichen Heiratskandidaten ansehen, ohne daß dieser es gleich merken soll. Es handelt sich dabei um den Baron Kronthal, den Bruder der Gräfin Eberbach, der es seinerseits vorgezogen hat, als Stallmeister unerkannt zu bleiben und sich so in aller Ruhe unter den adligen Schönen

des Landes umzusehen. Nur der Graf selbst kennt seine Verkleidung; die Gräfin aber hat ihren Bruder nicht mehr gesehen, seit er in
den Windeln lag. Und auch der Graf ist seiner Schwester seit
Kindertagen nicht mehr begegnet – gute Voraussetzungen also für
ein verzwicktes Verkleidungsspielchen!

Die Verwirrung setzt auch sogleich ein: Der Graf und sein Stallmeister kehren gerade, müde von der Jagd, im Dorfgasthaus ein.
Hier begegnen sie Gretchen und der Baronin, die sich unterdessen in
ein niedliches Bauernmädchen verwandelt hat. Man ist sich spontan
sympathisch, vor allem Kronthal findet Gefallen an dem einfachen
Mädchen, und der Graf lädt die beiden zu seinem Geburtstag ein.

 Am Abend gewinnt Baculus im Schloß in der Gräfin
eine Verbündete, die für ihn beim Grafen gut Wetter
machen soll: In ihrer Begeisterung für die griechische
Antike ist sie von dem Schulmeister, der ihr geschickt
eigene Griechischkenntnisse vorzugaukeln weiß, sehr angetan. Doch
bald kommt der Graf hinzu: er kennt keine Gnade für Wilddiebe!
Baron und Baronin, jeweils verkleidet, erscheinen, wobei sie sich
jetzt als Braut des Schulmeisters vorstellt: Baculus hat unüberlegt
noch den »Studenten« um Hilfe gerufen. Deshalb macht ihm seine
»Braut« nun eine Szene; der Versöhnungskuß aber, auf dem die
Gräfin besteht, macht sofort den Grafen und dessen »Stallmeister«
eifersüchtig.

Nun möchte man sich auf den Heimweg machen, doch ein aufzie-
hendes Gewitter kommt dazwischen. Platz zum Übernachten ist
mehr als genug im Schloß, doch wer soll nun bei wem schlafen?
Schließlich einigt man sich darauf, den Schulmeister mit seiner
(falschen) Braut im Salon unterzubringen; Graf und (falscher) Stallmeister aber wollen über die Moral der beiden wachen, indem sie
sich mit Billardspielen vergnügen. So beschäftigt sich jeder auf seine
Weise: Baculus lernt laut den Choral für das Geburtstagsfest aus-
wendig, und die Baronin strickt.

Da schickt die Gräfin nach ihrem Mann. In Abwesenheit des
Grafen erklärt der Baron der Baronin temperamentvoll seine Liebe.

Aber er kommt nicht weit, denn der Graf kehrt schnell zurück und schickt nun seinerseits den Baron zur Gräfin. Kaum ist dieser draußen, will auch der Graf die Baronin küssen, doch der Baron ist ebenfalls schnell genug wieder da, um das zu verhindern. Die Stimmung wird zunehmend gereizt, nicht zuletzt durch die ständigen lautstarken, aber vergeblichen Versuche des Schulmeisters, sich mit dem Choralsingen müde zu machen. Sie geraten in Streit und zerschlagen dabei versehentlich die Lampe. Im willkommenen Dunkel greifen die Männer sofort nach der Baronin, die sich gerade noch unter den Spieltisch retten kann. Unterdessen hat der Lärm die Gräfin auf den Plan gerufen, so daß sich dem Haushofmeister, der schließlich Licht bringt, das folgende überraschende Bild bietet: Graf und Gräfin halten sich in den Armen, und der Baron drückt zärtlich den Schulmeister. Umgehend nimmt die Gräfin das »Bauernmädchen« mit sich auf ihr Zimmer, um es vor den zudringlichen Männern zu schützen. Der Baron aber bietet Baculus 5000 Taler an, wenn der ihm seine entzückende »Braut« verkauft. Der Lehrer ist natürlich begeistert und sagt sofort zu – auf diese Weise wäre seine Zukunft mit Gretchen gesichert!

 Am nächsten Morgen klärt sich dann alles nacheinander auf: Baculus stellt dem Baron seine echte Braut Gretchen vor und macht ihm zugleich die schockierende Mitteilung, daß das »Bauernmädchen« in Wirklichkeit ein Mann sei, nämlich ein Student. Das Entsetzen des Barons legt sich erst, als sich die Baronin hinter der Maske des Studenten zu erkennen gibt, und nach und nach begreifen alle, was da gespielt worden ist: Jeder hat ja nur das Beste gewollt und ist der Stimme des Herzens gefolgt! Baron und Baronin haben sich endlich gefunden, Graf und Gräfin gehören weiterhin zusammen, und Baculus kann sein Gretchen heiraten. In dem Augenblick, als der Graf auch noch großmütig dem Schulmeister verzeihen will, kommt der Haushofmeister Pankratius mit einer verblüffenden Nachricht: Baculus ist gar kein Wilderer, denn er hat im Dunkeln keinen Bock getroffen, sondern seinen eigenen Esel!

# Hinweise

*Lortzing war in jungen Jahren einmal als Schauspieler in Detmold
angestellt gewesen. Aus dieser Zeit noch kannte er das Lustspiel
›Der Rehbock oder Die schuldlosen Schuldbewußten‹ von August
Friedrich Ferdinand von Kotzebue (1761–1819), einem der damals
bekanntesten Theaterdichter in Deutschland. Kotzebue schrieb seine
volkstümlichen Stücke zur Unterhaltung, nicht zur Belehrung seines
Publikums und hatte damit großen Erfolg; Lortzing hatte ähnliche
Absichten mit seinen Opern. Das Libretto verfaßte der Komponist
wie gewöhnlich selbst; in diesem Punkte war er ein Vorläufer Richard Wagners. Seine Opern allerdings zeigten noch nicht die ge-
ringsten Spuren des späteren großen Musikdramas. Sie waren vielmehr richtige in Nummern gegliederte Spielopern mit gesprochenem
Dialog, in der Nachfolge also von Mozarts ›Entführung aus dem
Serail‹, der ›Zauberflöte‹ oder auch Beethovens ›Fidelio‹.*

*Daß es Lortzing hier trotz aller Absicht, sein Publikum zu unter-
halten, nicht nur um oberflächlichen Spielwitz ging, zeigt sich indessen an manchen Eigenschaften seines wohl bedeutendsten Werkes.
So macht er sich deutlich lustig über eine Mode der damaligen Zeit:
nämlich die verständnislose Begeisterung für alles Griechische, für
alles Antike, wie sie in der Rolle der Gräfin vorgeführt und verspottet wird. Und mit der Figur des Lehrers Baculus parodiert Lortzing
eine weitere Zeiterscheinung: den weltfremden Gelehrten jener Epoche in der ersten Hälfte des 19. Jahrhunderts, die wir heute das
Biedermeier nennen. Baculus' Arie »5000 Taler« am Schluß des
zweiten Aktes zählt zu den Höhepunkten der Oper:*

›Der Wildschütz‹ ist eine Oper der großen Ensembleszenen, von denen es viel mehr gibt als Arien – dreizehn gegenüber ganzen dreien! In diesen Ensembles hat Lortzing gewiß viel von Mozarts Meisterschaft gelernt; nicht nur hierin kann man eine gewisse Verwandtschaft zu ›Figaros Hochzeit‹ erkennen, auch die Handlung weist einige Ähnlichkeiten auf.

Die Ouvertüre ist, wie bei Singspielen üblich, eine »Potpourri-Ouvertüre«, die musikalisch mit bestimmten Melodien auf den Gang der Ereignisse vorausweist und darüber hinaus die festliche erste Szene der Oper vorbereitet, in der die Landleute ihr Lied anstimmen:

So mun-ter und fröh-lich wie heu-te

GAËTANO DONIZETTI
(1797–1848)

# Don Pasquale

Komische Oper in drei Aufzügen
Text vom Komponisten

Ouvertüre und 14 Musiknummern mit Orchesterrezitativen
Uraufführung am 3. Januar 1843 in Paris
Spieldauer: etwa 2½ Stunden

## Besetzung

| | |
|---|---|
| Don Pasquale, ein alter Junggeselle | *Baß* |
| Doktor Malatesta, Arzt und Freund von Ernesto | *Bariton* |
| Ernesto, Neffe von Don Pasquale | *Tenor* |
| Norina, eine junge Witwe | *Sopran* |
| Ein Notar | *Baß* |
| | |
| Diener und Zofen | *Chor* |
| Haushofmeister, Modistin, Friseur | *Chorsolisten* |

# Die Handlung

 Junggesellen werden auf ihre alten Tage manchmal etwas wunderlich: auch Don Pasquale legt plötzlich Gefühle an den Tag, die man bei einem reiferen Herrn eigentlich nicht mehr erwartet. Er will überraschenderweise ein junges Mädchen heiraten. Dabei hat er allerdings einen üblen Hintergedanken: sein Neffe Ernesto liebt nämlich die hübsche Witwe Norina und will sie heiraten. Pasquale möchte nun unbedingt verhindern, daß auf diese Weise später Ernesto und Norina, die beide nicht eben reich sind, sein Vermögen an Land ziehen. Also will er lieber gleich selbst heiraten, obwohl er bisher kein passendes Mädchen gefunden hat!

So stellt er Ernesto klipp und klar seine Bedingungen: Entweder du heiratest tatsächlich diese Norina, dann wirst du enterbt und davongejagt. Oder du heiratest ein reiches Mädchen meiner Wahl, dann bleibt alles beim alten!

Pasquales Arzt aber, Dr. Malatesta, ist mit dem Neffen befreundet und beschließt, ihm heimlich gegen seinen Onkel beizustehen. Er heckt einen raffinierten Plan aus und beginnt ihn auch sogleich in die Tat umzusetzen: Er erfindet sich eine eigene »Schwester Sofronia«, die angeblich sehr sparsam und bescheiden sein soll und überdies noch im Kloster groß geworden ist. Dieses Wundermädchen empfiehlt er Pasquale zur Frau, und der fällt auch sofort auf diesen verlockenden Vorschlag herein. Ernesto allerdings ist bitter enttäuscht und schreibt Norina einen Abschiedsbrief.

 Bald stellt Dr. Malatesta dem Alten die verschleierte »Sofronia« vor; in Wirklichkeit ist es Norina, die das Spielchen fröhlich mitmacht. So wird auch gleich eine Hochzeitszeremonie veranstaltet, ein Freund des Doktors spielt den Notar, und Ernesto tritt sogar als Trauzeuge auf, nachdem er das Spiel allmählich durchschaut hat. So weit, so

schlecht: Kaum ist Sofronia Pasquales Gattin, da ist sie auf einmal gar nicht mehr schüchtern und still, sondern laut und deutlich. Den lüsternen Alten läßt sie überhaupt nicht an sich heran, statt dessen schäkert sie in aller Öffentlichkeit mit seinem Neffen Ernesto.

 Das tägliche Eheleben entwickelt sich sehr schnell für Pasquale zur Qual: Sofronia stellt jede Menge Diener und Zofen an, sie wirft mit beiden Händen das Geld ihres Ehemannes zum Fenster hinaus, kauft ein Kleid nach dem anderen und behängt sich mit Schmuck. Und wenn sie abends ausgeht, schickt sie ihren Mann ins Bett, statt ihn mitzunehmen. Zu allem Überfluß läßt sie auch noch »versehentlich« ein Liebesbriefchen herumliegen, das ihr eifersüchtiger Ehemann auch sofort findet, in dem ein Anbeter sie zu einem Rendezvous bittet. Da reißt Pasquale endlich der Geduldsfaden – was gäbe er darum, wenn er dieses Teufelsweib wieder los würde! Sogar seine Diener machen sich schon schamlos in aller Öffentlichkeit über ihn lustig! Immerhin bemüht er sich gemeinsam mit dem Doktor in den nächtlichen Garten, um Sofronia und ihrem Buhlen aufzulauern und sie auf frischer Tat zu erwischen. Übrigens äußert er nebenbei schon seine Bereitschaft, Norina als Frau seines Neffen anzuerkennen. Dem Intrigenspiel Malatestas aber ist er nicht im mindesten gewachsen, und so muß er am Ende erkennen, daß man ihn gründlich hereingelegt hat. An seine Zustimmung zur Hochzeit Norinas mit Ernestos ist er auch dann noch gebunden, als er begreift, wer seine Sofronia in Wahrheit ist. So bleibt ihm nichts übrig, als sich endlich mit seinem Alter und seinem Junggesellendasein abzufinden – Norina sagt es ihm sehr deutlich ins Gesicht: Ein alter Mann sollte besser die Hände von einer jungen Frau lassen!

# Hinweise

*Von dem italienischen Komponisten Donizetti werden heute, wie von zahlreichen anderen einst sehr erfolgreichen Opernkomponisten, nur noch ganz wenige Werke aufgeführt. Unter ihnen hat sich ›Don Pasquale‹ einen festen Stammplatz im Repertoire unserer Theater gesichert, daneben tauchen gelegentlich noch ›Der Liebestrank‹ und manchmal die Tragödie ›Lucia di Lammermoor‹ auf dem Spielplan auf. Seine erste Oper schrieb Donizetti im Jahre 1818, also noch zu Lebzeiten Ludwig van Beethovens; sein erklärtes Vorbild war der nur fünf Jahre ältere Rossini, dem er auch darin nacheiferte, daß er pro Jahr mehrere Opern fertigstellte.*

*Donizettis Hauptwerk ist sicher die komische Oper ›Don Pasquale‹. Sie setzt mit einer kurzen leichtfüßigen Ouvertüre ein, in deren Anfangstakten ein ausdrucksvolles Solocello einsetzt:*

*In der nachfolgenden Oper sind manche Merkmale der historischen »Opera buffa« wiederzuerkennen, die zu Donizettis Zeit eigentlich schon der Vergangenheit angehörte. Man findet hier eher Typen auf der Bühne, mit manchen um der Theaterwirkung willen übertriebenen Eigenschaften, und auch Situationen, wie man sie seit Carlo Goldoni (1707–1793) im italienischen Theater kannte und liebte: So gibt es wieder einmal einen vorgetäuschten Ehevertrag (wie in ›Così fan tutte‹), und auch ein Notar tritt auf.*

*Donizettis Verehrung für Rossini äußert sich auch in der hörbaren Verwandtschaft seiner Norina zur Rosina im ›Barbier von Sevilla‹; Norinas große Arie »O diese Glut in Blicken« gehört zu den melodischen Höhepunkten der ganzen Oper. Im Finale gibt es eine Serenade, vorgetragen von Ernesto, die ganz südländisch von Gitarre und baskischer Trommel begleitet wird.*

Neben den Soloauftritten erklingen eine ganze Reihe von temperamentvollen Ensembles, in denen munter und witzig geplaudert wird, im lockeren Tonfall der Buffo-Oper. Vor allem aber gibt es ungewöhnlich zahlreiche Duette der Hauptpersonen. Das berühmteste ist sicher das mitreißende »Zankduett« am Beginn des dritten Aktes zwischen Sofronia und Pasquale:

Zwischen den musikalischen Nummern stehen sogenannte Secco-Rezitative, in denen die Handlung sich rasch voranentwickelt: Sprechgesang, der allein vom Cembalo begleitet wird. – Der Chor ist so sparsam mit Aufgaben betraut, daß man ihn leider manchmal, vor allem an kleineren Theatern, ganz wegstreicht.

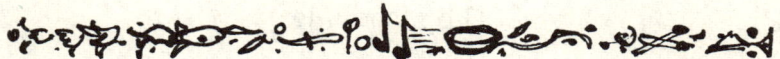

RICHARD WAGNER
(1813–1883)

# Der fliegende Holländer

Romantische Oper in drei Aufzügen
Text vom Komponisten

Ouvertüre und drei durchkomponierte Aufzüge
Uraufführung am 2. Januar 1843 in Dresden
Spieldauer: etwa 2½ Stunden

## Besetzung

| | |
|---|---|
| Daland, ein norwegischer Seefahrer | *Baß* |
| Senta, seine Tochter | *Sopran* |
| Erik, ein Jäger | *Tenor* |
| Mary, Sentas Amme | *Alt* |
| Der Steuermann Dalands | *Tenor* |
| Der Holländer | *Bariton* |
| | |
| Matrosen des Norwegers, Mannschaft des Holländers, Mädchen | *Chor* |

# Die Handlung

Auf dem Meer vor der norwegischen Küste ist die Hölle los. Kapitän Daland hat sich mit seinem Schiff mit letzter Kraft in eine halbwegs schützende Felsenbucht retten können. So kurz vor dem heimatlichen Gestade mußte ihm das Unwetter noch diesen Streich spielen! Den ersehnten Hafen und sogar die vertrauten Häuser hatten die heimkehrenden Seeleute schon erkannt, da war auf einmal aus heiterem Himmel der Wind umgeschlagen und hatte sie sieben lange Meilen zurückgeworfen.

Daland schickt seine todmüde Mannschaft zur Ruhe und übergibt seinem Steuermann die Wache – hier, in Sandwike, droht ihnen keine Gefahr mehr.

Allmählich beruhigt sich der Sturm. Auch der Steuermann ist schrecklich müde; er versucht, sich mit einem Seemannslied wachzuhalten – ».. . ach, lieber Südwind, blase doch!« –, aber auch ihn übermannt schließlich der Schlaf. Da bäumen sich geheimnisvoll die Wellen auf, der Himmel verdunkelt sich, und wie ein Spuk taucht jäh ein schwarzes Schiff aus der Finsternis hervor, mit blutroten Segeln hält es direkt auf Dalands schlafendes Schiff zu, bis krachend der Anker herabsaust, dann wieder Totenstille!

Plötzlich erkennt man eine düstere Gestalt: der Kapitän ist an Land gegangen. In langem Selbstgespräch voller verzweifelter Ausbrüche gibt er sein Schicksal preis: vergeblich suchte er alle sieben Jahre an Land eine Heimat, seine Erlösung; fand ».. . nirgends ein Grab! Niemals den Tod«, auch wenn er ihn noch so sehr herbeisehnte – sogar Piraten bekreuzigen sich, wenn sie ihm begegnen. Letzte Hoffnung ist ihm der Tag des Jüngsten Gerichtes, wenn alle Toten auferstehen, dann wäre seine Irrfahrt zuende!

Da kommt der ausgeruhte Daland wieder an Deck, rügt seinen verschlafenen Steuermann, der das fremde Schiff überhaupt noch nicht bemerkt hat. Eilfertig schickt der den üblichen Seemannsruf hinüber, aber auf dem unheimlichen Schiff rührt sich nichts. Doch

Daland hat inzwischen den Kapitän entdeckt, der sich ihm als »Holländer« vorstellt. Sie tauschen ein paar Redensarten zur Begrüßung, und der Holländer kommt fast unhöflich schnell zur Sache: er bittet Daland um Gastfreundschaft nur für eine Nacht und zeigt ihm auch sogleich unermeßliche Schätze, mit denen er bezahlen will. Daland ist verdutzt, seine Begehrlichkeit ist jedoch schnell geweckt, und er lädt den Fremden ein. Wieder bedrängt der ihn:»Hast du eine Tochter?«, und der überrumpelte, vom Reichtum des Schmuckes, den der Holländer vor ihm ausgebreitet hat, geblendete Daland verspricht sie ihm gar zur Frau – ». . . wonach alle Väter trachten: ein reicher Eidam, er ist mein!« –, obwohl sie doch mit dem Jäger Erik verlobt ist. Und schon schlägt wieder, wie auf Geisterbefehl, der Wind um. Der ersehnte Südwind bläst, und beide Schiffe legen nacheinander ab, um noch heute den heimatlichen Hafen Dalands zu erreichen.

 In Dalands Haus, in der großen Schifferstube, vertreiben sich die Mädchen die Zeit mit Spinnen und Singen – sie warten auf die heimkehrenden Seeleute. Zugleich aber beobachten sie neugierig Dalands Tochter Senta, die abseits steht und wieder einmal seltsame Anwandlungen zu haben scheint: sie starrt unverwandt ein großes Gemälde an der Wand an, das einen fremdartigen Seemann darstellt. Auch Mary, ihrer Amme, gelingt es nicht, Senta abzulenken; unwirsch weigert sie sich nun, die Ballade vom Fliegenden Holländer vorzutragen, obwohl Senta sie gerade darum wieder einmal – zum wievielten Mal schon? – gebeten hat.

Gespannt hören die Mädchen auf zu spinnen und rücken um Senta zusammen, als diese nun selbst, wie entrückt, die schaurige Ballade singt: vom ruhelos unerlösten Seemann, den ein Fluch auf ewige Meeresreise gebannt hat und den einzig ein treues Weib erlösen kann. Gerade als Senta wie von Sinnen sich selbst dem Holländer als Retterin anbietet, tritt ihr Verlobter Erik ein. Er hat Dalands Schiff gesehen, und alsbald verfallen Mary und die Mädchen voller Vorfreude in geschäftige Unruhe. Erik aber hält Senta beschwörend zurück; eindringlich, aber schließlich doch vergeblich, bittet er sie, ihr feierliches Heiratsversprechen endlich einzulösen. Sie weicht seinem Drängen aus, führt ihn statt dessen vor das Gemälde – da warnt er sie und erzählt von seinem Traum. Wie in einer Vision schildert er Sentas erste Begegnung mit dem Holländer, wobei sie ihm immer wieder, seine Erzählung ergänzend, ins Wort fällt. Hoffnungslos gibt Erik auf und überläßt sie seinem schaurigen Wahrtraum: in der Tür erscheinen der Holländer und Sentas Vater!

Daland stellt seiner Tochter den unbekannten Seemann ganz selbstverständlich als Bräutigam vor, merkt aber bald, daß keiner von beiden ihn auch nur beachtet – sie haben nur Augen für einander. Leise zieht er sich zurück und überläßt sie ihrem Schicksal.

»Wie aus der Ferne längst vergang'ner Zeiten« erscheint dem Holländer Senta als erlösender Engel – Senta, die ihn längst erkannt hat! Und sie verspricht ihm Treue bis zum Tod.

In der hellen Nacht des Nordens feiern die Matrosen und Mädchen mit Gesang und Tanz ihr ausgelassenes Wiedersehensfest. Bei Dalands Haus am Hafen liegen Norweger- und Holländerschiff nebeneinander: hell und belebt das eine, unnatürlich finster und totenstill das andere. Die Stimmung wird immer ausgelassener, vergeblich versucht man, die Holländer-Mannschaft aus dem Schiff zu locken. Auf dem Höhepunkt des ausgelassenen Festes verdüstern sich unversehens Himmel und Meer, und man hört spukhaften Gesang aus dem Bauch des Gespensterschiffes, dann noch ein gellendes Hohngelächter, und alles ist wieder ruhig.

Da kommt Senta gelaufen, verfolgt vom verzweifelten Erik. Beschwörend erinnert er sie daran, daß sie ihm Liebe und Treue geschworen hat, aber vergebens! Unbemerkt nähert sich der Holländer – entsetzt hat er Eriks letzte Worte mitangehört und gibt seiner Mannschaft nun mit grellem Pfiff das Signal zum Aufbruch. Dann wendet er sich zum letzten Mal an Senta: »Ich zweifl' an dir, ich zweifl' an Gott! ... Erfahre das Geschick, vor dem ich dich bewahre..!« Wer auch immer ihm die Treue bricht – ewige Verdammnis ist ihr Los, und zahllose Opfer hat es schon gegeben. Noch hat Senta ihm nicht vor Gott Treue geschworen . . .

In gespenstischer Eile hat die Mannschaft das Schiff bereit gemacht. Blitzschnell gelangt der Holländer an Bord, und augenblicklich sticht das Schiff in See. Alle Umstehenden wollen Senta festhalten, doch sie reißt sich los und springt dem Holländer nach ins Meer – mit einem Aufschrei: » . . . treu bis in den Tod!« Fassungslos und wie gelähmt sehen die Zurückbleibenden das Wunder der Verklärung: Schiff und Mannschaft versinken im Meer, während Senta und der Holländer Arm in Arm gen Himmel schweben.

## Hinweise

*Von dieser Oper gibt es zwei verschiedene Fassungen, die auch beide noch aufgeführt werden. Die erste wird ohne Pause durchgespielt – hier werden die drei Aufzüge durch Zwischenspiele miteinander verbunden –, und die zweite besteht aus drei getrennten Aufzügen, zwischen denen jeweils eine Pause ist. In heutigen Aufführungen wird häufig auf die Verklärung am Schluß verzichtet.*

*Die Idee zum ›Fliegenden Holländer‹ kam Richard Wagner auf einer langen Seereise 1839, auf der er vor der norwegischen Küste in einen Sturm geriet. Auch den Einfall des Matrosenchores »Steuermann, halt die Wacht . . .« hatte er auf dieser Reise, die ihn von Riga über London nach Frankreich führen sollte. Die Fabel vom verfluchten Holländer kannte er schon von Heinrich Heine (1797–1856), dem großen deutschen Dichter und Zeitgenossen Wagners. Sie steht in den ›Memoiren des Herren von Schnabelewopski‹. Auch ein bekanntes Märchen von Wilhelm Hauff handelt von einer ganz ähnlichen Spukbegebenheit: In der ›Geschichte von dem Gespensterschiff‹ kann die verfluchte, auf dem Meer umherirrende Schiffsbesatzung erst dann erlöst werden, wenn sie wieder mit dem Erdboden in Berührung kommt.*

*Im Mittelpunkt dieser »romantischen Oper« steht eigentlich das Meer: Wellen und Sturm kann man immer wieder im leidenschaftlich bewegten Orchester hören, vor allem in der langen Ouvertüre, dann aber auch in der 1. Szene während der Ankunft der beiden Schiffe in Sandwike oder später im letzten Bild der Oper – das alles mit den Mitteln des großen Orchesters: auf- und absteigende Tonleitern, an- und abschwellende Lautstärke und tremolierende (ganz schnell hin- und hergestrichene) Streichinstrumente.*

*Im Verlauf der Oper begegnen uns immer wieder an wichtigen Stellen der Handlung sehr einprägsame, gegensätzliche Melodien (Motive): sie sind den Hauptpersonen und den Hauptgedanken der Oper zugeordnet und weisen den Hörer nachdrücklich auf sie hin. Die beiden wichtigsten dieser »Leit«-Motive gehören zu Senta, oder genauer zu ihrer Vision der Erlösung:*

*und zum Holländer selbst:*

*Auch der Chor der Matrosen klingt immer wieder leitmotivartig an:*

*Zum ersten Mal hören wir alle diese Motive in der Ouvertüre, später dann vor allem in den großen Hauptteilen der Oper: Zunächst in der Auftrittsarie des Holländers im 1. Akt – »Die Frist ist um«, in Sentas Ballade im 2. Akt, die der eigentliche Mittelpunkt ist und auch zuerst komponiert wurde, und dann im dramatisch-tragischen Schluß, der übrigens zugleich dem Schluß der Ouvertüre entspricht.*

## Richard Wagner
(1813–1883)

# Lohengrin

Romantische Oper in drei Aufzügen
Text vom Komponisten

Vorspiel und drei durchkomponierte Akte,
vor dem 3. Akt ebenfalls ein längeres Vorspiel
Uraufführung am 28. August 1850 in Weimar unter der Leitung von
Franz Liszt, dem berühmten Pianisten und Komponisten (1811–1886)
Spieldauer: etwa 4 Stunden

## Besetzung

| | |
|---|---|
| Heinrich der Vogler, deutscher König | *Baß* |
| Lohengrin | *Tenor* |
| Elsa von Brabant | *Sopran* |
| Friedrich von Telramund, brabantischer Graf | *Bariton* |
| Ortrud, seine Frau | *(Mezzo-) Sopran* |
| Der Heerrufer des Königs | *Bariton* |
| Vier brabantische Edle | *Tenor und Baß* |
| Vier Edelknaben | *Sopran und Alt* |
| Herzog Gottfried, Elsas Bruder | *stumme Rolle* |

Sächsische und thüringische Edle
und Grafen, brabantische Edle
und Grafen, Edelfrauen, Edelknaben,
Männer, Frauen, Knechte        *Chor*

# Die Handlung

 Die wundersame Geschichte vom Schwanenritter Lohengrin spielt vor rund tausend Jahren in Brabant, in einem Land, das in dieser Form schon seit vielen Jahrhunderten nicht mehr besteht. Es umfaßte einst Teile des heutigen Holland und Belgien und gehörte zum deutschen Reich König Heinrichs I., genannt der Vogler, der in der ersten Hälfte des 10. Jahrhunderts regierte.

 Wieder einmal bedrohen die Hunnen das Reich an seiner Ostgrenze, und König Heinrich begibt sich in seine Provinzen, um sich deren Beistand gegen den gemeinsamen Feind zu sichern. Am Ufer der Schelde bei Antwerpen empfängt er die Fürsten und Edlen von Brabant. Unter ihnen aber herrscht Unfrieden; Graf Friedrich von Telramund erhebt schwere Anklage gegen Elsa von Brabant. Er hatte sie gemeinsam mit ihrem jungen Bruder Gottfried nach dem Tod des Vaters in seine Obhut genommen. Gottfried aber ist verschollen, von einem gemeinsamen Spaziergang mit seiner Schwester ist er nicht mehr zurückgekehrt. Nun beschuldigt Telramund Elsa des heimtückischen Mordes an ihrem Bruder. Er unterstellt ihr dabei die böse Absicht, sich auf verbrecherischem Weg gemeinsam mit einem unbekannten Liebhaber die Krone von Brabant sichern zu wollen. Er aber, Graf Telramund, sei doch schließlich der nächste Erbe nach Gottfried, und sein Weib Ortrud sei ebenfalls aus würdigem fürstlichen Geblüt!

Das ist eine unerhörte Anschuldigung, zumal Telramund keinen einzigen Beweis für seine kühnen Behauptungen vortragen kann. Der König weiß keinen anderen Rat, als nach altem Brauch ein Gottesgericht über die Wahrheit entscheiden zu lassen. Denn auch Elsa, die man herbeigerufen und befragt hat, trägt nicht zur Klärung bei: sie erzählt seltsame Dinge von einem strahlenden Ritter, der ihr im Traum erschienen sei – er soll für sie im Kampf gegen den Verleumder

streiten! Zum Lohn und Dank bietet sie ihm ihr Land, ihre Krone und
ihre Hand. Feierlich verkündet der Heerrufer des Königs den Beginn
des Gotteskampfes, doch nichts als Schweigen antwortet ihm auf die
weithin hallende Frage, wer für Elsa in den Kampf ziehen wolle. Erst
als Elsa in inbrünstigem Gebet ihren Traum-Ritter anruft, geschieht
vor aller Augen ein Wunder: auf dem Fluß nähert sich ein Nachen,
von einem Schwan gezogen, und ein Ritter in silbern glänzender
Rüstung entsteigt ihm.

Ehrfürchtiges Staunen breitet sich unter dem Volk am Ufer aus.
Der Ritter beugt sein Knie vor dem König, dann erklärt er sich
bereit, für Elsas Unschuld zu streiten. Eine Bedingung allerdings
stellt er ihr mit feierlichem Ernst: niemals darf sie ihn fragen, wie er
heißt und woher er stammt!

Alsbald kommt es zum Gotteskampf – wer siegt, auf dessen Seite
ist das Recht, so sagen die Regeln. Telramund unterliegt dem fremden
Ritter. Sein Leben scheint verloren, aber der Unbekannte schenkt es
ihm – möge er seine Verleumdung aufrichtig bereuen! Als Ehrloser
wird Telramund aus Brabant verstoßen; der Ritter aber wird im
Triumphzug mit Elsa zur Stadt geführt.

In tiefer Nacht kauern Friedrich von Telramund und seine
Frau Ortrud auf den Stufen des Münsters innerhalb der
Burg. Nur aus den Fenstern der Ritter- und Frauengemä-
cher in den Gebäuden gegenüber fällt noch Licht, manchmal dringt festliche Musik heraus – die besonderen Ereignisse des
gestrigen Tages und die kommenden Hochzeitsfeierlichkeiten lassen
die Menschen keinen Schlaf finden.

Friedrich macht seiner Frau schwere Vorwürfe: sie allein hat ihn
zu jener falschen Anschuldigung überredet, die nun zu Schmach und
Verbannung geführt hat. Sie hatte ihn ja auch davon abgehalten, um
Elsa zu freien, und alles darangesetzt, daß er sie, Ortrud, heiratete,
die aus einem heidnischen Friesenstamm hervorgegangen ist, der
einst die Herrschaft über Brabant ausübte. Diese Herrschaft will sie
wiedererringen, darauf ist ihr ganzes Handeln ausgerichtet. Ihre
Macht über Friedrich ist magisch und ungebrochen; von neuem

stachelt sie ihn auf: der Fremde sei ein Betrüger; und seine Macht müsse unverzüglich erlöschen, wenn ihn jemand zwänge, seinen Namen preiszugeben!

Da tritt Elsa auf den Balkon, um in der Kühle der Nacht Atem zu holen. Friedrich verbirgt sich, und Ortrud nähert sich kriecherisch der Fürstin, sucht heuchlerisch ihr Mitleid zu wecken. Arglos bittet Elsa ihre ärgste Feindin zu sich ins Haus. Im Dunkeln aber wartet Telramund in ahnungsvollen Gedanken: »So zieht das Unheil in dies Haus!«

Der Tag der Hochzeit dämmert herauf. In den frühen Morgenstunden schon ziehen König Heinrich und seine Fürsten zum Münster, zur Ehre des unbekannten Ritters und seiner Braut. In einem prunkvollen Festzug wird Elsa zum Kirchenportal geleitet, da stellt sich ihr überraschend Ortrud in den Weg und macht ihr zornig den Vortritt streitig. Mit bösen Worten weckt sie Elsas Mißtrauen an der geheimnisvollen Herkunft des fremden Ritters. Der Hochzeitszug stockt. Betroffenheit breitet sich aus, da nähern sich der König und der Ritter und stellen sich schützend vor Elsa. Auch Telramund tritt tollkühn vor den König und beschuldigt den Ritter der Zauberei. Vor allem Volk fragt er ihn laut nach seinem Namen. Doch würdevoll wendet sich der Beschützer an Elsa – ihr gegenüber allein ist er an sein heiliges Gelübde gebunden. Wenn sie wirklich darauf bestünde, dann müßte er die verlangte Auskunft geben. Selbst des Königs Frage aber dürfe er unbeantwortet lassen.

Elsa bleibt jedoch nach innerem Ringen standhaft: »Hoch über alles Zweifels Macht soll meine Liebe stehn!« – nein, sie wird ihn nicht nach seinem Namen fragen. Unter festlichen Orgelklängen und Glockengeläute wendet sich der Festzug wieder dem Münster zu.

Nach den Vermählungsfeierlichkeiten sind Elsa und ihr ritterlicher Ehemann endlich zum ersten Mal ganz allein. Im Brautgemach nimmt er seine junge Frau zärtlich in die Arme, doch in Elsas Brust hat das Gift aus Ortruds heimtückischen Worten längst zu wirken angefangen. Erst sanft, dann

immer unruhiger und beschwörender bedrängt sie ihn. Schließlich bricht die verhängnisvolle Frage aus ihr hervor: »Den Namen sag mir an, woher die Fahrt, wie deine Art!«

Während ihr Ritter sie noch vergeblich zu unterbrechen sucht, dringt Telramund mit einigen Verschwörern in das Schlafgemach ein. Mit einem mächtigen Schwertstreich aber trifft ihn sein Gegner tödlich.

Die verbotene Frage ist gestellt, nun gibt es kein Zurück mehr. Wieder versammeln sich die Edlen von Brabant um ihren König; durch die betroffen zurückweichende Menge trägt man die Bahre mit dem Leichnam Telramunds. Mit schwankenden Schritten nähert sich auch Elsa, gestützt von ihren Frauen. Zuletzt erscheint ihr Ritter, wieder in der silbernen Rüstung seiner Ankunft, und tritt mit gesammeltem Ernst vor den König hin. Zuerst gibt er ihm Kunde von dem feigen Mordanschlag Telramunds. Dann aber enthüllt er allen sein großes Geheimnis: Er ist Lohengrin, der Sohn Parzifals, und steht als Ritter in den Diensten des heiligen Grals auf der fernen Burg Monsalvat. Von dort wurde er ausgesandt, der unschuldigen Elsa beizustehen. Doch die heilige Macht der Gralsritter reicht nur so lange, wie das Geheimnis ihrer Herkunft gewahrt bleibt. Nun muß Lohengrin wieder ins Reich des Grals zurück, schon naht auf dem Fluß der Schwan mit dem Nachen.

Mit schmerzlicher Rührung verabschiedet sich Lohengrin von Elsa. Verzweifelt sinkt sie zu Boden, als er ihr sein Horn, sein Schwert und seinen Ring übergibt. Diese Dinge soll sie ihrem totgeglaubten Bruder Gottfried überreichen, wenn er in einem Jahr zurückkehren wird.

Mit jubelndem Triumph unterbricht Ortrud den Trennungsschmerz der beiden: am Kettchen, das der Schwan um seinen Hals trägt, hat sie Gottfried erkannt, den verzauberten Erben von Brabant! Sie selbst hat es ihm einst umgelegt. Und sie wendet sich voll Hohn an Elsa – »Dank, daß den Ritter du vertrieben! ... den Bruder hätt' er auch befreit!« Die Heidin erkennt in dem Geschehen die Rache ihrer Götter. Da kehrt Lohengrin ein letztes Mal um und sinkt zum Gebet auf die Knie. Und vor den Augen der gebannten Menge ereignet sich ein neues Wunder: auf einmal schwebt die weiße Gralstaube über dem Nachen, Lohengrin löst dem Schwan die Kette. An seiner Stelle erscheint ein schöner Knabe im Silbergewand – Gottfried, der Herzog von Brabant!

Mit einem Schrei bricht Ortrud zusammen. Gottfried fängt Elsa, die entseelt zu Boden sinkt, sanft in seinen Armen auf. Die Taube aber zieht an Stelle des Schwanes Lohengrin im Kahn davon.

## Hinweise

*Auch seinen ›Lohengrin‹ nennt Wagner noch Oper, obwohl hier schon eine Reihe von Kennzeichen seines späteren »Musikdramas« vorhanden sind. Wie im ›Fliegenden Holländer‹ und auch im ›Tannhäuser‹ wird das dramatisch-märchenhafte Geschehen durch einige sehr anschauliche Motive im Orchester ausgedrückt, die an wichtigen Stellen wiederkehren und auch verändert werden (Leitmotive). Dabei heben sich die gegensätzlichen Welten von Gut und Böse, von Licht und Nacht, von Heiligkeit und Zauber deutlich voneinander ab.*

*Auf der einen Seite steht die Lichtgestalt des Gralsritters Lohengrin, dessen wundersame Herkunft mit einem eigenen Thema in Töne gefaßt wird. Es prägt zugleich das Vorspiel zur Oper mit seinen zarten, in vielfache Stimmen geteilten Streicherklängen:*

*Auch das unerbittliche Frageverbot Lohengrins – »Nie sollst du mich befragen!« – klingt im Verlauf der Handlung immer wieder mahnend an:*

Nie   sollst du mich be - fra - gen!

*Auf der anderen Seite steht die heidnische Nachtgestalt Ortruds mit ihrem ihr hörigen Mann Telramund, deren unheimliches Zwiegespräch im Morgengrauen vor dem Dom (2. Akt) eine der packendsten Szenen der Opernbühne überhaupt ist. Zur Schilderung der spukhaftdämonischen Atmosphäre setzt Wagner hier wie an anderen ähnlichen Stellen das effektvolle Mittel des Streicher-Tremolos ein (Zittern des Bogens, schnelles Hin- und Herfahren des Bogens auf einem Ton).*

*Die weltliche Pracht des Königs und seiner Edlen wiederum erstrahlt im Glanz der Blechbläser, im klaren C-Dur. Der königliche Heerrufer, der alle wichtigen Ereignisse und somit auch das Gottesgericht bekanntgibt, wird von einer Fanfare angekündigt, die von vier Trompeten auf der Bühne geblasen wird:*

*Die vier Hauptpersonen der Handlung (Lohengrin, Elsa, Telramund, Ortrud) sind vier sehr anspruchsvolle und typische Partien des sogenannten dramatischen Sängerfaches. Neben ihnen aber ist der Chor ein weiterer wichtiger Hauptdarsteller. Fürsten und Brabantisches Volk begleiten die Geschehnisse mit ihrer leidenschaftlichen Anteilnahme. ›Lohengrin‹ ist eine der ganz großen Chor-Opern, deren Bühnenwirkung mit dem Können dieses bis zu achtstimmigen Sängerensembles steht und fällt. Der Brautchor zu Beginn des 3. Aufzuges ist ungemein populär geworden und erklingt (neben dem Hochzeitsmarsch aus der Musik zum ›Sommernachtstraum‹ von Mendelssohn-Bartholdy) in aller Welt noch heute immer wieder bei Hochzeitsfesten:*

*Chor:*

Treu - lich ge - führt, zie - het da - hin,

wo euch der Se - gen der Lie - be be - wahr!

*Wagners eigener Text geht auf mehrere mittelalterliche Dichtungen zurück, in denen Einzelheiten der Sage vom Schwanenritter Lohengrin enthalten sind. Die Bestandteile dieser alten Vorlagen sind hier zu einem eigenen neuen Ganzen verwoben worden. Die geheimnisvolle Welt des Grals steht dann noch einmal in Wagners letztem Werk, dem Bühnenweihfestspiel ›Parsifal‹, im Mittelpunkt des Geschehens. Der Gral war in der mittelalterlichen Dichtung ein heiliger Stein oder auch eine Schale mit wunderbaren Kräften, aufbewahrt auf der sagenhaften Burg Monsalvat und gehütet von der Schar der Gralsritter. Der christliche Glaube sah in diesem Gral die Schale, aus der Christus beim letzten Abendmahl mit seinen Jüngern trank, und die dann sein Blut am Kreuz auffing.*

RICHARD WAGNER
(1813–1883)

# Tristan und Isolde

Handlung (Musikdrama) in drei Aufzügen
Text vom Komponisten

Vorspiele und drei durchkomponierte Akte
Uraufführung am 10. Juni 1865 in München
Spieldauer: etwa 4 Stunden

## Besetzung

| | |
|---|---|
| Tristan | *Tenor* |
| König Marke | *Baß* |
| Isolde | *Sopran* |
| Kurwenal | *Bariton* |
| Melot | *Tenor* |
| Brangäne | *Mezzosopran* |
| Ein Hirt | *Tenor* |
| Ein Steuermann | *Bariton* |
| Stimme eines jungen Seemannes | *Tenor* |
| | |
| Schiffsvolk, Ritter und Knappen, Frauen aus | |
| Isoldes Gefolge | *Chor* |

# Die Handlung

Um die Handlung ganz verstehen zu können, muß man ihre Vorgeschichte kennen. Sie wird zwar im Ablauf der drei Akte erzählt, bleibt aber eher angedeutet und rätselhaft.

Marke ist König von Cornwall, und sein Land ist Irland tributpflichtig. Morold von Irland zog einst aus, um von Marke die fälligen Abgaben zu holen, doch des Königs treuer Diener Tristan erschlug statt dessen den Iren. Morold aber war mit der irischen Königstochter Isolde verlobt. Ihr schickte Tristan nun boshaft Morolds Kopf anstelle der Zahlungen.

Aber auch Tristan hatte sich im Kampf mit Morold unheilbar verwundet, denn dessen Schwert war von Isolde vergiftet worden, und nur sie kannte das richtige Heilmittel. Krank und verkleidet machte sich Tristan deshalb auf den Weg nach Irland und begab sich in die Pflege der schönen Königstochter. Sie aber erkannte ihn an seinem Schwert: dem fehlte nämlich ein Splitter, der beim Kampf in Morolds Haupt steckengeblieben und so in Isoldes Hände gelangt war. Schon wollte sie rächend Tristan erschlagen, da schauten sie sich in die Augen, und wie gelähmt ließ sie das Schwert sinken: Liebe auf den ersten Blick – zum Mörder ihres Verlobten! Heimlich ließ sie ihn als »Tantris« ziehen. Es kam zur Versöhnung der beiden Länder, und ausgerechnet Tristan wurde von seinem Oheim, dem König Marke, ausgeschickt, um für ihn nun um die irische Königstochter Isolde zu werben, für eine politische Heirat, um die beiden Länder fester aneinander zu binden.

Nun fährt Tristan mit Isolde auf dem Schiff übers Meer, um Marke seine Braut zuzuführen. Tristan meidet Isolde an Bord; und schon kündet das Lied des Steuermanns, daß Cornwall in Sicht ist. Da schickt Isolde ihre Vertraute Brangäne nach Tristan aus. Der aber weigert sich zu kommen,

und an seiner Stelle antwortet mit höhnischen Worten sein Freund und Reisebegleiter Kurwenal: Isolde sei das Geschenk an Marke, zu ihr müsse ein Held niemals gehen. Und er erinnert hämisch, unter dem Gelächter der Mannschaft, an Morolds unglückliche Reise nach Cornwall.

Empört berichtet Isolde nun Brangäne von ihrem Erlebnis mit »Tantris«. Daraufhin erzählt die Dienerin ihr von einem Liebestrank, den die Mutter ihr für alle Fälle mit auf die Reise gegeben hat, um ihr die Heirat mit dem unbekannten König Marke zu erleichtern. Doch Isolde denkt nur an ein einziges »Heilmittel«: den Todestrank.

Kurwenal kündigt den Frauen die bevorstehende Landung an, Isolde aber besteht darauf, daß Tristan sie zuvor an Bord noch besucht: es gäbe eine Schuld zu begleichen!

So kommt es doch noch zu einem Gespräch unter vier Augen, und Isolde weiß Tristan so zu beeindrucken, daß er ihr schuldbewußt sein Schwert hinhält. Isolde aber zieht ein anderes Sühnemittel vor: den Zaubertrank. Brangäne richtet aufgeregt die Schale mit dem Wundermittel, und während die Mannschaft die Landung des Schiffes vorbereitet, leeren Tristan und Isolde die Trinkschale mit dem Zaubertrank.

Ihre Blicke suchen sich, jäh erwacht die Liebe, und sie sinken sich fassungslos in die Arme. So findet der entsetzte Kurwenal das Paar, als er die Ankunft König Markes melden will – Brangäne hat in ihrer Verzweiflung statt des Todestrankes den Liebestrank gereicht!

 Marke hat Isolde geheiratet, doch ihre Liebe gehört Tristan. Sehnsüchtig wartet sie abends darauf, daß Marke wieder, wie gewohnt, zur Jagd zieht. Voller Ungeduld lauscht sie den fernen Jagdhörnern nach, die durch die Sommernacht tönen und sich allmählich entfernen. Brangäne warnt ihre Herrin: Melot, der die Jagd veranstaltet hat, sei in Wirklichkeit ein falscher Freund Tristans, und alles sei nur eine raffinierte Falle für die Liebenden. Isolde aber ist ungeduldig und blind vor Liebe; sie schlägt Brangänes Rat in den Wind und löscht

schließlich selbst die lodernde Fackel aus, für Tristan zum Zeichen, daß seine Geliebte endlich allein ist und auf ihn wartet.

Gemeinsam feiern sie die langersehnte Liebesnacht, in der Hoffnung, daß es nie wieder Tag werden und die Nacht ewig dauern möge. Brangäne wacht über dem Glück der Liebenden, ihren warnenden Ruf im Morgengrauen aber hören sie nicht. Da stürzt Kurwenal herein – gleich wird der König hier sein! Und schon erscheint auch Marke, betroffen und enttäuscht vom offensichtlichen Treuebruch seines besten Freundes Tristan. Tristan aber zeigt kaum Reue, schützend neigt er sich über Isolde. Melot zieht wütend sein Schwert, und Tristan läßt sich im Kampf fast widerstandslos besiegen. Sein untreuer Freund Melot verwundet ihn schwer, Kurwenal fängt ihn in seinen Armen auf.

 Tristan liegt todkrank auf dem Schmerzenslager. Er hat sich auf seine Burg Kareol zurückgezogen und wartet sehnsüchtig darauf, daß Isolde ihn besucht. Ein Hirte beobachtet derweil das weite Meer und bläst ein trauriges Lied auf seiner Schalmei – kein Schiff ist weit und breit zu sehen! Nur Kurwenal, der den Freund pflegt, ist guten Mutes und glaubt an Tristans Genesung. Längst hat er Boten nach Cornwall zu Isolde ausgeschickt: noch einmal soll die Wunderärztin ihn heilen, wie damals in Irland! Tristan aber hält einzig der Gedanke an die ferne Geliebte am Leben. Nach und nach steigert er sich in Fieberträume hinein, sieht das Schiff mit Isolde vor sich, doch ein Schwächeanfall wirft ihn aufs Lager. Traurig mahnt die Hirtenweise. Aufs neue gibt sich Tristan seinen Visionen hin, da spielt der Hirte auf einmal eine lustige Melodie auf seinem Horn: Ein Schiff ist in Sicht, Isolde kommt! Wie wahnsinnig reißt sich Tristan den Wundverband ab und taumelt Isolde entgegen. Mit ihren Armen fängt sie den Geliebten auf, sterbend haucht er noch ein einziges Wort: »Isolde«!

Aufgeregt meldet der Hirte ein zweites Schiff. Melot und Marke sind Isolde gefolgt. Rasend verteidigt Kurwenal die Unglücksstätte, er und Melot fechten wütend und bringen sich gegenseitig um. König Marke aber tritt erschüttert zum toten Freund Tristan und

seiner Geliebten: Brangäne hat ihm längst das Geheimnis des Lie-
bestrankes enthüllt; nun wollte Marke großmütig auf Isolde verzichten und Tristan verzeihen – zu spät! Isolde ist wie entrückt und hört
Markes warmherzige Worte überhaupt nicht mehr. Sie hält den toten
Geliebten in den Armen, verzückt sieht sie ihn an – lebt er nicht
doch? Ihr Abschied von dieser Welt vollzieht sich unmerklich, wie
ein Wunder, in grenzenloser Liebesvereinigung . . .

## Hinweise

*Die tragische Liebesgeschichte von Tristan und Isolde ist eine uralte
europäische Sage. Mehrere deutsche Fassungen sind aus dem Mit-
telalter bekannt; die berühmteste ist sicher der unvollendete Versro-
man von Gottfried von Straßburg aus der Zeit um 1210. Auf diese
Quelle vor allem stützte sich Richard Wagner beim Verfassen seines
Librettos.*

*›Tristan und Isolde‹ besteht aus drei durchkomponierten Aufzü-
gen, von denen zwei durch längere sinfonische Orchestervorspiele
(zum 1. und 3. Akt) eingeleitet werden. Vor allem das erste Vorspiel
gilt als Wagners kühnster Vorstoß in neue harmonische Welten. In
der Tat scheinen sich hier die altüberlieferten und langgewohnten
Gesetze der Harmonik aufzulösen. Die Regel, nach der man bisher
komponierte, daß nämlich nach einem komplizierten Akkord immer
die Auflösung in einen einfachen Dreiklang zu erfolgen hat, gilt
nicht mehr. Wagners Kunstgriff, mit dem er diese Regel scheinbar
aufhebt, ist die ständige Chromatik, die unaufhörliche Vorwärtsbe-
wegung in Halbtonschritten. Die ersten Takte dieses Vorspiels zeigen diese Methode sehr klar:*

*Mit Ausnahme des ersten Melodieschrittes, einer aufsteigenden klei-
nen Sexte, bewegen sich beide Melodielinien nur noch in Halbtonschritten voran – die Unterstimme abwärts, die Oberstimme auf-
wärts, und beide Melodielinien sind selbständig und gleichberechtigt (polyphon). Auf diese Weise ergeben sich komplizierte Zusammenklänge – etwa gleich zu Beginn des zweiten Taktes, der berühmte
sogenannte »Tristan-Akkord«. Und was am Ende wie eine Beruhigung, wie eine Lösung, klingt, ist in Wirklichkeit ein Dominantseptakkord, also eine Dissonanz, die eigentlich ihrerseits in einen ent-
spannten Dreiklang münden müßte. Könnte man das Gefühl der
unerfüllten Liebessehnsucht treffender in Tönen ausdrücken?*

*Der erste Aufzug beginnt mit einem unbegleiteten Seemannslied.
Das Gegenstück dazu ist ein Solo des Englischhorns, die »Klagende
Weise«, mit der ein Hirte allein den letzten Aufzug einleitet. Erst
wenn Isoldes Schiff auf dem Meer zu sehen ist, wird seine Melodie
plötzlich fröhlich:*

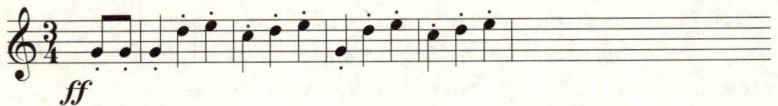

*Wagner verlangt besonders seinen beiden Hauptdarstellern Tristan
und Isolde sängerische Höchstleistungen ab. Vor allem der zweite
Aufzug mit ihrer nächtlichen Liebesbegegnung wird zu einem Liebesduett zwischen zartestem Piano und grandiosen gemeinsamen
Ausbrüchen.*

*Isoldes Schlußgesang am Ende des dritten Aktes, nach Tristans
Tod, wird, obwohl keine traditionelle, in sich abgeschlossene Arie,
häufig auch im Konzert gesungen:*

*Auch in ›Tristan und Isolde‹ verwendet Wagner eine Reihe soge-*
*nannter »Leitmotive«: Tonfolgen und Klänge, die jeweils an be-*
*stimmte Personen, Stimmungen und Handlungsmomente gebunden*
*sind und den Hörer an sie erinnern oder auf sie hinweisen sollen.*
*Ein solches Leitmotiv ist auch der Anfang des ersten Vorspiels, jene*
*chromatische Sehnsuchtsmelodie, die auf einem unaufgelösten dis-*
*sonanten Septakkord endet.*

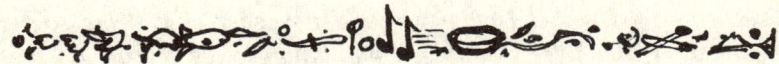

# Richard Wagner
## (1813–1883)

# Die Meistersinger von Nürnberg

Oper in drei Aufzügen
Text vom Komponisten

Vorspiele und drei durchkomponierte Aufzüge mit vier Bildern,
die beiden Bilder des 3. Aufzuges durch ein Zwischenspiel verbunden
Uraufführung am 21. Juni 1868 in München
Spieldauer: etwa 4½ Stunden

## Besetzung

Die Meistersinger:

| | |
|---|---|
| Hans Sachs, Schuster | *Baß/Bariton* |
| Veit Pogner, Goldschmied | *Baß* |
| Kunz Vogelgesang, Kürschner | *Tenor* |
| Konrad Nachtigall, Spengler | *Baß* |
| Sixtus Beckmesser, Schreiber | *Baß* |
| Fritz Kothner, Bäcker | *Bariton* |
| Balthasar Zorn, Zinngießer | *Tenor* |
| Ulrich Eißlinger, Würzkrämer | *Tenor* |
| Augustin Moser, Schneider | *Tenor* |
| Hermann Ortel, Seifensieder | *Baß* |
| Hans Schwarz, Strumpfwirker | *Baß* |
| Hans Foltz, Kupferschmied | *Baß* |
| | |
| Walther von Stolzing, ein junger Ritter | *Tenor* |
| David, Lehrbub bei Hans Sachs | *Tenor* |
| Eva, Pogners Tochter | *Sopran* |
| Magdalene, Evas Amme | *Mezzosopran/Alt* |
| Ein Nachtwächter | *Baß* |
| | |
| Bürger und Frauen aller Zünfte, | |
| Gesellen, Lehrbuben, Mädchen, Volk | *Chor, Ballett* |

# Die Handlung

Alt-Nürnberg in der Mitte des 16. Jahrhunderts – das war eine kleine, winklige Häuseransammlung um ein paar prächtige Kirchen und die aufragende Burg herum, von der Ausdehnung eines heutigen größeren Dorfes also, ringsherum von einer Stadtmauer beschützt. Hier blühten die Handwerkszünfte. Aus ihren Reihen gingen wie in anderen Städten die berühmten Singschulen der Meistersinger hervor, in denen nach überlieferten strengen Regeln die Kunst des Singens gepflegt wurde. Man traf sich regelmäßig zur Singstunde in der Katharinenkirche. Meistersinger konnte nur werden, wer eine nach Text und Melodie neue Weise erfunden und vor dem Preisrichter, dem »Merker«, erfolgreich vorgetragen hatte.

Morgen ist Johannistag. Nürnberg bereitet sich auf ein großes Volksfest vor. Am Tag vor dem Fest trifft sich die Gemeinde in der Katharinenkirche zum Nachmittagsgottesdienst. Gerade singt man gemeinsam den Abschlußchoral; die feine Goldschmiedstochter Eva Pogner sitzt mit ihrer Amme Magdalene in der letzten Bankreihe. Sie ist heute ziemlich unaufmerksam, denn mit ihren Blicken sucht sie ständig jenen schmucken jungen Mann, der seitwärts an einer Säule lehnt. Es ist Walther von Stolzing, ein fränkischer Ritter, der seit kurzer Zeit in Nürnberg lebt und sich in Eva verliebt hat.

Der Gottesdienst ist zu Ende, die Gemeinde drängt zum Ausgang. Eva findet listig ein paar Ausreden, mit denen sie ihre Amme ablenkt, um einige Worte mit dem Junker wechseln zu können. Ihn beschäftigt nur eine einzige Frage: ob sie wohl schon Braut ist? Die Antwort ist schnell gegeben und beunruhigt ihn sehr – Evchen soll morgen, am Johannistag, heiraten! Aber ihren Freier kennt sie noch gar nicht, denn der Sieger beim Wettsingen der Meistersinger soll ihr Bräutigam sein, so ist es der Wunsch ihres Vaters.

Da heißt es, keine Zeit zu verlieren, denn auch Eva hat sich in den Ritter verliebt, den sie gestern erst bei seinem kurzen Geschäftsbesuch im väterlichen Haus kennengelernt hat. Zum Glück kommt gerade David, Lehrbub bei Hans Sachs und Magdalenes Schatz, der soll Stolzing nun erst einmal erklären, was es mit dem Meistergesang auf sich hat. Jetzt, gleich im Anschluß an den Gottesdienst, wird hier nämlich eine Versammlung der Meistersinger abgehalten, eine »Freiung«, bei der ein Probesingen um die Meisterwürde stattfinden soll. David baut mit den Lehrbuben gemeinsam alles Nötige auf: die Bänke für die Meister, den Singstuhl und das »Gemerk«, den Platz des Merkers.

Für Stolzing steht es fest, daß er morgen beim Wettgesang um die Hand Evas streiten wird. Nur – um zum Preissingen überhaupt zugelassen zu werden, muß man erst einmal Meister sein! Und die Aufnahmebedingungen sind schwer und streng.

Bei der Arbeit erklärt David dem aufmerksam und manchmal ziemlich erstaunt lauschenden Ritter die Regeln nach der »Tabulatur«, wo sie alle aufgeschrieben sind. Bald brummt Stolzing der Schädel vor lauter Gesetzen und Vorschriften. Und gar die verwirrende Vielzahl von »Weisen«, deren Namen so lustig und vielsagend klingen: die Schreibpapier-, die Strohhalm-, die Regenbogen-, die Nachtigallen-Weise, oder der abgeschiedene Vielfraß-, der Kälber- und der Stieglitz-Ton ... Wie soll man sich das nur alles merken?

Bei den Lehrbuben hinter Davids Rücken geht es inzwischen drunter und drüber. Jetzt muß er aber schnell für Ordnung sorgen, denn schon erscheinen nacheinander die würdigen Nürnberger Meister, unter ihnen der vornehme Pogner und der über die Stadtgrenzen hinaus berühmte Schuster-Poet Hans Sachs. Wie es sich für einen richtigen Verein gehört, wird die Versammlung nach strengem Brauch eröffnet; der Vorsitzende Kothner sorgt für Ruhe und ruft nacheinander alle Namen auf. Dann erhält Pogner das Wort und gibt den Meistern noch einmal öffentlich seinen kühnen Entschluß bekannt: Morgen soll der Sieger im Wettsingen die Hand seines einzigen Kindes Eva erhalten – »ein Meister muß es sein!« Sachs meldet Bedenken an – sollte man bei einer so wichtigen Entscheidung nicht doch auch das Volk um seine Meinung fragen? Empört lehnen die starr am Gesetz klebenden Meister ab – wie kann man nur so einen unmöglichen Vorschlag gegen alle Regeln machen!

Stolzing hat Pogner schnell noch vor der Sitzung davon unterrichtet, daß auch er sich morgen bewerben will. Nun also stellt ihn der Goldschmied, dem der junge Mann gut gefällt, der überraschten Runde als Kandidaten vor. Mißtrauisch beäugen die Meister den Eindringling, und sie trauen ihren Ohren nicht, als sie vernehmen müssen, wo er denn die Singkunst erlernt haben will: auf der Wiese, von den Vögeln – dabei kann ja nichts Gutes herauskommen!

Griesgrämig begibt sich der Merker Sixtus Beckmesser in sein Gestühl – ein saures Amt ist das heute für ihn! Er, der Stadtschreiber, will sich nämlich morgen auch um Eva bemühen, und nun kommt ihm dieser windige Nebenbuhler in die Quere? Stolzing läßt sich nicht beirren, unbekümmert trägt er den verdutzten Meistern ein freies, improvisiertes Liebeslied vor, begeistert und gefühlvoll, aber gegen alle überlieferten Regeln. Und vom Singstuhl springt er gar auch noch auf! Die verbohrten Meister und ihr Merker sind empört über diese freche Unkenntnis der Regeln: der Junker hat versungen und versagt! Beckmesser zeigt allen seine Merktafel, auf der die zahllosen Regelverstöße gar nicht alle unterzubringen waren.

In allgemeinem Durcheinander löst sich die Versammlung auf, entrüstet und unbelehrbar machen sich die Meister auf den Heimweg. Nur Sachs ist nachdenklich geworden, nachdem er Walthers Lied aufmerksam verfolgt hat. Hinter all den sorglosen Unkorrektheiten im Lied hat er doch das große Talent des Sängers gespürt.

 Das Wetter meint es gut mit den Nürnbergern, der schönste Frühsommerabend bricht an und verheißt für morgen einen strahlenden Festtag. Magdalene hat ihren David ein wenig ausgehorcht und dabei von Walthers Mißgeschick erfahren. Nun will Evchen, die um den Ausgang des morgigen Preissingens bangt, aus ihrem Freund Sachs etwas mehr heraushorchen. Sie trifft ihn in der lauen Abendluft vor seiner Werkstatt bei der

Arbeit, gerade gegenüber dem Pognerschen Haus. Die Schuhmacherei bereitet ihm heute kein rechtes Vergnügen, seine Gedanken sind immer noch bei Stolzings Auftritt und bei seinem so beunruhigend neuartigen Lied. Und der Flieder duftet betörend – es ist auch wirklich kein Abend zum Arbeiten! Eva umschmeichelt Sachs, dessen heimlicher Zuneigung sie sicher ist. Er aber stellt sich recht störrisch: für den Junker gibt es keine Hoffnung, er hat versungen und damit basta! Wütend verläßt Eva ihn, und er zieht sich in seine Werkstatt zurück.

Es ist schon spät geworden; allmählich wird es finster, nur durch einen Spalt der Ladentür fällt noch ein Lichtstrahl heraus. Vater Pogner ruft nach seiner Tochter, die aber sieht gerade ihren Ritter die Gasse heraufkommen und eilt ihm freudig entgegen. Beide sind sich einig in ihrem Zorn auf die unverständigen alten Meister. Da scheint es nur einen Ausweg zu geben: Flucht! Schnell verschwindet Evchen im Haus und kommt dann in Magdalenes Kleidern wieder zurück. Wie sie beide die Gasse hinablaufen wollen, öffnet Sachs wie zufällig den Verschlag, so daß der Schein seiner Arbeitslampe quer über das Pflaster fällt. Er hat nämlich alles in seinem Laden mitangehört und will ihnen nun den Weg versperren – eine solche unüberlegte Flucht scheint ihm denn doch nicht die richtige Lösung zu sein!

Und noch jemand wandelt spät am Abend auf Freiersfüßen: Stadtschreiber Beckmesser kommt die Gasse herauf, baut sich vor Pogners Haus auf und stimmt eifrig seine mitgebrachte Laute. Er möchte Fräulein Pogner zur Probe schon heute einmal das Ständchen vortragen, mit dem er sie morgen beim Fest zu ersingen hofft. Eva und Walther ziehen sich auf die dunkle Bank unter der Linde zurück und belauschen das nächtliche Geschehen.

Auch Sachs hat Beckmesser bemerkt und kommt kurzentschlossen mit seinem Arbeitstisch wieder heraus vor seine Werkstatt. Laut und unbekümmert schmettert er ein Lied und hämmert dazu auf den Leisten. Beckmesser bringt keinen Ton heraus, zornig beschwert er sich bei dem Störenfried. Sachs macht ihm einen scheinheiligen Vorschlag: »Singt ihr nur zu, ich wollte schon immer die Kunst des Merkers erlernen!« Und mit dem Hammer auf dem Leisten merkt er,

streng nach den Regeln, alle Fehler an. Nervös stimmt der Stadt-
schreiber sein Lied an, das voller Absonderlichkeiten und unschöner
Wendungen ist – zwar wohl korrekt nach dem Gesetz, aber ohne
Kunstverstand! Sachs hämmert dazu nach Herzenslust, Beckmessers
Stimme wird laut und lauter, zumal er oben am Fenster Eva zu
erkennen glaubt. In Wirklichkeit aber ist es Magdalene, die sich in
Evchens Kleidern diesen Spaß nicht entgehen läßt.

Rundherum gehen in den Häusern die Lichter an, Fenster öffnen
sich, Beckmessers schallendes Ständchen hat die braven Bürger um
ihren wohlverdienten Schlaf gebracht. Auch David schaut heraus,
sieht seine Lene am Fenster und glaubt, das Lied gelte ihr. Gleich
steigt er mit einem Knüppel aus dem Fenster und stürzt sich auf den
ungebetenen Sänger. Bald ist die schönste Schlägerei im Gange, und
alle beteiligen sich daran, Meister wie Lehrbuben. Als die Prügelei
auf dem Höhepunkt ist, will sich Stolzing mit Eva entschlossen durch
die Menge kämpfen. Doch Sachs, der als einziger den Überblick
bewahrt hat, hält ihn fest und zieht ihn schnell zu sich in die Werkstatt;
Evchen aber findet heim ins Elternhaus. Im gleichen Moment hört
man das Horn des Nachtwächters, und mit einem Mal ist der ganze
Spuk vorbei. In Windeseile verschwinden alle wieder in ihren Häusern. Der Nachtwächter kommt des Weges, reibt sich verwundert die
Augen, singt sein Lied und trollt sich. Der Mond tritt hervor und
scheint hell in die leere Gasse hinein.

 Am nächsten Morgen, am Johannistag, traut sich David
kaum zu seinem Meister. Um so erstaunter ist er, ihn
milde und freundlich zu finden – er will seinen Lehrbuben
sogar als Herold mit zum Festplatz nehmen! Beim Vortrag seines Festtagsspruches entdeckt David auf einmal, daß sein
Meister heute ja Namenstag hat – Johannes, Hans!

Sachs sinnt noch über den gestrigen Abend nach, als Junker
Stolzing wohl ausgeschlafen aus seiner Schlafkammer tritt. Zu seinem Erstaunen ermuntert ihn Sachs, es noch einmal mit der Singe-
kunst zu versuchen, und das, obwohl die Probe gestern doch so
jämmerlich danebengegangen ist! Unbeirrt führt ihn der Meister

jedoch in die wichtigsten Regeln ein und macht ihm Mut: »Gedenkt des schönen Traums am Morgen; fürs andre laßt Hans Sachs nur sorgen!« So erzählt Stolzing ihm seinen Traum, faßt ihn unmerklich in kunstvolle Verse und schmückt sie mit einer passenden, wohlgebauten Melodie. Sachs aber schreibt sorgsam alles mit, immer mit kleinen Vorschlägen und Hinweisen weiterhelfend. Danach ist es auch schon Zeit zum Umkleiden, denn bald beginnt das Fest.

Vor den Fenstern der leeren Werkstatt taucht das schmerzverzerrte Gesicht Beckmessers auf. Schlimm hat es ihn gestern erwischt, mühsam kommt er hereingehumpelt, immer noch glaubt er sich verfolgt und gehänselt. Da fällt sein Blick zufällig auf das Blatt mit Stolzings Lied in Sachsens Handschrift – ein Lied von Sachs! Schon wittert Beckmesser Verrat. Als er die Tür gehen hört, steckt er eilig das Blatt in seine Tasche und sieht sich unversehens Sachs gegenüber. Gleich überschüttet er ihn mit Vorwürfen wegen gestern abend, und außerdem – will dieser Schwindler Sachs nicht in Wirklichkeit selbst um Eva werben? – Sachs durchschaut schnell die Zusammenhänge, als er das Fehlen des Blattes bemerkt. Scheinbar großzügig schenkt er Beckmeser das gestohlene Gedicht; er darf das Lied sogar öffentlich vortragen, wenn er will. Nur soll er sich nie rühmen, das Lied sei von Sachs! Das verspricht der Merker natürlich nur zu gern – ein Lied vom berühmten Sachs geschrieben, nun kann nichts mehr schiefgehen, so meint er. Begeistert humpelt er davon, um das Lied zu lernen.

Auch Eva ist längst auf. Ihr bleiches, trauriges Gesicht paßt gar nicht zu ihrem strahlenden Festgewand. Zaghaft und hilfesuchend nähert sie sich Sachs und druckst herum. Er geht auf ihr verlegenes Spiel ein – »wo drückt denn der Schuh?« Da tritt Walther ein, nun in glänzender Rittertracht. Sachs tut so, als ob er nichts bemerke, klagt ein bißchen über seine Arbeit und macht sich am Schuhwerk zu schaffen. Stolzing aber singt seiner Eva die dritte Strophe seiner Traumerzählung vor. Überwältigt von Rührung gesteht Eva dem Meister, daß sie eigentlich ihn hätte heiraten wollen, wenn das Schicksal sie jetzt nicht so unvermutet in die Arme des Ritters geführt hätte. Sachs fängt sich als erster wieder: »Mein Kind, von Tristan und

Isolde kenn' ich ein traurig Stück!« Er will nicht die Liebe der beiden zerstören.

Schnell entschlossen begrüßt Hans Sachs in einer kleinen Feier, zu der auch David und Magdalene hereingerufen werden, die Geburt eines neuen Meisterliedes und tauft es auf den Namen »Selige Morgentraum-Deut-Weise«. Bei dieser Gelegenheit wird David mit Hilfe einer kräftigen Ohrfeige gleich noch zum Gesellen befördert, dann machen sich alle auf den Weg zur Festwiese.

Auf einer Wiese vor den Toren der Stadt strömen die Bürger zusammen und erleben den farbenprächtigen Aufmarsch aller Handwerkszünfte und Vereine mit. Nach und nach füllt sich der weite Platz mit einer unübersehbaren bunten Menschenmenge. Als letzte kommen die hochangesehenen Meistersinger und nehmen ihre Ehrenplätze ein. Als Hans Sachs vortritt und ein paar Worte sagen will, überrascht ihn das Volk mit einer außergewöhnlichen Ehrung: Alle zusammen singen für ihn einen machtvollen Choral auf sein eigenes Gedicht – »Wach auf, es nahet gen den Tag«. Sachs überwindet seine Rührung und bedankt sich herzlich, dann verkündet er den Bürgern den Entschluß Meister Pogners.

Kothner ruft die Teilnehmer des Wettsingens auf, und als einziger tritt der Stadtschreiber vor, sichtlich nervös und immer noch wackelig auf den Beinen. Atemlose Stille breitet sich aus, als er nun ein absonderliches Lied zum besten gibt – verzweifelt versucht er, aus Sachsens Handschrift etwas Zusammenhängendes zu entziffern. Doch er bringt nur ein wirres, unverständliches Machwerk zustande. Unruhe kommt auf, niemand versteht die seltsame Weise und den grauslichen Text.

Schließlich bricht die Menge in ein dröhnendes Gelächter aus, Beckmesser stürzt wütend auf Sachs zu und überhäuft ihn mit Vorwürfen: Er habe ihn mit einem schlechten Lied betrogen. Kopfschüttelnd wenden sich auch die Meister an Sachs, damit er ihnen diese seltsame Geschichte aufkläre. Sachs aber ruft Walther von Stolzing als Zeugen: »Das Lied ist schön, aber das Lied ist nicht von mir!«

So kommt der Ritter zu seinem großen Auftritt. Inmitten der

Meister und umgeben vom gespannt lauschenden Volk trägt er seine neue Meisterweise vor. Kothner, dem Sachs das geschriebene Gedicht zur Prüfung in die Hand gedrückt hat, läßt bald das Blatt sinken, so leidenschaftlich und mitreißend ist der Gesang. Und Walther muß sich nicht mehr streng an seine Vorlage halten, sondern überläßt sich seinem Gefühl und fährt in freier Fassung fort. Brausender Beifall belohnt seinen Vortrag, und auch die Meister können nicht verbergen, daß sie beeindruckt sind. Einstimmig erhält Stolzing den Siegespreis zugesprochen. Ja, sie wollen den Ritter sogar gleich als Kollegen in ihre Reihen aufnehmen! Doch Trotz übermannt den Junker, zu übel haben sie ihm gestern in der Kirche mitgespielt! – »Nicht Meister! Nein! Will ohne Meister selig sein!«

Betroffen und ratlos blicken alle auf Sachs, den weisen Lehrmeister. Und wieder weiß er in verfahrener Lage Rat: ernst wendet er sich an Stolzing und erinnert ihn mit mahnenden Worten an Sinn und Wert von Kunst und Meistertum.

So nimmt das Fest ein glückliches Ende. Zum Zeichen der allgemeinen Verehrung hebt Eva den Ehrenkranz von Walthers Stirn und drückt ihn Sachs aufs Haupt.

## Hinweise

*Unter Wagners Opern und späteren Musikdramen sind ›Die Meistersinger‹ das einzige heitere Werk. Für sein Libretto trieb Wagner umfangreiche Vorstudien, in denen er sich mit Regeln und Gebräuchen der historischen Meistersinger vertraut machte. Manche Einzelheiten übernahm er aus geschichtlichen Vorlagen wörtlich in seine eigene Dichtung. Die Meister haben alle ihr namentliches Vorbild in der Meistersingerzeit, auch die teilweise recht kuriosen Bezeichnungen der Meisterweisen, die David im 1. Aufzug aufzählt, stimmen; ebenso die Regeln der »Tabulatur«, nach denen sich die Meister zu richten haben.*

*Der Text hält sich bewußt auch an die Dichtersprache des wichtig-*

*sten und berühmtesten Meistersingers Hans Sachs (1494–1576), etwa
in Gestalt des vierhebigen sogenannten »Knittelverses«:*

> *»Nún, Junker, kómmt! Habt fróhen Mút!
> Dávid, Geséll! Schließ den Láden gút!«*

*Wörtlich von Hans Sachs übernommen ist allerdings nur der Choral,
mit dem das Volk ihn auf der Festwiese ehrt: »Die wittenbergisch
Nachtigall« von 1525.*

*Zugleich wollte Wagner aber mit seiner Dichtung auch einem
künstlerischen Anliegen Ausdruck verleihen: Er wollte zeigen, daß
letztlich doch das gesunde Empfinden des Volkes über alle spießbür-
gerlichen, regelgläubigen Meister triumphiert. Deshalb besiegt der
phantasiebegabte jugendliche Ritter Stolzing, unterstützt von dem
einzigen weitblickenden Meister, Hans Sachs, den schrulligen Beckmesser, der die Sturheit einer in den eigenen Gesetzen erstarrten
Kunst verkörpert. Dieser sollte übrigens zunächst »Hans Lick« heißen und war als böse Karikatur jenes Wiener Kritikers Eduard
Hanslick gedacht, der Wagner das Leben schwer machte. Die Rede-
wendungen »beckmessern« und »Beckmesserei« gehen also auf Wagners Meistersinger zurück!*

*Das Handlungsgefüge ist weitgehend Wagners eigene Erfindung.
Die drei Aufzüge sind jeweils pausenlos durchkomponiert, wobei der
überlange 3. Aufzug in zwei Bilder unterteilt ist (Schusterstube und
Festwiese). Sie werden durch eine Überleitungsmusik verbunden,
während derer die gesamte Bühne umgebaut werden muß.*

*Die hochkomplizierte Partitur der ›Meistersinger‹ enthält ein raffi-
niertes Geflecht von Leitmotiven. Diese Leitmotive lassen die Figuren
und ihre unterschiedlichen Handlungen und Empfindungen einprägsam und lebendig werden. Unmöglich können wir hier alle Motive
aufzählen – die Leitmotiv-Übersicht im Klavierauszug führt etwa 45
Motive an! Das wichtigste und auffälligste ist ohne Zweifel das
Meistersinger-Thema, das auch das kunstvolle Vorspiel eröffnet:*

*Am Ende dieses Vorspiels vereinigt es sich mit dem gleichzeitig ertönenden »Liebesmotiv« – genau so klingt dann später die dritte Strophe von Stolzings Preislied auf der Festwiese:*

*So wird musikalisch bereits hier der glückliche Ausgang der Oper vorweggenommen: Stolzing erringt mit seinem neuartigen Lied die Meisterehre und zugleich die Hand der geliebten Eva.*

*Auf der anderen Seite steht die zwielichtige Figur des alternden Junggesellen Beckmesser, der so gern die reiche Goldschmiedstochter heiraten möchte. Sein Ständchen im 2. Aufzug wirkt aber doch nur komisch und verunglückt, ganz wie eine Parodie:*

Den Tag seh' ich er - schei - nen, der mir wohl ge- fall'n tut.

*Die große Prügelszene, die Beckmesser mit seinem Lied auslöst, ist zugleich ein äußerst kompliziertes musikalisches Geschehen, das neben und mit dem wilden Getümmel auf der Bühne abläuft. Weitere Höhepunkte sind die beiden Monologe von Hans Sachs im 2. und 3. Bild »Wie duftet doch der Flieder« und »Wahn! Wahn! Überall Wahn!«; das ausdrucksvolle Quintett zur Taufe der neuen Meisterweise (3. Bild), aber auch die so sinnfällige und anschauliche Einführung, die David dem Ritter Stolzing gibt (1. Bild). Dabei erhält jede »Weise« auch ihren eigenen »Ton«, da ist zum Beispiel der »Rosenton«:*

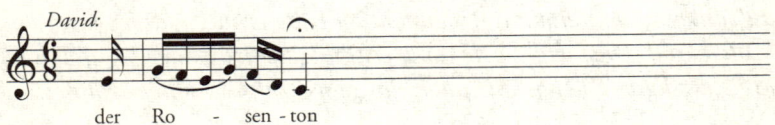

der Ro - sen - ton

*oder die »Stieglitzweise«:*

die Stieg - litz - weis.

*Darüber hinaus aber gehören ›Die Meistersinger‹ wiederum zu den großen, anspruchsvollen Choropern. Und auch das Orchester hat hier eine seiner schwierigsten, aber zugleich auch interessantesten Aufgaben zu bewältigen.*

# Der Ring des Nibelungen

Bühnenfestspiel in drei Tagen und einem Vorabend
Text vom Komponisten

Vorabend: Das Rheingold
Erster Tag: Die Walküre

Zweiter Tag: Siegfried
Dritter Tag: Götterdämme-
rung

# Das Rheingold

Vier durchkomponierte Bilder, Vorspiel und Verwandlungsmusiken

Uraufführung am 22. September 1869 in München
Spieldauer: 2½ Stunden

## Besetzung

| | | |
|---|---|---|
| Wotan | *Bariton* | |
| Donner | *Bariton* | Götter |
| Froh | *Tenor* | |
| Loge | *Tenor* | |
| Alberich | *Bariton* | Nibelungen |
| Mime | *Tenor* | |
| Fasolt und Fafner, Riesen | *Baß* | |
| Fricka | *Sopran* | |
| Freia | *Sopran* | Göttinnen |
| Erda | *Alt* | |
| Woglinde, Wellgunde, Floßhilde, Rheintöchter | *Sopran, Alt* | |

# Die Handlung

 Götter sind auch nur Menschen – zumindest hinterlassen sie im ›Rheingold‹ ganz diesen Eindruck: sie verhalten sich keineswegs allwissend und allmächtig, sondern zeigen Schwächen und benötigen Helfer. Im übrigen aber treten in dieser Oper überhaupt keine Menschen in Erscheinung; außer den Göttern gibt es noch eine Reihe verschiedener Fabelgestalten: Nixen (Rheintöchter), die im Rhein leben und einen Schatz bewachen; Riesen mit gewaltigen Kräften; arbeitsame Zwerge, die in den Tiefen der Erde hausen und sich von ihrem Oberzwerg beherrschen und quälen lassen. Zwischen ihnen allen beginnt nun eine richtige Kriminalgeschichte – mit Raub, Betrug und Mord!

 Tief unten auf dem Grund des Rheins liegt ein Schatz: das Rheingold. Drei Rheintöchter hüten ihn, schwimmen in der glitzernden Morgensonne um ihn herum und spielen miteinander. Plötzlich taucht ein finsterer Geselle auf: Alberich, der Nibelung. Gar zu gern würde er mit den Nixen anbandeln, doch sie sind viel zu schnell und geschickt für ihn, außerdem finden sie ihn unappetitlich. Immer wenn er eine von ihnen gefaßt zu haben glaubt, entkommt sie ihm behende und macht sich überdies noch lustig über den häßlichen Zwerg. Da entdeckt er auf einmal mit gierigen Augen den Goldschatz im Sonnenglanz auf dem Felsenriff, und die drei Mädchen verraten ihm auch leichtsinnigerweise ein Geheimnis: Nur wer der Liebe entsagt, bekommt das Gold! Zum Entsetzen der Rheintöchter verflucht Alberich umgehend die Liebe und raubt ihnen den Schatz.

 Am Ufer des Rheins ruhen die Götter. Hinter ihnen ragt riesig in ihrer Pracht die funkelnagelneue Götterburg Walhall auf. Im Morgenlicht erwacht Fricka und entdeckt sogleich das Prunkgebäude. Schnell weckt sie Wotan, ihren Mann. Zufrieden bewundert er das vollendete Bauwerk – er hat es kürzlich bei den Riesen Fasolt und Fafner in Auftrag gegeben. Als Lohn hat er ihnen recht unüberlegt Freia, die Göttin der ewigen Jugend, versprochen – er meinte wohl insgeheim: mir wird, bis die Burg fertig ist, schon ein Ausweg einfallen, um Freia zu retten.

Aber schon stampfen die Riesen heran und verlangen den versprochenen Lohn. Empört weigert sich Wotan – Freia kann und will er nicht hergeben, denn von ihren goldenen Äpfeln müssen die Götter täglich kosten, um ewig jung zu bleiben. Endlich kommt Loge, der Wotan seinerzeit zu dem faulen Handel mit den Riesen geraten hat und ihm nun auch aus der Klemme helfen soll. Doch zuerst erzählt Loge unbekümmert in aller Seelenruhe, so als ginge ihn die Not der Götter gar nichts an, von Alberich und wie dieser den Rheintöchtern das Gold geraubt habe, und noch mehr: er hat sich daraus gar einen Zauberring geschmiedet, der ihn ungeheuer mächtig gemacht hat. Nun unterdrückt er brutal das Heer der Nibelungen und zwingt sie, ihm die kostbarsten Schätze anzuhäufen. Sein Ziel aber ist die Herrschaft über die ganze Welt – vor allem auch über die Götter.

Mit leichtem Unbehagen hören dies die Götter. Die Riesen aber sind lüstern auf den Goldschatz geworden und erpressen nun Wotan: er soll ihnen Alberichs Schätze heraufholen, dann würden sie ihm Freia zurückgeben. Und schon schleppen sie die verzweifelte Göttin fort. – Auf einmal aber sehen alle Götter ganz alt und grau aus. Loge betrachtet sie nachdenklich, bis ihm plötzlich die Erleuchtung kommt: die Götter haben heute ja noch nicht von Freias Äpfeln gegessen, und nun altern sie sichtbar! Nur ihm, Loge, kann der Verlust der Früchte nichts anhaben, denn er ist ja nur ein Halbgott.

 Wotan und Loge machen sich sogleich auf den Weg, hinab nach Nibelheim in den Schoß der Erde – es bleibt inzwischen gar keine andere Wahl, als Alberich den Schatz abzujagen. Tief unten in der Erde schuften und hämmern die Nibelungen wie Sklaven, denn Alberich, mit Ring und Tarnkappe, zwingt sie zu harter Arbeit. Die Tarnkappe hat ihm sein Bruder, der kunstfertige Schmied Mime, anfertigen müssen, der ebenfalls unter dem strengen Regiment Alberichs leiden muß.

Der Macht Alberichs und seinen Zauberkünsten können die beiden Besucher nur mit einer List beikommen, die natürlich der schlaue Loge ausheckt. In scheinbar grenzenloser Bewunderung für Alberichs Fähigkeiten verleitet er den eitlen Zwerg, sich erst in eine Riesenschlange und dann in eine kleine Kröte zu verwandeln. Ganz schnell stellt Wotan seinen Fuß auf die Kröte, und Alberich ist elend gefangen. Umgehend treten sie mit ihm zusammen die Rückreise zur Erdoberfläche an.

 Bald kehren auch die Riesen erwartungsvoll zurück. Auf Wotans Befehl hin läßt Alberich grimmig seine Nibelungen alle Schätze heraufschleppen, und die Riesen häufen die Kostbarkeiten so vor Freia auf, daß sie nicht mehr zu sehen ist – gern trennen sie sich nämlich nicht von der liebenswerten Göttin! Schon scheint der Handel perfekt, und Alberich wähnt sich wieder in Freiheit, da entdecken die Riesen hinter dem Schatzhaufen noch Freias Auge. Was tun – der Schatz ist ja bis zum letzten Goldstück vor den Göttern aufgetürmt! Da blitzt ihnen auf einmal von Wotans Hand Alberichs Ring entgegen, der könnte doch die letzte Lücke stopfen! Wotan aber weigert sich empört, den Zauberring herauszugeben. Er ist zwar ein mächtiger Gott, aber es könnte doch sein, daß der Ring ihm noch mehr Macht brächte, vielleicht gar wirkliche Allmacht?

Da erscheint wie ein Geist Erda, die weissagende Göttin der Erde, und warnt Wotan mit geheimnisvollen Worten vor kommendem Unheil, vor dem Untergang der Götter. Beeindruckt, wenn auch ungern, trennt sich Wotan von dem Schmuckstück, und Alberich verflucht den Ring sogleich in ohnmächtiger Wut. Umgehend beginnt sein Fluch zu wirken: Kaum ist der Ring im Besitz der Riesen, geraten sie über die Aufteilung des Schatzes in einen kräftigen Streit, und Fafner erschlägt mit seiner Keule den Bruder.

Fassungslos haben die Götter alles mitangesehen. Froh jedoch löst mit seinem Hammer ein reinigendes Gewitter aus, und über die Regenbogenbrücke, die sich auf einmal quer über den Rhein spannt, schreiten die Götter stolz in ihre neue Götterburg. Loge jedoch hält sich ein wenig abseits und beobachtet sie; er macht sich seine eigenen Gedanken über die Zukunft der Götter, die er jetzt nach allem, was geschehen ist, nicht mehr für sehr rosig hält.

## Hinweise

*Wagner nennt ›Rheingold‹ den »Vorabend« zum ›Ring des Nibelungen‹, denn hier wird die ganze Vorgeschichte der eigentlichen Wälsungen- und Siegfried-Handlung erzählt.*

*Wagner beschäftigte sich mit dem ›Ring‹ insgesamt über 25 Jahre lang; aus einer ursprünglichen Keimzelle, aus ›Siegfrieds Tod‹, wuchs allmählich das Riesengebäude der vier großen Musikdramen hervor. Als letztes schrieb er die Dichtung zu ›Rheingold‹, die Textbücher entstanden also in umgekehrter Reihenfolge von hinten nach vorn.*

*Bei der Komposition allerdings begann Wagner dann mit ›Rheingold‹. Mitten im zweiten Akt des ›Siegfried‹ unterbrach er die Arbeit und schuf erst ›Tristan und Isolde‹ und ›Die Meistersinger von Nürnberg‹, bevor er den ›Ring des Nibelungen‹ vollendete.*

*Richard Wagner nennt seinen ›Ring des Nibelungen‹ ein »Bühnenfestspiel« für drei Tage und einen Vorabend. Für dieses Riesenwerk plante und baute er gleichzeitig in Bayreuth ein eigenes Festspielhaus, in dem 1876 zum ersten Mal der ganze ›Ring‹ als Zyklus, also im Zusammenhang aufgeführt wurde. Gegen Wagners ausdrücklichen Willen hatte König Ludwig II. von Bayern, der ihn grenzenlos verehrte und tatkräftig unterstützte, in München jedoch schon vorher die Uraufführungen von ›Rheingold‹ und ›Walküre‹ durchgesetzt.*

›Rheingold‹ gliedert sich zwar recht klar in vier Szenen mit unterschiedlichen Schauplätzen, doch ist die ganze Oper pausenlos durchkomponiert, und alle Verwandlungen von Szene zu Szene werden von Orchesterzwischenspielen begleitet. Besonders eindrucksvoll sind hier die Klänge, die Wagner für Wotans und Loges Reise hinab in die Unterwelt zu den Nibelungen erfand. Während sich die Bühne allmählich – in manchen Einstudierungen allerdings bei geschlossenem Vorhang – verwandelt, schildert das Orchester, fast in der Art späterer Filmmusik, diese Reise. Großartiger Höhepunkt ist die Passage, als die beiden Götter an den schmiedenden Nibelungen vorbeikommen und man auf einmal – erst von fern, dann immer näher – lauter Ambosse hört; Wagner fügte hier als einer der ersten Komponisten Geräusche, die nicht von Orchesterinstrumenten erzeugt werden, in seine Partitur ein:

Dies ist der Rhythmus, in dem die Nibelungen hämmern!

Alle wichtigen Leitmotive, mit denen Wagner in seinem ›Ring des Nibelungen‹ Personen, Situationen und Gefühle beschreibt, an sie erinnert und auf sie vorausweist, sind im ›Rheingold‹ schon vorhanden. Hier folgt eine Auswahl der wichtigsten und einprägsamsten Leitmotive:

– Das Walhall-Motiv, mit dem uns Wotans Götterburg in weihevollen Blechbläserklängen vorgestellt wird:

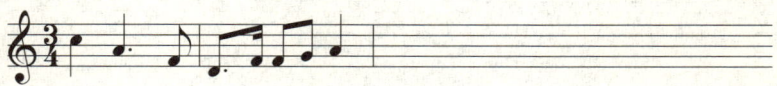

*– Die Riesen Fafner und Fasolt werden mit einem mächtig auf-
trumpfenden rhythmischen Leitmotiv vorgestellt:*

*– Auch das Rheingold, das die Rheintöchter besitzen und bewa-
chen, hat ein eigenes Motiv:*

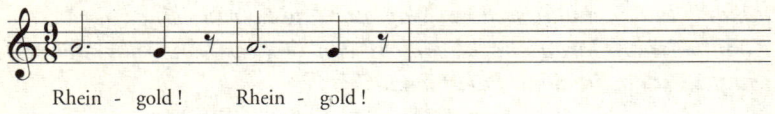

*– Wotans Schwert, das Siegfried dann neu schmiedet, klingt so:*

*– Und der Ring, den Alberich schmieden läßt und den er ver-
flucht, wird durch ein Motiv dargestellt, das geradezu »ringför-
mig« auf und ab zu kreisen scheint:*

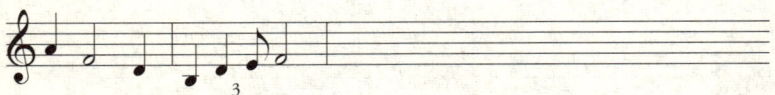

*Das Vorspiel zu Beginn von ›Rheingold‹ ist wohl das radikalste
Musikstück, das Wagner komponiert hat, denn es besteht aus
nichts als einem einzigen Es-Dur-Dreiklang, der vom tiefsten Baßton Es aus allmählich bis zum vollen Orchestertutti anschwillt, mit*

*immer stärkerer Bewegung in den einzelnen Orchesterstimmen, so
daß der Eindruck des wogenden Rheins entsteht – über ganze 136
Takte lang!*

## Die übrigen Opern im ›Ring des Nibelungen‹

Im ›Rheingold‹ haben wir die ganze verwickelte Vorgeschichte zum
›Ring des Nibelungen‹ erfahren. Nun, von der ›Walküre‹ an, begegnen uns auch Menschen. Die meisten von ihnen haben jedoch zumindest einen nichtmenschlichen Vorfahren. Das Zwillingspaar der
Wälsungen, einem altnordischen Heldengeschlecht, Siegmund und
Sieglinde, hat Wotan zum Vater und eine Menschenmutter. Infolge-
dessen ist ihr gemeinsamer Sohn Siegfried dann Wotans Enkel.
Hagen, Gunthers finsterer Halbbruder, ist der Sohn des Nibelungen-
zwerges Alberich, der zwar ohne Liebe, aber mit List und vermut-
lich Gewalt eine Menschenfrau bezwungen hat. Gunther und Gutrune sind die Gibichungen, die einzigen Menschen ohne göttliche
Vorfahren.

Zu den Rheintöchtern, Riesen und Zwergen kommen nun noch
weitere Fabelwesen zwischen Göttern und Menschen: die drei Nor-
nen sind, wie ihre Mutter Erda, mit dem Seherblick in die Zukunft
begabt. Und die Walküren sind alle Wotans Töchter; sie bringen
dem obersten Gott gefallene Helden nach Walhall, die ihm später bei
seinem letzten Kampf um die Macht beistehen sollen. Brünnhilde
aber ist seine Lieblingswalküre, deshalb ist er auch so enttäuscht, als
sie sich plötzlich gegen ihn auflehnt.

# Die Walküre

Drei durchkomponierte Aufzüge

Uraufführung am 26. Juni 1870 in München
Spieldauer: etwa 4½ Stunden

## Besetzung

| | |
|---|---|
| Siegmund | *Tenor* |
| Hunding | *Baß* |
| Wotan | *Bariton* |
| Sieglinde | *Sopran* |
| Brünnhilde | *Sopran* |
| Fricka | *Mezzosopran* |
| Die Walküren: | |
| Helmwige | *Sopran* |
| Gerhilde | *Sopran* |
| Ortlinde | *Sopran* |
| Waltraute | *Mezzosopran* |
| Siegrune | *Mezzosopran* |
| Roßweiße | *Mezzosopran* |
| Grimgerde | *Alt* |
| Schwertleite | *Alt* |

# Die Handlung

Die Wälsungen-Zwillinge Siegmund und Sieglinde waren durch ein unglückliches Schicksal getrennt, jetzt begegnen sie sich endlich wieder. Leider ist aber Sieglindes Mann Hunding, in dessen Hütte Siegmund Zuflucht sucht, sein ärgster Feind. So muß es am nächsten Tag zum Zweikampf kommen, in dem der Wälsung getötet wird. In der Nacht zuvor aber haben die Geschwister vor lauter Wiedersehensfreude in verbotener Liebe einen Sohn gezeugt: Siegfried.

In Hundings Haus hat Siegmund jenes Schwert gefunden, das einst Wotan in einen Eschenstamm gestoßen hatte, um seinem Sohn in höchster Not zu helfen. Fricka aber, die göttliche Hüterin der Ehe, verhindert nun, daß ihr Mann Wotan seinen Sohn Siegmund im Zweikampf mit Hunding unterstützt. So kann das Schwert »Nothung« ihm doch nicht helfen, er fällt, tödlich getroffen.

Brünnhilde, die Siegmund gegen den Willen Wotans im Kampf beistehen wollte, sammelt die Teile des zerbrochenen Schwertes auf, gibt sie Sieglinde und führt sie in den tiefen Wald: dort soll sie Siegfried zur Welt bringen.

In Siegfried aber setzt Wotan nun heimlich seine größten Hoffnungen: Nachdem der Gott sich im Netz seiner zahlreichen unglückseligen Verträge und Betrügereien so verfangen hat, daß er aus eigener Kraft nicht mehr herausfindet, soll ihm ein freier, unabhängiger Mensch – Siegfried – helfen. Dabei übersieht Wotan leider eine Kleinigkeit: daß auch Siegfried nämlich immer wieder seiner Unterstützung bedarf und in Wirklichkeit doch nur Wotans Wünsche ausführen wird.

Insgeheim hat Brünnhilde also nur Wotans innersten Willen ausgeführt, als sie Siegmund beschützen wollte und Sieglinde rettete. Zunächst aber tobt Wotan und wütet gegen sein Lieblingskind: Er

verbannt sie auf eine Felsenspitze und versenkt sie in tiefen Dauer-
schlaf, als wehrloses Opfer für jeden daherkommenden Mann. Erst
ihre flehende Bitte mildert das Urteil: Eine unüberwindliche Feuer-
wand um ihr Lager soll sie schützen, bis dereinst der würdige Held
sie aufwecken wird.

# Siegfried

## Drei durchkomponierte Aufzüge

Uraufführung am 16. August 1876 in Bayreuth
Spieldauer: etwa 4½ Stunden

## Besetzung

| | |
|---|---|
| Siegfried | *Tenor* |
| Mime | *Tenor* |
| Der Wanderer | *Bariton* |
| Alberich | *Bariton* |
| Fafner | *Baß* |
| Erda | *Alt* |
| Brünnhilde | *Sopran* |
| Stimme eines Waldvogels | *Sopran* |

# Die Handlung

Bei Siegfrieds Geburt ist seine Mutter Sieglinde gestorben. Mime, der Nibelungenschmied, hat sich seiner erbarmt und ihn an Sohnes Statt aufgezogen. Das geschah allerdings nicht ohne Eigennutz. Ganz in der Nähe bewacht nämlich der Riese Fafner, der sich in einen gewaltigen Drachen verwandelt hat, den Nibelungenschatz. Und an den möchte Mime – und vor allem natürlich sein Bruder Alberich – heran, vielleicht mit Siegfrieds Hilfe? Dem ist übrigens inzwischen klar geworden, daß der häßliche Zwerg Mime unmöglich sein leiblicher Vater sein kann.

Die Teile des zerbrochenen Schwertes hat Sieglinde Mime gegeben, doch ihm gelingt die Reparatur nicht. Erst Siegfried, zum kräftigen Helden herangewachsen, schmiedet »Nothung« neu. Ein geheimnisvoller Wanderer (Wotan) verrät Mime in rätselhaften Worten, wie man an den Schatz herankommen könnte, nämlich mit Hilfe eines Menschen, der das Fürchten noch nicht gelernt hat. Da macht Mime sich sogleich mit Siegfried auf zu Fafners Höhle.

Mit seinem neuen Wunderschwert tötet Siegfried tatsächlich den Drachen, nimmt ihm Tarnhelm und Ring ab und kann auf einmal die Sprache der Vögel verstehen, weil er von Fafners Blut gekostet hat. So erfährt er, wie ihm der falsche Mime nach dem Leben trachtet, und erschlägt kurzerhand auch den ungeliebten Ziehvater. Dann macht er sich auf zum Walkürenfelsen; den Weg dorthin hat ihm der kleine gesprächige Vogel gewiesen.

Unterwegs trifft er seinen Großvater Wotan, der als Wanderer ruhelos auf Erden umherzieht. Er hat sich soeben noch einmal ziemlich vergeblich Rat bei Erda geholt, wie denn nun alles weitergehen soll. Er versperrt Siegfried mit seinem Speer den Weg, der aber kennt keinen Respekt und zerschlägt mit Nothung die

Götterwaffe. Nun ist der Weg zu Brünnhilde frei: das Feuer er-
lischt, und Siegfried erweckt die Walküre mit seinen Küssen zu
neuem Leben. Zum ersten Mal aber in seinen jungen Jahren spürt
der junge Mann angesichts der wunderbaren Frau so etwas wie
Furcht.

# Götterdämmerung

Ein Vorspiel und drei durchkomponierte Aufzüge

Uraufführung am 17. August 1876 in Bayreuth
Spieldauer: etwa 5 Stunden

## Besetzung

| | |
|---|---|
| Siegfried | *Tenor* |
| Gunther | *Bariton* |
| Alberich | *Bariton* |
| Hagen | *Baß* |
| Brünnhilde | *Sopran* |
| Gutrune | *Sopran* |
| Waltraute | *Mezzosopran (auch: Alt)* |
| 1. Norn | *Alt* |
| 2. Norn | *Mezzosopran* |
| 3. Norn | *Sopran* |
| Die Rheintöchter: | |
| Woglinde | *Sopran* |
| Wellgunde | *Sopran (auch: Mezzosopran)* |
| Floßhilde | *Mezzosopran (auch: Alt)* |

# Die Handlung

 Von den Nornen, den Schicksalsgöttinnen, erfahren wir manches über Vergangenes und Zukünftiges. Wotan sitzt seit langem schon resigniert in Walhall und wartet auf das Ende, um sich herum einen Scheiterhaufen und in der Hand die Trümmer seines Speeres.

Bei Tagesanbruch erwacht Siegfried zu neuem Tatendrang und läßt Brünnhilde erst einmal auf ihrem Felsen zurück; sein Ring soll sie schützen. Ihn aber zieht es zu den Gibichungen an den Rhein. Dort bereitet Hagen, Alberichs Sohn, bereits die Fallen vor, in die Siegfried tappen soll. Dem selbstbewußt hereinstürmenden Helden reicht er als Begrüßungsschluck erst einmal einen Zaubertrank. Sogleich vergißt Siegfried Brünnhilde und verliebt sich in Gutrune. Und um sie zu erwerben, verspricht er Gunther, ihrem Bruder, ihm die Walküre Brünnhilde zu freien – auch Siegfried verstrickt sich, unwissentlich zwar, in Ränke und Betrügereien, auch er ist schon längst nicht mehr frei in seinen Taten und Entscheidungen!

Mit Hilfe des Tarnhelmes nimmt Siegfried Gunthers Gestalt an und bezwingt so erneut das Feuer und die entsetzte Walküre, der er überdies noch den Ring entwendet. In der gleichen Nacht aber besucht Alberich heimlich seinen Sohn Hagen und mahnt ihn dringend an seinen Auftrag: die Rückgewinnung des Ringes!

Die Hochzeit der beiden Paare wird vorbereitet, doch bald trübt sich die Festlaune, denn Brünnhilde entdeckt auf einmal den Ring an Siegfrieds Finger und durchschaut sofort das üble Spiel. Sie klagt Siegfried vor den anderen als Betrüger an, und auf Hagens Speerspitze schwören sie alle Rache. Brünnhilde, Gunther und Hagen aber beschließen insgeheim Siegfrieds Tod, und die Walküre verrät Hagen, daß der Held einzig im Rücken verwundbar ist.

Man begibt sich wieder einmal auf die Jagd. Während einer Rast am Rheinufer entfernt sich Siegfried ein paar Schritte von den übrigen Männern und hört auf einmal den Klagegesang der Rheintöchter. Sie betteln ihn um ihren Ring an und warnen ihn auch vor dem Fluch, der darauf lastet. Doch vergeblich – Siegfried kehrt mit dem Ring zu den übrigen zurück. Wieder mischt Hagen einen Zaubertrank, und auf einmal wird Siegfried sehr gesprächig und erzählt den verdutzt Zuhörenden, wie er selber Brünnhilde aus dem Feuer befreit hat. Da trifft ihn im Rücken Hagens Speerspitze. Im düsteren Leichenzug tragen die Männer den toten Helden heim nach Gibichung. Gutrune trauert verzweifelt um Siegfried und beschuldigt Gunther und Hagen des Verbrechens. Hagen aber fordert kalt seinen Anteil: den Ring. Im Streit darum tötet er seinen Stiefbruder Gunther, Brünnhilde aber kommt ihm zuvor, als er nach dem Ring greifen will. Sie läßt einen riesigen Scheiterhaufen für Siegfried aufschichten, entzündet ihn und springt selbst mit ins Feuer. Den Ring aber, den sie Siegfried vom Finger gezogen hat, erhält Hagen nicht: auf einmal schwillt der Rhein mächtig an, tritt über die Ufer, und die Rheintöchter holen sich endlich ihr Gold zurück. Alberich hat das Nachsehen. Zugleich aber lodern die Flammen hoch auf und greifen auf die ferne Götterburg Walhall über, wo Wotan und alle Götter auf das Ende gewartet haben – menschliche und göttliche Schuld ist nun gesühnt.

## Hinweise zu ›Walküre‹, ›Siegfried‹ und ›Götterdämmerung‹

*Die ›Walküre‹ wird durch ein stürmisches Orchester-Vorspiel eingeleitet, in dem die Flucht Siegmunds vor seinen Verfolgern durch den dichten Wald und vom Unwetter geschildert wird: Streichertremolo und eine gehetzt klingende, ständig wiederkehrende Tonfigur im Baß malen Siegmunds Rennen und seine Angst; ein wilder Paukenwirbel markiert einen mächtigen Donnerschlag auf dem Höhepunkt des Unwetters:*

*Die abschließende Passage der ›Walküre‹ wird meistens »Feuerzauber« genannt; sie ist eine der raffiniertesten und für das Orchester schwierigsten Partituren, die Wagner geschrieben hat. Zu dieser brillant funkelnden »Feuermusik« schläfert Wotan mit Loges Hilfe die Walküre Brünnhilde auf ihrem Felsen ein.*

*Im Vorspiel zum ersten ›Siegfried‹-Akt begegnen uns die Schmiedeklänge und -rhythmen der Nibelungen wieder, die wir auch schon im ›Rheingold‹ kennengelernt haben; und im Vorspiel zum zweiten Akt ertönen zwei Motive, die beide den Riesen Fafner meinen: zuerst sein Rhythmus aus ›Rheingold‹:*

(2 Oktaven tiefer)

*Und dann in der Baßtuba eine düster-gespenstische Tonfolge, die ihn uns in seiner Verwandlung zum Wurm, zum Drachen vorstellt:*

( 2 Oktaven tiefer )

*Im gleichen Aufzug gibt es später das sogenannte »Waldweben«, ein romantisches Stimmungsbild in zartesten, fein abgestuften Orchesterfarben, als Siegfried mit dem Waldvögelein spricht und seine Sprache auf einmal verstehen kann, weil er mit Fafners Blut in Berührung gekommen ist.*

*Der bekannteste Abschnitt in der ›Götterdämmerung‹ ist sicher der großartige Trauermarsch, mit dem die Männer Siegfrieds Leiche nach dem Mord heimwärts tragen: Nach dem machtvollen Beginn führt uns die Musik mit Hilfe einer Reihe von Leitmotiven noch einmal erinnernd zu wichtigen Stationen in Siegfrieds Leben zurück. Unmittelbar vor seinem Tod trifft Siegfried die Rheintöchter, die mit (fast) der gleichen Musik auftreten wie im ersten ›Rheingold‹-Akt.*

*Ähnlich wie ›Tristan und Isolde‹ endet auch die ›Götterdämme-rung‹ mit einer großen Soloszene, mit Brünnhildes letzten Worten, bevor sie Walhall in Brand setzt. Und über allen rauschenden Orchesterklängen leuchtet noch einmal kurz ein inniges Thema auf, das »Erlösungsmotiv«:*

# Giuseppe Verdi
## (1813–1901)

# Rigoletto

Oper in drei Aufzügen
Text von Francesco Maria Piave
(nach einem Bühnenstück von Victor Hugo:
›Le roi s'amuse‹ – Der König vergnügt sich)

Vorspiel und 20 Musiknummern, pausenlos ineinander übergehend
und in Szenen gegliedert
Uraufführung am 11. März 1851 in Venedig
Spieldauer: 2½ Stunden

## Besetzung

| | |
|---|---|
| Der Herzog von Mantua | *Tenor* |
| Rigoletto, sein Hofnarr | *Bariton* |
| Gilda, seine Tochter | *Sopran* |
| Graf Monterone | *Baß* |
| Graf Ceprano | *Bariton* |
| Gräfin Ceprano | *Sopran* |
| Marullo, Kavalier am Hof des Herzogs | *Bariton* |
| Borsa, ein Höfling | *Tenor* |
| Sparafucile, ein Bandit | *Baß* |
| Maddalena, seine Schwester | *Mezzosopran* |
| Giovanna, Gildas Gesellschafterin | *Alt* |
| Ein Gerichtsdiener | *Baß* |
| Ein Page der Herzogin von Mantua | *Mezzosopran* |
| Damen und Herren am Hof, Pagen, Diener | *Chor (Ballett)* |

# Die Handlung

In früheren Zeiten waren behinderte und verkrüppelte Menschen häufig dem Gespött ihrer Umgebung ausgesetzt. An Fürstenhöfen mußten sie oft den Spaßmacher spielen – man amüsierte sich über ihre lustigen Einfälle und lachte doch zugleich insgeheim über ihre Gestalt.

Einen solchen Hofnarren, mit Namen Rigoletto, hält sich auch der Herzog von Mantua. Dieser Fürst ist ein äußerst rücksichtsloser, genußsüchtiger Mensch. Pausenlos stellt er den schönen Damen seiner Umgebung nach, er scheut weder List noch Bestechung, wenn es um die Eroberung irgendeines weiblichen Wesens geht, das ihm gefällt. Ständig feiert er rauschende, lärmende Feste mit viel Musik und köstlichen Speisen und Getränken.

Wieder einmal ist der Herzog mit einem seiner unzähligen amourösen Abenteuer beschäftigt: Er hat sein Auge auf eine schöne Unbekannte geworfen, die er öfter beim Gottesdienst in der Kirche gesehen hat. Und seine Spione haben auch schon ihre Wohnung ausgekundschaftet, in der sie zu seiner Verwunderung des Nachts regelmäßig von einem geheimnisvollen Mann besucht werden soll.

Solche Sehnsüchte hindern den Herzog jedoch nicht im mindesten, nebenbei auf seinem Fest anderen vornehmen Damen aufdringlich den Hof zu machen, ob sie nun verheiratet sind oder nicht. Diesmal ist das Opfer die Gräfin Ceprano, mit der er unter den Augen ihres empörten Gatten heftig flirtet. Die übrigen Herren der Gesellschaft vertreiben sich die Zeit auf ihre Weise; an diesem Abend machen sie sich zur Abwechslung über den buckligen Rigoletto lustig, der angeblich in einem versteckt liegenden Haus ein Liebchen haben soll, das er des Nachts heimlich besucht. Rigoletto seinerseits macht dem Herzog ziemlich gemeine Vorschläge, wie man sich des lästigen Grafen Ceprano entledigen könne, um besser an seine Frau heranzukommen. Sogar der leichtfertige Herzog glaubt, seinen Narren warnen zu müssen: »Treib's nicht zu weit, sonst könnte es dir einmal übel ergehen!« Und richtig: Ceprano hat alles belauscht und wirbt nun ohne zu zögern einige Hofherren an, mit denen er sich gemeinsam an dem üblen Spaßmacher rächen will. Sie beschließen, Rigolettos Liebchen zu entführen und an den herzoglichen Hof zu bringen.

Der Herzog hat natürlich zahlreiche Feinde. Einer von ihnen ist der Graf Monterone, den er sogar hat einsperren lassen, nur um bequem und ungehindert seine Tochter verführen zu können. Von Rigolettos Unverschämtheit derartig gereizt, tritt nun Monterone mutig vor den Herzog und verflucht beide. Da bekommt es der abergläubische Rigoletto doch mit der Angst zu tun!

In der Nacht schleicht der Narr zu jenem versteckten Haus, in dem die unbekannte Schöne wohnt – die Spione des Herzogs sind ja bereits dahinter gekommen. Daß sie aber in Wirklichkeit Rigolettos Tochter Gilda ist, die er ängstlich gerade vor solchen Schürzenjägern wie dem Herzog bewahren will, ist ihnen bisher entgangen. Vor dem Haus lauert eine finstere Gestalt – Sparafucile, der Rigoletto seine Dienste als bezahlter Mörder anbietet; er wäre für Geld bereit, den unbekannten »Nebenbuhler«, von dem er gehört hat, aber nicht weiß, wer es ist, zu beseitigen.

Rigoletto ist natürlich ziemlich beunruhigt. Seine Tochter ist sein einziges Glück; eifersüchtig hütet er sie vor der bösen Welt in dieser stillen Gasse, in der sie mit ihrer Gesellschafterin lebt. Eigentlich hält er sie in dem versteckten Haus wie in einem Gefängnis. Er kann nicht wissen, daß ausgerechnet der von ihm am meisten gefürchtete Herzog sie längst aufgespürt hat und nicht mehr ruhen wird, bis auch sie verführt ist. Schon hat der Fürst nämlich Gildas Gesellschafterin bestochen und schleicht sich nun frech hinter dem Rücken des Vaters ins Haus. Der bemerkt jedoch bei seinem nächtlichen Besuch nichts Verdächtiges und schließt das Haus wieder sorgfältig zu, bevor er sich wieder entfernt.

Nun kommt der Herzog aus seinem Versteck; überrumpelt und überglücklich gesteht ihm Gilda ihre Liebe – das ist der Mann, den sie heimlich in der Kirche angebetet hat! Hier nennt er sich allerdings vorsichtshalber Gualtier Maldé und gibt sich als harmloser Student aus – man kann nie wissen! Auf einmal sind leise Schritte und Stimmen vor dem Haus auf der Gasse zu hören, und der Herzog macht sich schnell aus dem Staube. Draußen haben sich nämlich Graf Ceprano und die Verschwörer eingefunden. Sie wollen nun ihren Plan ausführen, Rigolettos vermeintliche Geliebte entführen und aufs Schloß bringen. Der Hofnarr aber kommt ausgerechnet heute abend noch einmal voller Mißtrauen zurück: Der Fluch des alten Monterone hat ihn doch ziemlich betroffen gemacht. Tatsächlich, da stehen im Schutz der Dunkelheit maskierte Männer! Geistesgegenwärtig erklären ihm aber die Entführer ganz einleuchtend, daß sie aus dem Palast gegenüber die Gräfin Ceprano für den Herzog entführen wollen. Ceprano selbst hält sich derweil im Hintergrund. Bereitwillig bietet Rigoletto seine Hilfe an. Er läßt sich wie die anderen maskieren und hält sogar nichtsahnend die Leiter fest, mit deren Hilfe die Höflinge seine eigene Tochter rauben. Als die Verschwörer längst mit ihrem Opfer über alle Berge sind, bemerkt er entsetzt den Betrug: Man hat ihn nämlich nicht maskiert, sondern im Dunkeln ihm Augen und Ohren zugebunden. Und auf der Straße sieht er die Schärpe liegen, die Gilda bei ihrer Entführung verloren hat. Beginnt der Fluch des Alten schon zu wirken?

 Am nächsten Vormittag ist der Herzog ziemlich beunruhigt, denn er hat bereits von Gildas Entführung Wind bekommen. Als ihm seine Höflinge stolz von ihrer nächtlichen Heldentat erzählen: »Wir haben Rigolettos Liebchen geraubt!« – da begreift er plötzlich die Zusammenhänge. Unverhofft und ganz ohne sein eigenes Zutun ist er am Ziel seiner Wünsche! Schnell macht er sich auf, um in seinem weitläufigen Palast Gilda zu suchen, während sein Hofnarr Rigoletto verzweifelt umherirrt, ohne seiner Tochter zu begegnen. Weinend enthüllt er den Hofherren, daß statt der angeblichen Geliebten seine Tochter in jenem dunklen Haus gewohnt habe, doch niemand will ihn zu Gilda führen. Sie aber findet in ihrer Not selbst den Weg zu ihrem Vater und beichtet

ihm nun ihre Liebe zu jenem »Studenten«, den sie heimlich in der Kirche kennengelernt hat. Für Rigoletto bricht eine Welt zusammen. Nun gibt es nur noch einen Weg: Gemeinsam mit Gilda will er diesen schrecklichen Ort verlassen und sich anderswo in der Fremde ein neues Leben aufbauen. Vorher aber gilt es, Rache am Herzog zu nehmen!

 In einer abgelegenen verrufenen Vorstadtkneipe am Fluß hat sich Rigoletto mit dem finsteren Sparafucile verabredet, der ihm kürzlich seine Dienste als Mörder angeboten hat. Nun soll er zeigen, was er kann! Sparafucile hat seine schöne Schwester Maddalena mitgebracht, die ihm bei solchen Anlässen immer als Lockvogel dient und dem Herzog hier ein Stelldichein versprochen hat. Auf diese Weise hofft Rigoletto, seiner Tochter das wahre Gesicht des Herzogs zeigen zu können, den sie leider immer noch liebt. Wie wird sie wohl reagieren, wenn er sie direkt vor ihren Augen mit einer anderen betrügt?

Durch eine Spalte im halb verfallenen Gemäuer der Schenke muß sie nun fassungslos mit ansehen, wie der Herzog in der Wirtsstube Maddalena umschmeichelt. Gebrochen fügt sie sich dem Wunsch des Vaters, nach Hause zurückzukehren und noch in dieser Nacht in Männerkleidern die Stadt zu verlassen.

Inzwischen will Rigoletto den Herzog umbringen.

Die Nacht wird immer finsterer und unheimlicher, ein Gewitter kündigt sich an, Regen und Sturm brechen herein – keinen Hund würde man bei einem solchen Wetter auf die Straße jagen! Sparafucile überläßt also dem Herzog scheinheilig ein Zimmer im Dachboden, wo der sich auch gleich in aller Seelenruhe aufs Ohr legt.

Wie verabredet hat sich Gilda in der Zwischenzeit zwar als Mann verkleidet, aber sie bringt es doch nicht übers Herz zu fliehen. Sie kann den untreuen Herzog einfach nicht vergessen, unruhig und voller banger Ahnungen treibt es sie durch das Unwetter zurück zum Gasthof. Durch den bewußten Mauerspalt wird sie dort Zeugin eines grausigen Gespräches zwischen Sparafucile und seiner Schwester: Maddalena hat sich nämlich auch in den charmanten Herzog verliebt und will nun verhindern, daß ihr Bruder ihn umbringt. Soll er doch statt seiner Rigoletto töten, so bekommt er auf jeden Fall den versprochenen Mordlohn, den der Alte doch sicher in der Tasche hat! Aber auch Mörder stehen zu ihrem Wort: Sparafucile lehnt den Vorschlag ab – es sei denn, irgendein Fremder käme unwahrscheinlicherweise bei diesem Wetter des Weges und suchte hier in der Herberge noch rechtzeitig vor Mitternacht Unterkunft. Der könnte ja dann seinetwegen das Ersatzopfer sein, eine Leiche muß jedenfalls her, wie auch immer! Mit dem Mut der Verzweiflung klopft Gilda an die Tür und wird von Maddalena eingelassen. Hinter der Tür aber hat sich ihr Bruder verborgen und sticht Gilda, die in ihren Männerkleidern unerkannt bleibt, brutal nieder.

Um Mitternacht kommt Rigoletto wieder. Die beiden legen ihm wie ausgemacht das Opfer in einen alten Mantel gehüllt vor die Füße. Sparafucile erhält seinen versprochenen Henkerslohn und verzieht sich schleunigst mit seiner Schwester. Triumphierend setzt Rigoletto den Fuß auf die vermeintliche Leiche des Herzogs – da: die Stimme des angeblich Ermordeten tönt fröhlich durch die Nacht! Der Herzog ist soeben unterm Dach aufgewacht und macht sich nun vergnügt und unbeschwert auf den Heimweg. Allmählich verliert sich die Melodie seines Liedes in der Nacht . . .

So steht der alte Narr wie vom Donner gerührt vor seiner zu Tode verwundeten Tochter. Mit letzter Anstrengung gesteht sie ihm, daß sie sich aus Liebe geopfert habe, um dem Herzog – seinem ärgsten Feind! – das Leben zu retten. Dann stirbt sie in Rigolettos Armen – der Fluch Monterones ist schreckliche Wirklichkeit geworden!

## Hinweise

*›Rigoletto‹ ist Verdis sechzehnte Oper. Ihn reizte bei der Vertonung vor allem der schillernde Charakter des buckligen Spaßmachers in seiner tragischen Doppelrolle als liebender Vater und Hofnarr. Ursprünglich sollte die Oper »Der Fluch« (La maledizione) heißen:*

Immer wieder klingt in ihrem Verlauf die Erinnerung an den Fluch
des alten Monterone an. Gerade dieses wichtige Motiv der Handlung erwies sich jedoch noch vor der Uraufführung als Hindernis.
Zu jener Zeit nämlich mußten alle neuen Theaterstücke der Zensur
vorgelegt werden. Das bedeutete oft Änderungswünsche und Ein-
griffe der Obrigkeit in das Werk, manchmal sogar ein totales Verbot.
In diesem Fall nun nahm man Anstoß daran, daß ein bekannter Fürst
von einem Untergebenen verflucht werden soll – das Stück spielte
zunächst am Hofe des Königs von Frankreich. Das hielt man für
ungehörig, das durfte nicht sein! Also mußte schnell die Handlung
nach Mantua an einen unbedeutenderen kleinen Fürstenhof verlegt
werden. In dieser endgültigen Gestalt erlebte ›Rigoletto‹ dann seine
triumphale Uraufführung. Gemeinsam mit den beiden Schwesterwer-
ken ›La Traviata‹ und ›Troubadour‹, die in den beiden folgenden
Jahren entstanden, trug diese Oper besonders nachhaltig zu Verdis
Ruhm bei. Bis heute hat sich an dieser weltweiten Wertschätzung
nichts geändert.

Dabei fällt gerade ›Rigoletto‹ in mancher Hinsicht aus dem Rahmen des Gewohnten. So war es neu, daß ein so zwiespältiger
Charakter wie Rigoletto im Mittelpunkt einer ganzen Oper stehen
kann – der typische italienische jugendliche Heldentenor und Liebhaber, der Herzog, ist diesmal nicht die Hauptperson. Er bildet hier viel
eher den wirkungsvoll gegensätzlichen Hintergrund, von dem sich der
unheimliche Rigoletto besonders gut abhebt.

Unübertreffliche Vielfalt des Ausdrucks kennzeichnet die Musik.
Da gibt es auf der einen Seite die heitere, rhythmisch beschwingte
Tanzmusik am Hof des Herzogs, mit der zusätzlichen Tanzkapelle
hinter der Bühne und mit effektvollen Chören. Da gibt es auch die
unbeschwerten Lieder des Herzogs, die fast so populär wurden wie
Schlager, etwa sein reißerischer, frecher Gesang im letzten Akt:

*Da gibt es die unerhört anspruchsvolle und deshalb gefürchtete Partie der Gilda, deren große Arie im ersten Akt mit ihren halsbrecherischen Koloraturen zum Schwierigsten gehört, was eine Sopranistin des italienischen Stimmfaches zu bewältigen hat:*

Teu - rer Na - me, des - sen Klang tief mir in die See - le drang.

*Und auf der anderen, gleichsam der Nacht-Seite, stehen die zahlreichen düsteren Szenen, wie etwa die gespenstische erste Begegnung zwischen dem Mörder Sparafucile und Rigoletto oder der so folgenreiche Fluch Monterones, der wie ein musikalisches Leitmotiv Rigoletto durch die ganze Oper verfolgt. Bereits das kurze Vorspiel (Preludio) enthält nichts anderes als dieses Fluchthema:*

Der al - te Mann ver - fluch - te mich!

*Ein grandioser Höhepunkt der Operngeschichte ist der letzte Akt mit seiner unheimlichen Nacht- und Gewitterstimmung. Die gesamte Wirtshausszene wird ja von einem Unwetter begleitet, das nicht nur durch allerhand Beleuchtungs- und Geräuscheffekte nachgeahmt werden soll, sondern das darüber hinaus im Orchester seinen schaurigen Nachhall findet. Zusätzlich hatte Verdi den genialen Einfall, das an- und abschwellende Heulen des Sturmes durch einen summenden Chor hinter der Bühne darstellen zu lassen.*

### Giuseppe Verdi
### (1813–1901)

# La Traviata

*(Violetta)*
Oper in drei Aufzügen
Text von Francesco Maria Piave (nach Alexandre Dumas)

Zwei Vorspiele (zum 1. und 3. Akt) und 19 Musiknummern
Uraufführung am 6. März 1853 in Venedig
Spieldauer: etwas mehr als 2 Stunden

### Besetzung

| | |
|---|---|
| Violetta Valéry | *Sopran* |
| Flora Bervoix | *Mezzosopran* |
| Annina, Violettas Dienerin | *Mezzosopran* |
| Alfred Germont | *Tenor* |
| Georg Germont, Alfreds Vater | *Bariton* |
| Gaston, Vicomte von Létorières | *Bariton* |
| Baron Douphal | *Bariton* |
| Marquis von Obigny | *Baß* |
| Doktor Grenvil | *Baß* |
| Joseph, Diener Violettas | *Tenor* |
| Ein Diener bei Flora | *Bariton* |
| Ein Kommissionär | *Baß* |

Freunde und Freundinnen Violettas, Matadore,
Pikadore, Zigeunerinnen, Diener Violettas und
Floras, Masken                                  *Chor*

# Die Handlung

 Im Mittelpunkt der Geschichte, die in Paris um 1700 spielt, steht eine reiche Lebedame: ein schönes Mädchen, das viele reiche Freunde und Liebhaber hat und von deren Geld gut lebt. Sie heißt Violetta Valéry, und sie liebt es, in ihrem eleganten Salon mit ihren Freiern rauschende Feste zu feiern.

 Bei einem solchen Ball lernt sie eines Tages Alfred Germont kennen, den sein Freund Gaston mitgebracht hat. Alfred verliebt sich sofort in die Dame des Hauses, und als sie ihn ermuntert, einen Trinkspruch anzustimmen, preist er in überschwenglichen Worten die Liebe.

Da erleidet Violetta plötzlich einen Schwächeanfall, und sie zieht sich von der Gesellschaft zurück. Alfred ist äußerst besorgt und bemüht sich rührend um sie. Mit zarten Worten gibt er ihr zu verstehen, daß er sie liebt und sich gerne in Zukunft um ihre Gesundheit kümmern möchte. So leichtlebig und oberflächlich Violetta auch sein mag, so empfindet sie dennoch dankbar das echte tiefe Gefühl der Zuneigung, das ihr Alfred entgegenbringt. Zwar antwortet sie ihm zunächst mit spöttischen Bemerkungen, wie es so ihre Art ist. Aber zum Abschied schenkt sie ihm als Zeichen ihrer Sympathie eine Kamelienblüte: Alfred soll sie ihr wiederbringen, wenn die Blütenblätter welken. – Alfred verabschiedet sich, und nun ist Violetta mit ihren Gefühlen, die ihr so neu und so fremd sind, allein. Unter dem überwältigenden Eindruck dieser neuen Empfindungen beschließt sie spontan, von ihrem Leben der Lust und der ausschweifenden Feste Abschied zu nehmen.

Violetta hat ihren Entschluß wirklich in die Tat umgesetzt und sich mit ihrem geliebten Alfred außerhalb von Paris auf einem Landgut niedergelassen. Allerdings fehlt es den beiden bald an Geld, und Alfred muß von Violettas Zofe Annina erfahren, daß ihre Herrin hinter seinem Rükken heimlich ihren Schmuck verkaufen will, um zu Geld zu kommen. Schnell macht er sich auf den Weg nach Paris, um sich dort um das nötige Geld zu kümmern.

Während seiner Abwesenheit meldet sich bei Violetta unerwarteter Besuch: es ist ein älterer Herr, der keineswegs – wie sie zunächst glaubt – ihre Wertsachen kaufen will, sondern der sich alsbald als Georg Germont, der Vater ihres Geliebten, vorstellt. Und er kommt auch gleich ohne Umschweife auf den Grund seines Besuches zu sprechen: mit bewegten Worten beschwört er Violetta, auf Alfred zu verzichten, denn ihre Liebesverbindung bedrohe das Glück der Familie Germont. Alfreds Schwester nämlich hat einen Bräutigam, und der will nun allen Ernstes die Verlobung auflösen, wenn Alfred sich nicht von jener Dame mit ihrer zweifelhaften Vergangenheit lossagt.

Violetta ist im Grunde ihres Herzens ein weiches, mitleidiges Geschöpf, und so gibt sie den eindringlichen Bitten Vater Germonts tatsächlich nach und erklärt sich zum Verzicht auf Alfred bereit, nur um das Glück seiner Schwester zu retten, die ihr doch völlig fremd ist. Unverzüglich schreibt sie schweren Herzens einen Brief an ihren Geliebten, in dem sie ihm ihren Trennungsentschluß mitteilt, ohne ihm die wirklichen Gründe zu nennen.

Alfred kehrt heim, und sie gesteht ihm noch einmal ihre große Liebe und zieht sich dann schnell unter einem Vorwand zurück.

Bald erhält Alfred die Nachricht von Violettas überstürzter heimlicher Abreise, und man überbringt ihm ihren Brief. In diesem Augenblick betritt Vater Germont das Zimmer, und Alfred sinkt ihm verzweifelt in die Arme. Die tröstenden und ermunternden Worte des Vaters helfen nicht. Hals über Kopf verläßt der Sohn das Unglückshaus.

Eigentlich waren Violetta und Alfred an diesem Abend zu einem Ball bei ihrer Freundin Flora eingeladen. Dort sucht und findet

Alfred sie auch bald im Trubel des rauschenden Festes in Begleitung ihres früheren Verehrers, des Barons Douphal. Mit anzüglichen und beleidigenden Worten wendet sich Alfred an Violetta, und nur der Ruf zur Abendmahlzeit verhindert im letzten Moment offenen Streit. Wenig später kommt es zwischen den beiden zu einer flüchtigen Begegnung unter vier Augen, und nun gibt Violetta ihrem Alfred zu verstehen, daß sie in Wirklichkeit den Baron liebt. Da verliert Alfred völlig die Kontrolle über sich und wirft ihr vor den Augen der entsetzten Festgäste das Geld vor die Füße, das er soeben im Spiel gewonnen hat – als Lohn für ihre Liebesdienste. Gerade zur rechten Zeit taucht Vater Germont auf und nimmt Violetta in Schutz. Sie aber ist völlig zusammengebrochen und wird nun von allen Anwesenden getröstet, während Alfred bereits Reue über sein unkontrolliertes brutales Verhalten empfindet.

 Violettas ohnehin geschwächte Gesundheit war dieser Aufregung nicht mehr gewachsen. Sie ist inzwischen bettlägerig, ihre Kräfte schwinden zusehends von Tag zu Tag, und der Arzt hat keine Hoffnung mehr auf Gesundung. Vater Germont kümmert sich um sie wie um eine eigene Tochter, und er berichtet schließlich auch seinem Sohn, wie es um Violetta steht. Alfred hatte sich seinerzeit nach dem unseligen Ball bei Flora noch mit dem Baron Douphal duelliert und mußte deshalb das Land verlassen. Nun eilt er verzweifelt an Violettas Krankenbett, um sie um Verzeihung zu bitten. Noch einmal kommt es zu glühenden Liebesbeteuerungen, aber Violetta hat keine Kräfte mehr, das Bett zu verlassen oder gar zu einer Hochzeit in die Kirche zu gehen. Vater Germont segnet gerührt das Paar, und nachdem Violetta ihrem Geliebten noch ein Medaillon mit ihrem Bildnis geschenkt hat, stirbt sie in seinen Armen.

# Hinweise

*>La Traviata< geht zurück auf das Theaterstück >Die Kameliendame<
von Alexandre Dumas (1824–1895), der um die Mitte des 19. Jahrhunderts in Frankreich große Erfolge feierte. Verdi sah das Schauspiel in Paris und erkannte sofort seine Eignung als Opernlibretto.*

*>La Traviata< gehört neben >Troubadour< und >Rigoletto< zur
Dreiergruppe der ersten großen Meisterwerke Verdis, die bis heute
an Beliebtheit nichts eingebüßt haben und ständig auf den Spielplänen der Opernhäuser in aller Welt auftauchen. In diesen Opern folgt
Verdi noch recht streng dem gewohnten Modell der italienischen
Nummernoper: sie gliedert sich in eine Folge von Rezitativen, Arien
und Ensembles. Im Gegensatz zu Verdis späteren Bühnenwerken
dominieren hier noch ganz eindeutig die Singstimmen; das Orchester begleitet sie harmonisch und rhythmisch und hat nur hin und
wieder Gelegenheit, sich gleichberechtigt am musikalischen Geschehen zu beteiligen. Die starke Wirkung der Musik beruht vor allem
auf der Ausdruckskraft von Verdis melodischen Einfällen – besonders gut nachvollziehbar an den Vorspielen zum ersten und dritten
Aufzug, die musikalisch eng miteinander verwandt sind und in zartesten Farben und mit Melodien von großer Innigkeit Violettas tragi-
sches Schicksal vorwegnehmen. Der große Melodiebogen aus dem
ersten Vorspiel ist sicher einer von Verdis eindringlichsten melodischen Einfällen:*

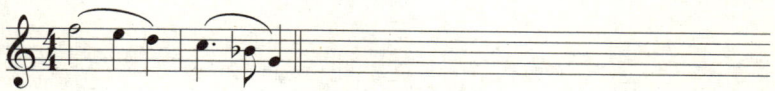

*Die Rolle der Violetta ist eine der anspruchsvollsten und zugleich
dankbarsten des italienischen Sopranfaches, denn die Sängerin muß
sowohl virtuose Koloraturen treffsicher wiedergeben wie auf der
anderen Seite zu zartestem, lyrischem Ausdruck fähig sein. Ihr
Paradestück ist im ersten Akt der Oper diejenige Szene und Arie, in
deren Verlauf sie sich über das aufkeimende Gefühl der Liebe zu*

*Alfred klar zu werden versucht: eher melancholisch und versonnen im ersten Andantino-Teil, dann sehr virtuos und mit Koloraturen gespickt im temperamentvollen Allegro brillante:*

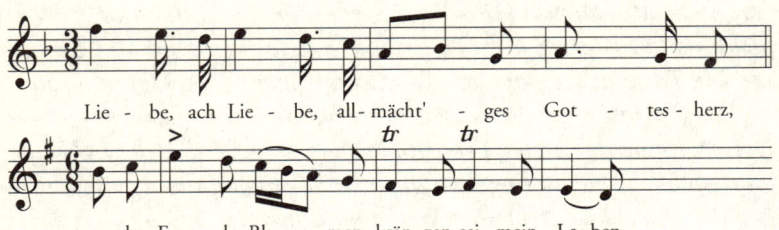

*Ihr Liebhaber Alfred stellt sich etwas früher, ebenfalls auf Violettas Fest, mit einem tänzerisch-effektvollen Trinklied vor, in dem der Chor refrainartig antwortet:*

*Der Chor spielt außerdem eine wichtige Rolle im zweiten Bild des zweiten Aufzuges; berühmt ist etwa der Gesang der Zigeunerinnen:*

## GIUSEPPE VERDI
(1813–1901)

# Ein Maskenball

*Un ballo in maschera*
Oper in drei Aufzügen
Text von Antonio Somma (nach Eugène Scribe)

Vorspiel und 17 musikalische Szenen
Uraufführung am 17. Februar 1859 in Rom
Spieldauer: etwa 2½ Stunden

## Besetzung

| | |
|---|---|
| Graf Richard von Warwick, Gouverneur von Boston [König Gustav III. von Schweden] | *Tenor* |
| René [Hauptmann Ankarström] | *Bariton* |
| Amelia, seine Frau | *Sopran* |
| Ulrica, Wahrsagerin [Ulrica Arvedson] | *Alt* |
| Oscar, Page des Gouverneurs | *Sopran* |
| Silvano, Matrose [Christian] | *Bariton* |
| Samuel [Graf Horn] und Tom [Graf Ribbing], Verschwörer | *Baß* |
| Ein Richter | *Tenor* |
| Ein Diener Amelias | *Tenor* |
| | |
| Deputierte, Offiziere, Matrosen, Volk, Höflinge, Verschwörer, Diener, Masken | *Chor, Ballett* |

# Die Handlung

Beliebtheit schützt doch nicht vor einzelnen Gegnern. Das weiß auch Graf Richard, der Gouverneur von Boston: eine kleine Gruppe von Verschwörern, angeführt von Tom und Samuel, plant seinen Tod, weil sie ihm eine persönliche Schuld nachtragen.

Am frühen Morgen ist wie gewöhnlich Audienzstunde beim Gouverneur. Zahlreiche Bürger und Soldaten warten darauf, zu ihm vorgelassen zu werden, um ihm ihre Wünsche vortragen zu dürfen. Auch die Verschwörer mischen sich unter die Leute, wie immer in der Hoffnung auf eine günstige Gelegenheit für ein Attentat. Der Gouverneur möchte bald einen Maskenball veranstalten, und dafür zeigt ihm nun sein Page Oscar die Gästeliste. Auf dieser Liste entdeckt Richard voller Freude den Namen Amelia. Sie ist die Frau seines besten Freundes René, doch er betet sie heimlich an – hin- und hergerissen zwischen der Rücksicht auf den Freund und seiner großen Liebe.

Da kommt René und will dem Gouverneur unter vier Augen Näheres über seine Gegner mitteilen, dieser jedoch möchte gar keine Namen verraten bekommen – offenbar kann er die Gefahr doch nicht so ernst nehmen. Zum Abschluß der Audienz erscheint der oberste Richter und erbittet die Unterschrift des Gouverneurs, um ein Verbannungsurteil bestätigen zu lassen: es geht um die geheimnisvolle Wahrsagerin Ulrica. Richard reagiert jedoch ganz unerwartet: statt zu unterschreiben, lädt er seine Freunde und Untergebenen zu einem Besuch bei der Wahrsagerin ein, an diesem Nachmittag und natürlich verkleidet.

In ihrer Wohnung zelebriert Ulrica, umgeben von allerlei Zaubergerätschaften, ihre Wahrsagekünste. Richard tritt ein; er ist als Fischer verkleidet und bekommt gerade noch mit, wie Ulrica dem Matrosen Silvano mehr Geld und eine Beförderung prophezeit.

Spontan steckt der Gouverneur ihm heimlich einen Geldbeutel in die Tasche und dazu einen Zettel, auf den er schnell gekritzelt hat: »Dem Offizier Silvano!« Hocherfreut bestätigt der Seemann die prompte Erfüllung von Ulricas Spruch.

Nach diesem eher scherzhaften Spielchen wird es plötzlich ernst, denn unvermutet tritt Amelia ein und sucht bei Ulrica Rat. Richard kann sich verstecken, als alle übrigen aus dem Raum gewiesen werden, und so kann er das Gespräch der Frauen belauschen. Dabei erfährt er, daß auch Amelia ihn liebt und daß sie nun verzweifelt nach einem Gegenmittel sucht, denn sie möchte ihren Mann nicht unglücklich machen. Ulrica empfiehlt ihr ein Zaubergewächs, dessen gute Wirkung erprobt ist, das jedoch nur unter schwierigen Umständen zu bekommen ist: man muß es um Mitternacht auf dem Galgenhügel pflücken!

Amelia entfernt sich wieder, und nun läßt sich Richard, umringt von Freunden und Verschwörern, weissagen. Ulrica liest aus seiner Hand, an der sie den kampfgewohnten Soldaten erkennt. Zum allgemeinen Entsetzen warnt sie ihn vor einem Mörder, der überdies ein guter Freund sein soll, und sie fügt ihrem unheimlichen Spruch noch eine Warnung hinzu: der erste, der dir die Hand drücken wird, ist dein Mörder! So ist Richards Erleichterung nur zu verständlich, als kurz darauf sein Freund René eintritt und ihn herzlich begrüßt. Doch Ulrica bleibt bei ihrer Warnung und fleht den Gouverneur an, wachsam zu sein – inzwischen hat sie nämlich begriffen, wen sie da vor sich hat.

 Amelia begibt sich in der folgenden Nacht zitternd zum Galgenhügel, um sich das Kraut gegen die verbotene Liebe zu suchen. Natürlich macht sich auch Richard auf den Weg dorthin, um ihr heimlich zu folgen und sie auf ihrem nächtlichen Ausflug zu beschützen, und so läßt es sich kaum vermeiden, daß sich die beiden unter dem Galgen auf einmal gegenüberstehen und sich an diesem unheimlichen Ort endlich ihre Liebe gestehen. Doch da taucht völlig überraschend auch ihr Mann René auf, weil er Richard vor den Verschwörern warnen möchte, die ihm

unterwegs in der Nacht auflauern. In aller Eile tauschen die Männer ihre Mäntel, und René verspricht dem Freund, die tief verschleierte unbekannte Dame unverzüglich und unerkannt heimzugeleiten. Kaum ist Richard im Dunkel der Nacht verschwunden, erscheinen die Verschwörer und verstellen den beiden den Weg. Ihre Wut ist natürlich sehr groß, als sie erkennen müssen, daß ihnen der Graf wieder einmal entwischt ist. Enttäuscht bestehen sie nun darauf, daß René ihnen wenigstens die schöne Dame vorstellt, mit der er hier unter dem Galgen lustwandelt. Darüber kommt es zum Streit, und in höchster Not schlägt Amelia ihren Schleier zurück, um ihren Mann vor dem Zorn der übrigen Männer zu retten. Entsetzt erkennt René seine eigene Frau und muß nun natürlich an einen großen Treuebruch seines Freundes glauben. Umgehend bestellt er Tom und Samuel mit ihren Genossen für den kommenden Tag in sein Haus. Dann verlassen alle den Galgenhügel, und noch lange hört man in der Ferne die Spottlieder der schadenfrohen Verschwörer...

 Das Verschwörertreffen findet am nächsten Tag in Renés Wohnung statt. René hat sich entschlossen, gemeinsam mit den Verschwörern Richard nach dem Leben zu trachten. Amelia soll zwar nicht sterben, sie wird hereingerufen und muß – gequält von bösen Ahnungen – aus einem Krug den Namen des Mannes ziehen, der den Mord an Richard ausführen soll: das Los trifft ihren Mann. Da bringt der Page Oscar die Einladung zum Maskenball beim Gouverneur. Das ist für die Männer ein willkommener Anlaß: auf diesem Ball soll Richard sterben! Und man verständigt sich schnell noch über die Art der Verkleidung und über das Losungswort.

Der Gouverneur hat aber unterdessen, offenbar nach einer unter Gewissensbissen durchwachten Nacht, beschlossen, René und seine Frau mit einem diplomatischen Auslandsauftrag nach England zu schicken. Auf diese Weise würden sich ihre Wege für lange Zeit trennen, und er brauchte die Freundschaft nicht aufs Spiel zu setzen. Schweren Herzens begibt er sich zum Ball, um Amelia ein letztes Mal zu sehen und sich für immer von ihr zu verabschieden.

Im Festsaal ist das Maskentreiben in vollem Gange, die Tanzmusik spielt dazu. Der Gouverneur hat sich trotz mancher Warnungen nicht vom Ballbesuch abhalten lassen. Auch René und die Mitverschwörer mischen sich unerkannt unter die Tänzer. Auf Renés Frage nach der Maske Richards hat der Page Oscar sie ihm arglos verraten. Inmitten der Menge nehmen Richard und Amelia traurig Abschied voneinander. Da nähert sich ihnen unauffällig René und stößt mit seinem Dolch zu: Richard sinkt tödlich getroffen zu Boden! Die Tanzmusik aber spielt immer weiter, so als sei nichts geschehen. Mit letzter Kraft bringt der Gouverneur wenige Worte hervor, und erschüttert muß René nun erfahren, wie edel und freundschaftlich sich Richard ihm gegenüber verhalten wollte. Aus der Hand des Sterbenden empfängt er die Versetzungsurkunde, und fassungslos vernehmen die Umstehenden seine letzten Worte, mit denen er allen verzeiht.

## *Hinweise*

*›Ein Maskenball‹ geht wie ›La Traviata‹ auf ein französisches Theaterstück zurück, nämlich auf das Drama ›Gustav III. von Schweden‹ von Eugène Scribe (1791–1861). Darin wird eine wahre historische Begebenheit dargestellt, denn dieser schwedische König wurde 1792 tatsächlich auf einem Maskenball im Stockholmer Opernhaus ermordet. Die tragische Liebesgeschichte allerdings hat der Dichter hinzuerfunden. Bereits vor Verdi ist aus diesem Stoff eine Oper entstanden: Scribe selbst hat sein Drama in ein Libretto umgearbeitet, das eigentlich für Rossini gedacht war, dann aber von Daniel F.E. Auber (1782–1871) vertont wurde. Heute ist seine Oper, die seinerzeit neben Verdis Fassung erfolgreich war, vergessen.*

*›Ein Maskenball‹ ist ein typisches Beispiel für die Macht und die Willkür der Kunstzensur, die staatliche Behörden in Rom und Neapel noch in Verdis Jahrhundert ausübten. Zwei Mordanschläge auf gekrönte Häupter in Neapel und in Parma, wo Charles III. im Theater umgebracht worden war, zeigen recht deutlich, wie explosiv*

*damals die Lage in Italien war. Und so mußte die Handlung der Oper aus Schweden ins ferne Amerika verlegt werden; die Namen der Personen mußten deshalb geändert werden, erst dann durfte das Stück aufgeführt werden!*

*Im ›Maskenball‹ erleben wir Verdi auf dem Weg zu den großen Opern seines letzten Lebensabschnittes. Zwar ist der musikalische Ablauf immer noch, der Tradition folgend, in Nummern gegliedert, doch schließen sich die Teile allmählich zu längeren zusammenhängenden Einheiten aneinander: Arien wachsen aus den großen vorangestellten Rezitativen hervor, und es kommt zu großangelegten, vielstimmigen Ensembles.*

*Für jedes Stimmfach der italienischen Oper enthält ›Ein Maskenball‹ eine Paraderolle. Das große Liebesduett von Richard und Amelia findet um Mitternacht auf dem Galgenhügel statt und gehört zu den eindrucksvollsten Duetten der Operngeschichte:*

Ach, wie die süs-sen Wor - te mit Won-ne mich durch-be-ben

*Neben Sopran und Tenor gibt es zwei große Partien für Bariton (René) und Alt (Ulrica). Ulricas großer Auftritt als Wahrsagerin im zweiten Bild des ersten Aktes zeigt Verdis Meisterschaft im Beschwören geisterhafter Szenen. An der Wirkung ist hier besonders stark das in allen düsteren Farben glühende Orchester beteiligt, das in einem langen Vorspiel, eröffnet und immer wieder unterbrochen durch harte Tuttiakkorde des ganzen Orchesters im Fortissimo, die geisterhafte Atmosphäre malt; dann setzt Ulricas Gesang ein:*

Ulrica:

Kö - nig des Ab-grunds, zei - ge dich

*Insgesamt hat das Orchester gegenüber den früheren Verdi-Opern neue Bedeutung gewonnen und ist in manchen Passagen bereits mit den Singstimmen gleichberechtigt.*

*Lichtes Gegenbild zu Ulrica ist Richards Page Oscar, eine »Hosenrolle«, die von einer Sopranistin dargestellt wird. – Einen besonderen Theatereffekt erzielte Verdi am Ende der Oper dadurch, daß er eine unermüdlich spielende Tanzkapelle auf die Bühne setzte, die ihre unterhaltende Tanzmelodie auch dann noch weitermusiziert, wenn im Saal bereits der Mord an Richard passiert ist und niemand mehr tanzen will. – Im Orchestervorspiel zur Oper verarbeitet Verdi mehrere Melodien und verknüpft sie miteinander, diese kehren dann in der Oper selbst in der Art von Leitmotiven wieder. Unter ihnen ist besonders einprägsam das Thema der Verschwörer:*

GIUSEPPE VERDI
(1813–1901)

# Don Carlos

Oper in vier Aufzügen
Text von Joseph Méry und Camille du Locle
(nach Friedrich Schiller)

Vorspiele zu den Akten und 18 musikalische Szenen
Uraufführung am 11. März 1867 in Paris (Erste Aufführung der
2. Fassung am 10. Januar 1884 in Mailand)
Spieldauer: etwa 3½ Stunden

### Besetzung

| | |
|---|---|
| Philipp II., König von Spanien | *Baß* |
| Elisabeth von Valois, seine Gemahlin | *Sopran* |
| Don Carlos, Infant von Spanien | *Tenor* |
| Prinzessin Eboli ⎱ Damen der | *Mezzosopran* |
| Gräfin von Aremberg ⎰ Königin | *stumme Rolle* |
| Marquis von Posa, ein Malteserritter | *Bariton* |
| Graf von Lerma | *Tenor* |
| Tebaldo, Page der Königin | *Sopran* |
| Königlicher Herold | *Tenor* |
| Großinquisitor des Königreiches | *Baß* |
| Ein Mönch | *Bariton* |
| Stimme von oben | *Sopran* |

Abgesandte aus Flandern und anderen Provinzen,
Höflinge am spanischen Königshof, Volk, Pagen,
Wachen, Mönche, Diener der Inquisition, Soldaten,
Magistratspersonen                                    *Chor*

*Beschrieben wird im folgenden die 2. Fassung der Oper von 1884.*

# Die Handlung

Ehen aus politischen Gründen waren in früheren Zeiten unter den großen Herrscherhäusern in Europa nichts Außergewöhnliches. Ein berühmtes Beispiel war die Hochzeit zwischen dem spanischen König Philipp II. und Elisabeth von Valois aus Frankreich um das Jahr 1560. Mit diesem Pflichtbündnis sollte der Frieden zwischen beiden Ländern bekräftigt werden; dabei kümmerte es niemanden, daß Elisabeth viele Jahre jünger war als Philipp und daß sie eigentlich die Braut seines Sohnes Carlos war.

Carlos kann sich mit diesem überraschenden Gang der Dinge verständlicherweise nicht abfinden, denn er liebt Elisabeth wirklich. In Gedanken versunken kniet er in der Gruft seiner Väter neben einem alten Mönch vor dem Sarkophag seines Großvaters Karls V. Er glaubt auf einmal die Stimme seines Ahnherren aus dem Jenseits zu hören; sie spricht ihm Trost zu.

Bald aber kehrt Carlos aus seinen wehmütigen Gedanken wieder in die Gegenwart zurück; Marquis Posa, sein Jugendfreund, sucht ihn auf und berichtet ihm lebhaft und eindringlich von der großen Not des flandrischen Volkes, das unter der spanischen Inquisition fürchterliche Qualen zu leiden hat und sich nach der Freiheit sehnt. Doch Carlos denkt nur an Elisabeth und macht den Marquis zum Vertrauten seiner verbotenen Liebe. Der empfiehlt ihm einen Ortswechsel, um auf andere Gedanken zu kommen: Carlos sollte doch am besten Statthalter der Niederlande werden und dort dem Volk die langersehnte Freiheit verschaffen.

Posa vermittelt deshalb sogleich ein heimliches Treffen mit Elisabeth, denn sie soll bei ihrem Mann Philipp ein gutes Wort für den wichtigen Auftrag an Carlos einlegen. Als Carlos jedoch seine ehemalige Braut leibhaftig vor sich sieht, überwältigt ihn erneut die

Liebe zu ihr. Auch Elisabeth mag den Prinzen sehr, doch fühlt sie
sich durch ihr politisch erzwungenes Eheversprechen gebunden.
Gerade hat Carlos sich enttäuscht und unglücklich entfernt, da
kommt der König, findet seine Frau allein ohne ihre Begleitung und
maßregelt streng die Hofdamen. Der Marquis nützt unterdessen die
günstige Gelegenheit und weiß schnell das Vertrauen Philipps zu
gewinnen, und auf einmal beginnt der König in ungewohnter Offen-
heit von seinen Sorgen zu sprechen: Seine junge Frau liebt ihn nicht,
und obendrein ist ihm, gerade durch diese Heirat, sein Sohn ganz
fremd geworden. Und er enthüllt, daß er sich als König nicht frei
und unabhängig fühlt, sondern als Gefangener der übermächtigen
spanischen Inquisition.

 Carlos schöpft neue Hoffnung: ein Briefchen hat ihn
zum nächtlichen Rendezvous in den Schloßpark gebe-
ten. Um Mitternacht wartet er dort sehnsüchtig auf Elisabeth, doch an ihrer Stelle erscheint die verschleierte
Prinzessin Eboli, die den Prinzen heimlich liebt. Zu spät bemerkt
Carlos seinen verhängnisvollen Irrtum, und die Prinzessin begreift,
auf wen er in Wirklichkeit gewartet hat. In ihrer Eifersucht will sie
sich am Prinzen rächen. Gerade rechtzeitig tritt Posa dazwischen und
kann verhindern, daß der aufgebrachte Prinz sich auf die Eboli
stürzt. Wütend entfernt sich die enttäuschte Hofdame, und der Marquis bittet den Freund plötzlich, ihm doch die geheimen Briefe über
Flandern anzuvertrauen, die den Prinzen in den Augen seines Vaters
schwer belasten könnten. Carlos begreift nicht, was Posa damit
bezweckt, aber er händigt sie ihm trotzdem zögernd aus.

Die allmächtige Inquisition läßt öffentlich Ketzer verbrennen, als
Abschreckung für das Volk und zugleich als großes Fest. Während
die unglücklichen Opfer zum Scheiterhaufen geführt werden, empfängt König Philipp Abgesandte aus Flandern, die ihn kniefällig um
Frieden für ihr Land bitten. Philipp reagiert kalt und ablehnend, da
tritt mutig sein Sohn vor und fordert vom Vater, nach Flandern
gesandt zu werden – er selbst will dort für die Freiheit des unterdrückten Volkes kämpfen. Philipp ist empört über die Auflehnung

des eigenen Thronfolgers und verlangt, daß man ihn entwaffnet. Niemand traut sich, alle stehen wie erstarrt. Wütend zieht Philipp seinen eigenen Degen, doch Posa kommt ihm zuvor und entwaffnet den völlig überraschten Carlos. Der ist entsetzt über den scheinbaren Verrat des Freundes; der König aber ernennt den Marquis als Belohnung umgehend zum Herzog.

 König Philipp ist alt und müde, doch Schlaf findet er des nachts nicht. Er grübelt über seinen Problemen; vor allem sein bedrückendes Verhältnis zu Elisabeth, die ihn nicht liebt, geht ihm nicht aus dem Kopf. Insgeheim sehnt er sich nach der endgültigen Ruhe des Grabes. Da tritt zu später Stunde ein blinder Greis zu ihm ins Arbeitszimmer, es ist der wohl mächtigste Mann im Staat, der Großinquisitor, vor dem alle zittern. Philipp erbittet seinen Rat, doch der Geistliche stellt unerbittlich klar: Der Thronfolger muß sterben, und auch der Marquis Posa mit seinen heimlichen aufrührerischen Gedanken soll der Inquisition ausgeliefert werden. Und er zwingt den König, ihm sein Einverständnis zu erklären.

Inzwischen hat die Prinzessin Eboli Rache genommen: sie hat dem König das Schmuckkästchen der Königin geschickt, und darin hat Philipp ein Bild des Prinzen gefunden, noch aus der Zeit ihrer Verlobung. Eifersüchtig vergißt Philipp seine Würde und ergeht sich in übelsten Beschimpfungen gegen Elisabeth. Marquis Posa widerspricht als einziger dem König und hält ihm sein unwürdiges Benehmen vor. Die Prinzessin Eboli aber bereut zutiefst ihr Verhalten, als sie sieht, was sie angerichtet hat, und bittet ihre Herrin auf den Knien um Verzeihung. Zur Strafe wird sie in ein Kloster verbannt.

Marquis Posa besucht den verzweifelten Prinzen in seiner Gefängniszelle und möchte ihm Mut machen, indem er ihn an seine wahre Aufgabe, an die Befreiung von Flandern, erinnert. Da fallen Schüsse: tödlich getroffen sinkt Posa in die Arme des Freundes. Die allmächtige Inquisition hat ein neues Opfer, und nun wird auch klar, warum Posa kürzlich so dringend die flandrischen Briefe von Carlos gefordert hat: Auf diese Weise gelang es ihm, den Verdacht der

Inquisition vom Prinzen abzulenken und sich selbst für ihn zu opfern.

König Philipp betritt persönlich das Gefängnis, um seinem Sohn den Degen zurückzugeben. Die Menge des Volkes aber erhebt sich gegen den König und verlangt aufgebracht Freiheit für Carlos. Wieder ist der Großinquisitor zur Stelle und enthüllt schonungslos die wahren Machtverhältnisse – König Philipp und alle seine Untertanen sinken vor ihm auf die Knie.

 Carlos weiß von Posa, daß ihn Elisabeth vor seiner Abreise nach Flandern noch einmal sehen möchte. Deshalb begibt er sich zum heimlichen Treffpunkt in die Gruft Karls V. Gerade als sie sich traurig für immer verabschieden, überrascht sie der König mit dem Großinquisitor. Man will den Prinzen erneut festnehmen, da erklingt wieder geisterhaft die Stimme Karls V., der geheimnisvolle alte Mönch taucht auf und zieht Carlos mit sich fort in die dunklen Gewölbe des Klosters.

## Hinweise

*Verdi vertonte mehrere Dramen von Friedrich Schiller (1759–1805). Zuerst ›Die Jungfrau von Orléans‹ (1845), dann ›Die Räuber‹ (1847) und ›Luisa Miller‹ (nach Kabale und Liebe, 1849), schließlich ›Don Carlos‹ (1884, 2. Fassung). In dieser Oper haben sich gegenüber dem Schauspiel von Schiller die inhaltlichen Schwerpunkte recht deutlich verlagert. Schiller ging es in erster Linie um den Kampf der unterdrückten Niederländer gegen die beherrschenden Spanier, also um die Idee der Freiheit; daraus wurde bei Verdi eine typische »große Oper« um Liebe und Leidenschaft, Eifersucht und Mord, während der Freiheitskampf der Niederländer und die Gewalt der Inquisition dazu den effektvollen Hintergrund bilden.*

*Verdi tat sich recht schwer mit der Umarbeitung des gewaltigen und langen Schiller-Dramas zur Oper. Das kann man an den unter-*

schiedlichen Fassungen des ›Don Carlos‹ erkennen, die er hinterlassen hat. Das Libretto der Pariser Uraufführung war fünfaktig und in französischer Sprache; 15 Jahre später überarbeitete Verdi die Oper, indem er sie um einen Akt kürzte und dann in italienischer Übersetzung an der Mailänder Scala aufführen ließ (1884).

In der fünfaktigen Pariser Fassung wurden im ersten Akt (im Park von Fontainebleau) Carlos und Elisabeth als Verlobte vorgestellt, also noch bevor König Philipp seinem Sohn aus politischen Gründen die Braut wegnahm.

Zentrale Figur der Oper ist zweifellos König Philipp II., eine Paraderolle für das italienische Fach des seriösen Basses. Sein großer Monolog im dritten (vierten) Akt stellt einen der Höhepunkte im Opernschaffen Verdis dar. Es handelt sich um eine reich gegliederte Szene mit rezitativischen und ariosen Abschnitten sowie einem ausdrucksvollen Orchestervorspiel:

König:

Schlaf find' ich erst, ge-krönt zum letz- ten Mal, wenn sich mein Tag zur ew'- gen Nacht wird nei - gen

Unmittelbar anschließend kommt es zur unheimlich-eindrucksvollen Begegnung Philipps mit dem Großinquisitor, ausgemalt von den dunklen Farben des großen Orchesters.

Das spanische Element tritt nur an wenigen Stellen in Erscheinung, am deutlichsten im Lied der Prinzessin Eboli, das von einer Mandoline begleitet wird:

Prinzessin Eboli:

In dem Park im schö- nen Schloß der Sa - ra - ze -nen

*Ein großes Duett singen die beiden Freunde Carlos und Posa im ersten (zweiten) Akt; ihre innere Übereinstimmung äußert sich sehr deutlich in der parallelen Terzen- und Sextenmelodik:*

Gott, der der Hoff-nung und Lie - be Strahl ge-senkt...

*›Don Carlos‹ ist als typisches Beispiel in der Tradition der großen französischen Oper reich an Massenszenen. Ein bedeutendes Beispiel hierfür ist das große Finale des zweiten (dritten) Aktes, wo vor dem Kirchenportal vor versammeltem Volk und allen weltlichen und geistlichen Würdenträgern ein düsteres »Autodafé«, also eine Ketzerverbrennung, stattfindet. Ein machtvoller Chor eröffnet die Szene:*

Kommt al - le, die Fei - er zu schau - en, um-
ju - belt, um-ju-belt den mäch-ti-gen Kö - nig!

*Das Orchester hat gegenüber Verdis früheren Opern weiter an Selbständigkeit und Ausdruckskraft gewonnen, was sich nicht nur an einigen Vorspielpassagen zeigt, sondern auch in der freien abgestuften, vielfarbigen Kunst der Gesangsbegleitung.*

## GIUSEPPE VERDI
### (1813–1901)

# Aida

Oper in vier Aufzügen
Text von Antonio Ghislanzoni
komponiert als Auftragswerk
zur Eröffnung des Suez-Kanals

Vorspiel und 18 Musiknummern
Uraufführung in Kairo am 24. Dezember 1871
Spieldauer: etwa 3 Stunden

### Besetzung

| | |
|---|---|
| Der König (Pharao) | *Baß* |
| Amneris, seine Tochter | *Mezzosopran* |
| Aida, äthiopische Sklavin | *Sopran* |
| Radames, Feldherr der Ägypter | *Tenor* |
| Ramphis, Oberpriester | *Baß* |
| Amonasro, König der Äthiopier und Vater Aidas | *Bariton* |
| Ein Bote | *Tenor* |
| Eine Priesterin | *Sopran* |
| Priesterinnen, Priester, Minister, Soldaten, Beamte, Sklaven, gefangene Äthiopier, Volk | *Chor, Ballett, Statisten* |

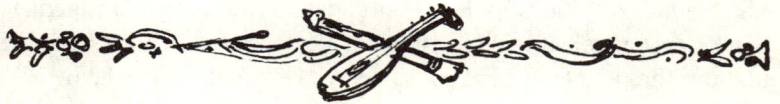

# Die Handlung

 Vor einigen Jahrtausenden, zur Zeit der ägyptischen Könige, der ruhmreichen Pharaonen, lagen die beiden afrikanischen Nachbarstaaten Ägypten und Äthiopien häufig miteinander im Krieg.

 Wieder einmal ist Ägyptens Süden mit Theben und den Nilufern vom äthiopischen Feind bedroht. Der junge Feldherr Radames hält sich bereits im Königspalast zu Memphis auf; er macht sich große Hoffnungen, daß er diesmal die Ägypter in die Schlacht führen darf – der Oberpriester Ramphis hat sich soeben auf den Weg zum König begeben, um ihm die Entscheidung der Göttin Isis mitzuteilen. Doch Radames hofft nicht allein auf schnellen Schlachtruhm; vielleicht könnte ihm ein Sieg zugleich die Erfüllung eines ganz anderen, privaten Wunsches bringen: Er liebt nämlich die äthiopische Königstochter Aida, die als Sklavin hier in der ägyptischen Hauptstadt lebt. Und ihm, als dem möglichen strahlenden Sieger, könnte dann doch niemand mehr seinen Herzenswunsch abschlagen – Freiheit für Aida, für ihre gemeinsame Liebe!

Unerwartet erscheint die schöne Pharaonentochter Amneris, in Leidenschaft für Radames entbrannt und voller eifersüchtigen Mißtrauens: Noch sind es nur Ahnungen, die sie beunruhigen. Aber als Aida ebenfalls eintritt, beginnt sich ihr Verdacht zu erhärten – verräterische Blicke, kurzes Erbleichen der beiden heimlich Liebenden bringen sie auf die richtige Spur.

Alle drei werden nun Zeugen von Radames' Ernennung zum Feldherrn. Der König selbst erscheint mit seinem Gefolge und hört die grimmige Botschaft vom Einmarsch der Äthiopier, die von ihrem König Amonasro – Aidas Vater – selbst angeführt werden. Im allgemeinen Kriegstaumel läßt sich sogar Aida, die doch vor allem um ihr Volk und um ihren Vater zittert, mitreißen: »Als Sieger kehre heim!«

Verstört bleibt sie dann zurück – schlagartig wird ihr die ausweglose Lage bewußt, in der sie steckt: hier der Vater, dort der Geliebte – wem soll sie den Sieg wünschen? Unterdessen betet Ramphis mit seinen Priestern für den Sieg. Sie weihen die Waffen und überreichen Radames das heilige Schlachtschwert.

 Das Feuer der Eifersucht brennt hell in Amneris. In ihrem Privatgemach läßt sie sich von Sklavinnen und Mohrenknaben bedienen und verwöhnen, doch als sie Aida kommen sieht, weist sie ihr Gefolge hinaus und wendet eine teuflische List an, um sich ihren Verdacht endgültig bestätigen zu lassen. Mit heuchlerischer Freundlichkeit scheint sie die arme Äthiopierin zu bedauern, von deren Volk sich das Kriegsglück nun doch abgewendet hat. Doch – ist nicht auch der ägyptische Feldherr gefallen...? Aida kann ihre Tränen nicht unterdrücken, und Amneris bleibt nur noch ein kleiner Schritt zur Gewißheit: »Mein Wort war Täuschung – Radames lebt!« Aidas Freudenschrei enthüllt ihr die ganze geahnte Wahrheit, und in höchster Erregung stehen sich auf einmal zwei ungleiche Rivalinnen gegenüber – Fürstin und Sklavin lieben den selben Mann!

Ganz Theben rüstet sich zum Triumphzug. Der König mit seiner Regierung empfängt inmitten des jubelnden ägyptischen Volkes den Retter des Vaterlandes, Radames, den ruhmreichen Feldherrn. Amneris selbst drückt ihm den Siegeskranz aufs Haar, dann beginnt der grandiose Vorbeimarsch der Beuteträger und der gefangenen Gegner. Unter ihnen ist auch Amonasro, der hier unter so unwürdigen Umständen seine arme Tochter wiedersehen muß; aber es gelingt ihm zu verheimlichen, daß er selbst der König der Äthiopier ist. Nur so kann er sein Leben retten und auch noch auf spätere Rache hoffen. Im Rausch des Sieges erbittet Radames Freiheit für die gefangenen Äthiopier; als Geiseln bleiben allein Amonasro und Aida in Theben zurück. Amneris aber erlebt die Stunde ihres größten Triumphes: Zum Lohn verspricht der König seinem Feldherrn die Hand seiner Tochter und ernennt ihn gar zum Thronfolger. Während Amneris, berauscht vor Glück, in den allgemeinen Jubel einstimmt, erkennen Radames und Aida ihre ausweglose Lage – »Ägyptens Thron wiegt Aidas Herz nicht auf!«

 Es ist tiefe Nacht über den Ufern des Nils; leise plätschern die Wellen, und die Sterne glitzern. Gemeinsam mit Ramphis geht Amneris zum nächtlichen Gebet in den Tempel, am Vorabend ihrer Hochzeit: sie will die Götter anflehen, daß Radames ihre Liebe erwidern möge! Von ferne, aus dem versteckten Tempel, hört man die feierlichen Anrufungen der Priester, dann wieder die Stille der südlichen Nacht . . . Da nähert sich vorsichtig Aida, – Radames hat sie hierher bestellt: »Bald kommt Radames! Was wird er wollen?« Doch nicht der Geliebte erscheint – überraschend taucht ihr Vater Amonasro aus dem Dunkel auf. Er kennt die hoffnungslose Lage seiner Tochter, auch ihre heimliche Verabredung mit Radames, und nun will er sie als willkommenes Werkzeug zur Rettung des Vaterlandes einsetzen. Schon haben sich die heimatlichen Volksstämme erneut erhoben, sie hoffen auf Sieg, nur fehlt ihnen die Information, auf welchen geheimen Wegen ihnen das ägyptische Heer entgegenkommen wird. Amonasro bedrängt seine Tochter: »Radames kommt hierher, er liebt dich . . .!« – und allein er kennt den geheimen Schlachtplan!

Entsetzt weist Aida den Vorschlag ihres Vaters zurück; der malt ihr in wilder Leidenschaft die Verheerungen aus, die Ägyptens Scharen über ihr Heimatland bringen werden. Sie aber könnte ihr Land retten! Aida bricht zu seinen Füßen zusammen – sie, eine Verräterin, vom Vater verstoßen? Nein, sie will sich ihres Landes würdig zeigen, sei das Opfer auch noch so groß!

Man hört Schritte im Dunkeln, schnell versteckt sich Amonasro.

Freudig erregt erscheint Radames, voll neuer Hoffnungen – in einem zweiten Waffengang will er die Äthiopier endgültig vernichten und Aida dann für sich als Kampfpreis fordern. Aida aber gelingt es, ihn zur gemeinsamen Flucht zu überreden, und sie steigern sich beide in die Vision gemeinsamen Glückes hinein. Eher beiläufig fragt ihn Aida noch schnell, welchen Weg denn seine Truppen morgen einschlagen werden, »damit wir sie besser umgehen können«! Kaum ist Radames die Antwort entschlüpft – »die Schluchten bei Napata« –, da beginnen sich die Ereignisse zu überstürzen: In wilder Freude kommt Amonasro aus seinem Versteck hervor, er kennt nun die geheimsten Pläne des Gegners. Er und Aida wollen den unfreiwillig zum Verräter gewordenen Radames mit sich fortziehen, da verstellen ihnen Wachen den Weg, die eben gemeinsam mit Amneris und Ramphis vom Gebet aus dem Tempel zurückkehren. Wutentbrannt will sich Amonasro mit dem Dolch auf die ägyptische Königstochter stürzen, doch Radames fällt ihm in den Arm und stellt sich freiwillig den Wachen. Vater und Tochter aber können im allgemeinen Durcheinander entkommen.

Radames ist ins Gefängnis geworfen worden. Im Königspalast beginnt Amneris allmählich zu begreifen, welches Schicksal dem unglücklichen Feldherrn droht. Ihre Liebe zu Radames ist ehrlich – wenn er sie doch nur auch lieben könnte! Sie wagt einen letzten verzweifelten Rettungsversuch. Sie läßt Radames rufen und bestürmt ihn: »Verteidige dich! Rette dich! Entsage Aida!« Doch sie trifft auf einen gebrochenen, resignierenden Mann, der nur noch einen Wunsch hat: daß Aida den Weg heim ins Vaterland fände, ohne von seinem tragischen Schicksal je zu erfahren. Er selbst aber ist bereit zu sterben.

Amneris begreift, daß alle Mühen umsonst sind. Wachen führen Radames zurück in seinen Kerker, und sie wird gleich darauf Zeugin der Gerichtsverhandlung, zu der Ramphis und die Priester an ihr vorbei in den unterirdischen Gerichtssaal hinabsteigen. Dreimal ertönt die Aufforderung an den Angeklagten: »Rechtfertige dich!«, aber er schweigt auf alle Anschuldigungen. Dumpf dringt der grausam harte Urteilsspruch aus der Tiefe zu Amneris – »lebendig begraben!« Völlig von Sinnen verflucht sie die Priester.

Radames wird lebend im unterirdischen Gewölbe des Vulkan-Tempels eingemauert. Zwei Priester verschließen über ihm mit einem Stein die letzte kleine Öffnung, dann ist er allein in seinem Grab. Trostlos denkt er an Aida, da – ein Laut, ein Seufzer: Aida, von der niemand wußte, wohin sie nach ihrer Flucht entkommen sein könnte, hat sich heimlich in das grausige Verlies hineingeschlichen, um mit dem Geliebten das Schicksal zu teilen. Unter den fernen Klängen feierlicher Götterhymnen sinkt sie sanft in seine Arme und stirbt. Über ihnen im Tempel betet Amneris im Trauergewand für den verlorenen Geliebten.

## Hinweise

*›Aida‹ ist sicher die beliebteste »Ausstattungsoper« überhaupt (Ausstattungsopern nennt man solche Werke, die eine besonders prächtige Dekoration und besonders kostbare Kostüme erfordern). Oft bereiten Bühnen- und Kostümbildner ihrem Publikum hier ein wahres Fest für die Augen, vor allem in ihrem Aufwand für den großen Triumphmarsch im 2. Akt. Es ist sicher kein Zufall, daß gerade dieses Werk so gern und oft in der riesigen Arena von Verona aufgeführt wird. Nur hat man in einer solch pompösen Aufführung manchmal den Eindruck, daß über all dem ägyptischen Pomp fast die anrührende menschliche Liebestragödie, um die es hier doch eigentlich geht, zu kurz kommt.*

*Dabei fängt sogar die Orchester-Einleitung, die Verdi nicht Ouvertüre, sondern bescheidener »Preludio« (Vorspiel) nennt, zart und innig an, mit Aidas Liebesmelodie:*

*In unerbittlichem Gegensatz ertönt gleich darauf das Thema der Priesterwelt:*

*Diese beiden Melodien prallen dann hart aufeinander und verdeutlichen musikalisch das große Thema der Oper: den Zusammenstoß einzelner Menschen mit den erbarmungslosen Bedingungen von Staat und Religion, an denen sie zugrunde gehen.*

*Noch ein drittes Thema taucht im Verlauf des Stückes an wichtigen Stellen immer wieder auf. Es stellt sehr anschaulich die Eifersucht der Amneris dar, unruhig und nervös sich im engsten Tonabstand drehend:*

*Für den Triumphmarsch, den manche Leute gar nicht mögen, weil er so schön effektvoll klingt, hat sich Verdi sogar besondere Trompeten, die »Aida-Trompeten«, bauen lassen, die besonders strahlend klingen und in der Bühnenmusik eingesetzt werden:*

*Die Musik dieser Oper klingt oft ungemein farbenreich und exotisch, echte ägyptische Melodien hat Verdi dafür jedoch nicht verwendet. Der 3. Akt – der »Nilakt« – ist ein in sich abgeschlossenes kleines dramatisches Meisterstück; hier entfaltet sich die ganze Tragödie bis zu ihrem bitteren Ende. Wenn man genau acht gibt, hört man in der Musik immer wieder die friedliche Wellenbewegung des nächtlichen Nils heraus, besonders deutlich gleich zu Beginn in den Flöten und gezupften Violinen.*

GIUSEPPE VERDI
(1813–1901)

# Otello

Oper in vier Aufzügen
Text von Arrigo Boito (nach William Shakespeare)

Durchkomponierte Akte, zum Teil mit Vorspielen
Uraufführung am 5. Februar 1887 in Mailand
Spieldauer: etwa 3 Stunden

## Besetzung

| | |
|---|---|
| Otello, Mohr, Befehlshaber der venezianischen Flotte | *Tenor* |
| Jago, Fähnrich | *Bariton* |
| Cassio, Hauptmann | *Tenor* |
| Rodrigo, edler Venezianer | *Tenor* |
| Lodovico, Gesandter der Republik Venedig | *Baß* |
| Montano, Vorgänger Otellos als Statthalter in Zypern | *Baß* |
| Ein Herold | *Baß* |
| Desdemona, Otellos Gemahlin | *Sopran* |
| Emilia, Jagos Frau | *Mezzosopran* |
| | |
| Soldaten, Seeleute, Edeldamen, vornehme Venezianer, Zyprioten, Volk | *Chor, Ballett* |

# Die Handlung

 Liebe und Eifersucht gehören zusammen wie Tag und Nacht, wie Licht und Schatten. Eifersucht kann begründet sein, aber sie kann auch ohne Grund aus einem ganz nichtigen Anlaß heraus entstehen. So ist es bei Otello: er ist als Mohr der einzige Farbige unter lauter Weißen, ein Außenseiter, wenngleich als Feldherr sehr erfolgreich. Vielleicht ist er deshalb mißtrauischer und empfänglicher für Einflüsterungen, auch wenn sie nicht stimmen?

 Otello ist Befehlshaber der venezianischen Flotte und hat soeben die Türken geschlagen. Auf dem Heimweg nach Zypern, dessen Statthalter er ist, gerät sein Schiff in einen schrecklichen Sturm. Angstvoll beobachten die Menschen am Hafen, wie ihr Feldherr verzweifelt mit dem Unwetter kämpft und wie ihm endlich doch die unversehrte Heimkehr gelingt. Freudenfeuer werden entzündet, als Otello an Land geht und seinen Leuten mit wenigen Worten stolz von seinem Sieg berichtet. Doch dann zieht es ihn zu seiner Frau Desdemona, Tochter aus vornehmem venezianischem Geschlecht. Das Volk aber feiert draußen vor dem Schloß singend und zechend den Sieg seines Herrn.

Es gibt allerdings zwei Neider, die Otello den Triumph nicht gönnen: Rodrigo, den Otello bei Desdemona einst ausgestochen hat, und den Fähnrich des Mohren, Jago, den der Feldherr bei der Beförderung zum Hauptmann einfach übergangen hat; an seiner Stelle hat er Cassio ernannt. Unbändiger Haß treibt nun Jago zu einem teuflischen Plan, mit dem er Otello, aber auch Cassio ins Unglück stürzen will.

Sein erstes Opfer ist Cassio: er verleitet ihn tückisch zum Trinken und macht ihn, der keinen Wein verträgt, betrunken. In diesem Zustand fängt Cassio völlig sinnlos einen Streit mit seinem Vorgesetzten Montano an; es kommt zum Kampf, und Cassio verletzt dabei Montano mit dem Schwert. Jago hat das Unglück kommen sehen und sorgt für noch mehr Trubel, indem er die Sturmglocken läuten läßt. Der Lärm ruft natürlich Otello auf den Plan, der sich unsanft in seinem Liebesglück mit Desdemona gestört fühlt. Im Zorn nimmt er Cassio unverzüglich den Degen und degradiert ihn. Die Menschen auf dem Platz aber schickt er nach Hause. Da tritt Desdemona zärtlich an seine Seite, und er beruhigt sich schnell wieder. Das Unwetter ist längst abgezogen, und über Zypern wölbt sich ein klarer Sternenhimmel, vom Mondschein milde erhellt – eine Stimmung, wie geschaffen für eine romantische Liebesnacht!

 Jago enthüllt seinen finsteren Charakter: wie ein Glaubensbekenntnis verkündet er sein Vertrauen in die Macht des Bösen! Otello wird ohne Entrinnen sein Opfer sein; zu gut kennt er seinen Herrn und dessen Schwächen, die er unbeirrbar auszunützen gedenkt. So trifft er sich alsbald mit Cassio und rät ihm in geheuchelter Freundschaft, sich doch bei Desdemona Beistand zu holen, damit sie bei ihrem Gemahl ein gutes Wort für ihn einlegt. Zugleich aber weckt er in dem Mohren heimtückisch die Eifersucht auf Cassio, macht allerlei halbe Andeutungen, die den Feldherrn schnell beunruhigen.

In dieser Stimmung trifft Otello gleich darauf seine Frau, die ihn in aller Unschuld um Gnade für Cassio bittet. Das löst bei dem eifersüchtigen Otello sofort einen ersten Wutanfall aus, und als Desdemona ihm mitleidig die heiße Stirn mit einem Taschentuch kühlen will, wirft er es wütend zu Boden. Emilia – Jagos Frau und Desdemonas enge Vertraute – hebt das Tuch auf, und Jago entwindet es ihr sofort: mit diesem kleinen Tüchlein will er Otellos Verdacht weiter schüren.

Otello dringt in Jago: er verlangt von ihm handfeste Beweise für die Untreue seiner Frau. Jago denkt sich eine Lügengeschichte aus und schwindelt Otello vor, er habe kürzlich belauscht, wie Cassio im Traum von seiner Liebe zu Desdemona gesprochen habe. Und außerdem habe er ein Seidentuch in Cassios Händen gesehen, das doch eigentlich Otello Desdemona geschenkt habe! Das überzeugt den

Mohren, und wild entschlossen schwört er Rache. In seinen Schwur stimmt Jago nur zu gern mit ein.

 Nichtsahnend wagt Desdemona einen neuen Vorstoß bei Otello: sie bittet wieder um Gnade für Cassio. Otello gerät außer Rand und Band, beschimpft sie auf übelste Weise und weist sie hinaus.

Kurz darauf weiß Jago es geschickt so einzurichten, daß sein Herr ihn im Gespräch mit Cassio belauschen kann. Und er lenkt Cassios Worte so raffiniert, daß Otello wirklich glauben muß, sein abgesetzter Hauptmann habe ein Verhältnis mit Desdemona – tatsächlich erzählt Cassio jedoch von seiner geliebten Bianca, ohne ihren Namen zu nennen. Zu allem Überfluß hat Jago ihm auch noch Desdemonas Taschentuch zugesteckt, das Otello nun in der Hand seines vermeintlichen Nebenbuhlers entdecken muß. Nun ist Otello endgültig von der Untreue seiner Frau überzeugt.

Lodovico, der Gesandte des venezianischen Dogen, gibt auf Zypern einen festlichen Empfang und ernennt bei dieser Gelegenheit überraschend Cassio zum Nachfolger Otellos auf der Insel. Der Mohr aber muß nach Venedig zurückkehren.

Als er diese Neuigkeiten erfährt, gerät Otello völlig aus der Fassung, und in Anwesenheit aller Würdenträger macht er Desdemona die schlimmste Eifersuchtsszene. Zum Entsetzen der Gäste schleudert er sie im Jähzorn sogar zu Boden. Unter seinen Flüchen leert sich der Saal ganz schnell – so kennt niemand den großen Feldherrn!

Die Erregung bringt Otello fast um den Verstand, ohnmächtig liegt er am Boden. Und Jago triumphiert: nun hat er seinen Herrn so weit, daß er keine Kontrolle mehr über sein Tun und Lassen hat. Stolz betrachtet er das Häuflein Elend am Boden – da liegt er, der »Löwe von Venedig«! Gleichzeitig aber hetzt Jago noch Rodrigo auf, Cassio umzubringen, denn nur auf diese Weise würden Otello und Desdemona wohl doch in Zypern bleiben.

Desdemona ist unruhig, ratlos und von bösen Ahnungen geplagt. Sie singt beim Zubettgehen ein melancholisches altes Lied, das ihr seltsamerweise an diesem Abend wieder eingefallen ist und das so gut zu ihrer verzweifelten Stimmung paßt. Dann betet sie still ein »Ave Maria« und legt sich ein wenig beruhigt zu Bett.

In der Stille der Nacht betritt Otello durch eine Geheimtür Desdemonas Schlafzimmer. Voller Wehmut betrachtet er seine schlafende Frau und küßt sie noch einmal ganz sanft; sie erwacht erstaunt und beunruhigt. Mit kalter Stimme teilt er ihr mit, warum er gekommen ist: er will sie töten. Verzweifelt beteuert sie ihre Unschuld und bittet ihn um Schonung; sie glaubt immer noch beweisen zu können, daß Otello sich irrt. Doch der ist überzeugt, daß ihr Zeuge Cassio, den er für seinen Rivalen hält, bereits tot ist. Vergebens wehrt sich Desdemona gegen seine übermächtigen Hände: im Bett erwürgt er seine unschuldige Frau.

Da hört man aufgeregte Stimmen: Emilia kommt hereingestürzt – Cassio hat Rodrigo erschlagen, als er sich gegen ihn zur Wehr setzen mußte. Cassio lebt! Sie entdeckt voller Schrecken ihre sterbende Herrin und ruft laut um Hilfe. Cassio, Montano, Lodovico und Jago eilen herbei und vernehmen Desdemonas letzte gehauchte Worte, mit denen sie Otello schützen will – »Otello ist unschuldig«! Da begreift Emilia das teuflische Spiel ihres Mannes und enthüllt den entsetzten Männern den Betrug mit dem Taschentuch, auf den Otello so leichtgläubig hereingefallen ist. Jago ergreift die Flucht, verfolgt von Montanos Leuten. Otello aber bricht zusammen, sein Degen wird ihm abgenommen – auf einmal begreift er die ganze schreckliche Wahrheit. Mit seinem Dolch ersticht er sich und küßt sterbend zum letzten Mal seine tote Geliebte.

## Hinweise

Nach ›Aida‹ (1871) komponierte Verdi 15 Jahre lang keine Oper mehr; eigentlich sollte sie seine letzte sein. Bei der Uraufführung des ›Otello‹ 1887 war der Komponist 74 Jahre alt. Mit ›Otello‹ ist die traditionelle Form der Nummernoper endgültig überwunden. In dieser Oper sind die vier Aufzüge durchkomponiert, und das Orchester ist den Singstimmen gleichberechtigt.

Eine Meisterleistung ist die Umarbeitung des gleichnamigen Dramas von Shakespeare (1564–1616) durch Arrigo Boito (1842–1918), der selbst ein sehr bekannter italienischer Opernkomponist war. Er verstand es, die dichterische Vorlage zu kürzen und auf das Wesentliche zu reduzieren, ohne daß sich die Schwerpunkte der Handlung veränderten. Allerdings konnte er auch darauf vertrauen, daß durch die Aussagekraft von Verdis Musik vieles nicht mehr ausgesprochen werden mußte und vom Publikum dennoch verstanden wurde. So hält Otello bei Shakespeare kurz vor dem nächtlichen Mord an der unschuldigen Desdemona noch einen Monolog, um seine Tat zu rechtfertigen. Bei Verdi steht an dieser Stelle lediglich ein unheimliches Orchestervorspiel mit einem seltenen Kontrabaßsolo, dumpfen Schlägen der großen Trommel und einem kleinen unruhigen Sechzehntelmotiv:

Dann küßt Otello Desdemona noch einmal, und dazu ertönt im Orchester eine Melodie, die man »Leitmotiv« nennen könnte, denn sie erklingt auch im ersten Akt und noch einmal nach dem Mord, jeweils zum Kuß:

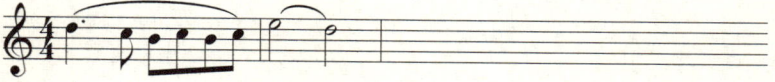

*Obwohl ›Otello‹ durchkomponiert ist, enthält er dennoch einige in sich geschlossene liedähnliche oder zumindest strophisch gebaute Szenen. Da ist zunächst das temperamentvolle Trinklied nach Otellos Rettung im ersten Akt, in dessen Verlauf Jago Cassio betrunken macht; von Strophe zu Strophe scheint die Musik allmählich aus den Fugen zu geraten und am Schluß in der Orchesterbegleitung geradezu zu torkeln. Ein Chorrefrain schließt die Strophen jeweils ab.*

*Im zweiten Akt finden wir Desdemona mit ihrem Gefolge im Garten des Schlosses, und es erklingt zu ihrer Ehre eine Folge von Liedern, die u. a. auch von einem Kinderchor gesungen werden, zur lieblichen Begleitung von Dudelsäcken, Mandolinen und Gitarren.*

*Im letzten Aufzug singt Desdemona dann, von düsteren Vorahnungen geplagt, das berühmte »Lied vom Weidenbaum«; die Szene wird von einem klagenden Englischhorn-Solo eingeleitet, dann folgen die Liedstrophen, deren Orchesterbegleitung von Strophe zu Strophe zart variiert wird:*

*Das große »Credo«, wie die Soloszene des Bösewichts Jago im zweiten Akt genannt wird, hat kein Vorbild bei Shakespeare, sondern es ist die Erfindung des Librettisten Boito. Hier offenbart uns Jago die Abgründe seiner Seele und verkündet ein Glaubensbekenntnis des Bösen. Sein Monolog ist ebenfalls in Strophen gegliedert, vom Orchester in wildem Aufruhr und in finsteren Farben begleitet. Ein kleines Motiv durchzieht ständig sich verwandelnd alle Strophen:*

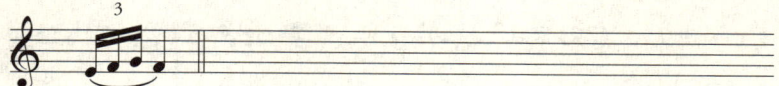

*Übrigens schließt diese so tragische Oper in E-<u>Dur</u> – wer wollte da noch behaupten, Dur bedeute immer nur Heiterkeit!*

## GIUSEPPE VERDI
### (1813–1901)

# Falstaff

Lyrische Komödie in drei Aufzügen
Text von Arrigo Boito

Kein Vorspiel, drei durchkomponierte Aufzüge
zu jeweils zwei Szenen
Uraufführung am 9. Februar 1893 an der Mailänder Scala
Spieldauer: etwa 2½ Stunden

### Besetzung

| | |
|---|---|
| Sir John Falstaff | *Bariton* |
| Ford | *Bariton* |
| Doktor Cajus | *Tenor* |
| Fenton | *Tenor* |
| Bardolf und Pistol, Falstaffs Diener | *Tenor, Baß* |
| Frau Alice Ford | *Sopran* |
| Ännchen, Tochter der Fords | *Sopran* |
| Frau Meg Page | *Mezzosopran* |
| Frau Quickly | *Alt/Mezzosopran* |
| Der Wirt des Gasthofs »Zum Hosenbande« | *stumme Rolle* |
| Falstaffs Page | *stumme Rolle* |
| Ein kleiner Page bei Ford | *stumme Rolle* |
| | |
| Bürger von Windsor, Diener bei Ford, Masken (Kobolde, Feen, Hexen usw.) | *Chor, Statisten, eventuell Ballett* |

# Die Handlung

 Unsere Geschichte spielt vor bald 600 Jahren in dem englischen Städtchen Windsor.

Sir John Falstaff ist eine imponierende Erscheinung: von gewaltiger Leibesfülle, mit einer unüberhörbaren Stimme ausgestattet und strotzend vor Selbstbewußtsein. Zur Zeit wohnt er in Windsor im Gasthof »Zum Hosenbande«, trinkt täglich große Mengen Rotwein und beschäftigt ständig zwei Diener, Bardolf und Pistol, wie es sich eben für einen richtigen Ritter gehört. Nur: Geld hat er keins! Die Rechnung, die der Wirt ihm immer wieder unter die Nase hält, wird lang und länger, aber er kann sie nicht bezahlen.

Um Auswege war Falstaff noch niemals verlegen: diesmal hat er einen ganz besonderen und, wie er glaubt, gerissenen Plan ausgeheckt, auf welche Weise er wieder zu Geld kommen könnte. Dazu muß man allerdings wissen, daß unser Ritter sich obendrein noch für einen unwiderstehlichen Frauenhelden hält – welche Dame könnte denn seiner stattlichen Figur nicht erliegen? Schon hat er zwei gleichlautende Liebesbriefe an zwei reiche verheiratete Damen der Gesellschaft verfaßt, an Alice Ford und Meg Page. Vielleicht, so denkt er sich, ließe sich ja bei einem solchen Liebesabenteuer zugleich auch noch etwas Geld einnehmen!

 Gerade hat sich Falstaff des lästigen Doktor Cajus entledigt, der sich bei ihm über seine beiden Diener beschwert hat, denn sie haben ihn im Rausch bestohlen. Nun sollen die beiden die galanten Briefe für ihren Herrn austragen, aber sie weigern sich ganz entrüstet: Kuppler zu spielen geht gegen ihre Ehre! Sir John hält den beiden Heuchlern eine empörte Moralpredigt, dann jagt er sie mit dem Besen aus der Tür und schickt an ihrer Stelle einen Pagen zu den beiden angebeteten Frauen. Die Damen Ford und Page sind bisher jedoch keineswegs auf Falstaff hereingefallen, vielmehr amüsieren sie sich königlich über den alten Gauner.

Heute aber sind sie doch recht überrascht: beide haben sie von ihm den gleichen Liebesbrief bekommen, Wort für Wort stimmt überein!

Gleich schmieden sie gemeinsam Pläne, wie sie den komischen Kavalier hereinlegen könnten: Nachbarin Quickly soll ihn zu einem Schäferstündchen in Frau Fords Haus locken.

So tuscheln sie eifrig miteinander; aber auch die Gedanken der Männer kreisen um den dicken Störenfried. Der aufgebrachte Doktor Cajus und auch Bardolf und Pistol, Sir Johns Diener, reden alle gleichzeitig auf Herrn Ford ein und beschweren sich über Falstaffs Boshaftigkeit. Bardolf und Pistol verraten ihm auch, daß ihr Herr seiner Frau Alice nachstellt. Fords Eifersucht ist schnell geweckt. Unverzüglich beschließt der beunruhigte Ehemann, sich unter falschem Namen ins Gasthaus »Zum Hosenbande« zu begeben, um dieser Ungeheuerlichkeit selbst auf die Spur zu kommen.

Während alle sich erregt mit der Person des Ritters beschäftigen, nützt Fords hübsches Töchterchen Ännchen die günstige Gelegenheit, um sich unbeobachtet und ungestört mit ihrem Liebsten Fenton zu treffen. Die beiden sind ein Herz und eine Seele, nur leider mag der alte Ford Fenton überhaupt nicht.

 Satt und zufrieden ruht sich Falstaff nach einer gewaltigen Mahlzeit aus, da erhält er willkommenen Besuch: Frau Quickly nämlich erscheint und bittet den Ritter zum Rendezvous mit Frau Ford. Und kaum hat sie sich wieder empfohlen, da sagt sich ein gewisser Herr Quell an, der ihm ebenfalls seine Aufwartung machen will. Es ist in Wirklichkeit Herr Ford, der sich bei dem alten Trunkenbold sehr wirkungsvoll einschmeichelt, indem er ihm zunächst eine große Flasche mit Zypernwein mitbringt. Und ein dicker Beutel mit Geld, den er ihm vor die Nase auf den Tisch stellt, löst Falstaff sofort die Zunge: noch heute wird er höchstpersönlich bei Fords Frau Alice sein! Genau das war es, was Herr Quell herausbekommen wollte. Kaum kann der verkleidete Ford seine Wut beherrschen, als er das Lokal in Begleitung Falstaffs verläßt, der sich zuvor noch sorgfältig für seine Verabredung herausgeputzt hat.

In Fords Haus werden zu gleicher Stunde die letzten Vorbereitungen zum Empfang des aufdringlichen Liebhabers getroffen. Frau Quickly erzählt den anderen Damen zu deren Belustigung noch schnell von ihrem Besuch im »Hosenband«. Auch Ännchen und Fenton sind da; das Mädchen ist ziemlich unglücklich, denn ihr Vater will sie jetzt auf einmal gegen ihren Willen mit dem unsympathischen Doktor Cajus verheiraten.

Schon kommt Falstaff erwartungsvoll zum Stelldichein, mit glühenden Liebesschwüren macht er Alice den Hof . . .

Eigentlich wollen die Damen den komischen Verehrer nur kräftig erschrecken, um ihn dann schnell wieder loszuwerden. Der aufgebrachte Ehemann Ford aber macht ihnen einen Strich durch die Rechnung. Tobend vor Eifersucht dringt er in das Haus ein und durchsucht sofort alle Winkel nach seinem vermeintlichen Nebenbuhler. Der kann sich zunächst noch schnell hinter einen Wandschirm retten. Doch dann steigt er zur Sicherheit lieber in einen großen Wäschekorb, den Ford gerade zuvor ergebnislos durchwühlt hat. Unterdessen haben die Männer alle Schränke und Truhen durchstöbert – da, in einen kurzen Augenblick der Stille hinein, tönt laut und deutlich das Schmatzen eines Kusses hinter dem Wandschirm hervor! Wer könnte das sein – doch sicher nur der Übeltäter? Statt des Gesuchten jedoch finden sie Fenton und Ännchen, die sich in ihrem Versteck abseits des ganzen Trubels in aller Seelenruhe herzen und küssen.

Alice nutzt schnell die Gelegenheit und läßt den schweren Wäschekorb mit Falstaff von ihren Dienern aus dem Fenster in den nahen Fluß kippen. Ihr Mann kommt gerade noch rechtzeitig aus dem oberen Stockwerk dazu, um den dicken Ritter im Wasser plantschen zu sehen – welch eine große Erleichterung für ihn!

 Bei einem Glas Glühwein erholt sich Falstaff von seinem unfreiwilligen Bad im Fluß. Kaum hat er sich halbwegs wieder beruhigt, da taucht noch einmal Frau Quickly auf, was natürlich sofort einen Zornesausbruch bei ihm auslöst. Doch sie versteht es geschickt, seinen Sinn wieder auf neue Abenteuer zu lenken. Angeblich grämt sich Alice sehr und will sich

nun in einer sicheren Umgebung wieder mit ihrem Liebhaber verabreden. Ein Briefchen nennt ihm die genauen Bedingungen für das neue Stelldichein um Mitternacht im Park von Windsor. Während drinnen im Wirtshaus Frau Quickly mit Falstaff alle Einzelheiten seiner von Alice zur Bedingung gemachten Verkleidung zum »Schwarzen Jäger« bespricht, legen die übrigen Damen ihre Rollen für den nächtlichen Schabernack fest. Und auch Ford schmiedet Pläne: unter dem Deckmantel der Verkleidungen will er in jener Nacht gleichzeitig sein Ännchen mit dem als Mönch vermummten Doktor Cajus verheiraten. Zum Glück kann Frau Quickly diese üblen Überlegungen belauschen, als sie gerade rechtzeitig von ihrer Unterredung mit Falstaff aus dem Wirtshaus kommt.

Der Tag ist mit Vorbereitungen verstrichen, es ist nicht mehr weit bis Mitternacht. Mitten im Park von Windsor steht eine große alte Eiche. Sie ist der Treffpunkt zur nächtlichen Maskerade; nach und nach finden sich alle Beteiligten hier im Schutz der Dunkelheit ein. Verabredungsgemäß hat sich Ännchen als Feenkönigin verkleidet: Fenton wird in eine Mönchskutte – genau wie Doktor Cajus – gesteckt. Frau Quickly verfolgt ihre eigenen Pläne mit dem Liebespärchen . . .

Mit dem ersten Glockenschlag Mitternacht erscheint pünktlich Falstaff als »Schwarzer Jäger« mit dem Hirschgeweih auf dem Kopf, und auch Alice ist wie ausgemacht zur Stelle. Schon glaubt der alte Schwerenöter sich am Ziel aller Wünsche, da beginnt es rundherum um die Eiche zu rumoren – ein wahrer Elfenzauber wirbelt durch den Wald, und die seltsamsten Spukgestalten fallen von allen Seiten über Falstaff her, der sich in großer Angst am Fuß des Baumes zusammengekauert hat. Immer toller wird das närrische Treiben, ein höllischer Lärm schwillt an, da erkennt Falstaff mit einem Mal seinen Diener Bardolf inmitten des ganzen Spukes, denn er stinkt nach Schnaps und hat seine Maske verloren.

Schon will Ford triumphieren: Vor aller Öffentlichkeit hat sich Falstaff endlich einmal gründlich blamiert, und nun soll noch vor allen Leuten die Feenkönigin vermählt werden. Doch die listige Frau Quickly hat vorgesorgt: ohne es zu merken, verheiratet Vater Ford

Doktor Cajus mit Bardolf, den man schnell in die Kleider der Feenkönigin gesteckt hat, während sich Ännchen und Fenton längst gefunden haben und außer Gefahr sind. So gibt es auf einmal viele Gefoppte – nicht nur Falstaff, sondern auch Ford und Doktor Cajus! Zähneknirschend muß sich Ford der neuen Lage beugen und erteilt zu guter Letzt dem glücklichen Liebespaar seinen Segen. Sogar der geprellte Ritter zeigt am Ende, daß er Spaß versteht, nachdem nicht nur er allein hereingelegt worden ist: »Alles ist Spaß auf Erden!«

## Hinweise

*Verdi hat außer einer schon früh entstandenen heiteren Oper nur Tragödien komponiert. Sein letztes Bühnenwerk ›Falstaff‹ aber ist wieder eine Komödie. Man merkt ihr in keinem einzigen Takt an, daß ihr Schöpfer bereits achtzig Jahre alt war!*

*Mehrmals schon hatte Verdi auf Dramen großer Dichter zurückge- griffen, darunter auf mehrere Vorlagen von Friedrich Schiller, etwa auf ›Don Carlos‹, und auch auf drei von Shakespeare: zuerst auf ›Macbeth‹, dann auf ›Othello‹ und nun wieder bei ›Falstaff‹. Sein Librettist Arrigo Boito (1842–1918) war selbst ein bekannter italienischer Komponist; noch heute wird gelegentlich seine wichtig- ste Oper ›Mefistofele‹ (nach Goethes ›Faust‹) gespielt. Er beugte sich jedoch dem Genie des Größeren und war sich nicht zu schade, für Verdi die Textbücher für seine beiden letzten Bühnenwerke ›Otello‹ und ›Falstaff‹ zu verfassen. ›Falstaff‹ beruht auf zwei Stücken von Shakespeare, in denen die Person des verliebten dicken Ritters auf- tritt: ›Die lustigen Weiber von Windsor‹ und ›Heinrich IV.‹. Die entscheidende Rolle Boitos ist es sicher, aus Falstaff eine, trotz all seiner Schwächen und Untugenden, doch liebenswerte und auch menschlich würdige Figur geschaffen zu haben.*

*Verdi machte aus dieser geschickten Textvorlage nun eine der turbulentesten Komödien des Musiktheaters, in der jede einzelne Figur liebevoll charakterisiert wird und die Musik wendig allen*

*temperamentvollen Verwirrungen der Handlung folgt. Vergeblich
sucht man hier nach Arien und Duetten alten Stils; die drei Akte der
Oper mit ihren jeweils zwei unterschiedlichen Bildern sind genau dem
Text folgend durchkomponiert; auch ein Vorspiel fehlt völlig. Ledig-
lich an einigen wenigen Ruhepunkten ergeben sich ausgedehntere
Soloszenen, vor allem natürlich für die Titelfigur Falstaff, etwa gleich
im ersten Bild sein Monolog über die Ehre, oder seine gekränkten
Betrachtungen beim Glühwein über die Schlechtigkeit der Welt
(Anfang des 3. Aktes). Hier scheint das ganze Orchester mit ihm vor
Kälte und Nässe zu zittern:*

*Die großen Ensembleszenen mit bis zu zehn verschiedenen Personen,
die alle zugleich auf höchst individuelle Weise singen, sind nur noch
mit den berühmten Ensembles aus Mozarts ›Figaro‹ zu vergleichen.
Unter ihnen wäre vor allem die turbulente Schlußszene des 2. Aktes in
Fords Haus zu nennen, und dann auch das Finale der Oper im Park,
das am Ende gar in eine richtige lebhafte Fuge »nach alter Art«
mündet – alle setzen nacheinander ein:*

*Das große Tempo, mit dem die ganze Komödie abläuft, läßt nur
wenige Augenblicke der Ruhe zu. Zu ihnen gehören die kleinen
Liebesszenen zwischen Ännchen und Fenton ebenso wie die zauber-
hafte Feenatmosphäre im nächtlichen Park, bevor der eigentliche
Spuk ausbricht. Anmutig und zart klingt der Liebesruf, mit dem sich
das Pärchen verständigt, wie in Frage und Antwort, erst Fenton,
dann Ännchen:*

Glück ei - nes Kus - ses geht nie - mals ver - lo - ren.

Wird gleich dem Mon- de im- mer neu   ge - bo -   (ren)

Einige Namen sind in der deutschen Übersetzung meistens verändert: Ännchen heißt im Original Nannetta. Und Ford nennt sich nicht »Herr Quell« sondern »Signor Fontana« (das ist das italienische Wort für Quelle).

Es gibt übrigens noch eine zweite Falstaff-Oper: ›Die lustigen Weiber von Windsor‹ von Otto Nicolai (1810–1849). Sie folgt der gleichnamigen Shakespeare-Vorlage und hat auch in wesentlichen Zügen die gleiche Handlung.

BEDŘICH (FRIEDRICH) SMETANA
(1824–1884)

# Die verkaufte Braut

*(Prodaná nevěsta)*
Komische Oper in drei Akten
Text von Karel Sabina

Ouvertüre und 23 Musiknummern mit Dialogen oder Rezitativen
Uraufführung am 30. Mai 1866 in Prag
Spieldauer: etwa 2¾ Stunden

## Besetzung

| | |
|---|---|
| Kruschina, ein Bauer | *Bariton* |
| Kathinka, seine Frau | *Sopran* |
| Marie, ihre Tochter | *Sopran* |
| Micha, ein Grundbesitzer | *Baß* |
| Agnes, seine Frau | *Mezzosopran/Alt* |
| Wenzel, ihr Sohn | *Tenor* |
| Hans, Michas Sohn aus erster Ehe | *Tenor* |
| Kezal, Heiratsvermittler | *Baß* |
| Springer, Direktor eines Wanderzirkus | *Tenor* |
| Esmeralda, Zirkustänzerin | *Sopran* |
| Ein »Indianer« aus dem Zirkus | *Baß* |
| | |
| Dorfbewohner, Komödianten, Buben | *Chor und Ballett* |

# Die Handlung

 Um die verwirrenden Geschehnisse in dieser Oper wirklich verstehen zu können, muß man wissen, daß es in Böhmen noch im letzten Jahrhundert den Beruf des Heiratsvermittlers gab. Dieser Mann mit seiner ungewöhnlichen Tätigkeit lebte einzig und allein davon, daß er die Bedingungen aushandelte, unter denen eine Heirat zustande kommen sollte; und zwar tat er das nicht etwa mit den jungen Leuten selbst – die hätten wohl auch damals keinen Vermittler nötig gehabt! Vielmehr verhandelte er mit den Eltern, denn es ging hier nicht um Liebe, sondern ausschließlich ums Geschäft, um die gute Partie. Und wenn die dann perfekt war, fiel für den Makler selbstverständlich eine Vermittlungsgebühr ab. Ein solcher Heiratsvermittler mit Namen Kezal ist eine der Hauptfiguren unserer Oper.

 Zunächst aber befinden wir uns mitten im ausgelassenen Trubel einer böhmischen Kirchweih, die auf dem Dorfplatz mit Gesang und Tanz von den festlich geputzten Landleuten gefeiert wird. Unter ihnen sind Hans und Marie, zwei Verliebte. Heute ausgerechnet ist Marie jedoch ganz niedergeschlagen und ratlos. Sie soll nämlich heiraten, ihre Eltern haben ihr schon einen reichen Freier ausgesucht: Wenzel, den Sohn des Großbauern Tobias Micha, den Marie bis jetzt noch gar nicht kennt. Ihr Liebster kann da nicht mithalten, er ist aus der Fremde zugewandert und arbeitet als Knecht. Doch jetzt versucht Hans seine Marie zu trösten und erzählt ihr ein wenig aus seiner bewegten Vergangenheit: er hat einst sein Vaterhaus verlassen müssen, weil er sich mit seiner Stiefmutter nicht vertrug. Aber er verrät auch ihr nicht, woher er kommt.

Noch einmal versichern sich die beiden ihrer Liebe. Danach kommt es zu einem wichtigen Gespräch zwischen Maries Eltern Kathinka und Kruschina und dem Heiratsvermittler Kezal, einem ziemlich einfältigen und eitlen Gesellen. Die Mutter hat doch noch ein paar Bedenken gegen Kezals Angebot – sie möchte gern den Bräutigam vorher einmal sehen, außerdem sollte ihrer Meinung nach auch Marie gefragt werden. Kezal wird deutlicher: haben sie nicht beide schon früher dem Grundbesitzer Tobias Micha versprochen, daß ihre Marie einmal einen seiner beiden Söhne heiraten solle? Nun – der Älteste kommt nicht mehr in Frage, von diesem Taugenichts weiß niemand, wo er steckt. Also bleibt nur Wenzel übrig. Und Kezal wird nicht müde, die Vorzüge dieses zweiten Sohnes zu rühmen – wollte man seinen Worten trauen, dann müßte Wenzel ein wahrer Ausbund an guten Eigenschaften sein! Vater Kruschina jedenfalls leuchtet das alles sehr ein.

Marie kommt dazu, und alle reden auf sie ein. Die Mutter allerdings hält zur Tochter: »Sieh ihn dir erst einmal an. Und wenn er dir nicht gefällt, dann gib ihm einen Korb!« Marie aber bekennt sich klar und deutlich zu Hans, den sie liebt und dem sie ihr Wort gegeben hat. Trotzig läuft sie davon, und Kezal will sich nun erst einmal das Haupthindernis vorknöpfen: den Hans nämlich. – Dann geht das rauschende Fest weiter.

Auch im Wirtshaus ist Stimmung; ein wilder Volkstanz – der Furiant – wird auf den Tanzboden gelegt, dann gehen alle erhitzt ins Freie. Da kommt Wenzel, als Freier ulkig herausgeputzt, und auf einmal verstehen wir, warum Kezal ihn nicht gern vorzeigen möchte: er stottert nämlich. Begreiflicherweise ist er unsicher und ängstlich – das ganze Dorf könnte sich ja über ihn lustig machen, wenn sein Heiratsplan schiefgehen sollte!

Marie macht sich listig an ihn heran, ohne sich zu erkennen zu geben. Zum Schein bewundert sie seinen Aufzug und verrät ihm beiläufig, daß seine »Zukünftige« – Marie – längst einen anderen hat und ihn schmählich hintergehen will. Statt dessen denkt sie sich schnell ein anderes liebes Mädchen aus, das sich angeblich nach Wenzel sehnt und auch viel besser zu ihm paßt. Wenzel überträgt diese liebenswerte Beschreibung auf sein freundliches Gegenüber, ohne zu merken, daß er ja mit der ihm zugedachten Braut verhandelt.

Mit diesem Schwindel erreicht Marie zunächst einmal ihr Ziel: Wenzel schwört erleichtert der »Verräterin« ab, in der Hoffnung auf eine reichere und bessere Braut.

Aber auch Kezal bleibt nicht untätig. Er unternimmt einen – wie er meint, listigen – Bestechungsversuch bei Hans. Erst schwärzt er Marie an, dann stellt er ihm ein anderes reiches Mädchen in Aussicht. Und Hans geht tatsächlich auf den Handel ein, indem er für 300 Gulden seine Liebe zu Marie verkauft, wobei natürlich der Bauer Micha die Ablösesumme bezahlen soll. Hans stellt nur eine einzige Bedingung, in die Kezal arglos einwilligt: niemand anders »als des Tobias Micha Sohn« darf seine Marie heiraten! Was will Kezal noch mehr? Und die kleine geheimnisvolle Klausel, die Hans noch zusätzlich in den Vertrag aufnehmen will, stört ihn dabei auch nicht: nach der Hochzeit von Marie und Michas Sohn braucht der Vater der Braut die Ablösesumme dem Micha nicht zurückzuerstatten, wie das sonst wohl üblich wäre. Kezal schöpft immer noch keinen Verdacht, und vor allem Volk und dem ebenfalls anwesenden Kruschina, Maries Vater, unterschreibt Hans das Papier – alle sind entsetzt: Hans hat seine Braut verkauft!

 Wieder begegnet uns der arme Wenzel, der sich in eine ziemlich alberne Todesangst vor der vermeintlich so bösen Marie hineingesteigert hat. Da kommt ihm ein Wanderzirkus gerade recht, der mitten auf dem Dorfplatz eine Probe seiner Vorführkünste zum besten gibt und dem zum Schrecken aller Mitwirkenden der Darsteller des Bären abhanden gekommen ist – er hat sich bei der Kirchweih betrunken! Große Ratlosigkeit! Die kokette Zirkustänzerin Esmeralda hat unterdessen mit Wenzel geflirtet, und mit ihrer Hilfe gelingt es dem Zirkusdirektor, ihn als Bärendarsteller zu engagieren.

Nun spitzen sich die Ereignisse zu: Wenzels Eltern treffen ein, sie wollen zusammen mit Kezal ihren Sohn zur Heirat überreden; doch Wenzels Angst vor Marie ist inzwischen riesengroß geworden, und er phantasiert von einem anderen lieben Mädchen, wobei er natürlich die »echte« Marie meint, die er ja, ohne es zu wissen, kennengelernt hat.

Marie ihrerseits fühlt sich von ihrem Hans verraten und ist völlig verzweifelt, als Kezal ihr seinen Vertrag mit Hans unter die Nase hält. Wenzel jedoch erkennt nun in ihr seine unverhoffte Braut: »Die ist mir recht!« Und Hans, der scheinbar unbeschwert hinzukommt, so als sei überhaupt nichts geschehen, weiht sie nicht in seinen Plan ein. Allerdings wundert er sich, daß sie ihm eine solche Schlechtigkeit zutraut – »hab doch Vertrauen, er liebt dich, des Micha Sohn!« In ihrer ohnmächtigen Wut willigt Marie sogar ein, ihre Unterschrift, um die sie alle bedrängen, unter den Heiratsvertrag zu setzen, um sich an Hans zu rächen. Doch so weit kommt es zum Glück nicht mehr.

Erwartungsvoll versammeln sich alle, und unversehens löst sich das Rätsel um den vermeintlichen Verrat von Hans: Micha und seine Frau stehen überrascht ihrem ältesten, verloren geglaubten Sohn gegenüber, und entsetzt begreift Kezal, daß alle Verträge, die er scheinbar so listig zu seinen eigenen Gunsten abgeschlossen hat, nur einem einzigen nützen: Hans, dem Sohn des Tobias Micha. Der nämlich erhält nun nicht nur völlig vertragsgemäß die Hand von Marie, sondern obendrein von Kezal auch noch ein nettes Geldsümmchen.

Kezal macht sich als Blamierter schleunigst aus dem Staube.

## Hinweise

*Schon die Ouvertüre läßt keinen Zweifel daran aufkommen, daß hier eine turbulente Komödie gespielt werden soll: In einem einzigen temperamentvollen Sturmlauf des ganzen großen Orchesters schlägt uns mitreißende böhmische Lebensfreude entgegen.*

*Auch in den anderen Teilen der Oper klingt immer wieder dieser unverwechselbare böhmische Tonfall an, mit seinen typischen Rhythmen und melodischen Wendungen, etwa in den großen Chorszenen des 1. und 2. Aktes oder vor allem in dem berühmten Volkstanz »Furiant« in der Wirtshaus-Szene des 2. Aktes:*

Daneben gibt es eine abwechslungsreiche und melodienselige Fülle von Arien und Ensembles, häufig eingeleitet von schlichten Rezitativen, in denen die Handlung voranschreitet. Diese Rezitative wurden von Smetana übrigens erst nachträglich für eine Aufführung in Rußland eingefügt; urprünglich gab es nur den gesprochenen Dialog. ›Die verkaufte Braut‹ war also zuerst ein Singspiel.

Eine der schönsten Liebesszenen der gesamten Opernliteratur ist die zwischen Hans und Marie im 1. Akt, in der sich beide zur zärtlichen Melodie der Klarinetten treue Liebe schwören:

Von ganz anderer, ebenso lustiger wie boshafter Art sind dagegen die Szenen des armen Wenzel, der in seinen Arien sehr lebensecht nach Noten stottern muß. Und im letzten Akt marschiert ein kompletter Zirkus auf die Bühne, mit Artisten und Spaßmachern, angekündigt und begleitet von Fanfaren und Marschmusik.

Die Namen einiger Personen wurden in der Übersetzung verändert: aus Ludmila wurde Kathinka und aus Hata Anna oder auch Agnes.

›Die verkaufte Braut‹ ist so etwas wie eine tschechische Nationaloper geworden, obwohl sich das Publikum anfänglich nur allmählich für sie erwärmte. Nach nur zwei Aufführungen wurde sie erst einmal vom Spielplan abgesetzt. 1892, also einige Jahre nach dem Tod ihres Schöpfers, kam sie nach Wien, und von dort aus trat sie dann ihren bis heute ungebrochenen Siegeszug über die Bühnen der ganzen Welt an.

## Modest P. Mussorgskij
### (1839–1881)

# Boris Godunow

Musikalisches Volksdrama in vier Aufzügen und einem Prolog
Text vom Komponisten (nach Alexander S. Puschkin und
Nikolaj M. Karamsin)

Vier Akte, in durchkomponierte Bilder gegliedert
Uraufführung am 24. Januar 1874 in St. Petersburg
Spieldauer: etwa 3½ Stunden

## Besetzung

| | |
|---|---|
| Boris Godunow | *Bariton* |
| Fjodor, sein Sohn | *Mezzosopran* |
| Xenia, seine Tochter | *Sopran* |
| Xenias Amme | *Alt* |
| Fürst Wassilij Iwanowitsch Schujskij | *Tenor* |
| Andrej Schtschelkalow, Geheimschreiber | *Bariton* |
| Pimen, Chronikschreiber, Mönch | *Baß* |
| Grigorij Otrepjew, später Dimitrij, der falsche Demetrius genannt | *Tenor* |
| Marina Mnischek, Tochter des Wojowoden von Sandomir | *Sopran* |
| Rangoni, geheimer Jesuit | *Baß* |
| Warlaam und Missaïl, entlaufene Mönche | *Baß, Tenor* |
| Schenkwirtin | *Alt* |
| Schwachsinniger | *Tenor* |
| Nikititsch, Vogt | *Baß* |
| Leibbojar | *Tenor* |
| Bojar Chruschtschow | *Tenor* |
| Lowitzkij, Tschernjakowskij, Jesuiten | *Baß* |
| Zwei Bäuerinnen | *Sopran, Alt* |
| Zwei Bauern | *Baß, Tenor* |
| | |
| Bojaren und Magnaten (Adelige), Kinder, Strelitzen (Soldaten), Wachen, Hauptleute, Polnische Damen, Mädchen aus Sandomir, Pilger, Volk | *Chor* |

# Die Handlung

Dies ist die tragische Geschichte des falschen Zaren Boris, der sich durch Mord an die Macht gebracht hat und schließlich seinen zunehmenden Gewissensqualen erliegt. Es sind historische Ereignisse im zaristischen Rußland zu Beginn des 17. Jahrhunderts, die dieser Oper zugrunde liegen.

Boris Godunow hat sich in ein Kloster in der Nähe Moskaus zurückgezogen. Im Klosterhof drängt sich die Volksmenge und fleht den Ratsherren Boris an, sich endlich zum Zaren krönen zu lassen. Allerdings äußern die armen unterdrückten Menschen ihre Bitte nicht freiwillig. Sie werden mit Knüppeln auf die Knie gezwungen, und der grausame Polizeivogt Nikititsch befiehlt ihnen, was sie zu sagen haben. Eine singende Pilgerschaft kommt ebenfalls in den Klosterhof und verteilt an die Menschen geweihte Amulette.

Nach langem Zaudern gibt Boris dem Drängen nach und läßt sich nun in einer prunkvollen Zeremonie im Moskauer Stadtschloß Kreml zum neuen Zaren krönen. Würdevoll begibt er sich zur Kathedrale, doch insgeheim ist er von Zweifeln und Sorgen geplagt; das schlechte Gewissen drückt ihn, denn er ist kein rechtmäßiger Zar, sondern hat sich durch Mord seinen Weg freigeräumt. Das Volk aber jubelt begeistert seinem neuen Herrscher zu.

Der alte Mönch Pimen schreibt im Kloster seit langem an einer russischen Chronik. Sie ist schon fast vollendet, es fehlen nur noch wenige Zeilen. In der Nachbarzelle hat der junge Mönch Grigorij geschlafen. Nun ist er aufgewacht, kommt zu Pimen herüber und erzählt ihm von seinem bedrückenden Traum, der ihn schon zum dritten Mal heimgesucht hat: Er sah sich auf einem hohen Turm in Moskau, tief unter sich

eine johlende Volksmenge, und sei dann hinabgestürzt – schweißge-
badet sei er jedesmal aufgewacht.

Pimen versucht ihn zu beruhigen, Buße und Gebet werden ihn
schon wieder auf den rechten Weg zurückführen! Und er erzählt
Grigorij, wie seine Chronik enden soll: mit der Ermordung des
Thronfolgers durch die Gehilfen des Boris Godunow. Er vergleicht
den unglücklichen, ermordeten Dimitrij mit Grigorij – sie wären
heute gleichaltrig, 20 Jahre alt! Die Glocke ruft zum Gebet, und der
junge Mönch bleibt allein in der Zelle zurück. Die Geschichte vom
ermordeten gleichaltrigen Prinzen geht ihm nicht mehr aus dem
Sinn.

Ein wenig später treffen wir Grigorij mit zwei aus dem Kloster
davongelaufenen Mönchen – Warlaam und Missaïl – in einer Wirt-
schaft an der litauischen Grenze. Die beiden lassen es sich wohlergehen, sie zechen und singen. Grigorij aber erkundigt sich nach dem
Weg zur Grenze. Da dringen Polizisten in die Schänke ein, auf der
Suche nach einem entsprungenen Moskauer Mönch, also nach Grigorij. Er hat Glück, denn sie können den Steckbrief nicht lesen. So
gibt der Mönch vor, ihnen behilflich sein zu wollen, und fälscht nun
beim Lesen die Beschreibung so, daß sie viel eher auf Warlaam zu
passen scheint. Den packt die Angst, und er wird vor Schreck
schnell wieder nüchtern, so daß er den Polizisten den Steckbrief nun
richtig vorlesen kann. Bevor diese Grigorij festnehmen können,
springt er schnell aus dem Fenster und entflieht.

 Nun begegnet uns Zar Boris im Kreis seiner Familie;
zunächst geht es menschlich und friedlich zu: Boris
tröstet seine Tochter Xenia über den Tod ihres Bräutigams und kümmert sich um seinen Sohn Fjodor, die
Amme singt ein Lied. Mit dem Eintritt des Fürsten Schujskij aber
verfinstert sich die freundliche Stimmung; mißtrauisch begegnet ihm
der Zar, denn er verdächtigt ihn des Verrates. Aus seinem Mund
muß Boris nun hören, daß ein anderer – Dimitrij – von Polen aus mit
großem Gefolge Rußland bedroht und nach der Zarenkrone greifen
will. Erschrocken erkundigt sich Boris nach diesem Dimitrij –

könnte es sein, daß ermordete Kinder aus ihren Gräbern wiederkehren? Schujskij aber schildert noch einmal Dimitrijs Tod: er selbst hat seinerzeit die Leiche im Dom aufgebahrt gesehen! Boris aber ist nicht zu beruhigen. Allein und unter fürchterlichen Gewissensqualen plagt ihn das Bild des ermordeten Thronfolgers, und in einem Anfall von Wahnsinn bricht der Zar zusammen.

 Im benachbarten Litauen auf dem Schloß Sandomir: Die polnische Prinzessin Marina ist ebenso schön wie ehrgeizig und machthungrig. Eine Schar junger Mädchen trägt ihr Lieder vor zum Lob ihrer Schönheit. Marina aber reagiert ungehalten: Sie mag viel lieber Gesänge von Polens Macht und Größe hören. Und sie schickt die Mädchen hinaus. Ihre Gedanken sind bei Dimitrij, an dessen Seite sie auf dem russischen Zarenthron sitzen möchte. Der Jesuit Rangoni bestärkt sie in ihren Wunschträumen und ermuntert sie, Dimitrij zu umgarnen und ihn zu beeinflussen – denn die katholische Kirche hat ebenfalls großes Interesse daran, daß Dimitrij Zar wird und damit ihre eigene Macht stärkt!

Dimitrij ist den Reizen der schönen Marina erlegen. Ungeduldig wartet er in der Nacht auf ein versprochenes Rendezvous mit der Prinzessin, derweil drinnen im Schloß ein rauschendes Fest gefeiert wird. Rangoni berichtet ihm von Marinas Zuneigung, und er erhält als Belohnung das Versprechen, sein Berater sein zu dürfen. Endlich erscheint Marina, umringt von lauter Anbetern, mit denen sie ins Schloß hineingeht. Dimitrij ist sehr eifersüchtig, beruhigt sich aber sofort, als sie allein zu ihm in den Park zurückkehrt. Blind vor Liebe will Dimitrij ihr alles versprechen, was sie sich nur wünscht, und sie wünscht sich von ihm – die Zarenkrone! Sein Versprechen belohnt sie unverzüglich mit einer heißen Umarmung. Und Rangoni, der das Paar heimlich belauscht hat, ist sehr zufrieden über diese Entwicklung.

 Im Kreml ist man natürlich ziemlich beunruhigt über das Auftreten des falschen Dimitrij. Die Ratsherren (Bojaren) beraten über die Lage und erfahren von Schujskij, daß es dem Zaren Boris gar nicht gut geht. Überraschend aber erscheint der Zar persönlich, um an der Sitzung teilzunehmen. Sogleich ruft Schujskij den Mönch Pimen herein. Der berichtet lebhaft von einem Wunder: einem Blinden sei der ermordete Thronfolger Dimitrij im Traum erschienen und habe ihn aufgefordert, an seinem Grab zu beten. Und siehe da, als er dort betete, konnte er auf einmal wieder sehen. Der Zar Boris verliert fast den Verstand, schreit nach Licht und weist alle Anwesenden hinaus, nur sein Sohn Fjodor soll zu ihm kommen. Eine Totenglocke beginnt zu schlagen, Mönche und Bojaren dringen in den Raum, und ihnen stellt Boris seinen Sohn als seinen Nachfolger vor. Er selbst aber will sich als Mönch büßend in ein Kloster zurückziehen, doch dazu kommt es nicht mehr – Boris stirbt.

Das Volk ist, wie immer, wankelmütig und schnell bereit, einem neu auftretenden Volkshelden zuzujubeln. Außerhalb Moskaus hat sich eine große Volksmenge in einem Wald zusammengerottet. Zunächst verhöhnen sie den Bojaren Chruschtschow, weil er Anhänger des Zaren Boris war. Die beiden entlaufenen Mönche Warlaam und Missaïl gesellen sich zu den Leuten und singen fromme Lieder. Zwei fremde Jesuiten, die für Dimitrij, den falschen Zaren, werben, werden jedoch von der aufgebrachten Menge beschimpft und fast umgebracht, als – gerade noch rechtzeitig – der Thronräuber Dimitrij auftritt und die beiden beschützt. Dann fordert er alle auf, mit ihm nach Moskau zu ziehen. Im Hintergrund aber sieht man den Feuerschein brennender Dörfer, und ein Schwachsinniger, der allein zurückgeblieben ist, beklagt das arme russische Volk.

## Hinweise

*Der Komponist Mussorgskij schrieb sich sein Libretto selbst und orientierte sich hierfür unter anderem an Alexander S. Puschkin (1799–1837). Auffällig an dieser Opernhandlung ist, daß sie nicht wie gewohnt eine durchgehende dramatische Entwicklung vorstellt, sondern eher locker einzelne Stimmungsbilder aneinanderreiht.*

*In diesen Bildern spielt genaugenommen das russische Volk die Hauptrolle, und die Klänge und Melodien, die ihm zugeordnet sind, geben den nationalen russischen Charakter sehr eindrucksvoll wieder. Daß das Volk in dieser Oper im Mittelpunkt steht, hat sich auch im Titel »Volksdrama« niedergeschlagen. Anders als beispielsweise der ungarische Komponist Béla Bartók (1881–1945) fügte Mussorgskij eine Reihe echter russischer Volksmelodien in seine Partitur ein, etwa in der Krönungsszene des Zaren den großartigen Chor »Heil der Sonne«:*

*In den Szenen dagegen, die im benachbarten Polen spielen, sorgt wiederum die andersartige Musik mit typischen melodischen und vor allem auch rhythmischen Wendungen für eine eigentümliche Atmosphäre, z.B. durch polnische Tänze wie die Mazurka.*

*Gegenüber den Massenszenen treten die solistischen Partien eher in den Hintergrund. Das führte übrigens mit dazu, daß ›Boris Godunow‹ zunächst nicht zur Uraufführung gelangte; man bemängelte, daß etwa eine große Frauenrolle fehle. Der Komponist arbeitete daraufhin seine Oper mehrfach um; dabei änderte sich auch die Reihenfolge einzelner Bilder. Heute wird das Werk überwiegend in der Bearbeitung von Nicolaj Rimskij-Korssakow aufgeführt, in der manche klangliche Schroffheit geglättet erscheint und auf diese*

*Weise auch manche Eigentümlichkeit der genialen Musik Mussorg-
skijs verloren ging. Eine weitere Bearbeitung stammt von dem russischen Komponisten Dimitrij Schostakowitsch (1906–1975); und
neuerdings greift man zunehmend auch wieder auf eine der Fassungen Mussorgskijs zurück.*

JOHANN STRAUSS
(1825–1899)

# Die Fledermaus

Operette in drei Aufzügen
Text von Carl Haffner und Richard Genée

Ouvertüre und 16 Musiknummern mit Dialog
Uraufführung am 5. April 1874 in Wien
Spieldauer: etwa 2½ Stunden

### Besetzung

| | |
|---|---|
| Gabriel von Eisenstein | *Tenor* |
| Rosalinde, seine Frau | *Sopran* |
| Frank, Gefängnisdirektor | *Bariton/Baß* |
| Prinz Orlowsky | *Mezzosopran (Tenor)* |
| Alfred, sein Gesanglehrer | *Tenor* |
| Dr. Falke, Notar | *Tenor* |
| Dr. Blind, Advokat | *Baß* |
| Adele, Rosalindes Kammerjungfer | *Sopran* |
| Ida, ihre Schwester | *Sopran* |
| ferner verschiedene Gäste auf | |
| dem Fest des Prinzen | *Solisten* |
| Frosch, Gefängniswärter | *Sprechrolle* |
| Ivan, Kammerdiener des Prinzen | *Sprechrolle* |
| Vier weitere Diener | *Tenor, Baß* |
| Amtsdiener | *stumme Rolle* |
| | |
| Ballgäste, Masken, Diener, | |
| Tänzer, Tänzerinnen | *Chor, Ballett* |

# Die Handlung

Kammerzofen sind bekanntlich sehr selten auf den Mund gefallen und schon überhaupt nicht, wenn sie in Opern oder Operetten auftreten. Auch Herr und Frau von Eisenstein können sich eine solche »Perle« leisten: Adele, ein keckes, lebenslustiges Fräulein.

Gerade hat sie einen Brief von ihrer Schwester Ida erhalten, die mit ihr zusammen heute abend zum Fest des Prinzen Orlowsky gehen möchte. Allerdings braucht sie dafür eine vornehme Abendrobe – vielleicht gäbe es ja irgendeinen Trick, wie man an eines der teuren Abendkleider der gnädigen Frau herankommen könnte . . . ?

Während Adele noch überlegt, schmettert draußen auf der Straße ein Tenor ein Ständchen, doch leider nicht für sie: »Holde Rosalinde«, singt er. Rosalinde aber heißt die gnädige Frau. Und die hat ihn auch schon gehört: das ist ja Alfred, ihr Verehrer aus der Zeit vor ihrer Heirat! Alfred hat bei Rosalinde immer noch einen großen Stein im Brett; besonders wenn er seine Stimme erschallen läßt, kann sie ihm kaum widerstehen. Doch jetzt schluchzt ihr zunächst einmal Adele eine rührselige Geschichte von einer kranken Tante vor, die sie unbedingt noch heute abend besuchen muß! Rosalinde will ihrer Zofe nicht freigeben, ausgerechnet heute, wo ihr Mann doch seine fünftägige Arreststrafe antreten muß, weil er neulich einen Amtsdiener beleidigt hat. Da ist nichts zu machen!

Aber da steht auch schon Alfred in der Tür und breitet theatralisch seine Arme aus. Doch Rosalinde will ihn zunächst nicht empfangen. Erst einmal muß ihr Mann auch wirklich im Gefängnis sein, dann darf der Freier wiederkommen. So zieht er unverrichteter Dinge wieder ab.

Aufgebracht tritt nun Eisenstein ins Zimmer, sein Advokat Dr. Blind folgt ihm auf dem Fuß. Eisenstein ist wütend auf ihn, denn er hat nicht verhindern können, daß zu den fünf Tagen Arrest noch weitere drei dazugekommen sind, wegen schlechten Benehmens vor Gericht. Nun soll ihm seine Frau ein paar alte Kleidungsstücke fürs Gefängnis zusammensuchen. Kaum ist Dr. Blind gegangen, kommt Dr. Falke, ein befreundeter Notar, zu Besuch und lädt Eisenstein zu eben jenem Fest beim Prinzen Orlowsky ein, von dem wir schon von Adele gehört haben. Da soll er unbedingt mit von der Partie sein, denn man erwartet reizende Damen vom Ballett und wird sich gewiß köstlich amüsieren. Seinen Arrest kann er ja dann immer noch morgen in aller Frühe antreten . . .

Vorfreude ist die schönste Freude – in Erwartung des Kommenden erinnern sich die beiden an ähnliche vergangene Abende, zum Beispiel vor einigen Jahren: Falke als Fledermaus und Eisenstein als Schmetterling verkleidet . . . Nur seine Frau Rosalinde darf um Himmels willen nichts von ihrem Plan erfahren!

Gerade kommt sie zurück und bringt ihrem Mann die gewünschten abgetragenen Kleider fürs Gefängnis. Eisenstein aber ist auf einmal wie ausgewechselt – Falke scheint ihn tatsächlich erstaunlich aufgemuntert zu haben! Statt mürrisch mit seinem Schicksal zu hadern, wirft er sich nun gar richtig in Schale, mit Frack und Seidenschal, und verabschiedet sich in bester Laune von seiner Frau. Sie aber spendiert ihrer Zofe nun doch schnell den freien Abend, damit sie selbst ungestört ihren Alfred empfangen kann. Jetzt, da ihr Mann für ganze acht Tage hinter Gittern verschwunden ist, steht dem Rendezvous nichts mehr im Wege.

Dann kommt auch schon Alfred. Gleich schlüpft er genießerisch und sehr zur Überraschung Rosalindes in die Rolle des Hausherrn, probiert auch mal dessen Schlafrock und Mütze an und läßt sich gemütlich zum Abendessen nieder. Mitten in das traute Beisammensein hinein aber, noch bevor etwas Ernstes passiert sein könnte, platzt der Gefängnisdirektor Frank. Er will nämlich persönlich Eisenstein ins Gefängnis begleiten, weil der in den letzten Tagen nicht freiwillig erschienen ist. Natürlich hält er Alfred – in Schlafrock und Mütze! – für den Gesuchten, und dem bleibt als Gentleman auch gar nichts anderes übrig, als sich zähneknirschend abführen zu lassen. Schließlich möchte er Rosalinde nicht blamieren!

 Prinz Orlowsky ist mit seinen jungen Jahren schon ein richtiger welterfahrener Lebemann, der Feste zu feiern versteht. Seine Villa ist heute abend prächtig geschmückt und erleuchtet, und überall tummeln sich die erwartungsvollen Gäste. Unter ihnen finden wir vertraute Gesichter: zum Beispiel Adele mit ihrer Schwester Ida; Adele hat sich ein tolles Abendkleid aus dem Schrank ihrer Gnädigsten stibitzt und gedenkt nun hier als »Künstlerin Olga« aufzutreten. So läßt sie sich auch gleich dem Prinzen vorstellen, der sich die ganze Gesellschaft gelangweilt durch sein Augenglas ansieht – ihn kann nichts mehr erschüttern, er kennt leider schon alle Sensationen der Welt. Aber wenn die Damen mögen, dann dürfen sie für ihn beim Glücksspiel ein paar tausend Francs setzen ...

Auch Dr. Falke ist schon da, der dem Prinzen ja unterhaltende Gäste versprochen hat. Er verfolgt so seine eigenen Pläne für heute abend, damit der Prinz endlich einmal seinen Spaß haben soll. Er nämlich hat Ida veranlaßt, Adele hierher mitzubringen! Und da kommt auch schon Eisenstein – pardon: der »Marquis von Renard«, wie er sich heute nennt! Falke stellt ihn dem Prinzen vor, hinter seinem Rücken aber schickt er heimlich noch eine eilige Einladung an Rosalinde. Derweil unterhält sich der Prinz mit dem »Marquis« und plaudert ein wenig über seine seltsamen Lebensgewohnheiten, über seine Gäste, seine Feste, seine russische Gastfreundschaft. Eigentlich langweilt ihn das alles fürchterlich, aber Falke hat ihm immerhin versprochen, daß man heute abend noch über den Herrn Marquis lachen werde!

Und schon beginnt der Spaß. Adele bringt dem Prinzen die leere Geldbörse zurück – alles verspielt! Plötzlich steht sie ihrem Herrn gegenüber. Nach dem ersten Schreck fassen sich beide und gehen auf das Spielchen ein: sie in der Garderobe der gnädigen Frau und er, der eigentlich im Gefängnis sitzen soll! Schon fängt die ganze Gesellschaft an, sich über die beiden zu amüsieren. Eisenstein aber beginnt allmählich daran zu zweifeln, ob das wirklich seine Zofe Adele ist – könnte so eine große Ähnlichkeit etwa Zufall sein?

Ein neuer Gast gesellt sich hinzu: Gefängnisdirektor Frank, der sich vornehm »Chevalier Chagrin« nennen läßt und französisch zu sprechen versucht. Man kommt ins Plaudern und findet sich allerseits äußerst charmant – jetzt fehlt eigentlich nur noch die ungarische Gräfin, von der man hinter vorgehaltener Hand munkelt, sie habe einen so eifersüchtigen Mann, daß sie grundsätzlich nur maskiert aufträte.

Inzwischen bemüht sich Eisenstein immer eifriger um Olga (Adele), immer unwahrscheinlicher erscheint es ihm, daß das seine Zofe sein könnte. Endlich rauscht Rosalinde als ungarische Gräfin herein. Von Falke weiß sie bereits, daß ihr Mann sich hier bestens amüsiert, statt im Gefängnis zu sitzen. So trifft sie unversehens auf dem Fest lauter Bekannte: Adele, Dr. Falke, den Gefängnisdirektor Frank, ihren Mann – die beiden scheinen sich ja schon richtig angefreundet zu haben! Kaum erblickt Eisenstein die »ungarische Gräfin«, da entflammt er auch schon für sie und beschließt sofort, sie noch heute abend zu erobern – »die scheint Feuer zu haben, ungarisches Blut!« Temperamentvoll macht er ihr den Hof, sie geht zum Schein darauf ein und schafft es doch tatsächlich mit List, ihm seine kleine Repetieruhr abzuschwatzen. Das ist sein Maskottchen, mit dem er bei seinen amourösen Abenteuern immer die Damen zu locken pflegt. Er braucht die Uhr nur aufzuziehen, schon klingt sie ganz allerliebst!

Dann unterhält Rosalinde die Gäste mit einem feurigen Csárdás, zum Beweis ihrer wirklichen ungarischen Herkunft. Eisenstein aber gibt übermütig sein altes Erlebnis von der Fledermaus zum besten. Das ist eigentlich ein harmloser kleiner Schabernack, den er einmal seinem Freund Falke gespielt hat: vor Jahren auf einem Maskenfest war der als Fledermaus verkleidet; Eisenstein trank ihm ständig zu, so daß Falke am Ende sternhagelvoll war. Auf dem Heimweg setzte ihn Eisenstein irgendwo unter einem Baum ab und machte sich aus dem Staube. So mußte der arme Dr. Falke am hellichten Tage, nachdem er seinen Rausch ausgeschlafen hatte, als Fledermaus durch die ganze Stadt marschieren. – Seitdem hat er den Spitznamen »Dr. Fledermaus«. Ob er sich nicht irgendwann einmal für diesen Streich rächen wird . . .?

Das Fest nimmt seinen Lauf, der Champagner fließt in Strömen, man singt und tanzt ausgelassen. Eisenstein wird immer beschwipster und bestürmt Rosalinde immer zudringlicher, sie solle sich doch endlich demaskieren ... Da schlägt die Kaminuhr sechs: höchste Zeit fürs Gefängnis! Schwankend macht er sich gemeinsam mit dem Gefängnisdirektor auf den Weg, denn sie haben ja das gleiche Ziel!

 Frühmorgens im Gefängnis bewacht der ebenso fidele wie versoffene Diener Frosch den Gefangenen Alfred, der in Zelle 12 sitzt und sich mit Gesang die Zeit vertreibt. Frosch spricht fleißig dem Slibowitz zu und bemüht sich, den Sänger zum Schweigen zu bringen – Singen im Gefängnis ist unstatthaft!

Unterdessen kommt Direktor Frank hereingetorkelt und schwelgt noch in seliger Erinnerung an das gelungene Fest; da führt Frosch Adele und Ida herein. Frank hat doch gestern Adele so entzückend gefunden, daß er ihr jetzt vielleicht weiterhelfen könnte: sie hat ihre Ader fürs Theater entdeckt und will zur Bühne! Und schon gibt sie dem Direktor eine Probe ihres Talents. Doch bevor Frank überhaupt Zeit hat zu antworten, läßt sich ein Marquis Renard anmelden. Schnell werden die Damen in Zelle 13 untergebracht, dann empfängt Frank seinen neuen Freund vom Fest. Der wundert sich begreiflicherweise nur zu sehr, den vornehmen »Chevalier« ausgerechnet auch hier im Gefängnis wiederzutreffen. So muß man sich wohl oder übel zu erkennen geben. Frank hält jedoch das Ganze für einen Witz, denn Eisenstein sitzt doch längst in Zelle 12, er hat ihn schließlich gestern abend hier eingeliefert.

Große Verwirrung! Allmählich gehen Eisenstein die Augen auf: seine Frau hat also in seiner Abwesenheit offenbar einen stellvertretenden Verehrer empfangen!

Noch bevor er Gelegenheit hat, sich seinen unerwarteten Doppelgänger persönlich anzusehen, werden zwei weitere Gäste gemeldet: eine geheimnisvolle verschleierte Dame wartet im Sprechzimmer, und Rechtsanwalt Dr. Blind will seinen Klienten Eisenstein sprechen. Schnell verschwindet der echte Eisenstein mit dem verblüfften

Rechtsanwalt im Nebenzimmer, denn Eisenstein ist eine Idee gekommen: Er wird Dr. Blinds Kleider anziehen und sich persönlich
davon überzeugen, wer da so unverschämt in seine Rolle geschlüpft
ist.

Alfred wird hereingeführt – er steckt immer noch in Eisensteins
Schlafrock, so wie man ihn gestern abend verhaftet hat. Er will seinen
Rechtsanwalt sprechen, den er sich bestellt hat. Statt dessen finden
sich nun nacheinander Rosalinde, dann der als Dr. Blind verkleidete
Eisenstein ein. So kommt endlich Stück für Stück der ganze Schwindel ans Tageslicht: als Rosalinde sich nämlich dem vermeintlichen
Anwalt gegenüber bitter über ihren abenteuerlustigen Mann
beschwert, reißt der sich in seiner Wut die Verkleidung herunter und
gibt sich zu erkennen. Schon glaubt er an einen totalen Triumph: seine
Frau mit dem Sänger auf frischer Tat ertappt – da hält sie ihm seine
kleine Uhr unter die Nase, die er ihr, der »ungarischen Gräfin«, auf
dem Fest verehrt hat. Und das Durcheinander wird komplett, als nun
auch noch die beiden fidelen Schwestern aus Zelle 13 auftauchen –
dort hatte sie Frosch gar eingesperrt!

Eisenstein bleibt nichts erspart: Dr. Falke hat die ganze Ballgesell-
schaft mit dem Prinzen persönlich ins Gefängnis gebeten, und nun
weiden sich alle an der späten Rache der Fledermaus. Was bleibt
Eisenstein noch, als seine Frau um Verzeihung zu bitten? Der Champagner war an allem schuld . . .!

# Hinweise

*›Die Fledermaus‹ ist zwar keine Oper, statt dessen aber »die«
klassische Operette schlechthin. Trotzdem spricht viel dafür, sie in
unsere Auswahl mit aufzunehmen: seit langer Zeit erscheint sie häufig
auf den Spielplänen der großen Opernhäuser von Wien bis New York.
Und der geniale Einfallsreichtum ihres Schöpfers, des »Walzerkö-
nigs« Johann Strauß, hat sie turmhoch aus ihrer oftmals recht
sentimentalen Gattung herausgehoben. Strauß schrieb das Werk in
einem Zug innerhalb von nur sechs Wochen nieder!*

*Das Textbuch zur ›Fledermaus‹ geht auf ein französisches Lust-
spiel von Henri Meilhac und Ludovic Halévy zurück, die auch Libretti
für Bizet (›Carmen‹) und Jacques Offenbach schrieben. Aus der
typischen Pariser Vorlage fertigten nun Haffner und Genée eine
unverwechselbare Wiener Komödie, einen turbulenten Verwechs-
lungsspaß voller komischer Situationen und dankbarer Rollen.*

*Sehr zur Beliebtheit dieser Operette trägt sicher die Rolle des
schnapstrinkenden Gefängniswärters Frosch bei, der meistens von
einem Schauspieler dargestellt wird, denn er muß keinen Ton singen.
Alle möglichen berühmten Komiker haben sich schon an Frosch
versucht und ihn über das Textbuch hinaus mit ihren witzigen Einfällen ausgestattet.*

*Prinz Orlowsky ist eine »Hosenrolle«, wird also in der Regel von
einer Frau gesungen. Das ist vor allem dann sehr einleuchtend,
wenn er auf der Bühne wirklich so jung wirkt, wie er im Libretto
gemeint ist – also eigentlich noch mit Knabenstimme. Um so grotes-
ker erscheint dann seine lebenserfahrene, gelangweilte Haltung;
seine Einstellung zum Leben gibt er in seinem bekannten Couplet
(Lied) im 2. Akt bekannt, dessen Strophen jeweils mit dem gleichen
Refrain enden – »S' ist mal bei mir so Sitte, chacun à son goût!«
(Jeder wie er will, jeder auf seine Art):*

Orlowski:

S'ist    mal    bei    mir so    Sit-te:    »chac-un    à son goût«

*Jede weitere Person hat ihren wirkungsvollen Auftritt mit mindestens
einem effektvollen Lied. Man kann sie kaum alle aufzählen, zu
»Schlagern« sind fast alle Nummern aus der ›Fledermaus‹ geworden.
In Alfred beispielsweise werden sehr komisch die Gewohnheiten eines
Sängers parodiert, der sich als Künstler gibt und sich doch so gern im
bürgerlichen Schlafrock wohlfühlen möchte. Hier der Anfang seines
Trinkliedes aus dem 1. Akt:*

*Alfred:*

Trin- ke, Lieb- chen, trin- ke schnell,   Trin- ken macht die   Au- gen hell !

*Die Nachahmung ungarischer Klänge war im 19. Jahrhundert große Mode, und so bietet die »ungarische Gräfin« Rosalinde auf dem Ball den Gästen denn auch einen Csárdás (zweiteiliger ungarischer Tanz: langsam-schnell), dessen zweiten Teil »Frischka« sie zu einem zündenden Rhythmus singt:*

*Rosalinde* (ungar. Gräfin):

Feu - er,   Le- bens- lust, schwellt ech - te   Un- gar-brust

*Das Vorspiel zur ›Fledermaus‹ ist eine sogenannte Potpourri-Ouvertüre: hier werden einige Melodien aus der nachfolgenden Operette locker und mehrfach wiederholt aneinandergereiht (Potpourri = bunte Folge von Melodien). Am bekanntesten dürfte daraus der »Fledermaus-Walzer« geworden sein:*

## GEORGES BIZET
## (1838–1875)

# Carmen

Oper in vier Aufzügen
Text von Henri Meilhac und Ludovic Halévy
(nach der Novelle von Prosper Mérimée)

Vorspiel und 27 Musiknummern mit gesprochenen Dialogen oder
Rezitativen sowie Zwischenspielen vor den einzelnen Akten
Uraufführung am 3. März 1875 in Paris
Spieldauer: etwas mehr als 3 Stunden

## Besetzung

| | |
|---|---|
| Don José, ein Sergeant | *Tenor* |
| Escamillo, ein Stierkämpfer | *Bariton* |
| Zuniga, Leutnant der Wache | *Baß* |
| Moralès, Sergeant | *Bariton* |
| Dancaïro und Remendado, Schmuggler | *Tenor* |
| Lillas Pastia, Schenkwirt | *Sprechrolle* |
| Ein Führer | *Sprechrolle* |
| Carmen, ein Zigeunermädchen | *Mezzosopran* |
| Frasquita und Mercédès, ihre Freundinnen | *Sopran und Alt* |
| Micaëla, ein Mädchen vom Lande | *Sopran* |
| | |
| Soldaten, Stierfechter, Schmuggler, | |
| Zigarettenarbeiterinnen, Bürger, Kinder, | |
| Zigeuner und Zigeunerinnen, Volk | *Chor, Ballett* |

# Die Handlung

 In Sevilla, im heißen Süden Spaniens, gibt es mitten in der Stadt eine Wachstation, gerade gegenüber einer Zigarettenfabrik. Die Soldaten sollen hier für Ruhe und Ordnung sorgen, denn vor allem die Arbeiterinnen der Fabrik bringen die heißblütigen Spanier so schnell um den Verstand, daß es häufig zu Streit und Schlägereien kommt.

 Auf dem Platz vor der Wache pulsiert das bunte Stadtleben; die Soldaten aber langweilen sich und schauen den friedlichen Passanten zu, heute passiert auch gar nichts! Da nähert sich ihnen ein scheues Mädchen vom Lande; kaum traut sie sich, Sergeant Moralès anzusprechen: sie sucht ihren Freund José, aber der tritt erst später beim nächsten Wachwechsel seinen Dienst an. Galant bittet Moralès sie herein, doch sie ist viel zu schüchtern – lieber will sie nachher noch einmal vorbeikommen.

Wenig später ziehen mit schmissiger Marschmusik die Soldaten der Wachablösung auf, und die frechen Straßenjungen ahmen sie begeistert nach. Auch José ist unter den neuen Soldaten; als Moralès ihm die liebenswerte Besucherin, die nach ihm gefragt hat, schildert, erkennt er sofort seine Micaëla.

Eine Glocke ertönt – das Zeichen zur Pause in der Fabrik. Die Mädchen, die beim Volk als ziemlich flatterhaft gelten, kommen herausgeschlendert und erholen sich von ihrer Arbeit. Die herumstehenden und flanierenden Männer aber warten nur auf die Zigeunerin Carmen, der alle zu Füßen liegen. Angeblich hält sie es bei keinem Mann länger als sechs Wochen aus! Sie genießt ihren Auftritt sichtlich; ihr Lied versetzt alle Anbeter in Aufregung. Sie aber hat eben José entdeckt, der sich um sie jedoch überhaupt nicht kümmert – sollte es wirklich jemanden geben, der ihr nicht erlegen ist? Als die Glocke wieder ertönt und die Pause beendet, wirft sie ihm schnell ein kleines Sträußchen zu und verschwindet.

Auch José kann sich natürlich ihren Reizen nicht entziehen. Verwirrt hebt er die Blumen auf. Und nun kommt Micaëla zurück und reißt ihn aus seinen Träumen. Sie bringt ihm einen Brief von der Mutter, etwas Geld und einen Kuß. Voller Sehnsucht und innerer Unruhe gibt er ihr den Kuß zurück; mit seinen Gedanken ist er bereits, ohne es zu merken, bei Carmen. Micaëla verabschiedet sich, und José liest gerührt den Brief seiner Mutter.

Da gibt es plötzlich Aufregung, Lärm dringt aus der Fabrik. Unter den Mädchen ist Streit ausgebrochen, und Carmen war offensichtlich die Anstifterin, sie hat sogar ein anderes Mädchen mit dem Messer verletzt! José nimmt sie fest und führt sie heraus auf die Wache. Auf die Anschuldigungen Leutnant Zunigas, Josés Vorgesetzten, trällert sie nur frech ihr Liedchen. Wütend gibt dieser José den Befehl, sie gefesselt ins Gefängnis zu bringen. Carmen ist sich ihrer gefährlichen Macht über alle Männer sicher, auch José wird ihr nicht lange widerstehen. Schon hat sie ihm derart den Kopf verdreht, daß er alles tut, was sie von ihm verlangt: willenlos gibt er ihr Gelegenheit zur Flucht und läßt sich dafür selbst ins Gefängnis werfen.

 In der verrufenen Schenke des Lillas Pastia geht es hoch her. Carmen und ihre Freundinnen Frasquita und Mercédès amüsieren sich hier mit einigen Offizieren, unter ihnen auch Leutnant Zuniga. Carmen scheint tatsächlich immer noch an José zu denken, dem sie ja ihre Freiheit verdankt. Gerade heute soll er aus dem Arrest freigelassen werden!

Mit großem Gefolge tritt der berühmte Stierkämpfer Escamillo auf. Und genauso wie Carmen gewöhnt ist, alle Männer zu ihren Füßen zu sehen, glaubt auch er, daß ihn die Frauen unwiderstehlich finden. Doch Carmen ist ihm gegenüber überraschenderweise ziemlich schnippisch; heute wartet sie nur auf José!

Lillas Pastias Kneipe ist auch noch geheimer Treffpunkt der Schmuggler. Heute nacht ist wieder einmal ein heimlicher Grenzgang mit Schmuggelware geplant, und die Zigeunermädchen sollen als Lockvögel die Zöllner ablenken. Carmen aber mag heute nicht, sie will lieber auf ihren José warten. Der hat Carmen keineswegs verges-

sen; von fern schon hört man ihn singen, dann betritt er erwartungsvoll die Schenke. Carmen aber hat inzwischen, aufgestachelt von
ihren Freundinnen, einen teuflischen Plan gefaßt: sie will José zu den
Schmugglern mitnehmen, denn einen besseren Schutz als den des
Sergeanten kann man sich für die dunklen Geschäfte der Männer gar
nicht denken!

Mit einem aufreizenden Tanz, zu dem sie selbst die Kastagnetten klappern läßt, bringt sie José fast um den Verstand.
Mitten hinein tönt nämlich das Trompetensignal, das die Soldaten zurück in die Kaserne ruft. Dadurch wird der arme José in
den ärgsten Zwiespalt gestürzt – er liebt Carmen, aber er will
doch nicht schon am ersten Tag in der Freiheit gegen seine
Dienstvorschriften verstoßen! Carmen ist empört – wie kann jemand, der vorgibt, sie zu lieben, trotzdem zurück ins Quartier
wollen! Verzweifelt zieht José die vertrockneten Blumen hervor,
die er seit jenem dramatischen Tag in Sevilla immer in der
Brusttasche seiner Uniform getragen hat. Alle Liebesschwüre
sind vergeblich, Carmen stößt ihn erbarmungslos zurück. Gerade
hat sich José dazu durchgerungen, sich von ihr loszureißen, da
wird ihm die Entscheidung durch ein unvorhergesehenes Ereignis
abgenommen. Zuniga, sein Vorgesetzter, kommt überraschend
zurück, und sofort bricht zwischen den beiden eifersüchtigen
Männern heftiger Streit aus. Zigeuner entwaffnen zwar sehr
schnell den Offizier und sperren ihn kurzerhand ein, doch für
José gibt es nun kein Zurück mehr: Ob er will oder nicht, er
gehört jetzt zu den Schmugglern!

**3** In einer wilden, verlassenen Gebirgsgegend haben die
Schmuggler ihr Lager aufgeschlagen und ruhen sich ein
Weilchen von den Strapazen ihres Nachtmarsches aus.
Carmen und José sind mit von der Partie; sie fängt schon
an, seiner überdrüssig zu werden. Als er zu allem Überfluß auch noch
von seiner Mutter zu sprechen beginnt, möchte sie ihn am liebsten
gleich loswerden und heimschicken. Eifersucht und Wut steigen in
José auf.

Abergläubisch legen sich Carmen und ihre beiden Freundinnen die Karten, um aus ihnen ihr Schicksal zu lesen. Für Carmen heißt es: Tod! Erschrocken mischt sie die Karten immer wieder neu, doch das Ergebnis ist jedesmal das gleiche: sie wird sterben! Unterdessen kommen die ausgesandten Späher zurück und mahnen zum Aufbruch; und bald liegt die Schlucht wieder still und verlassen da.

Mit dem Mut der Verzweiflung hat sich Micaëla aufgemacht, um José hier mitten in der Wildnis bei den Schmugglern zu suchen; sie hat von seinen Abwegen gehört. Zitternd vor Angst irrt sie durch die Schlucht; tatsächlich entdeckt sie José, der den Schmugglern den Rücken freihalten soll. Sie kommt jedoch nicht dazu, ihn anzusprechen, vielmehr muß sie sich schleunigst verstecken. Es hat sich nämlich noch jemand hier eingefunden: der Stierkämpfer Escamillo.

So wird sie unfreiwillig Zeugin, wie José seinen Rivalen begegnet, der verliebt Carmens Nähe sucht. Natürlich geraten die beiden Männer alsbald in Streit und greifen voller Eifersucht zum Messer.

Carmen, die von weitem den Lärm gehört hat, kann Escamillo gerade noch das Leben retten. Dankbar lädt er sie mit ihren Freunden zu seinem nächsten Stierkampf ein. Er glaubt, Carmen bereits so sicher zu besitzen, daß er gönnerhaft auch José zum Fest bittet, doch der möchte sich am liebsten sofort wieder auf den Nebenbuhler stürzen.

Die Zigeuner wollen José nun unbedingt loswerden: Carmen ist er lästig geworden, und den Schmugglern kann er in seiner blinden Eifersucht mehr schaden als nützen; doch Josés Leidenschaft ist stärker – »du bist mein, Tochter der Hölle!«

Inzwischen haben die anderen die unglückliche Micaëla aus ihrem Versteck gezerrt. Sie redet beschwörend auf José ein: die Mutter liegt im Sterben und braucht ihn. José reißt sich verzweifelt von Carmen los. Doch er wird wiederkommen!

 In Sevilla auf dem Platz vor der Stierkampfarena findet ein großes ausgelassenes Volksfest statt, und auch die Zigeuner sind da und beteiligen sich an dem lustigen Treiben. Zuletzt marschieren die Stierkämpfer auf, unter ihnen der sieggewohnte Escamillo und an seiner Seite – Carmen! Während er sich auf seinen Kampf vorbereitet, warnen Frasquita und Mercédès ihre Freundin eindringlich vor José, der sich, rasend vor Eifersucht, in der Menge verborgen hält. Furchtlos und trotzig bleibt Carmen allein zurück, nachdem der Besucherstrom in der Arena verschwunden ist. Und plötzlich sieht sie sich José gegenüber. In verzweifelter Leidenschaft bedrängt er Carmen, der er hoffnungslos verfallen ist: Er möchte alles Vorgefallene vergessen und mit ihr fliehen, doch sie bleibt unerbittlich. José ist ihr vollkommen gleichgültig geworden, und voll Stolz stößt sie ihn zurück: »Frei will ich sein, selbst noch im Tod!« Während drinnen in der Arena die Menge Escamillo zujubelt, wirft sie José seinen Ring vor die Füße. Das ist zu viel für ihn! Völlig von Sinnen ersticht er seine Geliebte. Dann erst wird ihm bewußt, was er getan hat: »Ich war's, ich habe sie getötet. Ach Carmen, meine angebetete Carmen.«

Der Stierkampf ist gerade aus, entsetzt steht der strahlende Sieger vor der Leiche der schönen Zigeunerin.

## Hinweise

*Bizet ist bei uns in Deutschland allein durch seine Oper ›Carmen‹ berühmt geworden. Diese allerdings gehört schon seit Jahrzehnten zu den am häufigsten gespielten Werken des Musiktheaters, obwohl die Uraufführung wieder einmal ziemlich erfolglos gewesen war. Ihr heutiger Ruhm liegt sicher an der einzigartigen Mischung aus farbiger Zigeuner- und Stierkämpfer-Romantik und volkstümlich-zünden- der, schwungvoller Musik. Einige wenige Melodien kehren leitmotiv- artig an wichtigen Stellen der Oper wieder, allen voran das bekannte Thema des Stierkämpfers Escamillo: »Auf, in den Kampf, Torero«.*

*Mit diesem Lied tritt er immer auf, mit ihm zieht er in den Kampf, und auch im Orchestervorspiel (Einleitung) klingt es an:*

*Stärkster Gegensatz zu diesem schmissigen Lied ist das düstere Schicksalsthema Carmens, mit dem die Orchestereinleitung unheilverkündend schließt; es begleitet auch, etwas verändert, ihren ersten Auftritt und ertönt zu ihrem blutigen Ende:*

*Zwischen den Akten stehen drei äußerst klangvolle, reizvoll instrumentierte Zwischenspiele, unter ihnen das zarte Flötensolo mit Harfenbegleitung vor dem 3. Akt:*

*Im Verlauf der vier Akte gibt es neben zahlreichen Liedern und Ensembles auch sehr wirkungsvolle Chöre und ausgedehnte Balletteinlagen, vor allem vor der Arena im letzten Bild. Die Musik zu diesem Ballett wird aus anderen Kompositionen Bizets übernommen, meist aus der »L'Arlésienne-Suite«.*

*Sehr apart ist die spanische Färbung mancher Einzelnummern, besonders zweier Szenen Carmens, der »Habanera« mit ihren typischen Tanzrhythmen:*

Ja, die Lie-be hat bun-te Flü-gel, solch ei-nen Vo-gel zähmt man schwer…

Rhythmus:

*und der »Seguidilla«, beide im 1. Akt, beides spanische Volkstänze:*

Drau-ßen am Wall von Se-vil- - - la …

Rythmus:

*Auch Carmens Kastagnettentanz in der Schenke, zu dem sie nur »Vokalisen« singt, gehört hierher (Vokalisen sind Tonsilben ohne Sinn, z. B. lalala).*

*Eine Besonderheit in ›Carmen‹ sind die großen Rezitative mit Orchesterbegleitung. Sie stammen nämlich von einem Freund Bizets und sind nachträglich, der Mode gehorchend, in die Oper eingefügt worden. Bizet hatte ursprünglich jedoch statt der Rezitative nur gesprochenen Text zwischen den einzelnen Nummern vorgesehen. Heute kennt man auf der Bühne leider fast nur die Fassung mit Rezitativen, das Publikum ist es seit langem so gewöhnt, obwohl es Bizet doch ganz anders gemeint hat!*

### Peter Iljitsch Tschaikowskij
(1840–1893)

# Eugen Onegin

Lyrische Szenen in drei Aufzügen
Text von Konstantin Schilowskij (nach Alexander S. Puschkin)

Vorspiel und 22 miteinander verbundene Musiknummern
Uraufführung am 29. März 1879 in Moskau
Spieldauer: etwa 2½ Stunden

### Besetzung

| | |
|---|---|
| Larina, Gutsbesitzerin | *Mezzosopran* |
| Tatjana und Olga, ihre Töchter | *Sopran, Alt* |
| Filipjewna, Amme | *Alt* |
| Eugen Onegin | *Bariton* |
| Lenskij | *Tenor* |
| Fürst Gremin | *Baß* |
| Ein Hauptmann | *Baß* |
| Saretzkij | *Baß* |
| Triquet, ein Franzose | *Tenor* |
| Gillot, Kammerdiener | *stumme Rolle* |
| | |
| Landleute, Ballgäste, Gutsbesitzer, Offiziere | *Chor, Ballett* |

# Die Handlung

Geschwister unterscheiden sich häufig sehr voneinander, und zwar nicht nur äußerlich, sondern vor allem im Wesen. So ist es auch mit den beiden Töchtern der reichen Gutsbesitzerin Larina: Tatjana ist das zarte, empfindsamere Wesen, Olga dagegen hat viel Temperament und sprüht vor Lebensfreude. Und ganz ihrer Art entsprechend verhalten sie sich auch Männern gegenüber, zurückhaltend die eine, kokett die andere.

Olga hat natürlich schon einen Verehrer, ihren Nachbarn Lenskij, der ein Dichter ist und das Mädchen anbetet. Es ist Spätsommer; Lenskij hat Besuch von seinem Freund Eugen Onegin, und er stellt ihn auch sogleich Olga vor. Auch Mutter Larina und Schwester Tatjana sind da, und Larina geht bald ins Haus, um für ihre Gäste zu sorgen. Gleich macht Lenskij seiner Olga feurige Liebesgeständnisse, Onegin aber kommt mit Tatjana ins Gespräch. Das schöne Mädchen verliebt sich in den stattlichen und vornehmen Mann, aber sie behält ihre Gefühle schüchtern für sich. Später vertraut sie sich ihrer Amme Filipjewna an, doch die kann ihr keinen brauchbaren Rat geben, wie sie sich nun verhalten soll. Da kommt Tatjana auf den Gedanken, Onegin einen Brief zu schreiben, in dem sie ihm ihre zarte Zuneigung gesteht.

Am darauffolgenden Tag gibt es bereits das nächste Wiedersehen. Onegin gebärdet sich ziemlich kühl und herablassend und sagt Tatjana ein paar freundliche, aber unverbindliche Worte: sie gefalle ihm zwar sehr gut, aber von der Ehe halte er überhaupt nichts, und auch an das Gefühl der Liebe könne er nicht recht glauben – das müsse sich Tatjana doch wohl einbilden! Still behält das Mädchen seine tiefe Enttäuschung für sich.

 Inzwischen ist es Winter geworden in Rußland. Tatjana feiert ihren Namenstag, und ihr zu Ehren gibt die Mutter einen festlichen Ball. Sie lädt dazu auch Lenskij und Onegin ein, die wieder einmal zusammen auf dem Nachbargut die Zeit verbringen.

Tatjana ist es sichtlich peinlich, daß man so viel Rummel um sie macht; sie mag nicht gern im Mittelpunkt stehen. Onegin aber langweilt sich unter den Leuten vom Land, und ihm fällt nichts Besseres ein, als seinen Freund ein bißchen zu ärgern, indem er immer wieder mit dessen Freundin Olga tanzt. Lenskij ist natürlich eifersüchtig, besonders als sie ihm auch noch beim Ehrentanz seinen Freund vorzieht, um ihn mutwillig ein wenig zu reizen. Da kann sich Lenskij nicht mehr beherrschen, und er fängt vor allen Gästen an, mit Onegin zu streiten. Ja, er kündigt ihm gar im Zorn die Freundschaft und fordert ihn auch noch zum Duell heraus.

Der Zweikampf, der kurz darauf im Morgengrauen stattfindet, geht tragisch aus: Onegin erschießt seinen Freund.

 In den Jahren danach treibt sich Eugen Onegin voll innerer Unruhe in der Welt herum, geplagt vom schlechten Gewissen wegen seiner unüberlegten Tat. Das Gut neben dem Landsitz der Frau Larina hat er seinerzeit Hals über Kopf verlassen; nun taucht er wieder in St. Petersburg auf. Eines Abends ist er Gast auf einem Fest bei vornehmen Leuten. Unter den Gästen fällt ihm eine schöne Dame auf, die ihn spontan an Tatjana erinnert. Sein Freund, Fürst Gremin, stellt sie ihm stolz vor: ja, es ist tatsächlich Tatjana. Schon seit zwei Jahren ist sie seine Frau, und er trägt sie seitdem auf Händen und verwöhnt sie. Als sei nichts geschehen, plaudern Tatjana und Onegin miteinander: daß sie sich offenbar vor längerer Zeit schon einmal gesehen haben und daß er nun lange auf Reisen gewesen sei. Dann verabschiedet sich das Ehepaar, denn Tatjana fühlt sich angespannt und müde. Wie Schuppen fällt es Onegin von den Augen: wie dumm hat er sich damals auf dem Land bei den beiden Schwestern verhalten! Und heute abend hat er sich endgültig unsterblich in Tatjana verliebt...

Auch das Mädchen hat ihre Gefühle nicht vergessen, die sie dem stolzen Mann gegenüber empfand. Bald kommt es deshalb zu einer Aussprache, um die Onegin sie schriftlich gebeten hat. Er gesteht ihr seine Liebe und stürzt sie damit in einen schrecklichen Zwiespalt. Schweren Herzens ringt sie sich jedoch zu einer unwiderruflichen Entscheidung durch: Sie hat Gremin ein heiliges Eheversprechen gegeben, und das wird sie niemals brechen. So verabschiedet sie sich voller Wehmut und Entschlossenheit und läßt Onegin allein zurück. Ihn ergreifen Gefühle der Trauer und der Verzweiflung darüber, daß er selbst sein Glück verspielt hat. Schweren Herzens begreift er, daß seine Einsicht zu spät kommt.

## Hinweise

›Eugen Onegin‹ ist Tschaikowskijs bekannteste und bedeutendste Oper. Der Komponist nennt sie im Untertitel »Lyrische Szenen« und charakterisiert seine Musik mit dieser ungewöhnlichen Bezeichnung recht treffend. Zwar gibt es in diesem Werk wie in jedem Bühnenstück auch dramatische Situationen, Konflikte zwischen den handelnden Personen. Zuallererst aber ging es Tschaikowskij hier um das Vertonen menschlicher Gefühle und um den Klang von Naturstimmungen, die diesen Gefühlen entsprechen – verlorenes Glück, Abschieds- und Trennungsschmerz, Wehmut, Verzweiflung.

Die Vorlage zum Opernlibretto war kein Schauspiel, sondern ein Roman in Versen des russischen Dichters Alexander S. Puschkin (1799–1837). Tschaikowskij begeisterte sich für dieses große Gedicht so sehr, daß er selbst den ersten Plan zur Oper entwarf. Die Ausführung des Librettos überließ er dann seinem Freund Konstantin Schilowskij, der gegenüber der Vorlage von Puschkin größere Teile wegließ.

Die poetisch zarte, melancholische Atmosphäre des ganzen Werkes wird bereits im Orchestervorspiel beschworen, in dessen Mittel-

*punkt eine Melodie steht, die auch später wiederholt erklingt – man könnte sie als Tatjanas Liebesmotiv bezeichnen:*

*Eine Reihe weiterer Themen prägen den Ablauf der ganzen Oper im Sinne von »Leitmotiven«.*

*Vor allem Tatjana verkörpert mit ihrer Musik in dieser Oper die lyrische Seite, am eindrucksvollsten sicher in der berühmten Brief-szene des zweiten Bildes:*

Nein, nim- mer hätt' hie- nie- den ich  ei- nen an- dren mir er- wählt!

*Ein anderer Höhepunkt ist Gremins Arie »Ein jeder kennt die Lieb auf Erden«, ein Paradestück des sogenannten seriösen Baßfaches.*

*Auf der anderen Seite gibt es jedoch immer wieder auch fröh-lichere, lebenslustige Klänge als wirkungsvollen Kontrast zu den melancholisch-zarten Partien des Werkes. So merkt man etwa dem volkstümlich-temperamentvollen Chor der Landleute am ehesten an, daß diese Musik aus Rußland stammt:*

Nicht streift mein  Fuß oh- ne Ruh' und Rast!

*Polonaise und Walzer setzen im zweiten Akt einen festlichen Ak-zent:*

*In der packenden Duellszene zwischen den beiden ehemaligen Freunden, Lenskij und Onegin, verdeutlicht Tschaikowskij mit einem musikalischen Kunstgriff die Situation, daß nämlich eine Versöhnung nicht mehr möglich ist: Die beiden Stimmen der Männer singen zwar die gleichen Melodien, aber nacheinander im Kanonabstand, also nicht gleichzeitig!*

JACQUES OFFENBACH
(1819–1880)

# Hoffmanns Erzählungen

Phantastische Oper in drei Aufzügen,
einem Vor- und einem Nachspiel
Text von Jules Barbier

Keine Ouvertüre, 25 Musiknummern, zum Teil direkt,
zum Teil durch Orchesterrezitative miteinander verbunden;
vor jedem Akt ein kurzes Vorspiel
Uraufführung am 10. Februar 1881 in Paris
Spieldauer: etwa 2¾ Stunden

## Besetzung

| | |
|---|---|
| Hoffmann | *Tenor* |
| Olympia, Giulietta, Antonia, | *Sopran* |
| (Stella) | *(Sprechrolle)* |
| Lindorf, Coppelius, Dapertutto, Mirakel | *Baß/Bariton* |
| Andreas, Cochenille, Pitichinaccio, Franz | *Tenor* |
| Niklaus | *Alt* |
| Nathanael, Hermann, zwei Studenten | *Tenor, Bariton* |
| Lutter, Wirt des Weinkellers | *Baß* |
| Spalanzani | *Tenor* |
| Schlemihl | *Bariton* |
| Rat Crespel | *Baß* |
| Die Stimme von Antonias Mutter | *Mezzosopran* |
| | |
| Studenten, Kellner, Gäste, | |
| Diener, Masken | *Chor, Ballett* |

# Die Handlung

 Statt einer einzigen müssen wir nun vier Geschichten erzählen, denn in dieser Oper gibt es keine durchlaufende Handlung, sondern vier verschiedene. Allerdings haben alle vier eine gemeinsame Hauptperson, den romantischen Dichter Ernst Theodor Amadeus Hoffmann. Er tritt im Vorspiel der Oper auf und erzählt seinen Freunden nacheinander drei phantastische Geschichten: alle drei hat er selbst erlebt, in allen dreien ist er die Hauptperson, und alle drei sind Liebesabenteuer.

 Schon im Vorspiel der Oper steht der Dichter im Mittelpunkt einer angedeuteten Liebesaffäre. Wir befinden uns in Lutters Weinkeller in Berlin, wo Hoffmann gewöhnlich seinen Punsch trinkt. Noch ist er nicht da; ein Bote tritt ein, sieht sich suchend um, findet aber nur den Stadtrat Lindorf. Der schwatzt ihm sogleich listig das kleine Briefchen ab, das doch eigentlich für Hoffmann bestimmt ist. Lindorf wie Hoffmann sind nämlich beide glühende Verehrer der gefeierten Sängerin Stella, und in dem bewußten Briefchen befindet sich pikanterweise der Schlüssel zu ihrem Schlafzimmer. Lindorf ist aufgebracht – alle Wetter: Hoffmann als sein Nebenbuhler? Da scheint die Gelegenheit jetzt günstig zu sein, ihm eins auszuwischen: Er wird Stella gleich nach der Vorstellung hierher in den Keller bitten, damit sie ihren Dichter als unwürdigen Trunkenbold erlebt; dann wird sie sicher statt seiner ihn, Lindorf, erhören!

Allmählich füllen die Studenten das Weinlokal; sie bringen begeisterte Trinksprüche auf die große Künstlerin Stella aus. Dann endlich kommt auch Hoffmann gemeinsam mit seinem ihm ergebenen Freund Niklaus; heute ist der Dichter ziemlich verstimmt und schlechter Laune. Die Studenten aber lassen nicht so schnell locker und muntern ihn auf: er kann doch so spannende Geschichten erzählen! So trägt er ihnen die »Ballade von Kleinzack« vor. Unversehens verfällt er dabei aber in anbetende Gedanken an Stella und schildert ihre Vorzüge in den leuchtendsten Farben. Plötzlich entdeckt er Lindorf, seinen Gegenspieler, der ihm immer schon Unglück gebracht hat. Wird er ihm etwa auch in der Liebe schaden wollen? Wieder gerät er ins Schwärmen. Drei verschiedene Frauen sieht er in seiner Stella vereinigt! Und jede erinnert ihn zugleich an eine verflossene Geliebte. Er läßt sich nicht lange bitten und erzählt. Und er erzählt so anschaulich, daß seine Geschichten leibhaftig vor den Augen seiner Zuhörer erstehen:

 Olympia heißt seine erste Geliebte. Sie ist die angebliche Tochter seines Lehrers, des schrulligen Physikprofessors Spalanzani. Bei ihm ist Hoffmann zu einer festlichen Abendgesellschaft eingeladen. Er kommt gern, denn er hat sich gerade in Spalanzanis Tochter verliebt, von deren Schönheit man Wunderdinge hört. Hinter einem Vorhang verborgen scheint sie zu schlafen; in Wahrheit aber ist sie eine raffiniert konstruierte Puppe, ein Meisterstück des Professors, was Hoffmann jedoch nicht weiß. Er ist, wie man so sagt, vor lauter Liebe blind. Und auch die besorgten Warnungen seines Begleiters Niklaus beachtet er nicht.

Da tritt der wunderliche Coppelius ein, ein Kollege Spalanzanis. Er beginnt sofort, seine ungewöhnlichen und leistungsfähigen Brillen anzupreisen, mit denen er Handel treibt. Und er verkauft Hoffmann auch gleich ein solches Prachtstück, durch das man die Welt immer auf geheimnisvolle Weise verklärt sieht, viel schöner, als sie wirklich ist.

Mit Spalanzani aber gerät der wunderliche Professor sofort in einen erbitterten Streit darüber, wer denn nun der Vater von Olympia sei – Coppelius hat nämlich ihre Augen konstruiert, ein wahres Wunderwerk an Lebendigkeit. Spalanzani findet einen Ausweg: der Kollege soll ihm die Augen und damit die ganze Puppe verkaufen. Schnell wird man handelseinig, und zufrieden lachend entfernt sich Coppelius.

Nun kommen auch die anderen Festgäste; alle sind schrecklich neugierig auf Olympia, von der man so viel Wunderbares vernommen hat. Stolz führt sie der Hausherr herein, und sie trägt gleich eine unerhört kunstvolle Koloratur-Arie vor. Großer Beifall, dann begeben sich die Gäste zur Festtafel nach nebenan. Hoffmann betrachtet Olympia verklärt durch die Wunderbrille, er darf mit ihr allein bleiben und macht ihr glühende Liebesgeständnisse. Dabei berührt er wiederholt ihre Schulter – sie antwortet tatsächlich »ja, ja«; er drückt ihr die Hand: da steht sie ruckartig auf und verschwindet zu seiner Verblüffung hinter dem Vorhang.

Niklaus holt Hoffmann zum Festmahl. Inzwischen kommt Coppelius ziemlich aufgebracht zurück – der Scheck war ungedeckt! Schnell versteckt er sich hinter dem Vorhang, als die Gäste wieder ins Zimmer treten. Hoffmann darf mit der Puppe tanzen, doch ihr eingebautes Uhrwerk beginnt schneller und schneller abzuschnurren, immer wilder wird der Tanz. Erschöpft sinkt Hoffmann schließlich in einen Sessel, die Brille rutscht ihm von der Nase und zerbricht am Boden. Olympia wird wieder hinter ihren Vorhang geführt. Da hört man auf einmal fürchterlichen Lärm – wutentbrannt hat Coppelius die Puppe zerschlagen, und entsetzt muß Hoffmann seinen Irrtum erkennen: er hat einen leblosen Automaten geliebt!

 Die zweite Geliebte heißt Giulietta. Sie ist eine stadtbekannte schöne, aber ebenso eitle Lebedame in Venedig; in ihrem prunkvollen Palast empfängt sie ihre Gäste und läßt sich von ihnen bewundern. Von der festlich geschmückten Galerie des Gebäudes aus hat man einen prächtigen Blick auf den berühmten Canal Grande. Hoffmann ist heute ebenfalls ihr Gast und erliegt sofort ihren Reizen, während sich gleichzeitig ihr derzeitiger Liebhaber Schlemihl unter die Bewunderer mischt.

Als sich die ganze Gesellschaft einschließlich Hoffmann gerade nebenan beim Glücksspiel vergnügt, taucht die unheimliche Gestalt Dapertuttos auf – er hat die schöne Giulietta in der Hand. Mit der magischen Kraft seines Zauberspiegels holt er sich seine Opfer, nämlich Giuliettas unglückliche Liebhaber, deren Seelen ihm verfallen. Schlemihl hat ihm bereits seinen Schatten opfern müssen, und nun ist Hoffmann an der Reihe. Dapertuttos unerbittlicher Befehl an Giulietta lautet: »Hoffmanns Spiegelbild beschaffe mir, noch heute!«

Hoffmann hat sein ganzes Geld verspielt und will sich bei der Schönen verabschieden. Mit betörenden Worten aber erbittet Giulietta von ihm zum Zeichen seiner Liebe sein Spiegelbild. Schon hat sie ihn dazu überredet, da stört Schlemihl die Zweisamkeit. Leise flüstert Giulietta Hoffmann zu: »Er hat den Schlüssel zu meinem Schlafzimmer!« Auch Dapertutto kommt hinzu und hält Hoffmann scheinheilig seinen Zauberspiegel vor das Gesicht; der prallt entsetzt zurück – wo ist denn sein Spiegelbild geblieben? Niklaus drängt ihn zur Flucht, doch verrückt vor Liebe weigert sich Hoffmann, ihm zu folgen. Er will statt dessen Schlemihl den Schlüssel zu Giuliettas Zimmer entreißen. Schlemihl zieht jedoch seinen Degen und wehrt sich. Hoffmann, dem Dapertutto schnell seinen eigenen Degen zusteckt, erschlägt den Rivalen mit dieser Waffe, entreißt dann dem Toten den Schlüssel und verschwindet in Giuliettas Schlafzimmer.

Sie jedoch kümmert sich überhaupt nicht mehr um den Dichter; es ist die Stunde der Gondeln, und sie besteigt mit dem buckligen Pitichinaccio unbekümmert eins der Schiffe. Enttäuscht kommt Hoffmann wieder aus dem leeren Zimmer zurück. Sein treuer Freund Niklaus reißt ihn mit sich fort, gerade noch rechtzeitig, bevor die Wache eintrifft, um ihn als Mörder zu verhaften.

 Die dritte Geliebte heißt Antonia. Sie ist die Tochter des alten Rat Crespel und leidet unter einem traurigen Schicksal: sie hat von ihrer verstorbenen Mutter nicht nur die Gabe des Gesanges geerbt, sondern leider auch ihre tödliche Krankheit. Deshalb vermeidet ihr besorgter Vater ängstlich jede Gelegenheit, die sie zum Singen veranlassen könnte: eine größere Anstrengung würde nämlich ihren Tod zur Folge haben. Doch immer wieder ertappt er sie bei einem Rückfall in die Musik – Singen ist ihre Leidenschaft! Aus Angst um ihre Gesundheit sieht Crespel auch ihren Verehrer Hoffmann nicht gern in seinem Haus, denn der ist geradezu verzaubert vom Gesang seiner Tochter. Hoffmann wiederum weiß noch nichts von Antonias tragischem Schicksal. Und so läßt sie sich von ihm bei einem seiner verliebten Besuche wieder zu

einem Lied verleiten. Kaum sind die letzten Töne verklungen, da droht sie vor Schwäche umzusinken. Schnell zieht sie sich erschöpft in ihr Zimmer zurück.

Hoffmann aber versteckt sich in einem Fensterwinkel, denn er hört ihren Vater kommen – vielleicht kann er auf diese Weise endlich hinter ihr Geheimnis kommen? In seinem Versteck wird er nun Zeuge einer gespenstischen Begebenheit: gegen den Willen von Rat Crespel verschafft sich nämlich der zwielichtige Doktor Mirakel Zutritt, der schon Antonias Mutter unter seltsamen Umständen zu Tode gepflegt hat. Sofort drängt er auch Crespel allerlei mitgebrachte Arzneien auf, die seine Tochter unbedingt einnehmen soll. Wie bei einer Geisterbeschwörung spricht er dann auf Antonia ein, die doch in Wirklichkeit nebenan in ihrem Zimmer ist: »Sing, Antonia, sing!« Endlich gelingt es Crespel, den ungebetenen Zauberdoktor hinauszuwerfen. In seinem Versteck hat Hoffmann nun erfahren, welches Schicksal Antonia von ihrer Mutter geerbt hat. Nachdem auch der Vater das Zimmer verlassen hat, ruft er nach ihr und bittet sie inständig, der Musik abzuschwören. Aus Liebe verspricht sie ihm, nie wieder zu singen. Einigermaßen beruhigt verläßt Hoffmann die Geliebte.

Im dunklen Zimmer aber erlebt Antonia nun äußerst seltsame Dinge. Doktor Mirakel erscheint lautlos, ohne daß man ihn durch die Tür hätte kommen sehen. Mit magischer Überzeugungskraft redet er ihr üble Sachen ein: Hoffmann wolle sie um ihr Glück bringen, sie müsse sich nur der Kunst weihen, allein für den rauschenden Beifall der Menge leben und nichts als singen, singen.

Verzweifelt erinnert sie sich an das Schicksal der Mutter, und in ihrer Not wendet sie sich dem Bild der Verstorbenen an der Wand zu. Doch da scheint, beschworen von Mirakel, die Stimme der toten Mutter aus dem Rahmen herabzutönen: »Sing, sing immer fort, teures Kind!« Und willenlos, unter dem Zwang des Zaubers, singt Antonia zum letzten Mal, begleitet von dem teuflisch auf der Geige kratzenden Doktor.

Auf einmal ist der Spuk vorbei. Rat Crespel findet seine Tochter sterbend vor dem Bild ihrer Mutter auf dem Fußboden. Auch Hoffmann kommt hinzu, und sein treuer Niklaus kann ihn wieder einmal in letzter Sekunde retten, diesmal vor dem aufgebrachten Vater Crespel, der auf den vermeintlichen Mörder mit dem Messer eindringt.

 Nach diesen spannenden Geschichten finden wir uns im Nachspiel wieder in Lutters Weinkeller, wie zu Anfang. Hoffmann hat mitreißend erzählt, wie es so seine Art ist. Gebannt haben ihm alle zugehört. Der Dichter ist inzwischen ziemlich betrunken, denn während seiner Geschichten hat er fleißig dem geliebten Punsch zugesprochen. Gerade schafft er noch die letzte Strophe von Kleinzack, dann sinkt er berauscht auf seinem Stuhl zusammen.

Im Theater ist unterdessen die Vorstellung zu Ende gegangen. Die Sängerin Stella will ihren Geliebten Hoffmann wie verabredet aus dem Weinkeller abholen und muß ihn nun völlig betrunken vor sich sehen. Angewidert wendet sie sich ab – da steht vor ihr Stadtrat Lindorf: der wird sie trösten. Gemeinsam verlassen sie das Lokal, ohne Hoffmann . . .

## *Hinweise*

*102 Bühnenwerke hinterließ Jacques Offenbach der Nachwelt. Der gebürtige Kölner hieß eigentlich mit Vornamen Jakob; er siedelte schon früh nach Paris um und wurde von dort aus in aller Welt berühmt als der Meister der Pariser Operette. Einige von seinen Operetten werden auch heute noch gespielt, etwa ›Orpheus in der Unterwelt‹ oder ›Die schöne Helena‹.*

*Am Ende seines Lebens aber bewies Offenbach, daß er auch eine große abendfüllende Oper komponieren konnte. Sein Librettist Jules Barbier bearbeitete für ihn ein Theaterstück, das er zuvor gemeinsam mit Michel Carré verfaßt hatte und in dessen Mittelpunkt der deutsche Dichter der Romantik E.T.A. Hoffmann stand. Hoffmanns phantastische Erzählungen waren auch in Frankreich bekannt geworden. Die Handlungen der drei Akte sowie des Vor- und Nachspiels mit der*

*Ballade von Kleinzack (›Klein Zaches‹) wurden dabei aus den verschiedensten Dichtungen Hoffmanns entnommen und zu einer neuen Einheit zusammengefügt. Der erste Akt mit der Puppe Olympia war übrigens bereits zuvor Gegenstand eines anderen Bühnenwerkes geworden: des Balletts ›Coppelia‹ von Leo Delibes.*

*Leider hat Offenbach die Uraufführung seiner Oper nicht mehr erlebt, so sehr er sich auch danach gesehnt hatte. Manche technischen und organisatorischen Hinderungsgründe verzögerten die geplante Aufführung, die dann jedoch mit großem Erfolg über die Bühne der »Opéra comique« von Paris ging. Sein Freund Ernest Guiraud hatte das Werk, von dem Offenbach nur den Klavierauszug hatte fertigstellen können, noch instrumentieren müssen. Auch die Rezitative stammen von Guiraud, der bekanntlich die gleiche Arbeit auch für Bizets ›Carmen‹ geleistet hatte.*

*In heutigen Aufführungen werden die vier Rollen der Geliebten Hoffmanns häufig von einer einzigen Sängerin dargestellt, obwohl sie recht verschiedenartig angelegt sind. Sie stellen deshalb die Künstlerin vor eine ungewöhnlich schwierige Aufgabe: so ist die Rolle der Olympia reich mit Koloraturen bedacht, während Antonia eher eine lyrische Partie ist und Giulietta ins dramatische Fach hinüberreicht; Stella dagegen ist nur eine ganz kleine Sprechrolle.*

*Ähnlich wird auch mit den vier Baß- oder Baritonpartien der Bösewichter (Lindorf, Coppelius, Dapertutto, Mirakel) verfahren, manchmal sogar auch mit den vier Dienern (Andreas, Cochenille, Pitichinaccio, Franz). Niklaus, der gute Geist Hoffmanns und so etwas wie sein Schutzengel, ist eine »Hosenrolle« (Alt).*

*Musikalisch ist diese Oper ungemein abwechslungsreich und vielseitig im Ausdruck. Zwei Beispiele mögen diese großen Gegensätze verdeutlichen: einmal Hoffmanns vom Geist des Punsches beschwingte Ballade von Kleinzack:*

Es war ein-mal am Ho-fe von Ei-sen-ack

*zum anderen die berühmte Barcarole im 2. Akt, die mit ihrer melan-*
*cholischen Melodie fast zum Schlager geworden ist:*

Pietro Mascagni
(1863–1945)

# Cavalleria Rusticana

*(Sizilianische Bauernehre)*
Melodram in einem Aufzug
Text von Giovanni Targioni-Tozzetti und Guido Menasci

Vorspiel und zehn Szenen
Uraufführung am 17. Mai 1890 in Rom
Spieldauer: etwa 1¼ Stunden

## Besetzung

| | |
|---|---|
| Santuzza, eine junge Bäuerin | *Sopran* |
| Turiddu, ein junger Bauer | *Tenor* |
| Lucia, seine Mutter | *Alt* |
| Alfio, ein Fuhrmann | *Bariton* |
| Lola, seine Frau | *Mezzosopran* |
| Landleute, Kinder | *Chor* |

# Die Handlung

 Liebe, Eifersucht und Mord gibt es überall auf der Welt, ob im kalten Norden oder im heißen Süden. Nur die Bräuche sind sehr verschieden, und am südlichsten Zipfel Europas, in Sizilien, scheint die Leidenschaft der Menschen besonders feurig zu sein. Man kann nie vorhersehen, wie dort eine Liebesgeschichte ausgeht: ob friedlich und glücklich, ob blutig und tragisch.

In einem kleinen sizilianischen Dorf trägt sich solch eine dramatische Geschichte zu, und man kann am Ende kaum noch sagen, wen denn eigentlich die Schuld trifft, wenn es Tränen, Trauer und Tod gegeben hat.

Da ist Turiddu, der junge unbekümmerte Bauer, der zu den Soldaten mußte. Und als er nach einem Jahr heimkehrt, hat sich seine ungeduldige Verlobte Lola inzwischen mit dem Fuhrmann Alfio getröstet und ihn auch gleich geheiratet. Doch nicht genug damit: Jetzt beobachtet Lola eifersüchtig ihren einstigen Verlobten, und sie hat schnell heraus, daß Turiddu sich mit der jungen Bäuerin Santuzza tröstet, ihr gar verspricht, sie zu heiraten; da fühlt sich Lola auf einmal in ihrer Eitelkeit gekränkt. Mit weiblicher List umgarnt sie aufs neue ihren einstigen Freund, während ihr Mann tagsüber in Geschäften unterwegs ist.

 Ein friedlicher südlich-sonniger Ostermorgen zieht herauf. Artig und sittsam gehen die Dorfbewohner in die Kirche. Der kleine Platz beginnt sich allmählich mit festlich geschmückten, sonntäglich gelaunten Menschen zu füllen. Nur Santuzza ist unruhig und verstört, sie sucht Trost bei Turiddus Mutter Lucia – wo mag nur ihr Geliebter sein? Lucia weiß nur zu berichten, daß er gestern in den Nachbarort gegangen ist, um Wein zu holen.

Unterdessen kommt Lolas Mann Alfio von seiner Reise zurück,

gutgelaunt und mit sich und der Welt zufrieden – wie schön ist doch das Fuhrmannsleben, wenn zu Hause ein zärtliches, treues Weibchen wartet! Er wechselt mit Mamma Lucia ein paar freundliche Worte – ja: ihren Sohn Turiddu hat er wohl gesehen, heute morgen ganz nah bei seinem eigenen Haus! Und er macht sich auf den Weg dorthin. Aus der Kirche hört man weihevolle Orgelklänge, drinnen und auch draußen unter freiem Himmel kniet man andächtig nieder und betet. Santuzza bleibt an Lucias Seite und schüttet ihr das Herz aus. Erschüttert erfährt die Mutter von der Untreue ihres Sohnes, der nun seiner ehemaligen Geliebten Lola von neuem verfallen ist und Santuzza im Stich gelassen hat.

Schließlich geht auch Lucia zu den Betenden in die Kirche, und die verlassene Santuzza bleibt allein und ungetröstet zurück. Da endlich taucht Turiddu auf; er sucht seine Mutter, doch statt ihrer trifft er auf das Mädchen. Er möchte einer Auseinandersetzung gern ausweichen, aber Santuzza stellt sich ihm in den Weg, berichtet ihm von der Heimkehr Alfios und macht ihm eine Eifersuchtsszene.

Auch die kesse Lola ist auf dem Weg zur Kirche. Spöttisch beobachtet sie die beiden auf dem Kirchplatz, macht ein paar aufreizende Bemerkungen zu ihnen und verschwindet dann im Gotteshaus. Da verliert Turiddu die Beherrschung: Als sich Santuzza an ihn klammert und ihn mit beschwörenden Worten zurückhalten will, stößt er sie zu Boden und eilt Lola nach in die Kirche.

Kurz darauf kommt auch Alfio; außer sich vor gekränktem Stolz und Eifersucht klärt Santuzza ihn über Lolas Beziehung zu Turiddu auf: Sogar jetzt ist er mit Lola zusammen in der Kirche!

Alfio reagiert ganz so, wie es sizilianische Bauernehre vorschreibt: nur der Tod kann solche Schmach sühnen, Turiddu muß sterben! Als Santuzza erkennt, was ihre Worte ausgelöst haben, ist es zu spät – die Tragödie läßt sich nicht mehr aufhalten.

Der Festgottesdienst ist zu Ende, man trifft sich in guter Laune vor der Kirche und vor dem Wirtshaus beim Glas Wein. Turiddu mischt sich unbekümmert unters Volk und prostet auch Alfio freundlich zu, der aber weist den Becher schroff zurück.

Unruhe breitet sich auf einmal aus, man spürt es: Streit liegt in der Luft! Die beiden Männer umarmen sich – was so harmlos und freundschaftlich aussieht, ist in Wirklichkeit grausamer sizilianischer Brauch, denn Alfio beißt Turiddu gleichzeitig ins rechte Ohr, zum Zeichen, daß man aufs Messer miteinander kämpfen will, gleich jetzt draußen vorm Dorf, am heiligen Ostersonntag!

Turiddu verabschiedet sich ahnungsvoll von seiner alten Mutter Lucia, bittet sie um ihren Segen und darum, daß sie sich um die arme Santuzza kümmern möge, falls er nicht mehr wiederkommen sollte. Lucia ahnt dunkel den Sinn seiner geheimnisvollen Worte. Umgeben von den neugierig und gebannt blickenden Bauern steht sie wie versteinert zusammen mit der verzweifelten Santuzza mitten auf dem Platz. Da – eine Frauenstimme aus weiter Ferne: »Turiddu ist tot!«

## *Hinweise*

*›Cavalleria rusticana‹ brachte ihrem Komponisten Pietro Mascagni über Nacht Weltruhm – ihm, der bisher nichts als ein kleiner unbekannter Musiklehrer gewesen war. Diese kurze einaktige Oper war sein Beitrag zu einem Preisausschreiben, und sie wurde unter siebzig Mitbewerbungen 1890 mit dem ersten Preis ausgezeichnet! Heute ist das Werk auf allen Opernbühnen der Welt zu Hause; meistens wird es zusammen mit Leoncavallos ›Bajazzo‹ (siehe Seite 290) an einem Abend aufgeführt.*

*Mascagni nennt seine Oper ›Cavalleria‹ ein »Melodram«, was jedoch nicht mit der ursprünglichen Bedeutung dieses Wortes zu verwechseln ist (wie etwa beim Melodram in Beethovens ›Fidelio‹, siehe Seite 92). Gemeint ist hier vielmehr eine vom Geist des italienischen Belcanto, nämlich der Vorherrschaft der edlen Gesangsmelodie, getragene dramatische Handlung, die in ihren Einzelheiten sorgfältig dem Leben und den lebenden Menschen nachgebildet ist.*

*Mascagnis große Stärke ist die Macht der einprägsamen, aus-*

*drucksvollen Melodie – sei es für die menschliche Stimme, sei es für
das große, raffiniert instrumentierte Orchester. Jedem der Sänger
komponierte er wirkungsvolle Auftritte, die sich arienähnlich in den
pausenlosen Ablauf der Oper einfügen. Noch bei geschlossenem
Vorhang, nach dem Vorspiel, hört man zum ersten Mal die Stimme
Turiddus, eines typischen italienischen Heldentenors. Alfio, ein
»Charakterbariton«, stellt sich mit einem lustigen Fuhrmannslied
vor:*

*und Lolas erster Gesang ist einem alten Volkslied nachempfunden:*

*Großartige Chorszenen umrahmen die leidenschaftlichen Sologe-
sänge und Duette. Und kurz vor dem tragischen Ende der Oper wird
überraschend ein Orchesterzwischenspiel, das »Intermezzo sinfo-
nico«, eingeschoben, das mit weitgespanntem, leidenschaftlichem
Melodiebogen zur letzten Szene überleitet:*

RUGGIERO LEONCAVALLO
(1857–1919)

# Der Bajazzo

*(I Pagliacci)*
Drama in zwei Aufzügen und einem Prolog
Text vom Komponisten

Prolog und zwei durchkomponierte, in Szenen unterteilte Akte
Uraufführung am 21. Mai 1892 in Mailand
Spieldauer: etwa 1¼ Stunden

## Besetzung

| | |
|---|---|
| Canio, Leiter einer fahrenden Komödiantentruppe | *Tenor* |
| (zugleich Bajazzo in der Komödie) | *Sopran* |
| Nedda, seine Frau (zugleich Colombine) | *Bariton* |
| Tonio, Komödiant (zugleich Taddeo) | *Tenor* |
| Beppo, Komödiant (zugleich Harlekin) | *Bariton* |
| Silvio, ein junger Bauer | *Baß* |
| Ein Bauer | |
| | *Chor* |

Landleute, Straßenjungen

# Die Handlung

 Der Clown im Zirkus, der Bajazzo in der wandernden Theatertruppe – ist er nur eine bunt bemalte Grimasse, deren riesiger Mund stets zu lachen scheint, ein Spaßmacher für jung und alt? Steckt dahinter nicht ein ganz normaler Mensch, der seine kleinen und großen Sorgen und Nöte hat, verborgen hinter einer Maske von Fröhlichkeit?

 Irgendwo in Italien, in einem kleinen Dorf in Kalabrien, ist eine reisende Komödiantentruppe angekommen, stellt ihre buntbemalten Wagen und die Bretterbühne an der Dorfmauer auf und bringt auf einmal Leben in die verschlafenen, unter der südlichen Sonne vor sich hinträumenden Gassen. Canio, der Chef der kleinen Truppe, lädt die Dorfbewohner zur Vorstellung am Abend ein und verspricht ihnen mit großer Geste ein spannendes Erlebnis. Canio hat eine schöne junge Frau, die er eifersüchtig bewacht. Das staunende Dorf erlebt auch sogleich eine deftige Probe seiner Leidenschaft mit: Der häßliche, verkrüppelte Tonio, der mit zu den Komödianten gehört, will Kavalier spielen und Canios Frau Nedda ganz harmlos nur aus ihrem Wagen helfen, da versetzt ihm ihr Mann schon eine schallende Ohrfeige. Den verdutzten Bauern erklärt Canio bei dieser Gelegenheit gleich recht anschaulich den Unterschied zwischen Kunst und Leben: Hier, am Tag, versteht er keinen Spaß, wenn seine Frau ihm untreu zu werden droht; auf der Bühne aber, am Abend, ist er der dumme Bajazzo, der sich obendrein auch noch verprügeln lassen muß.

Es ist Sonntag; man geht in die Kirche, Canio aber setzt sich mit einigen Bauern und seinem Freund Beppo von der Truppe zu einem Gläschen Wein ins Wirtshaus. Tonio ist natürlich wütend und beleidigt über die Art, wie Canio ihn eben vor allen Leuten behandelt hat. Gierig und wild stürzt er sich auf Nedda, die allein bei ihrem Wagen zurückgeblieben ist. Sie aber schlägt ihm grob mit der Peitsche mitten

ins Gesicht. Ohnmächtig vor Wut tritt Tonio unter lauten Rachedro-
hungen den Rückzug an.

Es zeigt sich aber sehr bald, daß Canio seine guten Gründe hat,
wenn er seiner Frau nicht über den Weg traut. Denn während er
nichtsahnend mit Beppo beim Wein sitzt, trifft sie sich mit dem
Bauern Silvio, mit dem sie sich heimlich verabredet: Heute nacht will
sie mit ihm fliehen und ihren eifersüchtigen Mann verlassen. Ein
heißer Kuß besiegelt ihre Abmachung, da steht auf einmal zornent-
brannt Canio vor ihnen, den Tonio rachedurstig aus dem Wirtshaus
geholt hat. Mit knapper Not kann sich Silvio über die Mauer retten,
während sich der betrogene Ehemann mit gezücktem Messer auf seine
Frau stürzt. Beppo, den der Lärm ebenfalls angelockt hat, verhindert
im letzten Moment eine schreckliche Bluttat. Dann verspricht er
Canio freundschaftlich, auf Nedda gut aufzupassen. Und er gibt ihm
noch einen Tip: ihr Liebhaber wird doch sicher am Abend bei der
Vorstellung unter dem Publikum sitzen?! – Erschrocken wird sich
Canio bewußt, daß er ja nachher auf der Bühne stehen muß, so als sei
überhaupt nichts geschehen. Wie soll er nur als Bajazzo die Leute
unterhalten, wenn gleichzeitig die Eifersucht in ihm kocht? Elendes
Künstlerlos!

Es ist Abend geworden, gleich wird die Theatervorstel-
lung beginnen. Nedda findet gerade noch Gelegenheit,
Silvio einen Wink zu geben – »sei auf der Hut, Canio ist
alles zuzutrauen!« Dann geht der Vorhang auf, die erwar-
tungsvollen Zuschauer sitzen im Halbdunkel, während auf der hell
erleuchteten Bühne das alte, immer neue Spiel der Komödianten
beginnt: Canio steckt nun in der Maske des lustig-blöden Bajazzo,
Nedda ist seine kokette Colombine, die sich leichtsinnig mit Harlekin
einläßt, den Beppo darstellt. Auch der arme Tonio ist mit von der
Partie, er spielt den trotteligen Taddeo. Und wie könnte es anders
sein, es geht auch hier – im Spiel wie im Leben – um Liebe und
Eifersucht.

Bajazzo ist außer Hause und wird wie üblich erst spät in der Nacht
heimkommen. So meint jedenfalls Colombine, die sich bei solchen

Gelegenheiten in aller Ruhe mit ihrem Liebsten, dem Harlekin, vergnügt. Heute abend muß sie vorher jedoch noch den zudringlichen Tölpel Taddeo abwehren, der sie tolpatschig küssen will. Grob wirft sie ihn hinaus, und gleich darauf steigt Harlekin zur Freude des Publikums durchs Fenster. Die beiden Verliebten lassen sich's wohlergehen, essen und trinken und schmieden eifrig allerlei Pläne, wie sie wohl Bajazzo loswerden und selbst fliehen könnten. Da – wenn man vom Teufel spricht, dann ist er auch nicht weit – Bajazzo steht auf einmal drohend in der Tür, ganz unbemerkt ist er heute früher heimgekommen und ertappt seine Frau auf frischer Tat mit seinem Nebenbuhler. Der kann sich mit einem kühnen Sprung aus dem Fenster in Sicherheit bringen. Da geht es wie ein Ruck durch Canio-Bajazzo – ist das nicht haargenau die gleiche fürchterliche Situation wie heute morgen, als seine Frau Nedda ihm den Namen ihres Liebhabers nicht preisgeben wollte? Spiel und Wirklichkeit geraten in Canio durcheinander. Ohne daß es die Zuschauer zunächst überhaupt bemerken, wird für ihn aus dem Spiel blutiger Ernst. Nur Nedda-Colombine begreift, daß ihr auf einmal ihr wirklicher Ehemann gegenübersteht, der mit schneidender Stimme den Namen ihres Geliebten von ihr wissen will. Scheinbar eiskalt spielt sie ihre Rolle weiter und reizt ihn dadurch nur noch mehr. Canio gerät allmählich völlig außer sich, vergißt Bühne und Publikum: »Den Namen heraus oder ich bringe dich um!« Standhaft, mit dem Mut der Verzweiflung, weigert sich Nedda, ihren Silvio zu verraten, der aufgeregt im Zuschauerraum auf seinem Sitz herumrutscht. Da fällt Canio in blinder Eifersucht über sie her und ersticht sie. Mit den letzten Atemzügen ruft sie Silvio um Hilfe, ohne überhaupt noch begreifen zu können, daß sie damit auch ihn verrät und sein Todesurteil spricht – auch Silvio stirbt unter den Messerstichen Canios.

Wie gelähmt hat das Publikum diese echte Tragödie verfolgt, in die sich auf einmal die Komödie verwandelt hat. Einige beherzte Bauern wollen sich auf den Mörder stürzen, doch dessen Lebenskraft ist gebrochen. Willenlos und verzweifelt läßt er sich gefangennehmen.

## *Hinweise*

*›Der Bajazzo‹ bildet oft gemeinsam mit ›Cavalleria rusticana‹ einen ganzen Opernabend. Diese Tradition scheint sich gut bewährt zu haben; und für diese Verbindung spricht tatsächlich manches: Zunächst einmal hatte Leoncavallo seine Oper genau beim gleichen Preisausschreiben eingereicht, bei dem dann Mascagnis ›Cavalleria‹ den ersten Preis gewinnen sollte. ›Bajazzo‹ konnte leider nicht gewertet werden, weil das Werk entgegen den Wettbewerbsbestimmungen zweiaktig angelegt war. Es wurde dann jedoch ein ebenso großer Welterfolg. Außerdem kann man beide Stücke recht gut in der gleichen Dekoration ein und desselben italienischen Dorfes spielen. Und auch die wirklichkeitsgetreue Art und Weise, in der uns hier Liebe, Eifersucht und Mord, also eine Tragödie unter einfachen Menschen, vorgeführt werden, ist bei beiden Opern sehr ähnlich (in der Fachsprache nennt man diesen Stil »Verismo« – wie die Wirklichkeit mit all ihren Schönheiten, aber auch Grausamkeiten). Ähnlich wie in ›Cavalleria rusticana‹ beherrscht die weitgeschwungene, leidenschaftliche italienische Gesangsmelodie (Belcanto) die Musik, und die Hauptdarsteller vertreten zugleich die typischen Stimmfächer der italienischen Oper.*

*Ohne Pause gehen der Prolog und die beiden durch ein Zwischenspiel (Intermezzo) verbundenen Akte ineinander über; es handelt sich also um eine sogenannte durchkomponierte Oper, wie sie im späteren 19. Jahrhundert unter dem Einfluß Richard Wagners üblich war. Zunächst stellt uns das Orchester in einem kurzen Vorspiel die Welt der Komödianten vor, lebenslustig und temperamentvoll im ersten Motiv:*

*und leidenschaftlich mit einer zweiten Melodie:*

*Dann folgt sofort jener gesungene Prolog (Vorspruch), in dem Canio vor Beginn der eigentlichen Handlung dem Publikum erläutert, wie schwer und undankbar die Aufgabe des Künstlers ist: Er muß nämlich hinter einer Maske der Fröhlichkeit seine eigenen alltäglichen Sorgen und Probleme verstecken. Zugleich erklärt er, sozusagen stellvertretend für den Schöpfer dieser Oper, die künstlerischen Absichten des Komponisten und Textdichters. Am Ende des 1. Aktes, wenn sich die Tragödie bereits ankündigt, kommt Canio in seinem Lied noch einmal voller Verzweiflung darauf zurück:*

Hüll dich in Tand nur und schmin- ke dein Ant- litz

*Die Handlung geht übrigens auf eine wahre Begebenheit zurück, die Leoncavallo im kalabrischen Dorf Montalto im Alter von sieben Jahren als Zuschauer miterlebt hat.*

*Ein raffinierter und immer wieder in der langen Geschichte des Theaterspiels bewährter Trick ist das »Spiel im Spiel« im 2. Akt, die »Bühne auf der Bühne«. Hier greift Leoncavallo auf die altüberlieferten Figuren der italienischen Stegreifkomödie (Commedia dell'arte) zurück, auf Bajazzo, Harlekin und Colombine, deren entfernte deutsche Verwandte wir als Hanswurst und Kasperle kennen.*

*Auch musikalisch unterscheidet sich diese künstliche Welt der Bretterbühne von der alltäglichen Umgebung. Es erklingen zum Beispiel zum Spiel der Komödianten altertümliche Tänze wie Menuett, Gavotte und Sarabande, die sich wirkungsvoll von den moderneren Klängen des 19. Jahrhunderts abheben.*

ENGELBERT HUMPERDINCK
(1854–1921)

# Hänsel und Gretel

Märchenspiel in drei Bildern
Text von Adelheid Wette

Ouvertüre und drei durchkomponierte Bilder
Uraufführung am 23. Dezember 1893 in Weimar
unter Leitung von Richard Strauss
Spieldauer: etwa 2 Stunden

## Besetzung

| | |
|---|---|
| Vater Peter, Besenbinder | *Bariton* |
| Mutter Gertrud, seine Frau | *Mezzosopran* |
| Hänsel, sein Sohn | *Mezzosopran* |
| Gretel, seine Tochter | *Sopran* |
| Knusperhexe | *Mezzosopran/Tenor* |
| Sandmännchen | *Sopran* |
| Taumännchen | *Sopran* |
| | |
| Kinder | *Chor* |
| Die vierzehn Engel | *Ballett* |

# Die Handlung

 Jeder von uns kennt das Grimmsche Märchen von Hänsel und Gretel, und so ähnlich verläuft auch die Geschichte in dieser Oper. Allerdings gibt es da doch einige kleine und größere Abweichungen, so daß wir die Handlung am besten schnell noch einmal nacherzählen.

 Zwei arme Besenbinderleute, Vater Peter und Mutter Gertrud, wohnen in einer dürftigen kleinen Hütte am Waldrand. Sie haben zwei hübsche kleine Kinder, einen Jungen und ein Mädchen – Hänsel und Gretel. Diese beiden stören sich gar nicht an den ärmlichen Verhältnissen, sondern sind fröhlich und spielen vergnügt miteinander. Auch wenn der Hunger noch so groß ist, singen sie doch ihre Lieder und vergessen darüber gar zu gern ihre Arbeit.

Heute abend gibt es etwas Besonderes: Die Nachbarin hat ihnen Milch geschenkt, es wird Reisbrei zu essen geben! Vor Freude tanzen die beiden in der Stube herum. – Müde kommt die Mutter von der Arbeit heim; zornig weist sie die Kinder zurecht, weil Gretel nicht mit ihrem Strickstrumpf fertig ist und Hänsel seinen Besen nicht gebunden hat. In ihrem Ärger stößt sie auch noch den Milchtopf vom Tisch – nun gibt es kein Abendessen! Der Vater ist ohnehin noch nicht daheim, also werden die beiden Kinder schnell noch in den Wald geschickt, um Erdbeeren zu pflücken. Traurig und erschöpft setzt sich die Mutter an den Tisch und schläft auch gleich vor Müdigkeit ein.

Aber was ist denn nur mit dem Vater los? Schon von weitem hört man ihn vergnügt singen, wie es doch sonst nicht seine Art ist! Er scheint sogar ein Gläschen über den Durst getrunken zu haben, verwundert reibt sich die Mutter die Augen. Schon will sie mit ihm schimpfen: der geht so einfach ins Wirtshaus, und wir müssen hungern! Aber nein, heute ist ein Glückstag, er hat alle seine Besen verkauft, weil man drüben hinterm Herrenwald große Feste vorberei-

tet und deshalb viele Besen zum Reinemachen braucht. Wurst,
Butter, Speck und viele andere gute Sachen hat er mitgebracht. Da
stutzt der Vater: wo sind denn nur die Kinder? Gar im dunklen Wald,
jetzt am Abend? Und wenn sie sich nun verirren, dann fängt sie doch
die böse Hexe am Ilsenstein! Daran hat die Mutter vorhin in ihrem
Zorn überhaupt nicht gedacht. Schnell machen sich die besorgten
Eltern auf, um ihre Kinder zu suchen.

Hänsel und Gretel pflücken tief im Wald, ganz nah beim
Ilsenstein, Erdbeeren. Sie haben gar nicht auf die Zeit
geachtet, schon glüht das Abendrot zwischen den Bäu-
men. Endlich ist das Körbchen voll, und Gretel hat ein
Hagebuttenkränzlein geflochten, das ihr der Bruder auch gleich aufs
Haar drückt. Still ist's im Wald, nur der Kuckuck ruft – der Eierdieb!
Gleich ahmen die Kinder den Vogel nach, wie er Eier aus fremden
Nestern stiehlt und auffrißt: Gretel steckt dem Bruder eine Beere in
den Mund, dann Hänsel der Schwester und so fort, bis auf einmal das
ganze Körbchen leer ist. Da merken die Kinder, wie dumm sie im
Spiel gewesen sind, und nun wird es auch noch dunkel – wo sollen sie
denn jetzt noch neue Beeren herbekommen! Und den Heimweg finden
sie auf einmal auch nicht mehr, alle Büsche und Bäume sehen in der
Dämmerung so verändert, so unheimlich aus! Ihrem ängstlichen
Rufen antwortet nur das Echo, Nebel steigen auf, sie kauern sich
verschüchtert unter eine große Tanne.

Da taucht unversehens aus dem Nebel das Sandmännchen mit
seinem Säckchen auf und streut ihnen Sand in die Augen. Schnell
werden die Kinder ganz schlaftrunken, beten noch ihren Abendsegen,
wie sie es daheim gewöhnt sind, legen sich nebeneinander aufs
weiche Moos und schlafen Arm in Arm ein.

Inzwischen ist es tiefe Nacht geworden. Plötzlich fällt von oben
herab ein heller Schein, eine leuchtende Treppe scheint geradewegs
vom Himmel herabzuführen. Vierzehn Engel steigen leise herab,
stellen sich zum Schutz um die schlafenden Kinder herum, so wie es
im Abendsegen beschrieben wird: »Abends will ich schlafen gehn,
vierzehn Engel um mich stehn.«

 Im Schutz der Engel haben Hänsel und Gretel sanft die ganze Nacht geschlafen. Am frühen Morgen heben sich langsam die Nebel, und im ersten Licht des neuen Tages weckt das Taumännchen die beiden Kinder. Verwundert reiben sie sich die Augen und begreifen erst gar nicht, wo sie sind. Sie erzählen sich gegenseitig von ihrem Traum: wie seltsam – beide träumten genau dasselbe von einer goldenen Himmelsleiter mit vierzehn Englein!

Der letzte Nebelschleier zerreißt, und im Strahl der aufgehenden Sonne sehen die Kinder auf einmal das Knusperhäuschen, über und über aus Kuchen, umgeben von einem Zaun aus lauter Lebkuchen. Da spüren sie ihren Hunger, sie fassen sich ein Herz und brechen sich Kuchenstückchen vom Häuschen ab. Eine Stimme tönt aus dem Inneren: »Knusper, knusper Knäuschen, wer knuspert mir am Häuschen?« Die Kinder antworten: »Der Wind, der Wind, das himmlische Kind!« und lassen sich nicht stören; sie merken nicht einmal, wie die Knusperhexe herausgeschlichen kommt und Hänsel einen Strick um den Hals legt. Erst als die Hexe ihr grelles Lachen ausstößt, da blicken sie ganz erschrocken auf.

Die Alte verstellt ihre garstige Stimme und versucht die beiden ins Knusperhaus zu locken, doch Hänsel befreit sich von der Schlinge. Sie glauben der bösen Hexe kein Wort und wollen gerade fortlaufen, da bannt ein Zauberspruch sie auf der Stelle fest. Mit ihrem glühenden Zauberstab verhext die Alte die Kinder, so daß sich Hänsel ganz willenlos von ihr in einen Käfig sperren lassen muß. Dort fängt sie sogleich an, ihn mit Mandeln und Rosinen zu füttern – wenn er so richtig rund und fett geworden ist, dann will sie ihn aufessen!

Dann löst sie Gretels Gliederstarre mit einem Spruch, schickt das Mädchen ins Haus und heizt schon einmal den großen Backofen richtig an. In wilder Vorfreude auf den Braten greift sie sich ihren Hexenbesen und reitet ausgelassen ums Haus herum. Gretel aber war schlau und hat sich den Zauberspruch gemerkt, mit dem die alte Hexe sie vorhin wieder entzaubert hat. Den wendet Gretel nun heimlich bei ihrem Bruder an, so daß der sich selbst aus dem Käfig befreien kann.

Da ruft die Hexe gierig nach Gretel – »komm, schau einmal in den

Backofen, ob die Lebkuchen schon braun sind!« Gretel stellt sich dumm: die Hexe soll es ihr doch vormachen! Und als diese nichtsahnend ihren Kopf in den Ofen steckt, geben ihr Hänsel und Gretel einen Stoß, so daß sie mit einem einzigen Schwung hineinfliegt. Schnell werfen sie die Ofentür hinter ihr zu.

Jubelnd fallen sich die Kinder um den Hals und tanzen zum Knusperhaus hinüber, wo sie alle süßen Herrlichkeiten probieren. Da – eine hohe Flamme schlägt aus dem Ofen, mit einem gewaltigen Krach stürzt er in sich zusammen. Um sie herum aber stehen auf einmal viele Kinder, die von der Hexe verzaubert worden waren und von denen nun die Kuchenhülle abgefallen ist – sie sind erlöst, befreit für alle Zeit!

Aus dem Wald hört man die Stimme des Vaters, endlich haben die Eltern ihre Kinder wiedergefunden, und überglücklich umarmen sie sich. Unterdessen haben einige Kinder die Hexe aus den Trümmern des Backofens gezogen: sie ist zu einem riesigen Lebkuchen geworden! Nun steht sie stumm mitten auf der Wiese vor dem Knusperhaus, und nur der Vater ist doch ein wenig nachdenklich geworden: »Wenn die Not aufs Höchste steigt, Gott der Herr die Hand uns reicht!«

## Hinweise

*Eigentlich sollte ›Hänsel und Gretel‹ gar keine große Oper werden. Humperdincks Schwester Adelheid Wette hatte lediglich ein Märchenspiel für Kinder schreiben wollen, mit ein paar bekannten Kinderliedern nach Art eines Singspiels. Aber Humperdinck machte dann die Arbeit so großen Spaß, daß daraus unter seinen Händen unversehens eine anspruchsvolle Oper für ein richtiges Theater wurde. So kam es auch, daß die beiden Rollen von Hänsel und Gretel nicht von Kindern, sondern von ausgebildeten erwachsenen Sängern übernommen werden müssen, die den Schwierigkeiten dieser Partien gewachsen sind.*

*Die Uraufführung in Weimar leitete ein damals noch junger, später weltberühmter Komponistenkollege Humperdincks, nämlich Richard*

*Strauss, der in den folgenden Jahren eine Reihe bedeutender Opern schreiben sollte.*

*Humperdinck war ein begeisterter Verehrer Richard Wagners, und so richtete er sich bei der Komposition von ›Hänsel und Gretel‹ in mancherlei Hinsicht nach dem großen Vorbild. Er verwendete wie Wagner ein sehr großes Orchester mit zahlreichen selbständigen Holz- und Blechblasinstrumenten und mischte die Klangfarben auch ebenso raffiniert. Auch »Leitmotive« finden sich hier wie bei Wagner, also Themen, die zu bestimmten Personen und Situationen gehören und häufig wiederkehren. Und doch wäre es falsch, von einer bloßen Nachahmung Wagners zu sprechen; Wagners musikalische Neuerungen sind vielmehr nahtlos und ganz selbstverständlich aufgegangen im eigenen, unverwechselbaren Stil Humperdincks.*

*So hat er mit seiner eigenen musikalischen Sprache überzeugend die Poesie des Waldes eingefangen (2. Bild). Und es ist auch bewundernswert, wie selbstverständlich sich in diese so komplizierte Musik drei richtige Volks- und Kinderlieder einfügen: ›Suse, liebe Suse‹, ›Brüderchen, komm tanz mit mir‹ und ›Ein Männlein steht im Walde‹. Man hat bei dieser Oper den Eindruck, als kämen noch viel mehr Volkslieder in ihr vor; manche andere Melodie, die so ähnlich klingt, ist aber in Wirklichkeit vom Komponisten selbst erfunden worden und fügt sich bruchlos in die volkstümlich-märchenhafte Stimmung ein. Ein solches Beispiel ist der bekannte Abendsegen im 2. Bild:*

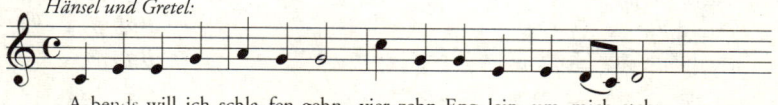

Hänsel und Gretel:

A-bends will ich schla-fen gehn, vier-zehn Eng-lein um mich stehn ...

*Das Vorspiel zur Oper verwendet einige Themen aus den drei Bildern (Abendsegen, Knusperhexe, Furcht und Freude der Kinder). Das Vorspiel zum 2. Bild kann auch als Zwischenspiel eingesetzt werden; dann gibt es keine Pause zwischen 2. und 3. Bild (statt Aufzügen oder Akten heißt es hier »Bilder«).*

GIACOMO PUCCINI
(1858–1924)

# La Bohème

Oper in drei Aufzügen
Text von Giuseppe Giacosa und Luigi Illica

Drei durchkomponierte Aufzüge
Uraufführung am 1. Februar 1896 in Turin unter der Leitung von
Arturo Toscanini
Spieldauer: 2½ Stunden

## Besetzung

| | |
|---|---|
| Rudolf, Dichter | *Tenor* |
| Schaunard, Musiker | *Bariton* |
| Marcel, Maler | *Bariton* |
| Collin, Philosoph | *Baß* |
| Bernard, der Hausherr | *Baß* |
| Mimi | *Sopran* |
| Musette | *Sopran* |
| Parpignol | *Tenor* |
| Alcindor | *Baß* |
| Sergeant der Zollwache | *Baß* |

Studenten, Näherinnen, Hutmacherinnen, Bürger,
Verkäufer, Hausierer, Soldaten, Kellner, Kinder    *Chor*

# Die Handlung

 Künstler, Maler, Poeten – werden sie nicht von aller Welt um ihr freies und ungebundenes, lockeres und ausgelassenes Leben beneidet? »Bohème« – das läßt an ein In-den-Tag-hinein-Leben, an ungezwungenes Miteinander, eben Künstlerleben denken. Doch der zufällige Blick hinter die so lebensfrohe Fassade enthüllt oft Sorgen und Armut.

 Um das Jahr 1830 wohnen in einem großen Pariser Mietshaus, ganz oben unterm Dach in einer kleinen Mansardenetage, vier Künstler: der Dichter Rudolf, der Maler Marcel, der Musiker Schaunard und ein Philosoph, Collin. Es ist Heiliger Abend; doch da alle vier bettelarm sind, haben sie nicht einmal Holz zum Heizen, und es ist bitterkalt dort oben, man kann nicht arbeiten. Marcel möchte in seinem Zorn einen Stuhl in den Ofen stecken, doch Rudolf kommt ihm zuvor und verheizt das Manuskript eines seiner Theaterstücke – Erfolg hatte er damit ohnehin nicht! Auch Collin kommt enttäuscht herein; er wollte einen Stapel Bücher ins Leihhaus bringen, doch es war schon geschlossen.

Da überrascht sie der ausgelassene Schaunard und rettet den Weihnachtsabend, denn er bringt Essen, Trinken und Brennholz mit und obendrein noch Hände voll Geld. Und er erzählt den Freunden eine lustige Geschichte, wie er das Geld verdient hat: Drei Tage lang hat er für einen verrückten reichen Engländer musizieren müssen, um den Papagei dieses Menschen mit seinen Tönen umzubringen. Der Vogel wollte jedoch nicht sterben, und so mußte Schaunard ihn heimlich vergiften. Der ahnungslose Engländer belohnte ihn reichlich – und jetzt will er mit den Freunden endlich feiern gehen ins Quartier latin, das Pariser Künstler- und Studentenviertel. Doch zuvor treiben die vier noch ihren Schabernack mit dem Hauswirt, der angeklopft hat, um die überfällige Miete einzutreiben. In übermütiger Stimmung brechen dann alle außer Rudolf auf; er will noch schnell einen Zeitungsaufsatz fertig schreiben. Doch dabei wird er gestört: Es klopft ganz zaghaft, ein zierliches hübsches Mädchen steht vor der Tür. Sie bittet ihn um ein Streichholz für ihre Kerze; dabei wird sie von einem heftigen Hustenanfall geschüttelt.

Nachdem sie sich erholt hat, muß sie Rudolf gleich noch einmal um einen Gefallen bitten: Sie hat ihren Zimmerschlüssel verloren, und beim Licht ihrer Kerzen suchen sie den Boden ab. Da bläst der Wind die Flammen aus, und auf einmal berühren sich ganz zart und scheu ihre Hände. Sehr schnell finden sie Gefallen aneinander, und Rudolf lädt Mimi – so hat sie sich gerade vorgestellt – ein, mit ins Café Momus zu kommen. Ungeduldig tönen von der Straße auch schon die Stimmen der drei Freunde herauf.

 Im Quartier latin ist fröhliche Festtagsstimmung. Unbekümmert um den nächsten Tag geben die Freunde mit vollen Händen ihr Geld aus. Jeder kauft irgend etwas Hübsches, Überflüssiges, und Rudolf schenkt Mimi ein rosa Hütchen. Dann lassen sie sich im Café Momus nieder, und Rudolf macht Mimi endlich mit seinen Freunden bekannt. Nur Marcel ist nicht in Feierlaune, die lustigen Sprüche der Kameraden gehen ihm auf die Nerven. Seine Miene hellt sich erst auf, als seine frühere Freundin Musette am Arm eines vornehmen älteren Herrn vorbeistolziert. Sie hat Marcel eigentlich verlassen, weil er so arm ist, aber das Leben an der Seite des Alten behagt ihr gar nicht. So lenkt sie kokett Marcels Aufmerksamkeit auf sich, der zuerst eine Weile kühl und unnahbar tut. Musette aber merkt sogleich, wie sehr er sich verstellt. Sie schickt ihren Verehrer mit einem erfundenen Auftrag weg, und schon fallen sich Musette und Marcel glücklich in die Arme. Inzwischen marschiert die Wache auf, und die Künstler ziehen mit, Musette fröhlich auf ihren Schultern tragend. Der reiche Engländer findet nur noch einen leeren Tisch und darauf die Rechnung, die er bezahlen darf. Und die Schuhe, die er für Musette besorgen sollte, hat er umsonst mitgebracht.

 Inzwischen ist es Februar geworden, Marcel und Musette wohnen wieder zusammen in einer kleinen billigen Pension. Draußen ist es bitterkalt, Mimi kommt hustend und ganz verzweifelt zu Marcel und klagt über Rudolfs grundlose Eifersucht. Marcel rät ihr zur Trennung, wenn es gar zu unerträglich würde. Als Rudolf auftaucht, versteckt sich Mimi ganz schnell. Auch er gibt zu, daß ihn Eifersucht quält, aber noch mehr macht ihm Mimis Krankheit Sorge. Auch er denkt an Trennung, und als Mimi es nicht länger in ihrem Versteck aushält, kommt es zu einer rührenden Wiedersehens- und Trennungsszene. Unterdessen geraten sich Marcel und Musette fürchterlich in die Haare und gehen im Zorn ebenfalls auseinander.

 Rudolf und Marcel arbeiten, jeder still für sich, in ihrer kalten Dachbude. Zwischendurch erzählen sie sich, was sie dieser Tage erlebt haben: Rudolf hat Musette in einer prächtigen Kutsche vorbeifahren sehen, und Marcel ist Mimi begegnet, der es auch gut zu gehen schien. Dann hängen beide wehmütig ihren Erinnerungen nach, denn jeder denkt insgeheim an sein liebes Mädchen, ohne es dem Freund gegenüber zuzugeben. Collin und Schaunard kommen herein und sorgen mit ihrer guten Laune für Abwechslung. Sie haben zwar nur trockenes Brot und einen Hering aufgetrieben, aber diese billigen Requisiten genügen ihnen, um sich ein Festmahl vorzugaukeln. Die Stimmung wird immer ausgelassener, man lacht, tanzt und streitet ein bißchen, aber doch mehr zum Schein: im Duell benutzen sie Kohle, Schaufel und Feuerzange.

Jäh schlägt die gute Laune um, als Musette völlig unerwartet hereinplatzt und die todkranke Mimi ankündigt, die sich hinter ihr die steile Treppe heraufgeschleppt hat. Rudolf nimmt sein Mädchen zart in die Arme und bereitet ihr ein weiches Lager. Musette schickt Marcel mit ihren Ohrringen fort, um dafür Medizin zu kaufen, und den Doktor soll er auch gleich mitbringen. Sie selbst will einen warmen Muff für Mimi besorgen, den sich das Mädchen so sehnlich wünscht. Und Collin will seinen warmen Mantel im Leihhaus gegen Geld eintauschen; Schaunard geht still mit hinaus.

Rudolf und Mimi sind nun ganz allein und gestehen sich noch einmal ihre Liebe – er hat sogar noch das rosa Hütchen von damals! Ein schrecklicher Hustenanfall quält Mimi, als nach und nach die Freunde mit ihren guten Gaben zurückkehren. Besonders glücklich ist Mimi über den Muff von Musette, die sie großzügig im Glauben läßt, er sei von Rudolf. Ruhig schläft die Kranke ein. Rudolf zieht behutsam die Vorhänge zu, und Musette betet. Leise schaut Schaunard zum Krankenlager, wo es so still geworden ist, und er erkennt als erster, daß Mimi soeben sanft verschieden ist. Rudolf hebt den Kopf und sieht die betretenen Mienen der Freunde; sie beraten flüsternd, wie sie ihm die schreckliche Wahrheit beibringen sollen. Da begreift auch er, was geschehen ist, und bricht schluchzend über der toten Freundin zusammen.

## Hinweise

*Wie zahlreiche andere Opern des 19. Jahrhunderts geht auch das Libretto zu Puccinis ›La Bohème‹ auf ältere dichterische Vorlagen zurück. Bereits um die Mitte des Jahrhunderts gab es einen heute weitgehend vergessenen französischen Roman mit dem Titel ›Szenen aus dem Leben der Bohème‹. 1849 entstand daraus ein Theaterstück; außer Puccini komponierte auch Leoncavallo, der Komponist des populären ›Bajazzo‹ (siehe Seite 290), an einer ›Bohème‹. Seine Oper wurde jedoch nicht annähernd so bekannt und berühmt wie Puccinis gleichnamiges Werk.*

*Anders als bei ›Madame Butterfly‹ oder auch bei ›Tosca‹ erleben wir in ›La Bohème‹ keine große leidenschaftliche Tragödie, es gibt auch keine dramatischen Konflikte mit Eifersucht, Intrige und Mord. Die großartige Wirkung von ›La Bohème‹ beruht vielmehr auf der meisterhaften und liebevollen musikalischen Schilderung des Pariser Künstlerlebens mit all seinen alltäglichen Stimmungsmomenten von Freude und Leid, Freundschaft und Liebe, Krankheit und Tod. Dicht nebeneinander erklingen in dieser Musik, getreu dem Textbuch folgend, zarte Passagen voller Poesie und Verliebtheit neben Augen-*

blicken der Lebenslust, der Heiterkeit und der Komik. *Auf der anderen Seite findet Puccini im rechten Moment doch auch den großen Melodiebogen der Leidenschaft, etwa in der sich allmählich entwickelnden Liebesszene zwischen Mimi und Rudolf am Ende des ersten Aktes:*

Zu den schönsten Stimmungsbildern der ganzen Operngeschichte gehört im zweiten Aufzug die Schilderung des weihnachtlichen Treibens im Quartier latin: hier kann es gar nicht zu großen Soloszenen oder Duetten kommen, statt dessen ist die ganze Szene im Grunde ein einziges langes Gesangsensemble. Im Mittelpunkt des Bildes erklingt der berühmte »Musette-Walzer«:

Der denkbar größte Stimmungsgegensatz dazu ist dann der Anfang des dritten Bildes mit seiner melancholischen Winteratmosphäre, die bereits auf das traurige Ende vorausdeutet. Im letzten Bild wird dann besonders deutlich, wie Puccini seine Komposition aus lauter kleinen einprägsamen Motiveinfällen zusammensetzt, die alle schon in der Oper erklungen sind und nun am Ende von Mimis Leben und in der trostlosen Umgebung an vergangene, glücklichere Zeiten erinnern – man könnte hier also eher von zurückweisenden »Erinnerungsmotiven« sprechen als von »Leitmotiven« wie in Wagners Opern. Im übrigen erinnert die Handlung dieser letzten Szene an Verdis ›La Traviata‹ mit ihrem ähnlich traurigen Schluß, dem schwindsüchtigen Tod der weiblichen Hauptfigur; die Musik allerdings ist von völlig anderer Art.

## Giacomo Puccini
### (1858–1924)

# Tosca

Musikdrama in drei Aufzügen
Text von Luigi Illica und Giuseppe Giacosa (nach Victorien
Sardou)

Drei durchkomponierte Akte
Uraufführung am 14. Januar 1900 in Rom
Spieldauer: 2½ Stunden

## Besetzung

| | |
|---|---|
| Floria Tosca, berühmte Sängerin | *Sopran* |
| Mario Cavaradossi, Maler | *Tenor* |
| Baron Scarpia, Chef der Polizei | *Bariton* |
| Cesare Angelotti | *Baß* |
| Mesner | *Baß* |
| Spoletta, Agent der Polizei | *Tenor* |
| Sciarrone, Gendarm | *Baß* |
| Ein Schließer | *Baß* |
| Ein Hirt | *Knabenstimme (Sopran)* |
| Ein Kardinal | *stumme Rolle* |
| Der Staatsprokurator | *stumme Rolle* |
| Roberti, Gerichtsbüttel | *stumme Rolle* |
| Ein Schreiber | *stumme Rolle* |
| Ein Offizier | *stumme Rolle* |
| Ein Sergeant | *stumme Rolle* |

| | |
|---|---|
| Soldaten, Bürger, Volk, Geistliche, Ordensbrüder, Chorschüler, Kapellsänger | *Chor* |

# Die Handlung

 Diese Oper spielt in Rom um 1800, und die Bauwerke, in denen sich die Handlung ereignet, gibt es in Wirklichkeit. Bekannt ist vor allem die Engelsburg mit ihren Verliesen und Waffenkammern. Sie steht am Ufer des Tiber, unweit des Petersdomes, und stammt aus dem 2. Jahrhundert n. Chr. Sie wird von einem riesigen Standbild gekrönt, das den Erzengel Michael darstellt. Der letzte Akt der Oper spielt auf dem weitläufigen Dach der Engelsburg, und man sieht deshalb die Kolossalstatue auf der Bühne meistens von hinten.

 Wir befinden uns im Inneren der Kirche Sant' Andrea della Valle. Der Raum ist menschenleer und still, da tritt völlig abgehetzt ein Mann in Gefängniskleidung ein. Er scheint etwas zu suchen, und richtig: an einem Pfeiler findet er einen Schlüssel, den seine Schwester dort für ihn versteckt hat. Schnell schließt er sich in der benachbarten kleinen Kapelle ein, gerade rechtzeitig, um nicht dem Mesner in die Arme zu laufen. Der kommt mit einer Handvoll Pinsel, denn tagsüber malt hier Mario Cavaradossi, der berühmte Künstler, ein Altarbild. Gerade kommt dieser zurück, um sich wieder an die Arbeit zu machen.

Der Mesner betrachtet das Gemälde und entdeckt große Ähnlichkeit zwischen der Maria Magdalena auf der Leinwand und jener unbekannten Schönen, die hier in letzter Zeit häufig gebetet hat. Der Maler jedoch meint, Maria Magdalena ähnele viel eher seiner Geliebten, der Sängerin Floria Tosca. Schnell stellt der Mesner noch einen Korb mit Speisen bereit, dann läßt er den Künstler allein. Vorsichtig schaut der Fremde aus der Kapelle hervor. Cavaradossi stutzt erst, dann begrüßt er ihn überrascht und erfreut: es ist Angelotti, der ehemalige Konsul von Rom, den der Polizeichef Scarpia in die Engelsburg hat sperren lassen. Nun ist ihm die Flucht gelungen, doch Scarpias Häscher sind schon auf seiner Spur.

Da hört man draußen Toscas Stimme. Cavaradossi drängt Angelotti zurück in sein Versteck und gibt ihm schnell noch den Essens-
korb mit. Dann läßt er Tosca herein, sie ist ziemlich verwundert, daß
ihr Geliebter so lange gezögert hat. Schnell erwacht ihre Eifersucht:
Warum hat er sich überhaupt eingeschlossen? Und als ihr Blick auf
das neue Altarbild fällt, meint sie eine verblüffende Ähnlichkeit mit
der Gräfin Attavanti festzustellen.

Cavaradossi kann sie kaum beruhigen; er macht ihr feurige Liebeserklärungen und drängt sie doch zugleich zum Verlassen der
Kirche – er hat viel zu arbeiten! Sie verabreden sich für den Abend
nach Toscas Opernvorstellung.

Angelotti kommt aus der Kapelle. Die Zeit drängt. Schon tönt ein
Kanonenschuß drohend von der Engelsburg herüber und verkündet
die Flucht des Gefangenen. Cavaradossi nimmt ihn schnell mit, um
ihn in der Nähe seines eigenen Hauses fürs erste zu verstecken.

Als der Mesner wiederkommt, ist die Kirche leer; und er wollte
dem Maler doch so gern die Siegesmeldung Melas über Bonaparte
mitteilen! So macht er sich mit seinen Chorsängern und jungen
Geistlichen an die Vorbereitungen der Siegesfeier, an der natürlich
auch die Kirche beteiligt sein will. In ihrer Ausgelassenheit riskieren
sie sogar ein kleines Tänzchen, da stürmen Baron Scarpia und seine
Soldaten plötzlich in die Kirche und durchsuchen alle Altäre und
Nischen. Bald finden sie den leeren Korb und obendrein einen
Fächer, dessen Wappen auf die Familie Attavanti hinweist. Zufällig
kommt auch Tosca noch einmal zurück, um ihrem Mario eilig
Genaueres über das abendliche Rendezvous zu sagen. Scarpia hat
schon immer ein Auge auf Tosca geworfen, nun wittert er eine
Chance: Er weckt mit dem Fächer schnell ihre Eifersucht – das kann
doch nur bedeuten, daß Cavaradossi sich hier mit der Gräfin Attavanti heimlich getroffen hat! Schon triumphiert Scarpia: Er wird
endlich Tosca erobern und zugleich Cavaradossi aus dem Weg
räumen! Heimlich schickt er ihr Soldaten nach und wendet sich dann
in geheuchelter Aufmerksamkeit dem Tedeum zu, das inzwischen
begonnen hat.

Scarpia ist ein eiskalter, brutaler Machtmensch, der vor keiner Intrige und vor keinem Verbrechen zurückschreckt, obwohl er sich äußerlich als vollendeter Kavalier aufspielt. Nun wartet er ungeduldig im Palazzo Farnese auf seinen Agenten Spoletta, der ihm alsbald furchtsam gesteht, daß Angelotti leider entkommen ist. Dafür hat er aber den Maler verhaftet. Den läßt Scarpia sich sogleich vorführen und befragt ihn in Anwesenheit des Richters nach Angelottis Versteck. Durch das offene Fenster hört man gleichzeitig Toscas Stimme, die an der Siegeskantate im benachbarten Palast der Königin mitwirkt. Cavaradossi gibt vor, nichts von Angelotti zu wissen, und Scarpia überantwortet ihn seinen Folterknechten. Tosca, die er benachrichtigt hat, kommt gerade rechtzeitig, um miterleben zu müssen, wie ihr Geliebter abgeführt wird. Alsbald ertönen seine Schmerzensschreie aus der Folterkammer, und unbarmherzig zwingt Scarpia sie zuzuhören.

Der Maler bleibt standhaft, Scarpia befiehlt Folterverschärfung, und Tosca gibt schließlich auf einen markerschütternden Schrei Cavaradossis hin das Geheimnis preis, wo sich Angelotti versteckt hält. Ohnmächtig wird der Maler hereingetragen, langsam kommt er zu sich und begreift entsetzt Toscas Verrat. Da stürzt atemlos der Polizist Sciarrone herein und meldet einen unerwarteten Sieg Bonapartes, woraufhin Cavaradossi sich völlig vergißt und ein Triumphlied anstimmt. Empört läßt ihn Scarpia abführen.

Nun wendet er sich mit falscher Freundlichkeit an Tosca: Ihr Freund hat sein Leben verwirkt, vielleicht wüßte sie ja eine Lösung für ihn . . .? Sie bietet ihm Geld, doch er lehnt verächtlich ab. Bei einer so schönen Frau gibt es für ihn nur einen Preis: Liebe!

Zwischendurch schaut Spoletta herein und meldet zweierlei: man habe Angelotti gefunden, aber tot, denn er habe sich umgebracht, und man sei dabei, die Hinrichtung des Malers vorzubereiten. Tosca hat alles mit angehört, und schnell nickt sie daraufhin zu Scarpia ihr Einverständnis hinüber. Der gibt seinem Agenten einen Befehl, begleitet von einem vielsagenden, bedeutungsvollen Augenzwinkern: Cavaradossi soll nur zum Schein hingerichtet werden, Spoletta

wisse ja schon – wie seinerzeit beim Grafen Palmieri... Dann
unterschreibt Scarpia für Tosca und Cavaradossi einen Passierschein, mit dem sie gemeinsam fliehen können. Tosca steht neben
dem Schreibtisch, und wie zufällig fällt ihr Blick auf einen Dolch,
der dort liegt. Sie ergreift ihn, ohne Überlegung fast wie im Traum,
und als sich der Baron nun voller Erwartung zu ihr wendet, stößt sie
ihm das Messer ins Herz. Neben den Leichnam stellt sie zwei
Leuchter, legt ihm ein Kruzifix auf die Brust und vergißt auch nicht,
ihm den Passierschein aus seiner starren Hand zu ziehen. Man hört
einen fernen Trommelwirbel, und eilig verläßt sie den Ort des
Schreckens.

Im frühen Morgengrauen treffen Soldaten auf dem aus-
gedehnten flachen Dach der Engelsburg die Vorberei-
tungen zur Hinrichtung. Ein schöner Tag kündigt sich
an, man hört aus der Ferne den zarten Gesang eines
Hirten, und die Glocken läuten von allen Kirchen Roms friedlich den
Morgen ein. Soldaten führen Cavaradossi herein; er übergibt dem
Türschließer einen Abschiedsbrief an die Geliebte, dann überwältigt
ihn die Erinnerung. Da bringt Spoletta Tosca, und glücklich liegen
sich die beiden in den Armen. Sie erklärt ihm schnell die verabredete
Scheinhinrichtung und ermahnt ihn, gut zu schauspielern, damit
niemand Verdacht schöpft.

Das Erschießungskommando marschiert auf, lädt die Gewehre,
die Salve kracht, und Tosca – immer noch ahnungslos – staunt, wie
geschickt und täuschend echt ihr Geliebter zu Boden gefallen ist. Die
Soldaten entfernen sich, endlich kann Tosca hinübereilen und –
begreift auf einmal Scarpias Betrug: tot liegt Cavaradossi in einer
Blutlache.

In der Engelsburg beginnt es zu rumoren, denn man hat offenbar
den Leichnam Scarpias gefunden und hält Tosca für die Mörderin.
Schon stürzen Soldaten auf die Plattform, um sie zu verhaften.
Tosca aber schwingt sich auf die Brüstung und stürzt sich verzweifelt hinab in den Abgrund.

## Hinweise

›Tosca‹ bezeichnet man gern als typische Oper des sogenannten »Verismo« (von lat. verus – wahr). Dieser italienische Begriff meint eine Schilderung der Welt, wie sie oft tatsächlich ist: gewöhnlich, unschön und grausam. Ein genaues Hinhören bei ›Tosca‹ zeigt aber sehr bald, daß auch das Schlagwort »Verismo« nur die halbe Wahrheit trifft. Zwar steht im Mittelpunkt dieser Oper ein gnadenloser, machthungriger Mensch (Scarpia), es wird betrogen, gefoltert und gemordet. Aber ›Tosca‹ ist viel mehr als das, denn gleichzeitig gibt es die Liebesgeschichte zwischen Floria Tosca und dem Maler Cavaradossi mit ihren melodieseligen, schwelgerischen Soloszenen und Liebesduetten. Es gibt das poetisch-zarte Stimmungsgemälde des anbrechenden Morgens über Rom. Es gibt das festliche Tedeum in der Kirche und daneben sogar die komische Figur des Mesners dieser Kirche. Dieses effektvolle Nebeneinander der krassen Gegensätze macht die großartige Theaterwirksamkeit dieser Oper aus.

›Tosca‹ ist eine in drei Akten durchkomponierte Oper ohne Vorspiel oder Ouvertüre. Statt ihrer erklingen als Klangsymbole der tyrannischen Grausamkeit drei fremdartig beziehungslose Akkorde des vollen Orchesters im dreifachen Forte (fff) zu Beginn:

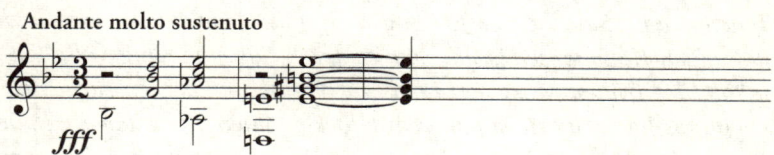

die wie ein Leitmotiv im Verlauf der Opfer häufig wiederkehren.

Im ersten Akt kommt es zu einem großen Liebesduett zwischen Tosca und dem Maler, das zunächst von Tosca eingeleitet wird:

Von un-serm Häus-chen mit mir sollst du träu-men

*Wenig später antwortet ihr Cavaradossi in einem gefühlvollen Melo-
diebogen:*

*Und im Duett teilen sie sich dann eine weitere Liebesmelodie:*

*Im zweiten Akt erklingt während des Gespräches zwischen Scarpia
und Cavaradossi aus dem benachbarten Palast durch das geöffnete
Fenster eine Kantate herüber, die von Puccini im Stil der Zeit um
1800 geschrieben wurde, der Epoche also, in der die ›Tosca‹-
Handlung spielen soll.*

*Weitere musikalische Höhepunkte sind zum einen das feierliche
Tedeum am Ende des ersten Aufzuges mit Orgelspiel, Chor und
hallenden Kanonenschüssen; zum anderen das stimmungsvolle Gemälde des frühen Morgengrauens zu Beginn des dritten Aufzuges:
größte Ruhe – mit vielstimmigem Glockenläuten von allen Kirchen
Roms und dazu ein zartes Hirtenlied. Die Erschießungsszene am
Ende geschieht realistisch auf der Bühne, während im Orchester –
scheinbar fast ohne Beziehung zu diesem grausamen Geschehen –
ständig die gleiche Melodie wiederholt wird:*

GIACOMO PUCCINI
(1858–1924)

# Madame Butterfly

Tragödie einer Japanerin in drei Aufzügen
Text von Luigi Illica und Giuseppe Giacosa

Durchkomponierte Oper mit einem kurzen Vorspiel
Uraufführung am 17. Februar 1904 an der Mailänder Scala
Spieldauer: etwa 2½ Stunden

## Besetzung

| | |
|---|---|
| Cho-Cho-San, genannt Butterfly | *Sopran* |
| Suzuki, ihre Dienerin | *Alt* |
| F. B. Linkerton, Marineleutnant der USA | *Tenor* |
| Kate Linkerton, seine Frau | *Mezzosopran* |
| Sharpless, Konsul der USA in Nagasaki | *Bariton* |
| Goro, Teehausbesitzer und Heiratsvermittler | *Tenor* |
| Fürst Yamadori | *Tenor* |
| Onkel Bonze, Priester | *Baß* |
| Yakusidé | *Baß/Bariton* |
| Kaiserlicher Kommissär | *Bariton* |
| Der Standesbeamte | *Baß* |
| Cho-Cho-Sans Mutter | *Mezzosopran* |
| Cho-Cho-Sans Base | *Sopran* |
| Cho-Cho-Sans Tante | *Sopran* |
| Cho-Cho-Sans Kind | *stumme Rolle* |

Verwandte, Freunde und Freundinnen
von Cho-Cho-San, Diener          *Chor*

# Die Handlung

 Wie gut können sich eigentlich Angehörige verschiedener Völker untereinander verstehen? Sind nicht ihre Sitten und Gebräuche so weit voneinander entfernt, daß unüberwindliche Hürden zwischen zwei Menschen unterschiedlicher Herkunft und Sprache bestehen bleiben müssen? Oder vermag vielleicht die Liebe solche Grenzen zu überwinden?

 Leutnant Linkerton macht sich jedenfalls solche Gedanken erst gar nicht. Der Amerikaner ist an Bord seines Schlachtschiffes für längere Zeit im Hafen der japanischen Stadt Nagasaki vor Anker gegangen und will sich an Land nun die Zeit vertreiben, sonst hat er nichts im Sinn. Auch seine Begegnung mit der kleinen Geisha Cho-Cho-San in einem Teehaus paßt ihm hervorragend in seine Vergnügungspläne. Er verliebt sich sogar oberflächlich in das niedliche, erst fünfzehnjährige Mädchen und möchte sich nun einfach für die restliche Zeit seines Japanaufenthaltes mit ihr ein paar schöne Tage machen. Cho-Cho-San, genannt Butterfly (Schmetterling), stammt aus einer sehr guten, aber verarmten Familie und achtet immer darauf, daß die landesüblichen Sitten streng eingehalten werden, auch wenn sich zwei Verliebte begegnen. Sie läßt sich nicht einfach verführen, sondern besteht darauf, daß Linkerton mit ihr erst Hochzeit feiert. Daß der Mann nach japanischem Gesetz jederzeit aus einer solchen Ehe wieder ausbrechen darf, bekümmert sie nicht ernstlich – das ist, wenn man sich liebt, nicht von Bedeutung.

Goro, dem das Teehaus gehört, vermittelt diese seltsame Ehe zwischen zwei fremden Welten, zwischen dem Amerikaner und der Japanerin. Gegen einen Geldbetrag besorgt der Teehausbesitzer den beiden ein Häuschen, regelt alle Formalitäten und benachrichtigt auch die Angehörigen; alles ist für ihn ein reines Geschäft. Auch der Amerikaner sieht das so, ihm ist es nur recht, daß er so billig und ohne

Komplikationen ans Ziel seiner Wünsche gelangt. Für ihn ist das ganze ja nur ein Zeitvertreib. Lachend erzählt er dem amerikanischen Konsul Sharpless, der ihn gerade in seinem kleinen Haus besucht, von seiner wirklichen Braut in Amerika, die er bald nach seiner Heimkehr heiraten will. Das Abenteuer hier in Japan aber dient nur der Abwechslung. Ist es nicht das alte Recht des Seemanns, sich auf seinen Reisen überall auf der Welt ein Liebchen zu suchen? Wer denkt denn da schon an die Zukunft!

Goro ist schon wieder geschäftstüchtig – vielleicht mag der Herr Konsul auch eine kleine Geisha? – Nein, das ist nichts für Sharpless! Im Gegenteil, der Konsul redet Linkerton ein wenig ins Gewissen: Könnte es nicht sein, daß die kleine Cho-Cho-San die Heirat ernst nimmt und am Ende ganz verlassen und traurig dasteht? Aber für solche tiefschürfenden Bedenken hat Linkerton überhaupt kein Verständnis.

Glücklicherweise kommt nun Fräulein Butterfly mit ihren kleinen Freundinnen. Man macht sich allerseits sehr höflich miteinander bekannt und plaudert in wohlgesetzten Worten über Cho-Cho-Sans Familie, die nur leider so verarmt ist, über ihr Los als Geisha, über ihren toten Vater – auch Linkerton kann sich dem Charme des niedlichen Mädchens nicht entziehen.

Um so erheiternder wirken auf ihn dann die zahlreichen Verwandten und Gäste, die sich auf einmal einfinden, unverständlich und aufgeregt durcheinanderreden, neugierig Haus und Garten besichtigen und an der Hochzeitszeremonie teilnehmen wollen. Butterfly aber nimmt ihren Leutnant beiseite und breitet vor ihm vertrauensvoll ihre wenigen Habseligkeiten aus, an denen ihr Herz hängt und die sie so gern mit in die Ehe bringen will: darunter ist ein Dolch, mit dem sich ihr Vater auf Geheiß des Mikado, des Kaisers, das Leben genommen hat (Harakiri nennt man das).

Doch leider endet das Fest keineswegs so heiter und friedlich, wie es begonnen hat. Die lieben Verwandten haben nämlich herausbekommen, daß Cho-Cho-San tatsächlich auch noch zum Christentum übergetreten ist, um ihrem Leutnant eine Freude zu machen, wenn er sie heiratet – so ernst ist es ihr! Voller Empörung verfluchen die

Angehörigen, allen voran der Priester Onkel Bonze, die Abtrünnige
und brechen unverzüglich auf. Dabei geraten sich Linkerton und der
Onkel heftig in die Haare. Die kleine Butterfly ist verzweifelt und
bricht in Tränen aus; erst ganz allmählich läßt sie sich von Linkerton
trösten.

Langsam wird es Nacht, die lärmenden Verwandten sind längst
abgezogen. Butterflys Zofe Suzuki bereitet das Mädchen zur Nacht
vor und hilft ihr in den weißen Hochzeitskimono. Draußen, auf der
Terrasse, in der lauen Mondnacht über der Bucht von Nagasaki,
findet Cho-Cho-San Ruhe und Geborgenheit in den Armen ihres
Geliebten, der von ihrem Liebreiz wie verzaubert ist.

 Drei Jahre sind ins Land gezogen. Alles ist leider ganz
anders gekommen, als die vertrauensvolle Butterfly sich
erhofft hat. Linkerton hat sie tatsächlich bald nach der
Heirat im Stich gelassen und ist nach Amerika abgereist,
ohne irgendeine Erklärung zu geben. Die verlassene Geisha aber hat
in der Zwischenzeit von ihm ein Söhnchen geboren und hofft unbeirrt,
daß ihr geliebter Leutnant eines schönen Tages wiederkehren wird –
hat er es nicht selbst versprochen? Suzuki sieht das alles viel scho-
nungsloser und nüchterner: Der Amerikaner denkt überhaupt nicht an
Rückkehr, und inzwischen hat Cho-Cho-San fast kein Geld mehr fürs
tägliche Leben! Aber Butterfly verschließt ihre Augen vor der trüben
Wirklichkeit – wie hat Linkerton ihr doch gesagt: »Wenn das Rotkehlchen wieder nistet . . .«, dann wird sie ihn wiedersehen, und alles wird
gut werden.

Da belebt ein unverhoffter Besuch ihre Einsamkeit. Goro und der
Konsul treten ein. Sharpless hat nämlich einen Brief von Linkerton
bekommen und versucht nun dem Mädchen begreiflich zu machen,
daß es keine Hoffnung auf seine Rückkehr gibt. Aber Cho-Cho-San
fragt ihn nur ganz verständnislos, wann denn eigentlich in Amerika
die Rotkehlchen brüten – hier in Japan ist das doch inzwischen schon
dreimal geschehen, also muß es drüben wohl ganz anders sein?

Noch ein Besucher erscheint in Butterflys Häuschen: Fürst Yamadori, der schon seit langem mit Goros Unterstützung um ihre Hand

anhält, leider auch heute wieder vergeblich. Während sie draußen die Teezeremonie vorbereitet, erzählt Goro beiläufig den beiden anderen Männern eine Neuigkeit: Linkertons Schiff wird bald im Hafen von Nagasaki eintreffen! Sharpless beruhigt deshalb gleich den eifersüchtig aufhorchenden Fürsten – wegen Cho-Cho-San käme der Leutnant nun ganz bestimmt nicht zurück; Yamadori könne ruhig weiter ernsthaft um Butterfly werben. Butterfly bringt den Tee; Sharpless muß nun deutlicher werden: Linkerton hat eine andere Frau, er wird niemals zu ihr zurückkehren . . . Endlich begreift Butterfly die ganze schreckliche Wahrheit. Verzweifelt holt sie ihren kleinen Sohn herein, von dem Linkerton noch gar nichts wissen kann. Was soll denn nun mit ihm geschehen, so ganz ohne Vater? Und was bleibt ihr selbst? Entweder wieder die Arbeit als Geisha oder – der Tod! Sharpless ist gerührt; natürlich wird er dem treulosen Leutnant schreiben und ihm ins Gewissen reden. Dann verabschiedet er sich. Goro aber wird gleich mit hinausgeworfen, denn er hat draußen in aller Welt Lügen verbreitet: der Vater des Kindes sei unbekannt!

In die Stille hinein dringen plötzlich einzelne Kanonenschüsse vom Hafen herauf – ein fremdes Schiff ist soeben angekommen! Butterfly greift nach dem Fernglas und erkennt es sofort wieder: Linkertons Schiff! Er ist wieder da! In großer Geschäftigkeit richtet Cho-Cho-San zusammen mit Suzuki das Haus zum festlichen Empfang und bekleidet sich erwartungsvoll mit dem alten Hochzeitskimono. Dann setzen sie sich gemeinsam mit dem kleinen Jungen dicht an die Hauswand aus Pergament, bohren drei kleine Löcher hinein und schauen unentwegt hinaus auf den Weg zum Hafen – hier wird Linkerton kommen!

 Ganz langsam bricht der neue Tag an. In der grauen Morgendämmerung endlich legt sich Butterfly todmüde und enttäuscht zur Ruhe. Suzuki wird sie schon aufwecken, wenn er kommt. Während sie erschöpft schläft, tritt Linkerton tatsächlich ganz leise ins Haus; auch seine Frau hat er mitgebracht, sie wartet draußen vor der Tür. Und auch Sharpless ist bei ihnen. Sie haben nur eine einzige Absicht: Sie wollen den kleinen

Jungen abholen, ihn nach Amerika mitnehmen. Linkerton selbst ist zu feige, Cho-Cho-San noch einmal Auge in Auge gegenüberzutreten.

Ängstlich hält er Suzuki zurück, die unverzüglich ihre Herrin wecken will. Das ist für Sharpless zu viel; voller Zorn überhäuft er den Leutnant mit Vorwürfen wegen seines rücksichtslosen Verhaltens. Und ein wenig wehmütig wird es Linkerton schon ums Herz, als er sich in den vertrauten Räumen an die zärtlichen Stunden erinnert, die er hier einmal mit der kleinen Geisha verbracht hat. Still nimmt er Abschied von dem kleinen Häuschen. Leise entfernt er sich.

Inzwischen ist Butterfly wieder wach geworden. Unvermutet trifft sie in ihrem Zimmer Sharpless und die fremde Dame. Ziemlich schnell entnimmt sie den verlegenen Antworten der beiden, daß Linkerton schon hier war und daß man ihr das Kind wegnehmen will. Stolz weist sie Frau Linkerton ab: nur ihm selbst will sie es übergeben, wenn er bereit sein sollte, in einer halben Stunde noch einmal wiederzukommen. Betroffen verlassen Sharpless und Frau Linkerton ihr Haus.

Cho-Cho-San ist allein mit ihrem Unglück. Sorgsam verschließt sie alle Türen und holt dann den alten Dolch ihres Vaters aus der Kommode. Nach alter Zeremonie küßt sie ihn . . .

Doch noch einmal ruft das Leben sie zurück: Suzuki schiebt ihr verzweifelt das Kind durch die Tür zu. Aber für Butterfly gibt es kein Zurück mehr – sie nimmt ergreifend Abschied von ihrem Söhnchen, dann schickt sie es hinaus in den Garten. Unbeirrt und entschlossen zieht sie sich hinter den Vorhang zurück – nur das Geräusch des zu Boden fallenden Messers verrät, daß sie ihrem Leben ein Ende gesetzt hat.

Von ferne hört man Linkertons Stimme sich nähern, doch zu spät: nach ein paar mühsamen Schritten zur Tür hin bricht Cho-Cho-San zusammen und stirbt.

## Hinweise

*Drei von den Opern Puccinis sind besonders bekannt geworden: ›Tosca‹, ›Madame Butterfly‹ und ›La Bohème‹. Alle drei sind tragische Liebesgeschichten, die aus den unterschiedlichsten Gründen tödlich enden: durch Mord, Selbstmord oder Krankheit. Unter ihnen ist ›Madame Butterfly‹ sicher die beliebteste, und der Komponist hielt sie auch immer für sein bestes, sein gelungenstes Werk.*

*Bemerkenswert ist es, auf welche Weise Puccini hier die fremdartige Atmosphäre der japanischen Welt Cho-Cho-Sanas heraufbeschworen hat. Das Orchester dieser Oper ist genau so zusammengesetzt, wie in allen anderen Werken des Komponisten; außer einem japanischen Gong und kleinen Glöckchen, die auf der Bühne ertönen, verzichtet er völlig auf den Einsatz exotischer Instrumente. Und auch nur wenige richtige japanische Volksmelodien sind mit eingearbeitet worden, daneben übrigens auch die amerikanische Nationalhymne. Um so raffinierter ist die Mischung der Klangfarben im Orchester, mit denen diese anrührende, manchmal wohl auch ein bißchen sentimentale Geschichte ausgemalt wird.*

*Puccini ist der letzte bedeutende Komponist der großen italienischen Oper, als Nachfolger von Giuseppe Verdi. Noch einmal werden uns hier, an der Schwelle des 20. Jahrhunderts, alle Merkmale dieser so beliebten Gattung vorgeführt, in der trotz aller Großartigkeit des Orchesterparts doch die Gesangstimmen die Szene beherrschen, und zwar nach alter Belcanto-Tradition in großen Soloszenen und Duetten. Obwohl jeder der drei Akte durchkomponiert ist, lassen sich doch unschwer Arien und Duette herauslösen, die auch gelegentlich im Konzertsaal einzeln dargeboten werden. Allen voran ist das große Liebesduett zwischen Linkerton und Butterfly am Ende des 1. Aktes zu nennen:*

*Linkerton und Butterfly:*

O  sieh———, der Him-mel uns-rer  Lie - be

*Die Oper beginnt nach einem ganz kurzen Vorspiel, dessen Stimmen nach und nach, wie eine Fuge, einsetzen. Von ganz besonderer, ergreifender Wirkung ist das zarte Orchesterzwischenspiel, das den 2. mit dem 3. Akt verbindet. Hier scheint auf einmal die Zeit stillzustehen, während in der Bühnenwirklichkeit doch eine ganze lange Nacht des vergeblichen Wartens verstreicht. Der Einsatz eines summenden Chores hinter der Szene führt zu einer ganz eigentümlichen Wirkung; seine geheimnisvollen Klänge verschmelzen mit denen des Orchesters:*

*Bei der Uraufführung stieß das Werk zunächst auf ziemlich einhellige Ablehnung von Publikum und Presse. Daraufhin nahm sich Puccini ›Madame Butterfly‹ noch einmal vor und fertigte eine Neufassung an, die am 28. Mai 1904 in Brescia dann einen großen Erfolg errang. In dieser Fassung, die manche Änderung brachte, wird die Oper heute meistens aufgeführt: Aus ursprünglich zwei Akten waren nun drei geworden, wobei das berühmte Zwischenspiel hinzukam, und auch die Partie des Linkerton wurde etwas verändert und zugleich vergrößert. Im italienischen Original heißt er übrigens Pinkerton.*

CLAUDE DEBUSSY
(1862–1918)

# Pelleas und Melisande

Musikdrama in fünf Aufzügen
Text von Maurice Maeterlinck

Fünf durchkomponierte Akte mit kurzen Zwischenspielen
Uraufführung am 30. April 1902 in Paris
Spieldauer: 3 Stunden

## Besetzung

| | |
|---|---|
| Arkel, König von Allemonde | *Baß* |
| Genoveva, Mutter von Pelleas und Golo | *Alt* |
| Pelleas | *Tenor* |
| Golo | *Bariton* |
| Melisande | *Sopran* |
| Der kleine Yniold, Golos Sohn aus erster Ehe | *Sopran (Knabenstimme)* |
| Ein Arzt | *Baß* |
| Stimme des Hirten | *Baß* |
| Dienerinnen, drei Greise | *Chor* |

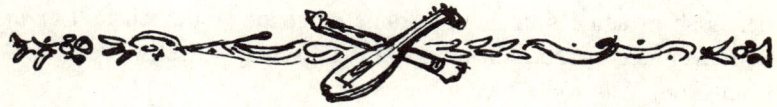

# Die Handlung

Golo ist der Enkel von König Arkel, dem Herrscher über Allemonde. Eines Tages begibt er sich auf die Jagd und findet im tiefen Wald an einem Brunnen ein einsames weinendes Mädchen. Sie heißt Melisande, doch woher sie kommt, kann sie nicht sagen. Im Brunnen liegt ihre Krone, die ihr entfallen ist. Als Golo sie aus dem Wasser holen will, hindert Melisande ihn daran. Aber sie folgt ihm schließlich doch, als er sie zum Schutz vor der kalten Nacht mit auf sein Schloß nehmen will.

Genoveva ist die Mutter von Golo und dessen Bruder Pelleas. Gerade liest sie im Schloß dem alten König Arkel einen Brief vor, in dem Golo ihnen schreibt, daß er bald Melisande heiraten werde. Arkel stimmt ein wenig widerstrebend zu, denn er hatte aus staatspolitischen Gründen eigentlich eine andere Prinzessin für seinen Enkel ausgesucht. Da stürmt Pelleas in den Saal und berichtet von seinem fernen todkranken Freund Marcellus. König Arkel aber rät ihm von einer überstürzten Abreise ab und erzählt ihm statt dessen von der bevorstehenden Rückkehr seines Bruders. Außerdem bedarf sein kranker Vater hier im Schloß ebenso dringend der Pflege.

Gemeinsam mit Genoveva stehen Melisande und Pelleas am Abend am Ufer des Meeres. Ein Unwetter zieht in der Ferne herauf, und das Schiff, mit dem Melisande tags zuvor angekommen ist, legt gerade ab – ob es wohl im Sturm untergehen muß? Da beginnt Pelleas Melisande von seiner baldigen Abreise zu erzählen.

Pelleas trifft Melisande am Brunnen im Park. Er möchte sehr gern von ihr erfahren, wie sie wirklich zu Golo steht. Melisande aber ist ziemlich schweigsam und spielt versonnen mit ihrem Ehering. Sie wirft ihn immer wieder hoch in den Himmel, der Sonne entgegen. Plötzlich fällt er in den Brunnen, gerade als es zwölf Uhr schlägt. Melisande ist erschrocken. Was soll sie Golo nur sagen?

Genau zum gleichen Zeitpunkt ist Golo vom Pferd gestürzt. Melisande ist bei ihm und will ihn pflegen. Da spürt Golo, daß Melisande traurig ist, und fragt sie nach dem Grund. Sie weicht ihm aber aus. Plötzlich bemerkt Golo, daß sie ihren Ehering nicht am Finger trägt. Sie gesteht ihm den Verlust, und Golo drängt sie, gemeinsam mit seinem Bruder Pelleas den Ring zu suchen.

Pelleas und Melisande suchen im Mondschein den Ring, dort, wohin sie Golo geschickt hat, nämlich bei der Grotte am Meer. Natürlich können sie dort den Ring nicht finden, aber sie entdecken statt dessen drei zerlumpte, unheimliche alte Gestalten in tiefem Schlaf – ein Zeichen der Hungersnot, die das Land befallen hat. Erschrocken fliehen sie zum Schloß zurück.

 Melisande hat sich allein in einen Turm des Schlosses zurückgezogen, gedankenverloren singt sie am Fenster ein Lied und kämmt ihr langes blondes Haar. Pelleas findet Melisande in ihrer Einsamkeit und will sich von ihr verabschieden. Sie beugt sich aus dem Fenster ihm entgegen und läßt ihre Haare auf ihn herabfallen. Pelleas schlingt das Haar in die Zweige einer Weide, zum Zeichen, daß man sie beide niemals trennen möge. Golo überrascht die beiden und erhält auf seine bohrenden Fragen ausweichende Antworten. Sind das wirklich Spielereien, die er soeben beobachtet hat? . . .

Golo führt seinen Bruder hinab in die unterirdische Zisterne des Schlosses. Beide spüren den Todesatem, der aus der Tiefe zu ihnen heraufweht, Golo zeigt Pelleas den dunklen Abgrund und unterdrückt mühsam seine Eifersucht – wie leicht könnte er den nebenbuhlerischen Bruder dort hinabstoßen!

Sie steigen wieder ans Tageslicht herauf auf die Schloßterrasse. Pelleas ist erleichtert, wieder das Tageslicht genießen zu können. Sein Bruder bittet ihn eindringlich, Melisande in Ruhe zu lassen, denn sie erwartet ein Kind.

Dann ruft Golo den kleinen Yniold, seinen Sohn aus früherer Ehe, zu sich, und versucht aus ihm herauszubekommen, was Pelleas und Melisande vielleicht hinter seinem Rücken, während seiner Abwesenheit, miteinander getan hätten. Aber er erfährt nichts Genaueres. So hebt er den Knaben mit seinen Händen hoch, damit er heimlich einen Blick in Melisandes Zimmer werfen kann. Aber auch dabei ergibt sich nichts Verbotenes.

 Dem Vater von Pelleas und Golo geht es wieder besser, so daß Pelleas nun abreisen kann. König Arkel blickt zuversichtlich in die Zukunft, nach all den düsteren Tagen, die Melisande hier auf dem Schloß bisher erleben mußte. Pelleas möchte sich noch einmal von Melisande verabschieden und verabredet sich mit ihr am Brunnen. Golo aber läßt Melisande recht grob seine Eifersucht spüren – er traut ihr nicht mehr.

Im Park spielt Yniold am Brunnen. Sein Ball hat sich unter einen schweren Stein geklemmt, und nun versucht er vergeblich, diesen zur Seite zu stemmen. Eine Schafherde nähert sich blökend. Seltsamerweise schweigen die Tiere nicht einmal, als sie am Brunnen vorbeikommen. Ängstlich macht sich der Knabe auf den Heimweg zum Schloß.

Bald danach treffen sich Pelleas und Melisande am gleichen Brunnen, um Abschied zu nehmen. Pelleas hat sich längst seine Liebe zu dem Mädchen eingestanden, und er spürt die drohende Gefahr, deshalb möchte er das Schloß verlassen. Ein erstes und zugleich letztes Mal gestehen sich die beiden ihre Liebe, da fällt das nahe Schloßtor zur. Golo taucht aus dem Schatten auf und tötet seinen Bruder Pelleas, Melisande ergreift entsetzt die Flucht.

 Der Schrecken war zu groß für die zarte Melisande. Nachdem sie ein Töchterchen zur Welt gebracht hat, erkrankt sie ohne äußere erkennbare Anzeichen. An ihrem Bett stehen ratlos König Arkel, Golo und ein Arzt. Golo bereut seine Tat und bedrängt dennoch ein letztes Mal Melisande – war sie ihm untreu oder nicht? Melisande schweigt, und still verlöscht ihr Leben – ein Rätsel für alle Hinterbliebenen. Ihr kleines Kind bleibt als einziges Zeichen der Hoffnung zurück.

# Hinweise

*Der Komponist Claude Debussy gilt in der Musikgeschichte als Begründer und zugleich wichtigster Künstler des musikalischen »Impressionismus«. Dieses Wort meint, wörtlich übersetzt, »Eindruckskunst« und stammt ursprünglich aus der französischen Malerei des 19. Jahrhunderts. Impressionistische Maler wie Claude Monet und Auguste Renoir versuchten mit lichten verschwimmenden Farben und Formen den augenblicklichen Eindruck einer Landschaft, eines Gegenstandes oder einer Person auf die Leinwand zu bannen, wie er sich unter dem stets wechselnden Einfluß des Lichtes ergab. Das Publikum reagierte zunächst verständnislos auf diese neuartige Malerei und belegte die Maler deshalb mit einem Spottnamen: »Impressionisten« – nach einem Bild von Monet, das er ›Impression (also Eindruck) eines Sonnenaufganges‹ genannt hatte.*

*Die Bezeichnung »Impressionismus« übertrug man dann später auf Debussys feingliedrige, in allen raffinierten Farben schillernde und harmonisch äußerst kühne und neuartige Musik. Er versuchte mit musikalischen Mitteln Ähnliches wie seine Malerkollegen, und ihm gelangen ungemein zarte, ausdrucksvolle Stimmungsbilder mit den Klängen eines sehr großen, in allen Farben leuchtenden Orchesters – gerade auch in seiner Oper ›Pelleas et Melisande‹.*

*Dieses Werk ist gewiß ein Sonderfall in der ganzen Operngeschichte, denn es verzichtet ungewöhnlicherweise fast ganz auf dramatische Spannung. Lose werden die einzelnen Szenen aneinandergereiht, und die Personen scheinen gar nicht aufeinander zu hören oder einander zu antworten. Alles Geschehen ereignet sich wie hinter einem verschleiernden Nebel, ohne laute Ausbrüche oder Konflikte, und im Mittelpunkt steht das zarte, zerbrechliche Geschöpf Melisande, das aus einer anderen Welt zu kommen scheint. Das geht so weit, daß Debussy zu Melisandes Tod im letzten Bild keinen schmerzlichen Ausbruch komponiert, wie man vielleicht erwartet hätte; statt dessen scheint die Musik hier fast ganz zu verstummen.*

*Das Schauspiel Maurice Maeterlincks, eines belgischen Dichters*

*(1862–1949), das Debussy vertonte und das er dabei ein wenig
änderte und kürzte, wäre heute ohne die Musik des Komponisten
gewiß vergessen. Ihm gelang es, all das, was im Text nur angedeutet
oder gar verschwiegen wird, mit Klängen behutsam zu ergänzen und
auszusprechen. Dabei bedient er sich jedoch nicht ständig aneinan-
dergereihter Leitmotive wie Wagner, den er zunächst sehr bewun-
derte. Er kommt statt dessen mit Klängen und Klangfarben, mit
kurzen Tonfolgen und rhythmischen Figuren aus und läßt seine
Personen auf der Bühne fast rezitativisch singen, dem Sprechtonfall
angenähert. Es gibt also keine Arien mehr und keine großen Ensembles. Die einzelnen durchkomponierten Bilder der Oper werden
durch kurze instrumentale Zwischenspiele miteinander verbunden,
in denen die Stimmung des kommenden Geschehens vorbereitet
wird. Dabei ist die Musik keineswegs atonal, allerdings harmonisch
extrem kompliziert. Eine ihrer Grundlagen ist, neben der chromati-
schen (Halbton-)Leiter, die Ganztonleiter:*

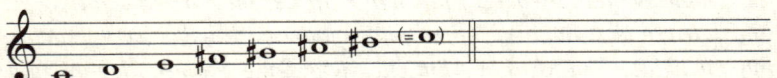

*Und Akkorde werden oft nicht mehr wie in Kadenzen aneinanderge-
reiht, sondern auch parallel hinauf- oder hinuntergerückt, etwa
so:*

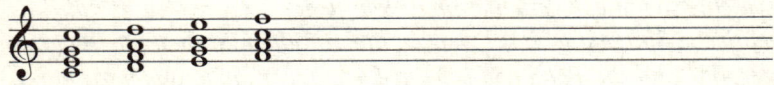

## Leoš Janáček
## (1854–1928)

# Jenufa

*(urspr. Titel: Její pastorkyňa – dt. Ihre Ziehtochter)*
Oper aus dem mährischen Bauernleben in drei Aufzügen
Text von Gabriela Preissová

Drei durchkomponierte, in Szenen gegliederte Akte
Uraufführung 1904 in Brünn
Spieldauer: etwa 2½ Stunden

## Besetzung

| | | |
|---|---|---|
| Die alte Buryja | | *Alt* |
| Laca Klemen | } Enkel der | *Tenor* |
| Stewa Buryja, Stiefbruder Lacas | } Buryja | *Tenor* |
| Die Küsterin Buryja, Witwe, | | |
| Schwiegertochter der alten Buryja | | *Sopran* |
| Jenufa, ihre Ziehtochter | | *Sopran* |
| Altgesell | | *Bariton* |
| Dorfrichter | | *Baß* |
| Seine Frau | | *Alt* |
| Karolka, ihre Tochter | | *Sopran* |
| Magd | | *Mezzosopran* |
| Barena, Dienstmagd | | *Sopran* |
| Jano, Schäferjunge | | *Sopran* |
| Tante | | *Alt* |
| Stimmen | | *Sopran, Bariton* |
| Musikanten, Dorfvolk | | *Chor, Ballett* |

# Die Handlung

In einem abgelegenen Winkel der Welt spielen alte Bräuche noch eine größere Rolle, sind die Ansichten zumeist viel strenger, viel unnachsichtiger als in der Stadt. Nur deshalb kann sich die folgende Geschichte, die in einem mährischen Bauerndorf am Ende des 19. Jahrhunderts spielt, so tragisch entwickeln.

Jenufa liebt den jungen Müller Stewa und hat sich ihm bereits hingegeben. Nun erwartet sie ein Kind von ihm. Heute aber muß er sich bei der Musterungsbehörde vorstellen, und es ist möglich, daß er zum Militär eingezogen wird und Jenufa deshalb vorläufig nicht heiraten kann. Nur durch eine baldige Heirat aber könnte ihre Ehre im Dorf wiederhergestellt werden.

Jenufa lebt bei ihrer Ziehmutter, der Küsterin Buryja, deren strenge Moralansichten sie fürchtet und der sie deshalb auch noch nichts von dem Kind, das sie erwartet, gesagt hat.

Stewa hat einen Stiefbruder, Laca, der die schöne Jenufa ebenfalls sehr liebt. Sie aber hat ihm zu verstehen gegeben, daß er sich keine Hoffnung zu machen braucht: sie wird ihn nie erhören. Unterdessen taucht Stewa mit einigen Rekruten auf; man hat ihn nicht einberufen, und nun gibt er sich hemmungslos der Freude darüber hin und vollführt einen wilden Tanz vor der Mühle. Die Küsterin ermahnt ihn streng und macht ihm Vorwürfe wegen seines schlechten Benehmens. Als er noch trotzig Einwände macht, verbietet sie ihm kurzerhand die Heirat mit Jenufa. Ein Jahr lang soll er beweisen, daß er aufs Trinken verzichten kann, dann erst wird sie ihre Zustimmung zur Hochzeit geben.

Jenufa ist natürlich verzweifelt und weiß keinen Ausweg aus ihrer unglücklichen Lage. Sie bittet Stewa flehend, sie nicht zu verlassen. Der aber entfernt sich, und nun läßt sein Stiefbruder Laca seiner

Eifersucht freien Lauf. Als Jenufa ihm wieder zu verstehen gibt, daß sie für ihn nichts übrig hat, greift er jähzornig zum Messer und zerschneidet ihr die Wange, um ihre Schönheit zu zerstören.

 In aller Heimlichkeit hat Jenufa ihr Kind zur Welt gebracht. Nun lebt sie ganz zurückgezogen im Haus der Küsterin, die aus Angst vor der öffentlichen Meinung das kleine Wesen ablehnt und Jenufas mütterliche Zuneigung verurteilt. Hinter Jenufas Rücken bestellt sie heimlich Stewa ins Haus und bespricht mit ihm die Lage, während ihre Ziehtochter ahnungslos schläft. Stewa aber ist ziemlich störrisch und zeigt wenig Neigung, auf die Vorschläge der Küsterin einzugehen, zumal sie recht barsch mit ihm redet. Außerdem stößt ihn Jenufas vernarbtes Gesicht ab, und so erklärt er sich nur bereit, Unterhalt für das Kind zu zahlen.

Als Laca erfährt, daß Stewa Jenufa verschmäht hat, erwacht in ihm neue Hoffnung. Doch als ihm die Küsterin erzählt, daß Jenufa von Stewa ein Kind bekommen hat, schreckt ihn das wieder ab. So greift die Frau zu einer Notlüge und behauptet, das Kind sei gestorben. Später reift in ihr ein einsamer schrecklicher Plan, den sie auch in nächtlicher Heimlichkeit sogleich in die Tat umsetzt: um Jenufa zu helfen – und zugleich, um dem Fluch der öffentlichen Schande zu entgehen – trägt sie das Kind aus dem Haus und tötet es.

Jenufa ist inzwischen aufgewacht und entdeckt voller Entsetzen, daß ihr Kind nicht mehr da ist. Verzweifelt betet sie zur Jungfrau Maria, da tritt die Küsterin herein und teilt ihr den Tod des Kindes mit: es sei plötzlich gestorben, während Jenufa in Fieberträumen lag. Auch an der harten Küsterin sind die Geschehnisse nicht spurlos vorübergegangen, ihr Verstand scheint sich zeitweise zu verwirren.

Wenig später taucht Laca wieder einmal auf, und Jenufa scheint nun endlich milde gestimmt, vielleicht auch unter dem Eindruck des traurigen Vorfalls; jedenfalls willigt sie ein, ihn zu heiraten.

 Zwei Monate später feiern sie ihre Hochzeit. Beim Fest will jedoch keine ausgelassene Stimmung aufkommen, denn die Küsterin ist seltsam unruhig und nicht recht bei Sinnen. Sie redet mit den Festgästen zusammenhanglos und von Gewissensbissen geplagt. Unter den Gästen ist übrigens auch Stewa mit seiner jungen reichen Frau Karolka. Gerade erteilt die alte Buryja dem Brautpaar ihren Segen, da bricht das Unheil herein: der Schäferjunge Jano hat im nahen Mühlbach die Leiche des kleinen ermordeten Kindes gefunden. Starr vor Entsetzen hören die Festgäste das Geständnis der Küsterin, die alle Schuld auf sich nimmt und um Milde für Jenufa bittet. Jenufa bietet Laca die Trennung an, Laca aber hält treu zu seiner Braut und beweist ihr damit seine aufrichtige Liebe.

## Hinweise

*Janáčeks Opern hatten zunächst nur in seiner Heimat Erfolg; erst nach der Prager Erstaufführung der ›Jenufa‹ im Jahre 1916 begann der internationale Siegeszug dieser Oper. Janáček ist nach Anton Dvořák und B. Smetana der dritte bedeutende tschechoslowakische Komponist im 19. Jahrhundert, dessen Schaffen jedoch bis weit in unser Jahrhundert hineinreicht. Zeit seines Lebens hatte er eine äußerst enge Beziehung zu seiner Heimat und zur slawischen Volksmusik. Wie seine großen ungarischen Komponistenkollegen Bartók und Kodály sammelte er Volkslieder und -tänze, und man merkt diese lebenslange Beschäftigung auch seinen Opern an. Hier verwendete er jedoch nicht in erster Linie originale Melodien der Volksmusik. Er bemühte sich vielmehr, den typischen Tonfall der tschechischen Sprache, ihre Melodie und ihren Rhythmus auf die Tonsprache seines Orchesters und seiner Singstimmen zu übertragen. Daraus entwickelte sich ein ganz unverwechselbarer Tonfall, der auch in ›Jenufa‹ auffällig ist und dieser Musik ihren eigentümlich fremdartigen Reiz verleiht, der sie deutlich unterscheidbar macht von allen anderen Opern jener Zeit. Allerdings bedeutet diese* enge Bindung von Gesang und Orchesterbegleitung an die tschechische Sprachmelodie, daß bei einer Übersetzung des Librettos natürlich größere Probleme entstehen: Die deutsche Sprache hat beispielsweise ganz andere Betonungen und Laute als das tschechische Originallibretto. Hier erwarb sich der Dichter Max Brod (1884–1968) große Verdienste, denn ihm verdanken wir vorzügliche Übersetzungen der großen Opern von Janáček ins Deutsche; Brod hat übrigens auch eine Biographie des Komponisten geschrieben.

Im Original heißt diese Oper ›Ihre Ziehtochter‹, und damit wird neben Jenufa selbst zu Recht die andere weibliche Hauptfigur der Oper mit in den Mittelpunkt gerückt: die Küsterin, deren Ziehtochter Jenufa ist. Beide Rollen sind überaus anspruchsvoll und umfangreich. Einer der dramatischen Höhepunkte des Werkes ist der Monolog der Küsterin im zweiten Akt, in dessen Verlauf sie sich zum Mord an Jenufas Kind durchringt. – Der Schluß der Oper gipfelt in einem großen Duett zwischen Jenufa und Laca, mit dem Janáček erkennbar an die große Tradition der Liebesduette im 19. Jahrhundert anknüpft – hier finden sich auch große ausdrucksvolle Melodiebögen. Typisch für seinen Stil sind sonst eher kleine, einprägsame Motive, die ständig wiederholt und immer wieder verändert werden:

Der folkloristische Einfluß wiederum ist in einigen Chören und auch tanzähnlichen Abschnitten besonders gut zu erkennen, etwa in Stewas Szene mit den Rekruten im ersten Akt:

s'will je-der hoch-zei-ten, kei-ner in Krieg rei-ten,

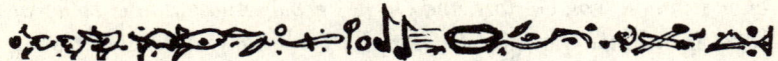

RICHARD STRAUSS
(1864–1949)

# Salome

Musikdrama in einem Aufzug
Text von Oscar Wilde (Übersetzung von Hedwig Lachmann)

Duchkomponierte Großform ohne Vorspiel
Uraufführung am 9. Dezember 1905 in Dresden
Spieldauer: knapp 2 Stunden

## Besetzung

| | |
|---|---|
| Herodes | *Tenor* |
| Herodias | *Alt* |
| Salome | *Sopran* |
| Jochanaan | *Bariton* |
| Narraboth | *Tenor* |
| Page der Herodias | *Mezzosopran, auch Alt* |
| Fünf Juden | *4 Tenöre, 1 Baß* |
| Zwei Nazarener | *Tenor, Baß* |
| Ein Cappadocier | *Baß* |
| Zwei Soldaten | *Baß* |
| Sklave | *Sopran (oder Tenor)* |

# Die Handlung

Bereits in der Bibel steht die grausame Geschichte von der judäischen Prinzessin Salome, die den Kopf Johannes des Täufers verlangt. Dort äußert sie ihr grausames Verlangen jedoch, weil ihre Mutter sie dazu aufstachelt, und nicht aus eigenem Antrieb (Matth. 14/1–12, Markus 6/14–29).

Salome ist die Tochter der Herodias; deren Mann, König Herodes, ist Salomes Stiefvater. Salome ist jung, hübsch und maßlos verwöhnt; sie ist es gewöhnt, daß ihr alle Männer – ob jung oder alt – nachlaufen, jeden kann sie haben, und deshalb sind ihr alle langweilig und lästig. Ihr Stiefvater, der sie ständig mit seinen gierigen Blicken verfolgt, ist ihr sogar widerlich; doch auch dem jungen Hauptmann Narraboth, der sich vor Leidenschaft nach der Prinzessin verzehrt und sie nie aus den Augen läßt, schenkt sie kaum einen Blick: er ist ihr zu schwach, zu weich, und damit ebenfalls lästig.

In einer schwülen Sommernacht vertreiben sich Herodes und seine Höflinge gelangweilt auf der Terrasse des Königspalastes die Zeit. Ein Fest will nicht so recht in Gang kommen. Da, auf einmal, ertönt aus der Zisterne, die tief unter der Erde liegt und mit einem Gitter abgedeckt ist, eine fremdartige beschwörende Männerstimme. Es ist der Prophet Jochanaan; Herodes hat ihn einsperren lassen, weil er ihn zwar für gefährlich, zugleich aber auch für einen heiligen Mann hält. Und da ihm die Juden nach dem Leben trachten, will er ihn auf diese Weise vor ihnen schützen.

Mit machtvollen Worten prangert Jochanaan das lasterhafte Leben der Herodias an. Aufmerksam lauscht Salome dem Klang seiner Stimme, die sie fasziniert – der Inhalt seiner Worte interessiert sie weniger. Sie umschmeichelt Herodes und erreicht von ihm, der ihr nichts abschlagen kann, daß der Prophet aus seiner Zisterne zu ihr heraufgeholt wird. Bleich und in Ketten wird Jochanaan vor die

Königsfamilie geführt, und mit finster drohenden Worten fährt er sogleich fort, ihnen ihr ausschweifendes Leben vorzuhalten. Salome aber ist hingerissen von der seltsamen Erscheinung des Mannes, der so ganz anders ist als die weichlichen Gestalten ihrer Umgebung. Sie nähert sich ihm und will ihn auf ihre Weise verführen, seinen Leib streicheln und ihn auf den Mund küssen. Die ganze Zeit über beobachtet der Hauptmann Narraboth mit neidvollen Blicken Salome. In seiner Eifersucht ersticht er sich, ohne daß sich jemand um ihn kümmert. Empört und unnahbar weist Jochanaan Salome zurück und antwortet mit einem Fluch auf ihre Verführungskünste. Dann wendet er sich ab und steigt wieder hinab in sein Gefängnis.

So etwas hat Salome noch nie erlebt – sie, die jeden Mann fast willenlos zu ihren Füßen sehen kann, wenn sie nur den kleinen Finger bewegt, wird einfach abgewiesen! In einer seltsamen Mischung aus Leidenschaft und Rachsucht brütet sie vor sich hin. Bald ertönt Jochanaans Stimme wieder aus der Tiefe der Zisterne. Und schnell entbrennt eine lautstarke Diskussion unter den anwesenden Juden, die ganz im Gegensatz zu Herodes nicht glauben wollen, daß der Prophet ein so heiliger Mann ist und Gott gesehen hat.

Herodes zeigt sich jedoch von diesem Geschehen kaum beeindruckt, er hat nur Augen für seine schöne Stieftochter. Und plötzlich verspürt er nur noch einen Wunsch: Salome soll vor ihm tanzen!

Salome weigert sich, aber auch die eifersüchtige Herodias kann ihn davon nicht abbringen. Da reift in Salome ein teuflischer Plan: Nach langem Drängen willigt sie schließlich ein und will vor Herodes tanzen. Doch erst muß er einen Eid schwören: Er soll ihr nachher jeden Wunsch erfüllen!

Dann tanzt sie vor ihm einen langen aufreizenden Tanz – nach und nach wirft sie einen Schleier nach dem anderen ab, und Herodes gehen fast die Augen über vor lauter Gier. Als Belohnung aber verlangt sie nach dem Tanz mit kalter Stimme den Kopf des Propheten, und zwar auf einer Silberschüssel!

Schlagartig erwacht Herodes aus seiner Verzückung, in die ihn Salomes Vorführung versetzt hat. Entsetzt weigert er sich, doch

Herodias unterstützt nun begeistert den Wunsch ihrer Tochter. Herodes windet sich verzweifelt, verspricht der Prinzessin alle Kostbarkeiten der Welt, die ihm nur einfallen, um sie von ihrem entsetzlichen Begehren abzubringen – allen Schmuck, ja sogar den heiligen Vorhang aus dem Tempel! Empört schreien die anwesenden Juden auf.

Allein Salome bleibt unerbittlich und wiederholt immer wieder: »Gib mir den Kopf des Jochanaan!«, bis Herodes endlich erschöpft nachgibt.

Mit seinem riesigen Schwert steigt der Henker in die Zisterne hinab. In der atemlosen Stille lauscht Salome gebannt, man hört unheimliche Geräusche aus der Tiefe heraufdringen – da endlich reicht man ihr auf einer Silberschüssel das blutige Haupt des Propheten herauf!

Wie von Sinnen drückt Salome den abgeschlagenen Kopf an sich und küßt ihn endlich auf den Mund. Herodes aber ist angewidert von Salomes Verhalten und zittert zugleich vor Angst, weil er einen Heiligen hat ermorden lassen. Endlich bringt er einen knappen Befehl über seine Lippen: »Man töte dieses Weib!« Die Soldaten stürzen sich auf Salome und bringen sie auf der Stelle um.

## Hinweise

*Das Theaterstück ›Salome‹ des englischen Dichters Oscar Wilde (1854–1900) wurde 1901 zum ersten Mal in deutscher Übersetzung in Breslau aufgeführt. Richard Strauss lernte das Werk bald kennen und erkannte sofort seine Eignung zum Opernstoff.*

*Nachdem ihm mehrere für ihn verfaßte Libretti jedoch nicht gefielen, begann Strauss, das Original-Textbuch zu vertonen; es wurde dabei nur ganz geringfügig überarbeitet und gekürzt.*

*Strauss nennt seine ›Salome‹ ein Musikdrama, dem bewunderten Vorbild Wagner folgend. Wie dessen spätere Musikdramen ist auch ›Salome‹ durchkomponiert, sogar pausenlos in einem einzigen Aufzug. Und auch die große Besetzung des Orchesters von Richard*

*Wagner übernimmt Strauss, erweitert es noch ein wenig und ver-
langt von den Musikern noch größeres Können, läßt das Orchester
noch raffinierter in allen nur denkbaren Klangfarben aufleuchten.
Seine zuvor entstandenen »Symphonischen Dichtungen« (›Don
Juan‹, ›Tod und Verklärung‹, ›Till Eulenspiegels lustige Streiche‹)
waren bereits für dieses Riesenorchester geschrieben; seine Erfah-
rungen damit wendete er nun auch auf ›Salome‹ an.*

*›Salome‹ beginnt – wie etwa Puccinis nur wenige Jahre ältere
›Tosca‹ oder wie Verdis ›Otello‹ und ›Falstaff‹ – ohne Ouvertüre.
Eine aufsteigende, leicht chromatisch gefärbte Tonleiter der Solo-
klarinette führt zum ersten exotisch schimmernden Klang der Oper,
während sich bereits der Vorhang hebt und den Blick freigibt auf die
orientalische Szenerie vor dem Palast des Herodes – mit wenigen
Tönen und Farben zaubert Strauss in der Musik die dazu passende,
leicht schwüle Atmosphäre:*

*Der Stil dieser Musik ist immer sehr genau der Handlung und vor
allem den singenden Darstellern angepaßt. Herodes beispielsweise
hat meistens einen gehetzten, eher rezitativischen Gesangsstil, während der Prophet Jochanaan viel beherrschter und weihevoll melodi-
scher singt, selbst als Salome ihn bedrängt.*

*Aus dem Streit der Juden und der Nazarener über die Göttlichkeit
Jesu wird ein höchst kompliziertes, vielstimmiges Ensemble, ein
scheinbares harmonisches und rhythmisches Durcheinander, das
gleichwohl sorgfältig geplant ist. Nicht nur an dieser Stelle wird
verständlich, daß ›Salome‹ zur Zeit ihrer Uraufführung, Anfang
unseres Jahrhunderts, zu Recht als kühnes, klanglich ungewohntes
Werk galt. An keiner Stelle aber verletzt Strauss die Gesetze der
Harmonik und schreibt wirklich »atonale« Musik, wie es wenig
später etwa Arnold Schoenberg tat.*

Besonders berühmt geworden ist Salomes »Tanz der sieben Schleier«, den sie vor Herodes tanzt. Strauss komponierte hier ein längeres, vielgestaltiges Orchesterstück, das fast wild beginnt und sich dann allmählich vom Piano ausgehend immer mehr in Lautstärke und Tempo steigert. Im Verlauf des Tanzes werden mehrere auffällige Themen verarbeitet, die in der ganzen Oper eine wichtige Rolle spielen, in der Art von »Leitmotiven«, ähnlich wie bei Richard Wagner. So sehen die wichtigsten dieser Einfälle aus:

Hierher gehört auch die Tonfigur, mit der die Oper begann (siehe erstes Notenbeispiel). Hinzu kommen einige fast orientalisch anmutende Melodiewendungen, etwa gleich zu Beginn:

# Richard Strauss
## (1864–1949)

# Der Rosenkavalier

Komödie für Musik in drei Aufzügen
Text von Hugo von Hofmannsthal

Drei durchkomponierte Akte mit Vorspielen
Uraufführung am 26. Januar 1911 in Dresden
Spieldauer: etwa 3½ Stunden

## Besetzung

| | |
|---|---|
| Die Feldmarschallin Fürstin Werdenberg | *Sopran* |
| Baron Ochs auf Lerchenau | *Baß* |
| Octavian, genannt Quinquin, ein junger Herr aus großem Haus | *Mezzosopran* |
| Herr von Faninal, ein reicher Neugeadelter | *Bariton* |
| Sophie, seine Tochter | *Sopran* |
| Jungfer Marianne Leitmetzerin, die Duenna | *Sopran* |
| Valzacchi, ein Intrigant | *Tenor* |
| Annina, seine Begleiterin | *Mezzosopran, auch Alt* |
| Polizeikommissar | *Baß* |
| Haushofmeister der Feldmarschallin | *Tenor* |
| Haushofmeister bei Faninal | *Tenor* |
| Notar | *Baß* |
| Wirt | *Tenor* |
| Ein Sänger | *Tenor* |
| Flötist, Gelehrter, Friseur, dessen Gehilfe | *stumme Rollen* |
| Adlige Witwe | *stumme Rolle* |
| Drei adlige Waisen | *Sopran, Mezzosopran, Alt* |
| Modistin | *Sopran* |
| Tierhändler | *Tenor* |
| Vier Lakaien der Feldmarschallin | *Tenor, Baß* |
| Vier Kellner | *Tenor, Baß* |
| Ein kleiner Neger | *stumme Rolle* |

| | |
|---|---|
| Lakaien, Lauffer, Heiducken, Küchenpersonal, Gäste, Musikanten, Wächter, Kinder, verdächtige Gestalten | *Chor* |

# Die Handlung

Wieder einmal begegnet uns hier ein uraltes Motiv: eine Dreiecksgeschichte. Ein Mann steht zwischen zwei Frauen. Das Besondere an der Situation aber ist diesmal, daß eine der Frauen älter ist, und sie fühlt sehr bald, daß ihr junger Kavalier sich über kurz oder lang auch einer Jüngeren zuwenden wird. – So ist der Lauf der Welt!

Heute nacht hat die Feldmarschallin Fürstin Werdenberg einen jungen Mann bei sich behalten, der sie glühend verehrt und liebt: den Grafen Octavian Rofrano, den sie liebevoll »Quinquin« nennt. Selig liegen sie sich am Morgen in den Armen, doch die Fürstin kann sich gegen ihre trüben Ahnungen nicht wehren: diese Liebe wird nicht von Dauer sein!

Eben wollen die beiden gemütlich frühstücken, da stört sie Lärm in den Vorzimmern – ob der Feldmarschall, ihr Mann, überraschend vorzeitig heimgekommen ist? Glücklicherweise nicht: es ist nur ein entfernter Verwandter der Feldmarschallin, Baron Ochs auf Lerchenau, ein ungehobelter Klotz, der obendrein noch tief verschuldet ist.

Geistesgegenwärtig verkleidet sich Octavian schnell als niedliche Zofe »Mariandl« und bedient die gnädige Frau, während ihr der Baron sein Anliegen vorträgt: Er möchte, nicht zuletzt wegen seiner hohen Schulden, die Tochter des neureichen Herrn von Faninal heiraten, der einer solchen ehrenvollen Verbindung mit altem Adel nicht abgeneigt ist. Er bittet die Fürstin, ihm einen jungen Kavalier zu vermitteln, der – wie es in solchen Kreisen üblich ist – als Brautwerbung eine silberne Rose überreichen soll.

Ihr fällt sofort Octavian ein, und sie schlägt ihn dem Baron auch gleich vor. Dieser ist einverstanden, hört aber gar nicht recht zu, weil er unentwegt mit der charmanten Zofe »Mariandl« schäkert, die sich vor seiner Zudringlichkeit kaum retten kann.

Wie jeden Morgen beginnt nun der Empfang von Bittstellern und Höflichkeitsbesuchern, und auf einmal herrscht lebendiges Treiben im Salon: Ein Friseur bemüht sich um die Schönheit der Fürstin, ein Sänger trägt eine italienische Arie vor, und gleichzeitig verhandelt der Baron schon lautstark mit einem Notar, den ihm die Gnädige hat kommen lassen, um die »Morgengabe« durch den Brautvater, auf die Lerchenau äußerst scharf ist. Ein Wutanfall beendet jedoch die Szene, denn so einfach, wie sich der Baron das gedacht hat, läßt sich auf diesem Weg nicht an Geld kommen!

Huldvoll entläßt die Fürstin die vielen Leute. Eine melancholische Stimmung überfällt sie; allerlei traurige Gedanken gehen ihr durch den Kopf: Sie erinnert sich an ihre Jugend, als sie direkt aus dem Kloster wider ihren Willen mit dem Feldmarschall verheiratet worden war. Auch über das Älterwerden denkt sie mit schwerem Herzen nach. »Mariandl« hat sich inzwischen wieder in Octavian zurückverwandelt, auch er kann seine Geliebte nicht aufheitern und verläßt sie unmutig. Schnell läßt ihm die Fürstin durch ihren kleinen Mohren die silberne Rose nachbringen.

 Sophie von Faninal ist ganz jung, noch sehr unerfahren und naiv. Am Morgen ihres Verlobungstages wartet sie ungeheuer gespannt auf ihren Zukünftigen, ist jedoch maßlos enttäuscht, als sie den groben und lüsternen Kerl bald darauf leibhaftig vor sich sieht. Ungleich besser gefällt ihr der junge vornehme Kavalier Octavian, der ihr in aller Form die silberne Rose überreicht. Der Baron zieht sich sogleich nach nebenan zurück, um mit Herrn von Faninal das Geschäftliche der Heirat zu besprechen. Seine drei ungehobelten Diener »kümmern« sich unterdessen handgreiflich um alle erreichbaren Dienstmädchen des Herrn von Faninal.

Mittlerweile plaudern Sophie und Octavian recht vertraulich miteinander, doch sie werden beobachtet: Annina und Valzacchi, zwei zwielichtige Gestalten, die für derlei Spionieraufgaben bezahlt werden, rufen laut den Baron herein. Mutig stellt sich Octavian ihm entgegen und verkündet, daß Sophie ihn nicht heiraten will. Der

Baron scheint nicht recht zu begreifen, was der junge Mensch da von ihm will, doch dieser zieht seinen Degen und verletzt ihn ein wenig am Arm.

Welch ein Skandal! Herr von Faninal kann sich gar nicht fassen, gibt sich untröstlich über die Verletzung und Beleidigung seines zukünftigen Schwiegersohnes. Und der Baron leidet derart, als sei ihm Fürchterliches zugefügt worden. Inzwischen aber hat Octavian einen Entschluß gefaßt: Dem widerlichen Kerl will er ein für allemal Sophie austreiben, und für seinen Plan engagiert er nun seinerseits Annina und Valzacchi, die vom Baron sehr enttäuscht sind, denn der Geizhals hat sie nur mit ein paar Groschen für ihre Meldung »belohnt«.

 Am nächsten Abend in einem billigen Wiener Vorstadt-Wirtshaus: Es herrscht hektisches Treiben, um alle Vorbereitungen für den Schabernack zu treffen, mit dem Octavian dem Baron endgültig die Lust auf Sophie austreiben will.

Bald trifft der Baron ein, ein Brieflein hat ihn mit mancherlei Andeutungen und Versprechungen hergelockt, um hier das niedliche »Mariandl« wiederzutreffen. Octavian hat sich wieder verkleidet, und so kommt es bei zärtlicher Musik und Kerzenschein zum vertraulichen Zusammensein. Auf einmal aber fährt der Baron zusammen – hier spukt es, merkwürdige Gesichter blicken durch Türen, Bilderrahmen und Fenster auf ihn herab, und zu allem Überfluß baut sich noch eine Frau mit ihren Kindern vor ihm auf und gibt sich als seine verlassene Ehefrau aus.

Baron Ochs schreit um Hilfe, und sogleich stellt sich ein Polizeikommissar ein, der ihm recht peinliche Fragen stellt. Der Baron stellt das »Mariandl« verlegen als seine Braut Sophie von Faninal vor, aber auch der zukünftige Schwiegervater steht auf einmal mitten im Zimmer. Natürlich hat Octavian für sein Kommen gesorgt, und auch dafür, daß er gleich seine Tochter mitbringt, damit sie ihren feinen Bräutigam auf frischer Tat ertappen kann.

Für Faninal bricht eine Welt zusammen, und während seine Tochter ihn nebenan zu beruhigen versucht, gibt sich Octavian zu erkennen. Daß auch noch die Fürstin erscheint, hat er allerdings nicht geplant – sie kommt vielmehr, weil der Baron verzweifelt einen Diener nach ihr geschickt hat.

Sie aber denkt überhaupt nicht daran, ihm aus der Klemme zu helfen, und gibt ihm nur einen einzigen Rat: Verschwinde so schnell es geht! Als ihm schließlich auch noch die Rechnung für das Abenteuer unter die Nase gehalten wird, tritt er endgültig den Rückzug an.

Die Fürstin aber hat ganz schnell durchschaut, was sich zwischen ihrem geliebten Octavian und Sophie angebahnt hat. Resigniert und doch in großer Würde läßt sie das Liebespaar allein und nimmt den verwirrten Herrn von Faninal in ihrer Kutsche mit heim.

Octavian und Sophie können sich endlich ungestört in die Arme nehmen. Ein kleines Tüchlein fällt dabei zu Boden, ohne daß es von den beiden Verliebten im Fortgehen bemerkt wird. Da öffnet sich noch einmal leise die Tür, und der kleine Mohr der Fürstin trippelt herein, blickt sich um, sucht das Tüchlein, findet es und huscht hinaus.

## Hinweise

*Der österreichische Dichter Hugo von Hofmannsthal (1874–1929) hatte für Richard Strauss bereits das Libretto zur ›Elektra‹ verfaßt, bevor er für ihn dann auch den ›Rosenkavalier‹ (und später noch ›Ariadne auf Naxos‹, ›Die Frau ohne Schatten‹, ›Arabella‹ und ›Die ägyptische Helena‹) dichtete. Die Zusammenarbeit dieser beiden bedeutenden Künstler ist in der Geschichte der Oper etwas Einmaliges, ein Glücksfall. Über ihre gemeinsame Arbeit an den Opern schrieben sie sich ausführliche Briefe, die man heute noch in Buchform nachlesen kann.*

*Anders als bei seinen übrigen Opernbüchern für Strauss hat sich Hofmannsthal die Handlung des ›Rosenkavalier‹ selbst ausgedacht. Der endgültige Titel des Werkes: ›Komödie für Musik‹ stellt die*

*Oper in die geschichtliche Tradition der komischen Oper und vor allem der »Opera buffa« aus der Mozartzeit – Strauss wollte eigentlich so etwas wie eine Mozart-Oper komponieren! Und an den Geist Mozarts erinnern dann auch, trotz aller völlig andersgearteten melodischen, rhythmischen und klangfarblichen Eigentümlichkeiten dieser Musik, die Einfügung großer Ensembles in das Geschehen, etwa die Liebesduette zwischen Octavian und der Fürstin, oder – als Höhepunkt – das zarte Terzett der drei Frauenstimmen am Ende der Oper, das von der Fürstin begonnen wird.*

*An die historische Opera buffa erinnern darüber hinaus manche Situationen, vor allem die Verkleidungsszenen: Octavian wird zu »Mariandl«, um den Baron hereinzulegen, und zugleich ist Octavian selbst bereits eine sogenannte »Hosenrolle«, ein Jüngling, der von einer Frau dargestellt wird. Das wichtigste Vorbild hierzu in der Musikgeschichte ist natürlich Cherubino in Mozarts ›Figaros Hochzeit‹! Und auch manche »Typen« der Opera buffa tauchen, mehr oder weniger versteckt, wieder auf: Zofe, Notar, Doktor und auch zwei Intriganten (Annina und Valzacchi).*

*Die Handlung der Oper spielt zwar zur Zeit der Kaiserin Maria Theresia, also zur Mozart-Zeit. Die Musik aber klingt völlig anders, raffiniert mit allen Reizen der modernen Harmonik und der Instrumentation ausgestattet, wie man sie vom Orchester des Richard Strauss zu Beginn unseres Jahrhunderts kannte. Das stürmische Orchestervorspiel zum ersten Akt ist der musikalische Nachklang einer Liebesnacht; es setzt mit einem einprägsamen Motiv ein:*

stürmisch bewegt

*Die drei Aufzüge der Oper sind, wie bei Wagner, geschlossen durchkomponiert. Dabei wechselt der Gesangsstil zwischen breit strömenden Melodiebögen, vor allem in den Ensembles, und Passagen, die sich dem normalen Sprechtonfall und Sprechrhythmus sehr stark annähern, z.B.:*

Die Ähn - lich - keit soll, hör ich, un - ver - kenn- bar sein.

Ein wichtiger Bestandteil dieser Musik ist der Wiener Walzer, wobei Richard Strauss hier das unterhaltende Vorbild seines (mit ihm nicht verwandten!) Namensvetters Johann Strauß kunstvoll in das Gefüge der großen Oper einpaßte und es seinem Stil anglich – das Ergebnis ist so überzeugend, daß es niemanden stört, wenn im Wien der Mozart-Zeit auf eimal Walzer erklingen, die es damals noch gar nicht gab!

Walzer

Die Szene im zweiten Akt, als Octavian Sophie die silberne Rose überreicht, erhält ihren ganz eigenen Reiz durch den Einsatz der Celesta, die eine fremdartige Folge von lauter einzelnen Dreiklängen in die ansonsten ganz harmonische Musik einstreut – kein Akkord hat etwas mit dem anderen zu tun, es handelt sich also nicht um eine »Kadenz!«

# Igor Strawinsky
## (1882–1971)

# Die Geschichte vom Soldaten

*L'Histoire du soldat*
Gelesen, Gespielt und Getanzt. In zwei Teilen
Text von Charles Ferdinand Ramuz

13 Musiknummern, verbunden durch Dialog und Lesung
Uraufführung am 28. September 1918 in Lausanne
Spieldauer: 45 Minuten

## Besetzung

| | |
|---|---|
| Der Vorleser | *Sprecher* |
| Der Soldat | *Sprecher* |
| Der Teufel | *Sprecher und Tänzer* |
| Die Prinzessin | *Tänzerin* |

# Die Handlung

 Märchenstoffe sind international: von zahlreichen Märchen gibt es Fassungen in vielen Ländern der Erde, und alle unterscheiden sich ein wenig voneinander. ›Die Geschichte vom Soldaten‹ stammt aus Rußland, doch begegnen uns in ihr manche vertraute Einzelheiten und Personen, wie wir sie aus unserer Märchenwelt, etwa der Brüder Grimm, kennen.

 Urlaub – was gäbe es Schöneres für einen aufrechten Soldaten? Unser Soldat, von dem wir nicht einmal den Namen kennen, hat sich auf den Weg in die Heimat gemacht, und nun rastet er unterwegs, abseits der staubigen Straße an einem Bach. Hier sortiert er seine wenigen Besitztümer, darunter Kamm und Spiegel, ein Bild der Freundin und vor allem: seine geliebte Geige. Daß sie arg verstimmt ist, stört ihn überhaupt nicht. Da kommt ein alter Mann des Weges und bleibt auf einmal wie angewurzelt vor dem Soldaten stehen. Der erschrickt – aber daß er den leibhaftigen Teufel vor sich hat, ahnt er nicht. Dem Bösen hat es die verstimmte Geige angetan, und er bietet dem Soldaten ein Buch zum Tausch. Doch was nützt ein Buch, wenn man nicht lesen kann! Der Teufel aber erklärt, was es für eine Bewandtnis mit dem Buch hat: es ist kein gewöhnliches Buch – wem es gehört, der wird reich!

Da erklärt sich der Soldat mit dem Handel doch einverstanden, und beide erläutern sich gegenseitig, wie man am besten mit den ausgetauschten Gegenständen umgeht: der Teufel lernt notdürftig Geige spielen und der Soldat mit dem Zauberbuch umgehen. Doch da man unmöglich in wenigen Augenblicken lesen lernen kann, lädt der Alte den Soldaten ein, drei Urlaubstage bei ihm zu verbringen.

Die drei Tage vergehen schnell und doch sind sie viel länger als gedacht. Denn als der Soldat schließlich in seinem Heimatort eintrifft, erkennt ihn niemand mehr. Voller Schrecken begreift er, daß ihn der alte Mann nicht drei Tage, sondern ganze drei Jahre lang bei sich behalten hat! Wie Schuppen fällt es ihm von den Augen: er war – beim Teufel! Der ist zu allem Überfluß auch schon wieder zur Stelle und sieht diesmal wie ein Viehhändler aus. Der Soldat erfährt nun, was er bisher nicht wußte: Das Buch hat ihn an den Teufel gefesselt, er muß ihm weiter folgen!

Immerhin hat sich das wunderliche Buch bewährt, der Soldat ist steinreich geworden. Nur seine geliebte Geige fehlt ihm sehr. Wieder kreuzt der Teufel wie zufällig seinen Weg, diesmal als alte Frau, unterm Arm die vermißte Fidel. Der Soldat stürzt sich auf das Weib und bemächtigt sich seiner Geige, doch – sie ist stumm geworden, er bringt keinen Ton heraus! In seiner Wut zerreißt der Soldat das verfluchte Buch und schmettert die Geige auf den Boden.

 Natürlich hat der Soldat sogleich sein ganzes Geld verloren, als er das Buch so leichtfertig zerrissen hat. So findet er sich, ganz wie zu Beginn, wieder auf der staubigen Landstraße zwischen Chur und Wallenstadt, auf dem Weg in die Heimat. Diesmal ruht er sich in einem Gasthaus aus, wo man ihm das Neueste erzählt: die Prinzessin sei krank und keiner konnte sie bisher heilen. Der König hat deshalb in seiner Ratlosigkeit versprochen, sie demjenigen, der sie gesund machen könne, zur Frau zu geben. Der Soldat hat ohnehin nichts zu verlieren, warum sollte er hier nicht sein Glück versuchen? Gleich bricht er auf zum Königsschloß.

Doch auch der Teufel – wie könnte es anders sein? – ist schon dort, diesmal tatsächlich als vortrefflicher Geigenspieler. Es zeigt sich aber, daß auch der Teufel seine Schwächen hat, denn dem Soldaten gelingt es, ihn betrunken zu machen. So kommt er endlich wieder in den Besitz seines geliebten Instrumentes. Und als die arme Prinzessin die lieblichen Klänge hört, die der Soldat seiner Geige entlockt, wird sie ganz schnell wieder gesund und fröhlich. Soldat und Prinzessin umarmen sich glücklich, doch unvermutet ist der Teufel aus seinem Rausch erwacht und steht auf einmal drohend hinter dem Paar. Schnell greift der Soldat wieder zu seiner Violine und spielt eine Tanzweise, die sogar dem Teufel in die Beine fährt – ob er will oder nicht: er muß tanzen! Und der Soldat spielt immer weiter, so lange, bis der Teufel einfach umfällt. Schnell schleppen die beiden den Bösen hinaus und glauben, daß sie sich nun ungestört umarmen können. Weit gefehlt – wie aus dem Boden geschossen steht der Teufel schon wieder vor ihnen. Drohend warnt er den Soldaten: Wenn du jemals dein Heimatdorf betrittst, hole ich dich in die Hölle!

Natürlich erwacht die Sehnsucht nach der Heimat immer dann am schnellsten, wenn man weiß, daß man nicht dorthin darf. Nun zieht es den Soldaten schließlich mit Macht in sein Heimatdorf, und er nimmt seine Prinzessin mit, um sie der Mutter vorzustellen. Kaum aber hat er den Grenzpfahl des Dorfes erreicht, steht auch schon der Teufel vor ihm da! Nun hat er sein Opfer sicher; geigend folgt ihm der Soldat in die Hölle . . .

## Hinweise

*Strawinskys ›Geschichte vom Soldaten‹ ist im gewohnten Sinn gar keine Oper, aber trotzdem ein eindrucksvolles und sehr originelles Stück des Musiktheaters. Mit diesem Werk beschritt der Komponist einen neuen Weg: Mit musikalischen Mitteln stellt er eine Handlung auf der Bühne dar, ohne daß die Darsteller wie in der Oper singen. Statt dessen gibt es einen »Vorleser«, der das Märchen lebendig und spannend erzählt. Ihm zur Seite stehen lediglich drei weitere Personen, die zur Musik und zu den gesprochenen Worten spielen und tanzen, in der Art einer Ballettpantomime. Dieser kleinen Darstellerbesetzung entspricht auch das ungewöhnlich kleine Instrumentalensemble, das man hier kaum »Orchester« nennen kann, sondern das viel eher eine Kammermusikgruppierung darstellt. Es besteht aus sieben Mitgliedern, nämlich Kontrabaß, Klarinette, Fagott, Piston (ein Blechblasinstrument mit baulichen und klanglichen Merkmalen von Trompete und Horn), Posaune und Schlagzeug*

*sowie einer Solovioline, die natürlich die Geige des Soldaten dar-*
*stellen soll.*

*Die Musik, die Strawinsky nun für dieses Ensemble komponierte,*
*ist auf raffinierte Weise einfach und verständlich. Er schrieb eine*
*Folge von einzelnen, jeweils abgeschlossenen Musikstücken: den*
*Marsch des Soldaten:*

*das kleine Konzert des Soldaten, das er der Prinzessin vorspielt;*
*Tänze der Prinzessin, nämlich Tango, Walzer und Ragtime, das*
*Teufelslied, einen kleinen und einen großen Choral.*

*Der Dichter Ramuz aus der französischen Schweiz verfaßte seine*
*›Geschichte vom Soldaten‹ in enger Zusammenarbeit mit Stra-*
*winsky. Er sagte zu seinem Buch: Der Vorleser ist das Wichtigste;*
*alles andere – Musik und Spiel auf der Bühne – sind nur Ergänzun-*
*gen. Es kam ihm also in erster Linie auf die Handlung an. Für die*
*deutsche Bühne wurde das Buch frei nachgedichtet, doch nicht*
*wörtlich übersetzt.*

## Alban Berg
### (1885–1935)

# Wozzeck

Oper in drei Aufzügen
Text von Georg Büchner

Drei in 15 Szenen gegliederte Akte
Uraufführung am 14. Dezember 1925 in Berlin
Spieldauer: 2 Stunden

## Besetzung

| | |
|---|---|
| Wozzeck | *Bariton* |
| Tambourmajor | *Tenor* |
| Andres | *Tenor* |
| Hauptmann | *Tenor* |
| Doktor | *Baß* |
| Zwei Handwerksburschen | *Baß, Bariton (auch Tenor)* |
| Der Narr | *Tenor* |
| Marie | *Sopran* |
| Margret | *Alt* |
| Mariens Knabe | *Sopran* |
| Soldat | *Tenor* |
| | |
| Soldaten und Burschen, Mägde und Dirnen, Kinder | *Chor* |

# Die Handlung

 Der arme Soldat Wozzeck rasiert seinen Hauptmann, und dabei kommen beide miteinander ins Gespräch. Dem Hauptmann ist aufgefallen, daß Wozzeck schon seit längerer Zeit so unruhig, so gehetzt wirkt, und er macht ihm Vorwürfe, daß er ein Kind hat, ohne verheiratet zu sein – das gehört sich schließlich nicht! Wozzeck versucht seine Lage zu erklären: Arme Leute wie er haben nicht viel Gelegenheit in dieser Welt, es sich gut gehen zu lassen!

Wenig später trifft sich Wozzeck mit seinem Freund Andres draußen vor der Stadt, um für den Major Weidenstöcke zu schneiden. Plötzlich scheinen sich seine Sinne zu verwirren: Er hört unheimliche Geräusche und schwankt wie vom Schwindel gepackt hin und her. In panischer Angst beobachtet er die untergehende Sonne, sieht Feuer vom Himmel fallen und glaubt, die Posaunen des Jüngsten Gerichtes zu hören.

Zur gleichen Zeit steht Wozzecks Freundin Marie mit ihrem Kind auf dem Arm am Fenster ihrer armseligen Wohnung und sieht der bunten Militärkapelle nach, die am Haus vorbeimarschiert. Besonders der Tambourmajor hat es ihr angetan. Er hat das hübsche Mädchen am Fenster natürlich bemerkt, und sie winkt ihm verstohlen zu. Nachbarin Margret verspottet die beiden, und Marie wirft beleidigt das Fenster zu. Nachdenklich wiegt sie ihr Kind in den Schlaf und singt ein trauriges Lied dazu. Da tritt – gehetzt wie immer – Wozzeck ein. Er muß schnell zurück in die Kaserne, doch vorher will er ihr unbedingt noch von seinem unheimlichen Erlebnis auf dem Feld erzählen. Dann stürzt er wieder davon. Nicht einmal nach seinem Kind hat er geschaut; verzweifelt sieht Marie ihm nach.

Wozzeck verdient sich auf allerlei Wegen ein wenig Geld zu seinem kümmerlichen Sold hinzu, denn er muß ja auch Marie und das Kind ernähren. So läßt er sich vom Doktor als »Versuchstier« gebrauchen: Er darf immer nur Bohnen essen, und der Doktor beobachtet, wie er sich dabei fühlt, in der Hoffnung, dabei große wissenschaftliche Entdeckungen zu machen. Der Lohn dafür ist allerdings mehr als kümmerlich: ganze drei Groschen. Auch der Doktor weiß keinen Rat, als Wozzeck ihm von seinen Visionen erzählt.

Es dunkelt. Da klopft der Tambourmajor bei Marie an. Sie bewundert das prächtige Mannsbild, und er ist ganz scharf auf ein Abenteuer mit dem hübschen Mädchen. Sie wehrt sich erst ein bißchen gegen seine zudringlichen Zärtlichkeiten, doch dann nimmt sie ihn heimlich mit zu sich ins Haus.

 Am nächsten Morgen bewundert sich Marie im Spiegel: sie trägt neue Ohrringe. Die hat ihr gestern Nacht der Tambourmajor geschenkt, als Lohn für die Liebesnacht. Um ihr Kind kümmert sich Marie heute nur sehr unwillig. Wozzeck kommt vorbei; natürlich entdeckt er sofort die Ohrringe, obwohl Marie sie schnell verstecken will. Er bedrängt sie eifersüchtig und glaubt nicht recht, daß sie so etwas Kostbares gefunden haben könnte, wie sie behauptet. Aber bevor er zum Dienst geht, läßt er trotzdem sein ganzes weniges Geld da. Reumütig blickt Marie ihm nach.

Auf dem Weg begegnet Wozzeck dem Hauptmann und dem Doktor. Als er sich an ihnen vorbeidrücken will, halten sie ihn am Rockzipfel fest, machen sich mit allerlei Andeutungen über ihn lustig und spielen dabei boshaft auf den Tambourmajor an. Wozzeck erschrickt und wehrt sich gegen solche Späße, denn Marie und das Kind sind seine einzige Freude. Der Hauptmann aber besteht hartnäckig auf seinen Andeutungen: das war ja gar nicht als Spaß gemeint, das mit dem Tambourmajor... Entsetzt ergreift Wozzeck die Flucht.

Daheim zwingt er sogleich Marie zum Geständnis ihres Seitensprunges. Doch sie widersetzt sich trotzig seinen Drohungen, und Wozzeck verläßt sie, wie von Sinnen vor Eifersucht.

Ersten Trost sucht er im Wirtshaus. Einsam sitzt er am Tisch vor seinem Bier, und die anderen machen einen Bogen um ihn, weil er so verstört aussieht. Unter den tanzenden Paaren sieht er auch Marie und den Tambourmajor. Plötzlich nähert sich ihm eine seltsame närrische Gestalt und murmelt geheimnisvolle Worte: »Ich rieche Blut...« Wozzeck stürzt hinaus.

In der Kaserne sucht Wozzeck vergeblich Ruhe. Er findet auf seiner Pritsche keinen Schlaf. Aufgeblasen und angetrunken kommt der Tambourmajor heim. Er ist rauflustig und reizt Wozzeck bis aufs Blut, so daß es zum Ringkampf kommt. Natürlich besiegt der kraftstrotzende Major den kränkelnden Wozzeck und läßt ihn blutend auf seinem Bett zurück. Finster grübelnd liegt Wozzeck die ganze Nacht wach, während die Kameraden um ihn herum friedlich schlafen.

 Auch Marie ist unruhig und findet keinen Schlaf. Wozzeck hat sich bei ihr überhaupt nicht mehr blicken lassen. Deshalb sucht sie Trost in der Bibel und stößt dabei ganz zufällig auf eine passende Geschichte: Jesus verzeiht der Ehebrecherin, wenn sie verspricht, nicht mehr zu sündigen. Sie singt ihrem kleinen Jungen ein trauriges Lied vor von einem einsamen Waisenkind. Dann blättert sie stumm weiter in der Bibel.

Schließlich ist Wozzeck doch wieder bei ihr aufgetaucht. Er macht mit Maria in der Dämmerung einen Spaziergang durch den einsamen Wald. Sie hat große Angst und will heim, doch Wozzeck drückt sie an sich und küßt sie. Er murmelt seltsame Worte, die ihr unheimlich sind. Sie gehen an einem kleinen Teich entlang, und der Mond geht auf, da zieht er auf einmal plötzlich sein Messer und sticht zu. Dann stürzt er in großer Panik davon, Marie bleibt im Wald liegen und verblutet.

Wie von Sinnen kehrt Wozzeck in das Wirtshaus zurück, schreit und singt, tanzt mit Margret und sucht Streit. Auf einmal sieht sie seine blutige Hand, und Wozzeck ergreift wieder in panischer Angst die Flucht, mitten aus dem Kreis der entsetzten Gäste, die den Verrückten umringt haben.

Der Mörder kehrt an den Tatort zurück. Wozzeck sucht am Teich im Wald das blutige Messer, das ihn verraten könnte. Er findet es und wirft es ins Wasser. Dann watet er hinterher, aus Angst, das

Messer könnte vielleicht doch noch zu sehen sein. Immer tiefer gerät er in das sumpfige Wasser – schließlich geht er unter, versinkt, ertrinkt . . .

Wieder einmal gehen der Hauptmann und der Doktor zusammen spazieren. Diesmal führt sie der Weg zufällig am einsamen Teich im Wald vorbei. In der Stille der Nacht glauben sie seltsame Geräusche zu hören, so als ob jemand ertrinkt. Da wird ihnen schauerlich zumute; schnell kehren sie um und verlassen den unheimlichen Ort.

Vor dem leeren Haus Maries spielen ein paar Kinder miteinander Fangen. Auch ihr kleiner Junge ist mit seinem Steckenpferd dabei. Da kommen noch mehr Kinder gelaufen, sie haben die tote Marie im Wald gefunden! Gleich rennen alle los, die Tote anschauen. Dem kleinen Jungen rufen sie noch schnell zu: »Deine Mutter ist tot!« – Aber er begreift nicht, was das heißt. Mutterseelenallein hoppelt er auf seinem Steckenpferd den anderen nach.

## Hinweise

*Als Alban Berg 1914 in Wien die erste Aufführung des Schauspiels ›Woyzeck‹ von Georg Büchner (1813–1837) sah, war er so beeindruckt, daß er sich sogleich an eine Vertonung dieses Textes begab. Er richtete sich selbst das Libretto des ›Woyzeck‹ ein, ließ einige Szenen weg und fügte im übrigen die vorhandenen Szenen zu drei Aufzügen zusammen.*

*›Wozzeck‹, wie Berg nun das neue Werk nannte, ist eine »atonale« Oper. Ihre Musik ist also nicht auf einen Grundton und eine Tonart bezogen, und ihre Klänge stehen zueinander nicht mehr in harmonischer Verwandtschaft, ordnen sich nicht mehr wie bisher in Kadenzen; Dissonanzen lösen sich nicht mehr zu Konsonanzen auf. Um seiner Musik dennoch einen festen Halt zu geben, legte Berg den einzelnen Szenen jeweils bestimmte Satzformen der traditionellen Musik zugrunde, und jeder Akt bildet eine höhere formale Einheit. Im einzelnen sieht das so aus:*

*Erster Akt: Folge von fünf Charakterstücken.*

*Erste Szene: Suite nach barockem Vorbild mit Präludium, Sarabande, Gigue, Gavotte, Air und Postludium (= das rückwärts gespielte Präludium!).*

*Zweite Szene: Rhapsodie über drei Akkorde, Jägerlied mit drei Strophen.*

*Dritte Szene: Marsch und Wiegenlied.*

*Vierte Szene: Passacaglia mit 21 Variationen.*

*Fünfte Szene: ein »Andante affettuoso«.*

*Zweiter Akt: eine Sinfonie in fünf Sätzen.*

*Erste Szene: Sonate.*

*Zweite Szene: Fantasie (Invention) und Tripelfuge.*

*Dritte Szene: Largo für Kammerorchester.*

*Vierte Szene: Scherzo mit zwei Liedern als Trios.*

*Fünfte Szene: Introduktion (Einleitung) und »Rondo martiale« (kriegerisch).*

*Dritter Akt: sechs Inventionen (wie bei Bach).*

*Erste Szene: Invention über ein Thema mit sieben Variationen und Fuge.*

*Zweite Szene: Invention über einen Ton (als Orgelpunkt H).*

*Dritte Szene: Invention über einen Rhythmus (Polka).*

*Vierte Szene: Invention über einen Sechsklang.*

*Fünfte Szene: Invention über eine gleichmäßige Achtelbewegung.*

*Diese strengen Formen sind zwar kaum beim Hören im Theater zu erkennen, gliedern aber den musikalischen Ablauf sehr deutlich und hilfreich. Die drei Akte sind, trotz der genannten Gliederung, jeweils durchkomponiert. Eine Besonderheit ist das gelegentliche rhythmische Sprechen mit festgelegter Tonhöhe, das etwa an die Stelle der früher üblichen Dialoge oder Rezitative tritt. In den Noten sieht das dann so aus:*

Hob ihn ein-mal ei- ner auf,   meint, er sei ein   I - gel
( ins Singen hineinkommend )

*Berg setzt im ›Wozzeck‹ ein sehr großes Orchester mit sehr vielen unterschiedlichen Instrumenten ein, wie es uns ähnlich auch in den Opern von Richard Strauss begegnet, wobei hier das Schlagzeug noch wesentlich reichhaltiger besetzt ist, mit großen und kleinen Trommeln, Rute, Tamtams, Triangel und Xylophon. Hinzu kommen Celesta und Harfe und die Bühnenmusik: die Militärkapelle im ersten Akt und die Wirtshausmusik im zweiten Akt. Mit diesem vielseitigen Riesenorchester erreicht Berg einen ungemein abgestuften und höchst ausdrucksvollen Klang, am schillerndsten und unheimlichsten wohl in der vierten Szene des dritten Aktes am Teich.*

## PAUL HINDEMITH
## (1895–1963)

# Cardillac

Oper in drei Aufzügen
Text von Ferdinand Lion (nach E. T. A. Hoffmann)

Vorspiel und 18 Musiknummern, die miteinander verbunden sind
Uraufführung am 9. November 1926 in Dresden
Spieldauer: etwa 2 Stunden

### Besetzung

| | |
|---|---|
| Der Goldschmied Cardillac | *Bariton* |
| Seine Tochter | *Sopran* |
| Der Offizier | *Tenor* |
| Der Goldhändler | *Baß* |
| Der Kavalier | *Tenor* |
| Die Dame | *Sopran* |
| Der Führer der Prévôté | *Bariton* |
| Der König | *stumme Rolle* |
| | |
| Kavaliere und Damen des Hofes, die Prévôté (eine Polizeitruppe), Volk | *Chor* |

# Die Handlung

 Es gibt Künstler, die kümmern sich um ihre Werke überhaupt nicht mehr, wenn sie vollendet sind – ihr Schicksal ist ihnen gleichgültig. Andere Künstler dagegen bringen es nicht übers Herz, sich auch nur von einem einzigen ihrer Werke zu trennen, sie leiden unter der Trennung wie unter dem Abschied von einem geliebten Menschen. In der folgenden Geschichte, die im Paris des 17. Jahrhunderts spielt, lernen wir einen genialen Goldschmied kennen, der zur zweiten Gruppe gehört.

 Die Bevölkerung von Paris ist verängstigt, denn immer wieder passieren des Nachts geheimnisvolle Morde. Seltsamerweise sind immer Träger von Schmuckgegenständen die bedauernswerten Opfer. Die Polizei beruhigt die aufgebrachte Menge: Der König hat jetzt ein Sondergericht, genannt »Die brennende Kammer«, eingesetzt, das sich um die Aufklärung der Verbrechen kümmern soll. Auch Cardillac, der berühmte Goldschmied, kommt des Weges, von den Herumstehenden als großer Künstler ehrerbietig begrüßt. Unter den Menschen auf der Straße ist eine vornehme Dame in Begleitung ihres Kavaliers. Er erzählt ihr von Cardillacs Künsten und erwähnt auch, daß alle Mordopfer gerade seinen Schmuck getragen haben. Das reizt die Dame besonders, und sie macht ihrem Verehrer ein Angebot: Er möge ihr den schönsten Schmuck des Meisters schenken, dann wolle sie ihn noch in der gleichen Nacht endlich erhören. In diesem fürchterlichen Zwiespalt zwischen Liebe und möglichem Tod entscheidet sich der Kavalier, ihren Vorschlag anzunehmen.

In der Nacht wartet die Dame zunächst vergeblich auf ihren Liebhaber mit dem ersehnten Geschmeide. Schließlich schläft sie enttäuscht ein. Da endlich erscheint der Kavalier; und tatsächlich, er hält das schönste Schmuckstück in den Händen, das je aus Cardillacs Werkstatt gekommen ist, einen kostbaren Gürtel. In inniger Umarmung sinkt das Paar aufs Bett. Plötzlich taucht am offenen Fenster eine maskierte Gestalt auf, stößt dem Mann ein Messer in den Leib und verschwindet mit dem Gürtel wieder im Dunkel der Nacht.

 Cardillac ist in seiner Werkstatt und empfängt den Besuch seines Goldhändlers, mit dessen Lieferungen er in letzter Zeit nicht zufrieden gewesen ist. Deshalb macht er sich mit ihm gemeinsam auf den Weg, um sich selbst an Ort und Stelle Gold von bester Qualität zu besorgen. Cardillac hat bemerkt, daß sich der Händler heimlich an der Tür der Werkstatt bekreuzigt hat, und erkundigt sich beiläufig nach dem Grund. Der Händler gesteht, daß er Cardillac verdächtigt, in irgendeiner dunklen Weise mit den Morden zusammenzuhängen.

Cardillacs Tochter bleibt allein in der Werkstatt zurück. Sie hängt ihren Gedanken nach – eigentlich möchte ihr Geliebter, ein Offizier, heimlich mit ihr fliehen und hat schon alles zur Flucht vorbereitet. Sie aber kann sich vom Vater nicht trennen. Als der Offizier unversehens eintritt und sie auffordert, mit ihm zu fliehen, gibt sie ihm erneut einen Korb. Erbittert und enttäuscht wendet er sich zum Gehen, doch er hofft, sie aus der Fessel an ihren Vater eines Tages befreien zu können.

Cardillac kehrt heim und bringt Gold zum Arbeiten mit. Für seine Tochter hat er kaum ein Auge und hört ihr auch nicht recht zu, als sie mit ihm über ihren geliebten Offizier sprechen will. Er denkt gar nicht daran, sie bei sich im Hause festzuhalten, seine Gedanken gelten ausschließlich seiner Kunst.

Auf einmal widerfährt Cardillac unverhofft eine hohe Ehrung: Der König besucht mit seinem Hofstaat die Werkstatt und bewundert die kostbaren Kunstwerke von der Hand des Goldschmiedes. Doch als deutlich wird, daß der König und seine Gefolgsleute Interesse am Kauf einzelner Gegenstände haben, wird Cardillac ziemlich unhöflich und abweisend. Schließlich verabschiedet sich der hohe Besuch enttäuscht und empört, Cardillac ist wieder allein – er weiß selbst am besten, daß der König sein nächstes Mordopfer geworden wäre, wenn er ein Schmuckstück gekauft hätte! Dann holt er aus einem Geheimschrank den Gürtel, den die vornehme Dame von ihrem Kavalier geschenkt bekommen hat, und berauscht sich am Anblick des wiedergewonnenen Geschmeides.

Der Offizier kehrt zurück und erbittet nun von Cardillac »das Schönste, was ihr schuft!« Entsetzt wehrt der Künstler ab, doch der Offizier hat ja gar keinen Schmuck gemeint, sondern Cardillacs Tochter. Der Offizier will aber zugleich auch das Geheimnis dieses Hauses lösen und die Tochter aus der Abhängigkeit vom Vater befreien. Deshalb ringt er Cardillac gegen dessen ausdrücklichen, fast verzweifelten Widerstand eine Kette ab, bezahlt sie auch gleich und verläßt das Haus, während der Goldschmied ihm Verwünschungen nachruft. Cardillac versucht sich zur Arbeit zu zwingen, doch vergeblich – immer kreisen seine Gedanken um die Kette. Wie getrieben verkleidet er sich und macht sich auf die Jagd nach Schmuck und Käufer.

 Auf der nachtdunklen Straße wartet der Offizier auf Cardillac, denn er hat längst begriffen, daß hier der Künstler wie unter einem Zwang zum Mörder geworden ist. Da taucht auch schon Cardillac aus dem Dunkel auf und stürzt sich wie von Sinnen mit dem Messer auf den Offizier. Der jedoch weicht dem Angriff, den er erwartet hat, geschickt aus und wird nur leicht verwundet. Der Goldhändler, der den gleichen Verdacht hatte, beobachtet den Vorfall und ruft nun laut um Hilfe. Unterdessen läßt der Offizier Cardillac fliehen, denn der Goldschmied hat ihn beschwörend auf seine unvollendeten Kunstwerke hingewiesen. Es gibt schnell einen großen Volksauflauf, auch die Polizei ist da, und der Goldhändler klagt Cardillac in aller Öffentlichkeit als Schuldigen an. Man holt den Künstler aus seiner Werkstatt, seine Tochter begleitet ihn. Der Offizier aber lenkt nun den Verdacht auf den Händler als Mordkomplizen und entlastet damit Cardillac. Sofort wird der arme Mann verhaftet und der Folter

übergeben, damit er den Namen des Mörders preisgeben soll. Cardillacs Tochter aber erfährt entsetzt vom Offizier, welche Verbrechen ihr Vater begangen hat – nur so kann er sie endlich aus ihrer Abhängigkeit vom Vater befreien.

Währenddessen jubelt die Menge dem verehrten Meister Cardillac zu, der sich dieser Bewunderung mit düster-geheimnisvollen Worten zu entziehen versucht. Schnell erwachen bei den Menschen Neugier und Argwohn, man treibt ihn mit Fragen und Drohungen so in die Enge, daß er schließlich gesteht, der gesuchte Schmuckmörder zu sein. Er bekennt sich ohne ein Zeichen von Reue zu seinen Taten, und die Menschen fallen blind vor Wut über ihn her, um ihn zu töten. Offizier und Tochter finden Cardillac inmitten der Menge sterbend auf dem Pflaster der Straße – sein Abschiedsgruß gilt der Kette, die der Offizier um den Hals trägt. In starrem Schweigen beobachtet das Volk den Tod des Künstlers, den seine Leidenschaft zum Verbrecher machte.

## Hinweise

*Die Handlung der Oper ›Cardillac‹ beruht auf einer Erzählung von E. T. A. Hoffmann (1776–1822): ›Das Fräulein von Scuderi‹, in der ein geheimnisvoller Kriminalfall um den Pariser Goldschmied Cardillac geschildert wird. Madame de Scuderi allerdings, die andere Hauptperson in der Erzählung, erscheint im Opernlibretto überhaupt nicht. Die Handlung ist dadurch gestrafft und vereinfacht und bleibt ganz auf die Figur des Goldschmieds konzentriert, um den herum eher namenlose »Tpyen« als individuelle Menschen auftreten: der Kavalier, die Dame . . .*

*Hindemiths Musik steht in einem eigentümlichen Gegensatz zur spannenden und unheimlich übersteigerten Handlung. Der Komponist hat hier nicht versucht, mit seinen Klängen die Stimmungen und Feinheiten des Geschehens in allen Einzelheiten nachzuzeichnen. Die Oper ist auch nicht, wie bisher üblich, durchkomponiert, sondern gliedert sich wie in alter Zeit in einzelne voneinander abge-*

setzte »Nummern«, die manchmal scheinbar ohne innere Beziehung neben dem dramatischen Geschehen auf der Bühne ablaufen. Gerade durch diesen starken Gegensatz zwischen Musik und Handlung entsteht jedoch eine ganz neuartige, reizvolle Art von Spannung. Am deutlichsten wird das im zweiten Bild des ersten Aufzuges, wenn der Kavalier der Dame den Gürtel Cardillacs bringt und dafür ermordet wird: Zu dieser dramatischen Nachtszene, die auf der Bühne als stumme Pantomime gespielt wird, erklingt im Orchester das zarte Duett zweier Querflöten, sparsam von wenigen Instrumenten begleitet. Der Mord geschieht in völliger Stille, dann aber scheint das ganze Orchester im Fortissimo (fff) zu explodieren. Auch in anderen Szenen stehen jeweils Soloinstrumente im Vordergrund.

Daneben gelingen Hindemith eine Reihe von packenden Chorszenen, in denen die Angst des Volkes vor dem Mörder unmittelbar zum Ausdruck kommt. Eine solche Volksszene eröffnet den ersten Akt; sie geht unmittelbar aus dem lebhaften Orchestervorspiel hervor und verwendet auch dessen Melodik:

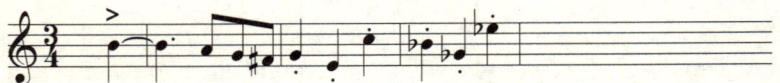

Gern greift Hindemith auf ältere musikalische Formen zurück – am eindrucksvollsten sicher in der großen Szene zwischen Cardillac und dem Volk am Ende der Oper, die als Passacaglia gestaltet ist: Wie in der barocken Passacaglia baut sich dieses Ensemble über einem gleichbleibenden ständig wiederkehrenden und immer mächtiger sich steigernden Thema auf:

*Viele Jahre nach der Uraufführung hat Hindemith seinen ›Cardillac‹ noch einmal sehr eingreifend in Musik und Handlung umgearbeitet, nach seinen eigenen Regeln, die er inzwischen in einem Buch veröffentlicht hatte (›Unterweisung im Tonsatz‹). Diese zweite Fassung (von 1952) hat sich jedoch auf der Bühne nicht durchgesetzt; die knappere und bühnenwirksamere Erstfassung hat sich damit gegen den Willen des Komponisten behauptet.*

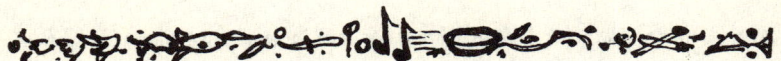

# GEORGE GERSHWIN
## (1898–1937)

# Porgy und Bess

### Oper in drei Aufzügen
### Text von Du Bose Heyward und Ira Gershwin

Drei durchkomponierte Akte mit eingefügten Nummern
Uraufführung am 10. Oktober 1935 in New York
Spieldauer: etwa 2½ Stunden

## Besetzung

| | |
|---|---|
| Porgy, ein verkrüppelter Neger | *Bariton* |
| Bess, eine junge Negerin | *Sopran* |
| Sporting Life, Rauschgifthändler und Schmuggler | *Tenor* |
| Crown, ein gut verdienender, aber brutaler Neger | *Bariton* |
| Jake, ein Fischer | *Bariton* |
| Clara, seine Frau | *Sopran* |
| Robbins, ein junger Fischer | *Tenor* |
| Serena, seine Frau | *Sopran* |
| Peter, ein alter Neger, Honigverkäufer | *Tenor* |
| Maria, seine Frau | *Mezzosopran* |
| Jim | *Bariton* |
| Mingo und Nelson, Fischer | *Tenöre* |
| Lily und Annie, Negerinnen | *Mezzosoprane* |
| Scipio, Negerjunge | *Sprechrolle* |
| Eine Erdbeerfrau | *Mezzosopran* |
| Ein Krabbenverkäufer | *Tenor* |
| Mr. Archdale, weißer Rechtsanwalt | *Sprechrolle* |
| Simon Frazier, Negeradvokat | *Bariton* |
| Ein Leichenbestatter | *Bariton* |
| Ein Leichenbeschauer | *Sprechrolle* |
| Ein Detektiv | *Sprechrolle* |
| | |
| Erwachsene und Kinder der Catfish Row, Polizisten | *Chor* |

# Die Handlung

Die Handlung spielt fast ausschließlich unter Schwarzen in Charleston, einer Stadt im amerikanischen Bundesstaat Süd-Carolina, um 1870 nach dem großen Bürgerkrieg. Dort lebten in der Catfish Row ehemals reiche Weiße, nun wird sie von mehr oder weniger mittellosen, aber lebenslustigen Farbigen bewohnt.

Auch an diesem Abend treffen sich die Anwohner nach getaner Arbeit zum Singen, Tanzen und Spielen auf der Straße. Clara hat ihr Baby auf dem Arm und versucht, es trotz des allgemeinen lautstarken Trubels in den Schlaf zu singen. Auch ihrem Mann, dem Fischer Jake, gelingt es nicht, das Kind zu beruhigen; allerdings singt er auch kein Wiegenlied, sondern ein Spottlied auf die Frauen.

Da kommt der verkrüppelte Porgy mit seinem Wägelchen des Weges; man neckt ihn, weil er sich in das Mädchen Bess verliebt hat. Sie allerdings lebt mit Crown zusammen, einem üblen Burschen, der in Rauschgiftgeschäfte verwickelt und selber süchtig ist.

Crown mischt sich mit Bess auch unter die Menge, und beim Würfeln bekommt er sofort Streit mit Robbins, weil er falsch spielt. Jähzornig erschlägt Crown seinen Gegner und ergreift aus Angst vor der Polizei sofort die Flucht. Der Kokainhändler Sporting Life bietet Bess bei sich Unterschlupf, sie aber geht mit Porgy, als die Polizeisirenen immer näher kommen und die Menge auseinanderläuft.

Man hat den erschlagenen Robbins im Zimmer seiner Frau Serena aufgebahrt. Sie hat kein Geld, um sein Begräbnis zu bezahlen; da legen alle ihre Pfennige zusammen, auch Bess.

Empört weist Serena ihren Beitrag ab, doch Bess erklärt ihr, daß es Porgys Geld ist. Ein Polizeidetektiv dringt in das Zimmer ein und sucht Mordzeugen, außerdem treibt er zur Eile an: Robbins soll schnell beerdigt werden, sonst wird er seine Leiche den Medizinstu-

denten weitergeben. Schließlich kommt auch der Bestattungsunter-
nehmer; erst auf eindringliche Bitten aller Anwesenden akzeptiert er
die geringe Summe, die da zusammengekommen ist.

 Inzwischen neigt sich der Sommer seinem Ende zu. Die
Fischer flicken frühmorgens ihre Netze. Clara fleht ih-
ren Mann an, nicht mehr zum Fischen aufs Meer hinaus-
zufahren – wie schnell kann in dieser Jahreszeit ein
Sturm aufkommen! Jake aber läßt sich nicht zurückhalten, denn sie
haben das Geld bitter nötig, und er denkt schon an die Zukunft,
wenn ihr kleiner Sohn einmal gut ausgebildet werden soll.

Bess hat den Sommer über bei Porgy verbracht; vor allem er ist
sehr glücklich; er läßt sich gutmütig vom Advokaten Frazier übers
Ohr hauen, der ihm für teures Geld eine Scheidungsurkunde von
Bess verkauft, obwohl sie ja überhaupt nicht mit Crown verheiratet
war. Rechtsanwalt Dr. Archdale kann gerade rechtzeitig das üble
Geschäft verhindern.

Porgy ist abergläubisch: ein Bussard am Himmel bedeutet für ihn
nahes Unglück. Bess aber beteuert ihre Liebe, und Porgy beruhigt
sich, wehrt auch standhaft alle Zudringlichkeiten des Drogenhänd-
lers Sporting Life ab.

Das lustige Völkchen von der Catfish Row bricht zu einem gemeinsamen Picknick auf einer Insel auf. Bess will zunächst lieber
bei Porgy daheim bleiben, aber schließlich läßt sie sich doch zum
Mitkommen überreden.

Drüben auf der Insel wird gefeiert. Am Ende des Abends gibt es
allerdings noch ein wenig Streit, denn Sporting Life ärgert manche
frommen Freunde denn doch zu sehr mit seinen gottlosen Reden.
Serena mahnt zur Heimfahrt, alle brechen auf zum Dampfer. Bess ist
zurückgeblieben, und auf einmal steht Crown vor ihr, der sich auf
der Insel versteckt gehalten hatte. Es zeigt sich schnell, daß er immer
noch eine fast unerklärliche starke Anziehungskraft auf das Mädchen
ausübt, denn obwohl sie ihm von ihrem Verhältnis zu Porgy erzählt
und sich gegen ihn wehrt, läßt sie sich am Ende schließlich zum
Bleiben überreden.

 In der Woche darauf stechen die Fischer noch einmal in See. Bess ist zu Porgy heimgekehrt und liegt nun mit Fieber im Bett. Serena betet für sie und scheint sie mit der Kraft ihres Glaubens auch tatsächlich heilen zu können. Bess erzählt Porgy von ihrem Abenteuer mit Crown und fleht ihn an, sie vor ihm zu beschützen. Draußen hat sich unterdessen ein Unwetter zusammengebraut, Clara verliert fast den Verstand vor lauter Angst um ihren Mann draußen auf dem Meer.

Frühmorgens am darauffolgenden Tag treffen sich alle in großer Sorge bei Serena. Sie singen ein Spiritual, da klopft es an die Tür, und abergläubisch erwarten alle den leibhaftigen Tod eintreten zu sehen. Es ist statt dessen Crown, der nun Bess holen will. Dem Spiritual zum Trotz stimmt er ein lästerliches Lied an. Auf einmal sieht man durch das Fenster draußen auf dem Meer Jakes Boot kentern, und Clara stürzt hinaus in das Unwetter, Crown ihr nach.

Einen Tag später versinkt die Catfish Row in tiefer Trauer, denn mit anderen Fischern sind auch Jake und Clara im Sturm umgekommen, möglicherweise auch Crown. Sporting Life aber glaubt, es besser zu wissen: Crown lebt!

Wenig später, als alle still nach Hause gegangen sind, taucht tatsächlich Crown wieder auf und schleicht um Porgys Wohnung. Auf einmal tut sich hinter seinem Rücken ein Fenster auf, und Porgy ersticht den Nebenbuhler.

Nun befassen sich ein Detektiv und ein weißer Untersuchungsrichter mit dem neuen Mordfall. Zunächst hält man die unschuldige Serena für die Täterin. Dann jedoch wendet sich die Aufmerksamkeit Porgy zu: Er soll Crown identifizieren und muß deshalb mit auf die Polizeistation.

Während seiner Abwesenheit nähert sich wieder einmal der zwielichtige Sporting Life dem Mädchen Bess. Er legt ihr nahe, ihn nach New York zu begleiten, denn Porgy würde ja nun ohnehin hinter Gittern enden. Empört weigert sich Bess, er aber legt ihr ein Päckchen Rauschgift vor die Nase und verläßt sie siegesgewiß.

Nach einer Woche in Untersuchungshaft kehrt Porgy wieder heim! Er wollte abergläubisch den toten Crown nicht identifizieren und auch nichts aussagen, also hat man ihn erst einmal ein paar Tage lang eingesperrt. Fröhlich kommt er die Straße herunter, mitleidig und verlegen von den Mitbewohnern beobachtet. Er ruft erwartungsvoll nach Bess – da muß er erfahren, daß sie ihn verlassen hat und mit Sporting Life nach New York gegangen ist. Alle beschwören ihn: vergiß es, es hat keinen Sinn mehr! Er aber bleibt in seiner rührenden Liebe unbeirrbar: Mit seinem kleinen Wägelchen macht er sich auf den weiten Weg nach New York, um seine Bess zu suchen. Gott wird ihm helfen, davon ist er fest überzeugt!

## *Hinweise*

*Gershwin ist ein Sonderfall in der Musikgeschichte, denn ihm gelang es, einen Mittelweg zwischen der sogenannten »ernsten« Musik und der modernen Unterhaltungsmusik und der Folklore zu finden. Seine Instrumentalwerke, etwa ›Rhapsody in Blue‹ oder ›Ein Amerikaner in Paris‹, tauchen in unseren Konzertprogrammen deshalb auch selten auf. Auf dem Gebiet der Oper gelang dem Komponisten etwas Vergleichbares: Mit ›Porgy und Bess‹ entstand eine Art »amerikanischer Oper«, wie sie es zuvor nicht gegeben hatte. Er selbst nennt sie »amerikanische Volksoper«, womit vor allem die Nähe der Handlung und der in ihr auftretenden Personen zum einfachen Volk gekennzeichnet werden soll.*

*Allerdings fügte Gershwin in seine Partitur keine originalen Volksmelodien ein – also die Spirituals und Songs der schwarzen Bevölkerung –, sondern er komponierte die Melodien neu im Stil dieser Volksmusik. Die drei Aufzüge des Werkes sind durchkomponiert, und die Musik drückt sehr kontrastreich alle wechselnden Stimmungen der Natur und der Menschen aus. Dabei verwendet Gershwin neben den genannten folkloristischen Klängen im typischen Tonfall der Farbigen auch Elemente des Jazz, die Klänge der musikalischen Revuen vom New Yorker Broadway, einer berühmten Straße in New York, in deren Theatern viele bekannte Musicals zum erstenmal aufgeführt wurden. Auch der Blues als wichtige Grund-*

*lage des Jazz wird einbezogen: Gleich zu Beginn des ersten Aktes hört man aus einem der Häuser in der Catfish Row auf einem (absichtlich) verstimmten Klavier einen Blues spielen, der dann von den Schwarzen auf der Bühne mitgesungen wird.*

*Innerhalb der durchkomponierten Akte gibt es gleichwohl in sich abgeschlossene »Nummern«, also neben Ensembles auch Soloszenen, die man durchaus mit den traditionellen Arien der Oper vergleichen kann. Das berühmteste Beispiel hierfür ist sicher Claras Lied »Summertime«:*

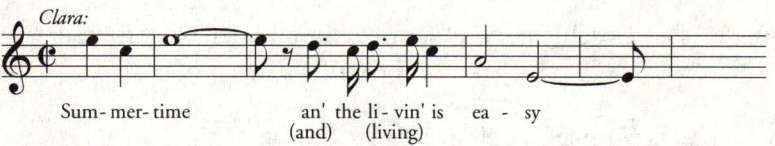

*Ferner gibt es mehrere großangelegte Chorsätze, besonders eindrucksvoll etwa das Spiritual »Oh, there's somebody« im 2. Akt:*

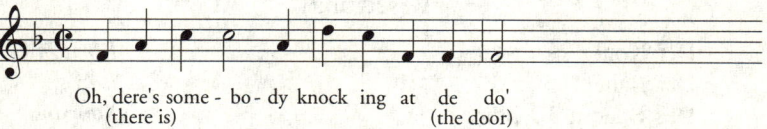

*In der Picknick-Szene bezieht Gershwin zusätzlich auch noch urtümliche »primitive« Instrumente mit ein – Kämme, Knochen und Waschbrett – und beschwört mit ihnen und unter Einbeziehung afrikanischer Trommeln die Atmosphäre einer temperamentvollen improvisierten Freiluftmusik.*

*Die Nähe dieser Oper zum Musical ist unüberhörbar; zugleich hat diese Verwandtschaft den Weg von ›Porgy und Bess‹ auf die großen Opernbühnen zunächst erschwert. Inzwischen aber ist diese Oper ein Welterfolg geworden und wurde 1985 erstmals in der ehrwürdigen Metropolitan Opera in New York aufgeführt.*

C ARL O RFF
(1895–1982)

# Die Kluge

Die Geschichte von dem König und der klugen Frau
Text vom Komponisten

Kein Vorspiel, zwölf Szenen mit Dialog
Uraufführung am 20. Februar 1943 in Frankfurt am Main
Spieldauer: etwa 1½ Stunden

## Besetzung

| | |
|---|---|
| Der König | *Bariton* |
| Der Bauer | *Baß* |
| Des Bauern Tochter | *Sopran* |
| Der Kerkermeister | *Baß* |
| Der Mann mit dem Esel | *Tenor* |
| Der Mann mit dem Maulesel | *Bariton* |
| Erster Strolch | *Tenor* |
| Zweiter Strolch | *Bariton* |
| Dritter Strolch | *Baß* |

# Die Handlung

 Diese Oper folgt, wie ›Hänsel und Gretel‹, einem bekannten Märchen der Brüder Grimm, der Geschichte von der klugen Bauerntochter.

Bevor sich der Vorhang öffnet, ist schon einiges passiert. Der Bauer hat nämlich beim Pflügen auf seinem Acker einen goldenen Mörser gefunden (ein Mörser ist ein Gefäß, in dem mit Hilfe eines Stößels zum Beispiel Getreidekörner zerstoßen werden können). Als treuer Untertan hat er diesen kostbaren Fund sogleich seinem König gebracht, obwohl ihn seine Tochter dringend davor gewarnt hat. Und tatsächlich – der König verhält sich leider genau so, wie sie es vorausgesehen hat: Er sagt nämlich nicht etwa Dankeschön, sondern besteht darauf, daß der Bauer ihm nun auch den Stößel bringen solle. Wo ein Mörser ist, da muß auch ein Stößel sein, also könne der Bauer ihn nur unterschlagen und für sich behalten haben! Der König hat zwar nicht recht, aber er besitzt die Macht. Also kann er auch mit dem Recht so umgehen wie er will – so ist das auf dieser Erde!

Und nun liegt der arme Bauer im Kerker und jammert über die Schlechtigkeit dieser Welt: »O, hätt' ich meiner Tochter nur geglaubt!« Zufällig hört der König sein Geschrei und erkundigt sich neugierig bei seinem Kerkermeister nach der Ursache. Der führt den Bauern gleich vor den König, und wieder stöhnt der Arme: »O, hätt' ich meiner Tochter nur geglaubt!« Der König läßt sich nun berichten, was die Tochter dem Bauern geraten hat. Ja, so ein kluges Weib will er unbedingt kennenlernen! Und er schickt den Bauern los, sofort das Mädchen zu ihm in den Palast zu bringen.

Unterwegs auf dem Weg ins Schloß treffen Vater und Tochter drei Strolche. Auch sie jammern ziemlich laut: »Schlechte Zeiten für Leute, die noch ehrlich stehlen wollen!« Ihr Beutel ist leer, und sie haben Hunger. Den Bauern und seine Tochter lassen sie aber ungeschoren, denn die beiden sehen genau so arm aus wie sie selbst.

Der König empfängt, auf seinem Ruhebett ausgestreckt, hoheitsvoll Vater und Tochter. Er hat sich inzwischen etwas ausgedacht: Nach dem Stößel will er das Mädchen gar nicht erst fragen, denn, listig wie sie ist, wird sie sicher sowieso eine passende Ausrede finden. Statt dessen gibt er ihr drei Rätsel auf.

Ruhig und gefaßt hört sie ihm zu und löst dann mit Leichtigkeit nacheinander die drei Aufgaben. Da beschließt der König, der von ihrer Klugheit und Schönheit beeindruckt ist, sie sofort zu seiner Frau zu nehmen.

Die drei Strolche machen sich natürlich ihre eigenen Gedanken über alles, was im Königspalast vor sich geht. Ob die neue Frau des Königs wohl schön oder häßlich ist, klug oder dumm? Wahrscheinlich wird sie es nicht lange bei ihm aushalten, wenn sie so klug ist, wie man behauptet!

Ein Mann mit einem Maulesel schließt sich den dreien an. Er hat ebenfalls gehört, daß der König verliebt ist, und nun hofft er auf einen günstigen Urteilsspruch in seinem eigenen Streitfall. Gemeinsam mit seinem Gegner, dem Mann mit dem Esel, wird er vor den König geführt, der gerade vergnügt mit seiner Frau beim Brettspiel sitzt. Auch die drei Strolche sind mitgekommen und unterstützen den Rechtsstreit auf recht lautstarke Weise. Der König aber hört gar nicht genau zu, so sehr ist er vom Spiel und von seiner Frau gefesselt. Sie jedoch achtet nur um so mehr auf das, was der Eselmann nun in seiner einfältigen Art vorträgt: Er und sein Widersacher, der Maultiermann, haben Esel und Maultier im gleichen Stall einer Herberge untergebracht. In der Nacht wirft sein Esel ein Füllen, und am nächsten Morgen liegt es zwischen den beiden Tieren, aber etwas näher beim Maultier. Deshalb beansprucht es jetzt der Maultiermann als das seine.

Aber jedermann weiß doch, daß ein Maultier kein Füllen werfen kann. Und damit der König alles besser begreift, spielen die drei Strolche und die beiden sich streitenden Männer ihm ihre Geschichte auch gleich ganz lebendig vor.

Dabei kommen sich die Streithähne sogar hier vor dem König wieder in die Haare. Der ist ungeduldig und ärgerlich obendrein, weil er das Spiel gegen seine Frau verloren hat; sein Urteil: Das Füllen gehört dem Maultiermann!

Wehgeschrei beim Eselmann, Jubel beim Maultiermann – und die Strolche ziehen gleich ihre eigene Lehre aus diesem Fehlurteil: »Wer klug ist, wählt Betrug und List, weil anders nichts zu holen ist!«

Die junge Königin aber hat Mitleid mit dem betrogenen Eselmann und verspricht ihm Hilfe. Er soll nur schön brav alles tun, was sie ihm raten will; auch ein König kann sich schließlich einmal irren!

Unterdessen besuchen die Strolche den Kerkermeister und bestechen ihn; sogleich bewirtet er sie trefflich aus dem Weinkeller des Königs. Lustig und lärmend zechen sie, dann machen sie sich schwankend auf den Heimweg. Unterwegs aber haben sie eine merkwürdige Begegnung: sie treffen nämlich den Eselmann, wie er auf der trockenen Straße mit einem großen Netz Fische zu fangen scheint. Auch König und Kerkermeister kommen bald dazu und staunen ebenfalls nicht schlecht. Als der König die Begründung vernimmt, wird ihm sehr schnell klar, daß solche schlauen Ratschläge wohl nur von seiner eigenen Frau stammen können: »Wenn Maultiere Junge kriegen, dann kann man auch auf dem Trockenen fischen!« Wütend wirft der König seine Frau aus dem Palast – einzige Gnade: Sie darf in einer Truhe das mitnehmen, was sie am liebsten hat.

Des Nachts beobachten die Strolche ganz verdutzt, wie eine geheimnisvolle schwere Truhe aus dem Schloß getragen wird. Gleichzeitig entläßt man den Eselmann, den der König kurzerhand hatte einsperren lassen, aus dem Gefängnis, mit einem Beutel Geld und seinem Füllen dazu. Wer außer der klugen Königin kann das wohl veranlaßt haben?

Am nächsten Morgen wacht der König zu seiner großen Verwunderung nicht in seinem Prunkbett auf, sondern in der Truhe unter einem blühenden Baum. Dorthin hat ihn seine Frau mit Hilfe eines Schlaftrunkes am Abend vorher verfrachtet!

Sie hat also, seinem Auftrag folgend, einfach »das Liebste« in die Truhe gepackt und mitgenommen. Da ist der König doch gleich wieder versöhnt mit seiner klugen Frau! Sie aber meldet Bedenken ob dieser Klugheit an: kann man denn lieben und zugleich noch klug sein?

## Hinweise

*Diese Oper ist nicht nur wegen der fehlenden Akte anders als andere Werke des Musiktheaters. Schon die Besetzung des Orchesters fällt auf: es gibt zusätzlich zu den stark vertretenen Bläsern und neben den üblichen Streichern ein äußerst reichhaltiges Schlagzeug. In ihm sind auch so ungewöhnliche Instrumente enthalten wie ein Steinspiel (kleine freihängende Steinplatten, die mit Holzschlegeln angeschlagen werden), Sandrasseln (kleine, mit Sand gefüllte Blechbüchsen), Ratschen, Schellen, Kastagnetten und anderes mehr. Zusätzlich wird auf der Bühne noch ein kleines Schlagorchester eingesetzt. Der Rhythmus spielt in diesem Werk also eine große Rolle, sowohl im Orchester wie vor allem auch in allen Abstufungen der Stimmen zwischen Sprechen und Singen. Das Orchester beschränkt sich in der Begleitung in erster Linie auf die Betonung von Rhythmus und Klangfarben, selten spielt es auch größere Melodien. Ein besonderes Merkmal dabei sind die »Ostinato-Begleitungen«, also ständig wiederkehrende, unveränderte melodische und rhythmische Motive, zum Beispiel in der 3. Szene, wenn der König die Kluge empfängt:*

*und:*

*und gleichzeitig:*

*Orff bedient sich uralter Mittel des abendländischen Theaters; neben Sprache und Gesang setzt er gleichberechtigt alle Arten von Bewegungen ein – von der einfachen Geste bis zum Tanz.*

*Auch sein Bühnenaufbau folgt einem sehr alten Vorbild: Wir haben hier, wie einst bei Shakespeare, eine sogenannte »Simultan-Bühne« vor uns, auf der mehrere Szenen gleichzeitig (= simultan) oder unmittelbar nacheinander gespielt werden können. Der Bühnenraum ist dabei in mehrere Schauplätze unterteilt (Kerker, Palast, Straße und andere), zwischen denen Verbindungen bestehen und die lästige zeitraubende Umbauten zwischen den Szenen überflüssig machen.*

*Auch die drei lustigen Strolche, die ständig ihre heiter-besinnlichen Kommentare zum Geschehen abgeben, haben ihr Vorbild bei Shakespeare in den sogenannten Rüpelszenen.*

*Ein besonders eindrucksvolles Beispiel für den rhythmisch geprägten Stil zahlreicher Gesangspartien in dieser Oper ist das Lied der drei Strolche in der 7. Szene, während sie dem Wein zusprechen:*

*Aber auch zarte Melodien gibt es hier, die in sehr wirkungsvollem Gegensatz zu den eher rhythmischen Partien stehen. Hier das Schlummerlied, das die Kluge für ihren König singt, nachdem sie ihn in der 9. Szene mit dem Schlaftrunk betäubt hat:*

*Orff hat bei der ›Klugen‹ auf eine Einteilung in Akte verzichtet, ebenso auf ein Vorspiel. Die Handlung auf der Bühne beginnt direkt nach zwei einleitenden rhythmischen Begleit-Takten mit der Klage des Bauern; dann schließen sich die zwölf Szenen pausenlos aneinander.*

## Leonard Bernstein
## (1918–1990)

# West Side Story

### Musical
### Text von Arthur Laurents und Stephen Sondheim

16 Musiknummern und Vorspiel, mit Dialog und Tanz
Uraufführung am 19. August 1957 in New York
Spieldauer: etwas weniger als zwei Stunden

### Besetzung

| | |
|---|---|
| Die Jets: | Riff (Anführer), Tony (sein Freund), Action, Arab, Baby John, Snowboy, Professor, Diesel |
| Ihre Mädchen: | Graziella, Velma und andere |
| Die Sharks: | Bernardo (Anführer), Maria (seine Schwester), Anita (seine Freundin), Chino (sein Freund) und andere |
| Ihre Mädchen: | Rosalia, Consuela, Franzisca und andere |
| Die Erwachsenen: | Doc (Drugstorebesitzer) |
| | Schrank (Polizeileutnant in Zivil) |
| | Krupke (Polizeiinspektor) |
| | Gladhand (Leiter eines Jugendclubs) |

(Alle Darsteller eines Musicals müssen spielen, tanzen und singen können; sie sind also nicht im gewohnten Sinne »Sänger« wie in der Oper; man kann sie deshalb auch nicht den üblichen Stimmlagen – Sopran, Tenor... – zuordnen.)

## Die Handlung

 Die tragische Liebesgeschichte von Romeo und Julia ist bis in unser Jahrhundert aktuell geblieben. Auch heute kann der Haß – sei es zweier verfeindeter Familien oder zweier sich bekämpfender Volksgruppen – das Glück von zwei sich liebenden Menschen zerstören. Die Vereinigten Staaten, und hier vor allem New York, beherbergen Menschen aller Rassen und Hautfarben. Unter ihnen kommt es immer wieder zu Konflikten, vor allem aus Gründen des täglichen Lebensbedarfes – Hunger, Krankheit, Unterdrückung, Arbeitslosigkeit. Vor allem in den Slums bekriegen sich jugendliche Banden: zum Beispiel die der ortsansässigen Amerikaner, genannt die »Jets«, und die der eingewanderten Puerto-Ricaner, »Sharks« (Haifische).

Auf der West Side von New York kommt es zwischen den Jets und den Sharks zu regelrechten Straßenschlachten. Man trifft sich abends beim Tanz, um sich bei dieser Gelegenheit zum entscheidenden Kampf um das Revier herauszufordern. Jede der Gruppen hat ihren Anführer: Bernardo bei den Sharks und Riff bei den Jets. Tony ist Riffs bester Freund; innerlich hat er sich in letzter Zeit von diesem sinnlosen Streit ein wenig entfernt. Er lernt bei einem Tanzfest Bernardos Schwester Maria kennen, die erst vor kurzem aus Puerto Rico angekommen ist und mit Chino, dem Freund ihres Bruders, verlobt ist.

 Tony und Maria verlieben sich Hals über Kopf ineinander. Anita, die Freundin Bernardos, ermöglicht den beiden ein heimliches Stelldichein, während die Bandenmitglieder gleichzeitig Pläne für den Kampf schmieden. Über die Feuerleiter klettert Tony zu Marias Zimmer hinauf. Zärtlich gestehen sie sich ihre Liebe und geben sich ihren Träumen von einer gemeinsamen, besseren Zukunft hin. Als Tony sich auf den Heimweg macht, begegnen ihm die Sharks mit ihren Freundinnen. Die

temperamentvolle Anita zettelt ein scherzhaftes Streitgespräch über die Vorzüge von Manhattan und Puerto Rico an.

Maria hat Tony gebeten, den Kampf zwischen den beiden verfeindeten Gruppen zu verhindern. Immerhin erreicht er durch seine Vermittlungsbemühungen, daß am nächsten Abend keine große Straßenschlacht stattfinden soll, sondern daß statt dessen stellvertretend die beiden Kräftigsten jeder Gruppe gegeneinander antreten sollen – ohne Waffen, nur mit den Händen.

Noch vor dem Kampf trifft Tony seine Maria heimlich an ihrer Arbeitsstelle, einem Geschäft für Brautmoden. Dort spielen sie zwischen den Schaufensterpuppen Hochzeit. Tony verspricht ihr, zwischen den feindlichen Banden zu vermitteln. Zugleich aber planen Bernardo und Riff den großen entscheidenden Kampf. Man trifft sich endlich am verabredeten Schauplatz, einer einsamen Stelle unter den Highway-Brücken. Tony wendet sich an Bernardo, stößt jedoch nur auf blinden Haß und Ablehnung. Es kommt zum Zweikampf der beiden, und daraus entwickelt sich dann ganz schnell ein mörderischer Kampf der beiden Banden. Dabei wird Riff von Bernardo erstochen, daraufhin stürzt sich Tony in verzweifeltem Zorn seinerseits auf Bernardo und tötet ihn. Die wilde Prügelei ist urplötzlich zu Ende, als man die Trillerpfeife eines Polizisten hört. Alle suchen das Weite.

 Ahnungslos freut sich Maria auf ihr Treffen mit Tony, als Chino hereinstürzt und ihr in wenigen Worten von dem schrecklichen Geschehen unter dem Highway berichtet. Mit einem Revolver in der Hand macht er sich auf die Suche nach Tony.

Noch einmal steigt Tony über die Feuerleiter heimlich hinauf zu Maria. Und trotz des großen Schmerzes um ihren toten Bruder bringt sie es nicht über sich, ihn fortzuschicken – ihre Liebe ist mächtiger. Ratlos und verzweifelt geben sie sich ihren Träumen hin, von einer friedlichen, vorurteilsfreien Welt.

Draußen auf der Straße verfolgt die Polizei die Bandenmitglieder, denn man hat die Leichen von Bernardo und Riff gefunden. Zwei

Mitglieder der Jets sind schon verhört worden und geben den übrigen nun gute Ratschläge, wie sie sich am besten verhalten sollen.

Anita und Maria treffen sich. Voller Trauer und Verzweiflung macht Anita Maria Vorwürfe, daß sie sich mit Tony eingelassen hat, muß aber bald begreifen, daß die Liebe des Mädchens stärker ist als aller Haß. So willigt sie ein, Tony vor Chino zu warnen.

Als sie daraufhin in einem Laden die Jets trifft und von ihnen verspottet und in die Enge getrieben wird, behauptet sie in ihrer Angst statt dessen, Maria sei von Chino, ihrem Bräutigam, ermordet worden. Durch den Ladenbesitzer erfährt Tony, was Anita behauptet hat. Wie von Sinnen irrt er durch die Straßen und ruft nach Chino. Da trifft er statt dessen völlig unerwartet seine Maria, die ihn ihrerseits verzweifelt gesucht hat. Doch die beiden kommen nicht weit: Chino hat ihnen aufgelauert und erschießt Tony aus dem Hinterhalt. Er stirbt in den Armen Marias. Nach und nach tauchen die Mitglieder der beiden Banden stumm aus dem Dunkel auf, fassungslos über die Tragödie, die sich vor ihnen abgespielt hat. Gemeinsam heben sie den toten Tony auf, und gemeinsam tragen sie ihn fort – ein leises Zeichen der beginnenden Versöhnung.

## Hinweise

*Das Musical, eine moderne Form des Musiktheaters, stammt aus den USA; entstanden ist es etwa um 1900. Sein Name ist eine Abkürzung, hervorgegangen aus »musical play« (Spiel) oder »musical comedy« (Komödie). Gesprochene Szenen, Gesangsszenen und Tanz werden im Musical zu einer abwechslungsreichen, unterhaltenden und temperamentvollen Einheit zusammengefügt. Die Handlung ist oft gegenwartsbezogen, manchmal folgt sie aber auch älteren bewährten Vorlagen aus der großen Weltliteratur.*

*In der Musik lassen sich verschiedene Einflüsse entdecken: neben der europäischen Operette sind es vor allem die amerikanische Unterhaltungsmusik und der Jazz. Von den Darstellern auf der*

*Bühne wird vielseitiges Können erwartet, sie müssen sich als Schauspieler, Sänger und Tänzer bewähren. Ihre Feuerprobe bestehen neue Musicals meistens in einem Theater am Broadway in New York. Dort werden erfolgreiche Stücke oft monate- und jahrelang in Serie gespielt (»en suite«), bevor sie nach Europa kommen.*

*Berühmte Musicals waren u. a.: ›Oklahoma‹ (Rodgers), ›Hello Dolly‹ (Hermann), ›Anny get your Gun‹ (Berlin), ›Kiss me Kate‹ (Porter), ›My Fair Lady‹ (Loewe), ›Hair‹, ›The Fiddler on the Roof‹ (Bock), ›The King and I‹ (Hammerstein). Heute sind vor allem bekannt: ›Cats‹ und ›Das Phantom der Oper‹ (beide von A. L. Webber).*

*Leonard Bernstein war einer der vielseitigsten und populärsten Künstler unserer Zeit. Als Komponist schrieb er neben mehreren Musicals auch symphonische Kompositionen für großes Orchester. Gleichzeitig war er einer der gefragtesten und gefeiertsten Dirigenten, dem alle großen Orchester der Welt zur Verfügung standen. Und schließlich tat er viel für die Verbreitung klassischer Musik durch seine zahlreichen Bücher und Fernsehauftritte, in denen er auf sehr verständliche und unterhaltende Weise in die Welt der Musik einführte.*

*›West Side Story‹ ist Bernsteins erfolgreichstes Werk, es wird bis heute auf allen Bühnen der Welt gespielt und ist auch verfilmt worden. Dieser große Erfolg hat sicher mehrere Gründe: zum einen die ungemein geschickte Umwandlung einer großen Shakespeare-Tragödie in ein modernes Musical, wobei der zeitlos-tragische Handlungskern unangetastet blieb, Personen und Zeit sich jedoch änderten. Zum anderen ist es natürlich die mitreißende Musik Bernsteins, die diesen Erfolg garantierte. Besonders wichtig sind hier die zahlreichen Tänze, die auch die dramatischen Höhepunkte des Musicals prägen. Bernstein verband in seiner Musik die verschiedensten Elemente zu einer neuen wirkungsvollen Einheit: Jazz und Blues, lateinamerikanische Rhythmen und auch Klänge der traditionellen Oper. So sind die Liebesszenen von Tony und Maria noch am ehesten mit der Oper verwandt; »Tonight« und »Maria« wurden besonders bekannt:*

Heut' Nacht, heut' Nacht, ich seh' dich heu - te    Nacht

*Das effektvollste Beispiel für den Einsatz südamerikanischer Folk-lore wurde dagegen sicher Anitas »America«:*

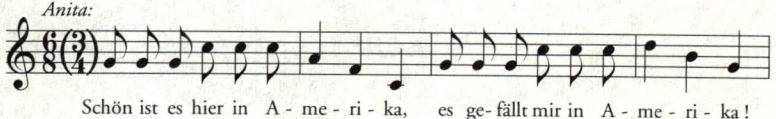

Schön ist es hier in A - me - ri - ka,    es ge-fällt mir in A - me - ri - ka!

ARIBERT REIMANN
(geboren 1936)

# Lear

Oper in zwei Teilen
Text von Claus H. Henneberg (nach William Shakespeare)

Zwei Teile, deren Szenen durch Zwischenspiele verbunden werden
Uraufführung am 9. Juli 1978 in München
Spieldauer: etwa 2 Stunden

## Besetzung

| | |
|---|---|
| König Lear | *Bariton* |
| König von Frankreich | *Baßbariton* |
| Herzog von Albany | *Bariton* |
| Herzog von Cornwall | *Tenor* |
| Graf von Kent | *Tenor* |
| Graf von Gloster | *Baßbariton* |
| Edgar, Sohn Glosters | *Tenor/Countertenor* |
| Edmund, unehelicher Sohn Glosters | *Tenor* |
| Goneril, Regan, Cordelia, Töchter Lears | *Soprane* |
| Narr | *Sprechrolle* |
| Bedienter | *Tenor* |
| Ritter | *Sprechrolle* |

Gefolge von König Lear und Graf Gloster  *Chor*

# Die Handlung

 Lear, König von Britannien, ist ein müder alter Mann. So macht er sich Gedanken, was nach seinem Tode einmal mit seinem Reich werden soll. Er beschließt, es unter seine drei Töchter aufzuteilen. Da er trotz seines hohen Alters immer noch überaus eitel ist, stellt er ihnen eine Bedingung: sie sollen, jede für sich, zu ihm über ihre Vaterliebe sprechen. Und diejenige, die ihm am angenehmsten schmeicheln kann, wird dann auch am großzügigsten belohnt.

Goneril und Regan haben sogleich begriffen, wie sie ihren Vorteil am besten wahrnehmen: mit heuchlerisch-zärtlichen Worten machen sie ihrem Vater die gewünschten Liebeserklärungen. Nur Cordelia, die dritte Tochter, kann es nicht übers Herz bringen, ihrem Vater um des eigenen Vorteils willen etwas vorzumachen. Sie liebt ihn aufrichtig, aber sie sagt es ihm mit nur sehr knappen Worten. Unwillig und zornig dringt Lear in sie, doch sie bleibt bei ihrer Haltung – Heuchelei ist nicht ihre Sache. Da verstößt der König die Tochter, die ihn gewiß am meisten liebt.

Graf Kent, der ein gutes Wort für sie einlegt, wird gleich mit ihr des Landes verwiesen. Der König von Frankreich, der diese traurige Familienszene miterlebt hat, bietet Cordelia seine Hand und den Thron an.

Auch der Graf von Gloster hat das Verhalten des starrsinnigen alten Königs mit angesehen. Seine zwei Söhne Edgar und Edmund sollen sich einmal um das Erbe nicht streiten müssen. Edmund aber, der uneheliche Sohn Glosters, verfolgt bereits seine eigenen Pläne, um sich in den Besitz des Erbes zu bringen, denn er leidet unter dem Makel der unehelichen Geburt: so schwärzt er auf raffinierte Weise Edgar beim Vater an, indem er ihm einen gefälschten Brief zuspielt, und er erreicht auf diese Weise schnell, daß auch Gloster einen seiner Söhne – Edgar – verstößt und enterbt.

Graf Kent hängt immer noch an seinem alten König, obwohl der ihn doch so ungerecht und undankbar davongejagt hat. So mischt er sich verkleidet und unerkannt wieder unter Lears Gefolge. Bald wird er zufällig Zeuge eines Gespräches der beiden Schwestern Regan und Goneril: Sie wollen sich des lästigen alten Vaters entledigen und das Reich unter sich aufteilen, gemeinsam mit ihren Männern, den Herzögen von Cornwall und von Albany, die sie allerdings für Schwächlinge halten. Als sie den zufälligen Lauscher entdecken, ohne in ihm Kent zu erkennen, lassen sie ihn zornig in Ketten legen.

Lear erscheint, und nun lassen die Töchter ihre Masken der geheuchelten Liebe endgültig fallen. Vor seinem Gefolge nehmen sie ihm alle Macht, entlassen seine Diener und jagen ihn aus dem Haus. Verzweifelt und ohnmächtig droht ihnen Lear mit Rache, dann wird er hinausgestoßen in die stürmische Nacht. Kent aber nimmt er mit; eigenhändig hat er ihn schnell noch von seinen Ketten befreit.

Auch der Narr, der ständig seine vieldeutigen, geheimnisvollen Andeutungen über die Geschehnisse macht, begleitet den alten König. Lear ist in finsterer Stimmung und aufgewühlt – wie die Stürme in der einsamen Heide, in der sich Lear, Kent und der Narr nun wiederfinden. Kent überlegt, ob Cordelia wohl dem Vater verzeihen könnte, obwohl er ihr doch so übel mitgespielt hat.

Edgar hat sich ebenfalls von der Welt zurückgezogen; er haust in einer armseligen Hütte, hat sich als Bettler verkleidet und verhält sich so, als sei er wahnsinnig. So treffen ihn Lear und seine beiden Begleiter, und auch beim König machen sich Anzeichen geistiger Verwirrung bemerkbar. Da erscheint Graf Gloster mit seinem Gefolge; er will seinem König gegen den Willen der beiden bösen Töchter helfen. Seinen Sohn Edgar, der sich Tom nennt, erkennt er jedoch nicht. So nimmt er beide – Lear und »Tom« – mit sich nach Dover.

 Regan und Cornwall haben von Glosters Verrat Wind bekommen. Nun wollen sie sich an ihm brutal rächen: sie haben erfahren, daß die französische Armee in Dover gelandet sein soll und daß er Lear dorthin gebracht hat. Grausam blenden sie ihn, indem sie ihm beide Augen ausdrücken. Ein Diener versucht, das Verbrechen zu verhindern, dringt mit seinem Degen auf Cornwall ein und verletzt ihn tödlich. Regan ersticht daraufhin eigenhändig den Diener. Bevor sie dann den blinden Gloster hinausjagt, klärt sie ihn noch grausam darüber auf, daß Edmund ihn betrogen hat. Zu spät begreift der unglückliche Vater, wie sehr er seinem Edgar Unrecht getan hat.

Unterdessen macht sich Goneril heimtückisch an Edmund heran und umgarnt ihn so gründlich, daß er bereit ist, für sie das Heer zu führen. Von ihrem Mann Albany erfährt Goneril gleich darauf, daß Regan Gloster geblendet hat und ihr Mann von einem Diener erstochen worden ist: schon macht sie sich Hoffnung, Alleinherrscherin über das englische Reich werden zu können. Über Albanys Warnungen kann sie nur lachen: alles scheint doch nach Plan zu laufen! Sie braucht am Ende nur noch ihre Schwester Regan zu vergiften, dann gibt es keine Hindernisse mehr! Triumphierend läßt sie ihren Mann stehen; der erkennt entsetzt und schaudernd, wie sehr er sich in seiner Frau getäuscht hat.

Cordelia ist bei den französischen Soldaten in Dover. Sie trauert um das Schicksal ihres geliebten Vaters, dem sie nicht böse sein kann wegen seines Starrsinns und der nun wahnsinnig geworden ist.

Währenddessen begegnen sich draußen auf dem Feld Edgar und sein blind umherirrender Vater. Immer noch erkennt Gloster im armen »Tom« nicht seinen Sohn. Er läßt sich von ihm nach Dover führen.

Gloster möchte in seiner Hoffnungslosigkeit seinem Leben ein Ende setzen. Edgar soll ihn auf eine hohe Klippe ans Meer führen, von der er sich hinabstürzen will. Sein Sohn aber hat die Absicht durchschaut: Er führt den Vater mitten aufs freie Feld und redet ihm ein, daß sie auf der hohen Klippe stehen. Gloster macht einen Schritt nach vorn, um hinabzustürzen – und fällt doch nur der Länge nach hin. Edgar läßt ihn in dem Glauben, daß er durch ein Wunder den steilen Sturz überlebt hat. So hat er den Vater wieder ins Leben zurückgeführt. Da begegnet ihnen der einsame verwirrte Lear, und sie erkennen sich beide wieder.

Der König von Frankreich selber hat Lear in der Einöde aufgespürt und ihn ins Heerlager zu seiner Frau Cordelia gebracht. Nun sorgt sie sich rührend um ihn und tröstet ihn.

Edmund aber gelingt es, Lear und Cordelia gefangen zu nehmen und in der Schlacht das französische Heer zu besiegen. Er sieht das Ziel seiner grausamen Pläne in greifbarer Nähe, denn Goneril und Regan bekämpfen sich bereits – bald wird er selbst König von England sein können, so glaubt er zumindest! Er gibt den Befehl, Cordelia zu töten. Albany tritt ein und verlangt von Edmund die Herausgabe Lears und seiner Tochter. Es kommt zum Streit zwischen den beiden; Goneril beobachtet unterdessen Regan, der sie heimlich Gift gegeben hat. Befriedigt sieht sie alsbald, daß ihr Gift zu wirken beginnt: Regan bricht zusammen.

Überraschend tritt Edgar bewaffnet als Rächer ein und fordert seinen Bruder Edmund zum Zweikampf auf. Edmund fällt, und gleichzeitig stirbt Regan an Gonerils Gift. Goneril ersticht sich selbst, als sie ihre hoffnungslose Lage einsieht. Da wankt König Lear herein, er trägt auf seinen Armen seine tote Tochter Cordelia. Erschüttert stehen Albany und Edgar dabei und müssen mitansehen, wie der alte Mann unter der Last der Trauer zusammenbricht und stirbt.

## Hinweise

*Giuseppe Verdi trug sich viele Jahre seines Lebens mit dem Plan, ›König Lear‹ von Shakespeare als Oper zu komponieren. Doch das große Vorhaben kam nie zur Ausführung, Verdi fand für sich nicht die zu diesem grausamen Stück passenden Klänge.*

*Nun gibt es seit 1978 doch eine Oper ›Lear‹. Es scheint so, als habe erst die ganze Vielfalt der modernen Klänge unseres Jahrhun-*

derts die Verwirklichung von Verdis Plan ermöglicht: eine Klang-welt, in der Dissonanzen und Geräusche gleichberechtigt zur Komposition hinzugehören. Aribert Reimann setzt zur Erzeugung seiner erregenden Musik ein riesiges Orchester ein, in dem so ziemlich alle Instrumente enthalten sind, die seit Debussy und Strauss einmal im Opernorchester vorkamen, angereichert durch einen großen Schlag-zeugapparat, mit dem alle möglichen Geräusche erzeugt werden können. Auch die übrigen Instrumente verwischen die Grenzen zwischen Klang und Geräusch. Eindrucksvolle Effekte werden beispielsweise in der Szene auf der stürmischen Heide erreicht, indem die Streicher in viele einzelne Stimmen aufgefächert werden und lauter verschiedene eng benachbarte Töne vibrierend schnell wiederholen. So entsteht eine einzige wild bewegte, unheimliche Klangfläche. Man nennt diese Art der Kompositionstechnik »Cluster«: ein Cluster ist also eine Klangfläche, die aus einer Vielzahl dicht benachbarter Töne besteht.

Zwischen einzelnen Szenen der Oper stehen verbindende Orchesterzwischenspiele, in denen man Reimanns Art zu komponieren besonders gut beobachten kann. Besonders eindrucksvoll ist etwa das dritte Zwischenspiel, das eine Verbindung der stürmischen Heideszene und Edgars Hütte darstellen soll: Seine eigentümliche Wirkung beruht auf einem Mischklang von sechs Kontrabässen und später hinzutretenden Bratschen, wozu drei Flöten in Oktaven eine Melodie spielen, nämlich neben der gewohnten Querflöte noch die in Opern selten eingesetzte Altflöte und eine Baßflöte. – Und als Cordelia ihren unglücklichen Vater wiedergefunden hat und ihm in den Armen liegt, erklingen dazu ganz zarte hohe Geigenklänge.

Eine Aufführung der Oper ›Lear‹ stellt an alle Ausführenden – Dirigent und Orchester und vor allem Sänger – höchste Anforderungen. Die Uraufführung in München wurde zu einem großen Triumph beim Publikum und bei der Kritik. Dort stellte Dietrich Fischer-Dieskau den König Lear dar; er hatte seinerzeit den Komponisten Reimann dazu überredet, ›Lear‹ zu komponieren. Von dieser Uraufführung ist auch eine Schallplatte aufgezeichnet worden.

*Nach München haben sich andere größere und kleinere Theater an die schwierige Aufgabe herangewagt und damit Erfolg gehabt. – Die Partie des Narren in ›Lear‹ ist übrigens eine gesprochene Rolle; durch diesen Kunstgriff hebt sich diese Figur deutlich von allen übrigen ab.*

# Worterklärungen

**Air:** Lied, Melodie; melodisches Instrumentalstück der Barockzeit

**Accompagnato:** → Rezitativ (recitativo accompagnato)

**Akkord:** Zusammenklang von mehr als zwei Tönen nach bestimmten Harmoniegesetzen (z. B. Drei-, Vier-, Fünfklang)

**Akt:** → Aufzug

**Allegro:** Tempobezeichnung: schnell

**Allegro vivace:** Tempobezeichnung: lebhaft schnell

**Andante:** Tempobezeichnung: mäßig langsam

**Andante affetuoso:** Tempobezeichnung: mittleres Tempo, gemütvoll

**Andantino:** Tempobezeichnung: etwas bewegter als Andante

**Arena:** ovales Freilufttheater der Antike (Beispiel: Verona)

**Arie:** in sich geschlossenes Gesangstück für Solostimme mit Begleitung

**atonale Musik:** Musik, die nicht nach den Regeln der traditionellen Harmonielehre komponiert ist (20. Jahrhundert)

**Aufzug:** Akt, größter Abschnitt einer Oper

**Ausstattung:** alle Bestandteile der Bühnenbilder eines Theaterstückes (Kulissen, Möbel, Kostüme)

**Ausstattungsoper:** Oper, die ihre Wirkung vor allem aus ihrer prächtigen Ausstattung bezieht

**Ballade:** erzählendes, oft dramatisches Lied

**Barcarole, Barkarole:** Schifferlied, Gondellied, meist im 6/8- oder 12/8-Takt

**Barock:** auch Generalbaßzeitalter, musikalische Epoche zwischen 1600 und 1730

**Belcanto:** »schöner Gesang« (ital.), italienische Gesangstechnik mit vollkommener klangschöner Tongebung und makellos ausgeglichener Stimme

**Besetzung:** Namensliste der in einer Oper mitwirkenden Sänger

**Betriebsbüro** (künstlerisches): Büro im Theater zur Organisation des künstlerischen Betriebes (Proben und Aufführungen)

**Bild:** alle Szenen, die in der gleichen Dekoration gespielt werden

**Blechblasinstrumente:** Blasinstrumente mit Kesselmundstück, meist aus Messing (Trompete, Horn, Posaune, Tuba usw.)

**Blues:** älteste Musikart der Schwarzen in den USA; Gesang mit einfacher Begleitung, die aus wenigen wiederkehrenden Akkorden besteht

**Bühnenarbeiter:** → Bühnenhandwerker

**Bühnenbild:** szenisches Bild, bestehend aus Kulissen, Prospekten, aufgestellten Versatzstücken

**Bühnenbildner:** entwirft die Bühnenbilder

**Bühnenbildmodell:** Modelle der Bühnenbilder, dienen während der Vorbereitung einer Aufführung den Mitwirkenden und vor allem den Werkstätten zur Anschauung

**Bühnenhandwerker:** Bühnenarbeiter; die vor, während und nach der Aufführung auf der Bühne und ihren Nebenräumen Tätigen

**Bühnenmusik:** Musik auf oder hinter der Szene, während der Aufführung

**Bühnenturm:** hoher turmartiger Aufbau über der Bühne (Bühnenhaus) für die Obermaschinerie (Züge)

**Bühnenweihfestspiel:** Wagners Bezeichnung für sein letztes Werk ›Parsifal‹

**Buffo:** Sänger komischer Rollen (Tenorbuffo, Baßbuffo)

**Buffa:** Posse, Schwank (ital.) → Opera buffa

**Cavatine:** kurze Arie (18. und 19. Jahrhundert)

**Celesta:** Stahlplattenklavier, glockenspielähnlich im Klang, mit Tasten und in klavierähnlichem Gehäuse

**Cembalo:** historisches, mit Tasten gespieltes Zupfinstrument (Vorläufer des Klaviers)

**Charakterbariton:** mittlere Männerstimme in der Oper

**Chefdisponent:** im Theater verantwortlich für die organisatorische und personelle Planung

**Chor:** Sängerensemble, meist vierstimmig, wobei jede Stimme mehrfach besetzt ist

**Choral:** Kirchenlied

**Chromatik:** melodische und harmonische Bewegung in Halbtonschritten

**Cluster:** gleichzeitiges Erklingen einer bestimmten Anzahl benachbarter Töne

**Commedia dell'arte:** italienische Stegreifkomödie

**Couplet:** kleines Lied, meist mehrstrophig mit Kehrreim

**Credo:** Teil der Messkomposition (Glaubensbekenntnis)

**Csárdás:** ungarischer Nationaltanz mit langsamer Einleitung und schnellem Hauptteil (gerader Takt)

**Da-Capo-Form:** dreiteilige Form eines Musikstückes mit einem abweichenden Mittelteil zwischen gleichen Rahmenteilen (A B A)

**Dekoration:** alle Bestandteile des Bühnenbildes

**Dekorationswerkstatt:** Werkstatt für Stoffarbeiten im Theater

**Deutsche Oper:** Spieloper mit deutschem Text und gesprochenem Dialog

**Dialog:** gesprochene Texte der Oper

**Dissonanzen:** »Mißklang« – Zusammenklang mehrerer Töne, die nach den Regeln der Harmonielehre keinen Wohlklang (= Konsonanz) bilden (z. B. Sekunde, Septime)

**Dolce amoroso:** Vortragsbezeichnung – zart und lieblich

**Dominantseptakkord:** → Septakkord

**Dramatisches Fach:** auch: hochdramatisches Fach, schwere Partien, z. B. in Wagner- und Verdi-Opern

**Dramaturg:** Mitarbeiter des Theaters, zuständig u. a. für Textfassungen, Programmheft, Öffentlichkeitsarbeit; oft Mitglied der Theaterleitung

**Drehbühne:** auf den Bühnenboden aufgelegte oder in ihn eingelassene Drehscheibe zum schnellen Bildwechsel

**Duett:** Gesangstück mit zwei Solisten

**Dur:** Tongeschlecht

**Durchkomponierte Oper:** Oper, deren Aufzüge pausenlos durchlaufen, also nicht in Nummern gegliedert sind (z. B. Wagner)

**Einleitung:** Vorspiel, Ouvertüre

**Eiserner Vorhang:** Sicherheitstrennwand aus Stahl zwischen Bühne und Zuschauerraum

**Ensemble:** a) die künstlerischen Theatermitglieder; b) Gesangstück für mehrere Sänger; c) Gruppe von Instrumentalisten

**Erstaufführung:** erste Aufführung eines Werkes in einem Land oder in einer Stadt

**Fantasie:** frei angelegtes Instrumentalstück

**Finale:** Schlußnummer eines Aufzuges, einer Oper

**Figurine:** ausgearbeiteter Entwurf für ein Kostüm

**Folklore:** überliefertes volkstümliches Brauchtum (in der Musik: Lied und Tanz)

**Forte:** Lautstärkenbezeichnung: laut. Abkürzung: f

**Fortissimo:** Lautstärkenbezeichnung: sehr laut. Abkürzung: ff

**Foyer:** Wandelhalle, Pausenhalle im Theater

**Fuge:** die am strengsten gebaute Form mehrstimmiger Musik, bei der das gleiche Thema nacheinander in allen Stimmen erscheint

**Fundus:** alle beweglichen Teile einer Ausstattung; oft auch Bezeichnung für deren Aufbewahrungsort (vor allem der Kostüme)

**Furiant:** böhmischer Nationaltanz im schnellen ¾-Takt

**Ganztonleiter:** Tonleiter ohne Halbtonschritte, nur aus ganzen Tonschritten (großen Sekunden) bestehend

**Gattung:** Zusammenfassung von Werken mit gleichen Merkmalen (z. B. Gattung Oper)

**Gavotte:** alter französischer Volkstanz (²/₂-Takt)

**Generalprobe:** letzte Gesamtprobe vor der Premiere

**Geräusch:** Schallereignis ohne bestimmte, notierbare Tonhöhe

**Gigue:** schneller Tanz in Dreierbewegung (³/₈-, ⁶/₈-, ⁹/₈-Takt), Teil der Suite

**Grundton:** erster Ton einer Tonleiter, auf dem der Hauptdreiklang einer Tonart aufgebaut ist (= Tonika)

**Habanera:** kubanisch-spanischer Tanz (²/₄- oder ⁴/₈-Takt)

**Halbtonleiter:** Tonleiter, die nur aus Halbtonschritten besteht (kleine Sekunden)

**Harmonik:** die Welt der Zusammenklänge, der Akkorde, die nach bestimmten Regeln aufeinanderfolgen

**Hauptprobe:** vorletzte Gesamtprobe vor der Premiere (oft getrennt in H. mit Klavier und H. mit Orchester)

**Heldenfach:** hochdramatische Gesangspartie

**Holzblasinstrumente:** Blasinstrumente mit Rohrblatt oder Kernspalte, ursprünglich aus Holz (Flöte, Oboe, Klarinette, Fagott)

**Hosenrolle:** als Mann verkleidete Sängerin (Cherubino in Mozarts ›Figaro‹)

**Impressionismus:** musikalische Stilrichtung Ende des 19. Jahrhunderts (Bezeichnung aus der Malerei abgeleitet)

**Instrumentieren:** die Klavierfassung eines Werkes für Orchesterinstrumente umschreiben

**Inszenierung:** Einstudierung eines Bühnenwerkes

**Intendant:** Leiter eines Theaters

**Intermezzo:** Zwischenspiel (zwischen zwei Aufzügen, z. B. in ›Madame Butterfly‹)

**Invention:** kurzes, auf einem bestimmten »Einfall« aufbauendes Instrumentalstück (J. S. Bach)

**Jazz:** Musikrichtung unseres Jahrhunderts, entstanden aus afrikanisch-amerikanischer und europäischer Volks- und Unterhaltungsmusik

**Kadenz:** Folge von aufeinander bezogenen Akkorden

**Kammermusik:** Instrumentalmusik in kleiner, solistischer Besetzung (jede Stimme wird von einem einzelnen Spieler ausgeführt)

**Kanon:** mehrstimmiges Musikstück, bei dem die Stimmen nacheinander in bestimmtem Abstand einsetzen und die gleiche Melodie singen

**Kantate:** mehrteiliges Vokalwerk mit Arien, Ensembles und Chören

**Kapellmeister:** Dirigent, Orchesterleiter

**Kastagnetten:** Einhandklapper: zwei ausgehöhlte, mit einer Schnur verbundene Holztellerchen

**Kastrat:** ein in der Jugend durch Operation entmannter Sänger für Sopran und Altpartien (17. und 18. Jahrhundert)

**Klangfarbe:** Merkmale der klanglichen Unterscheidung (z. B. hell--dunkel, rauh–weich)

**Klavierauszug:** Arrangement eines Orchesterwerkes für Klavier; wird bei der Einstudierung benötigt

**Koloratur:** reich mit Läufen und Verzierungen ausgeschmückte Gesangstimme ohne Text, meist für Sopran (z. B. »Königin der Nacht«)

**Komödie:** heiteres Theaterstück

**Konsonanz:** »Wohlklang«, nach den Regeln zusammenpassende Töne (z. B. Terz, Sext, Quinte, Oktave)

**Korrepetitor:** hilft den Sängern bei der Einstudierung am Klavier

**Kostüme:** Kleidung der Darsteller auf der Bühne

**Kostümbildner:** entwirft die Kostüme einer Einstudierung

**Kulissen:** auf der Bühne aufgestellte Dekorationsteile

**Kunstzensur:** man spricht von K., wenn übergeordnete Stellen (Staat, Kirche) in die Freiheit des Künstlers eingreifen, indem sie bestimmte Werke oder Aufführungen verbieten

**Largo:** Tempobezeichnung: langsam, »breit«

**Leitmotiv:** häufig wiederkehrende Tonfolge, die eine Person, ein Gefühl, eine Handlung usw. charakterisiert (bei Wagner)

**Librettist:** Textdichter

**Libretto:** Textbuch der Oper

**Lyrisches Fach:** Bezeichnung der getragenen und ernsten Hauptpartien vor allem in Mozart-Opern (z. B. Tamino und Pamina)

**Magazin:** Lagerraum für Kulissen

**Malersaal:** Werkstatt für alle Malerarbeiten an Dekorationsteilen

**Marsch:** Musik, die den (Gleich-)Schritt einer Menschengruppe begleitet (¼-Takt)

**Maskenbildner:** speziell ausgebildete Angestellte, die die Darsteller schminken und nach der Vorstellung abschminken

**Mazurka:** lebhafter polnischer Springtanz im ¾-Takt, als Vorbild für komponierte Instrumentalstücke (z. B. von Chopin)

**Melodram(a):** Mischform von gesprochenem Dialog und untermalender Musik (z. B. in Beethovens ›Fidelio‹)

**Menuett:** alter französischer Hoftanz im ruhigen ¾-Takt

**Metropolitan Opera:** führendes Opernhaus der USA in New York

**Moll:** Tongeschlecht

**Monolog:** längere Rede oder Gesangsnummer in der Art eines Selbstgesprächs (Szene oder Arie)

**Motiv:** kleinster musikalischer Baustein (Tonfolge)

**Musical:** moderne Form des Musiktheaters, bestehend aus Gesang, Dialog, Schauspiel, Tanz, hervorgegangen aus Oper, Operette und Elementen der Unterhaltungsmusik, entstanden in den USA

**Musikdrama:** die von Wagner geschaffene durchkomponierte Oper; Einheit von Dichtung und Tonkunst

**Musiktheater:** Bezeichnung für das Theaterinstitut mit allen Mitarbeitern und Gebäuden, aber auch für alle Erscheinungsformen des Theaters, in denen Musik wichtig ist (Oper, Operette, Musical, Ballett)

**Nummer:** kleinste Gliederungseinheit der Nummernoper (z. B. Arie, Duett usw.)

**Nummernoper:** in einzelne Musiknummern gegliederte Oper

**Oktave:** die 8. Stufe der Tonleiter

**Opera buffa:** Komische Oper (ital.)

**Opera seria:** musikalische Tragödie

**Operette:** kleine Oper mit gesprochenem Dialog, unterhaltender Handlung und ebensolcher Musik

**Orchestergraben:** Vertiefung vor der Bühne, in der das Orchester während der Vorstellung sitzt

**Orgelpunkt:** lang ausgehaltener Baßton, über dem die Harmonien wechseln, oft am Ende eines Musikstückes

**Ostinato:** ständig wiederholte melodische und/oder rhythmische Tonfolge

**Ouvertüre:** Vorspiel zur Oper (Orchester allein)

**Panflöte:** Panpfeife, Syrinx: uralte Hirtenflöte, mit mehreren verschieden langen Längsflöten

**Partie:** Rolle in der Oper

**Partitur:** Aufzeichnung sämtlicher Instrumente und Stimmen eines Musikstückes

**Passacaglia:** Musikstück aus der Barockzeit über einer ständig wiederkehrenden Tonfolge im Baß; ursprünglich ein spanischer Tanz

**Piano:** Lautstärkenbezeichnung: leise; Abkürzung: p

**Pianissimo:** Lautstärkenbezeichnung: sehr leise; Abkürzung: pp

**Plastikatelier:** Werkstatt im Theater zur Herstellung von Plastiken (Bildhauerwerkstatt)

**Polka:** lebhafter Paartanz (²/₄-Takt); nicht polnischer, sondern tschechischer Herkunft

**Polonaise:** ruhiger polnischer Schreittanz; Instrumentalstück im Polonaisenrhythmus

**polyphon:** mehrere gleichberechtigte Stimmen gleichzeitig

**Postludium:** Nachspiel

**Potpourri (-Ouvertüre):** Musikstück, in dem verschiedene Melodien bunt aneinandergereiht werden

**Praeludium:** Vorspiel

**Premiere:** erste Aufführung einer Neuinszenierung

**Presto:** Tempobezeichnung: sehr schnell

**Probenbühne:** spezieller Raum im Theater für szenische Proben

**Prolog:** Vorspruch
**Prospekt:** gemalter Bühnenhintergrund

**Quartett:** Ensemble mit vier Sängern
**Quintett:** Ensemble mit fünf Sängern

**Ragtime:** unterhaltendes Klavierstück, Vorstufe zum Jazz in den USA (ab 1870)
**Refrain:** immer wiederkehrender Teil eines Liedes (oder Musikstükkes), »Kehrreim«
**Regie:** Spielleitung mit folgenden Aufgaben: Einrichten des Regiebuches, Verteilung der Rollen, Vorbereitungen zur Aufführung in Zusammenarbeit mit allen Beteiligten (z. B. Bühnenbildner, Schauspieler, Beleuchtung), Leitung der Proben bis zur Premiere
**Regieassistent:** Assistent des verantwortlichen Regisseurs
**Regiebuch:** für Proben und Aufführung mit genauen Anmerkungen und Hinweisen versehenes Textbuch
**Regiekonzept:** Plan des Regisseurs für die Inszenierung eines Theaterstückes
**Regisseur:** der für alle Einzelheiten des szenischen Geschehens verantwortliche künstlerische Leiter
**Repertoire:** die Gesamtheit der Musikstücke, die ein Musiker beherrscht
**Requisiten:** bewegliche Gegenstände in der Hand der Darsteller
**Requisiteur:** verantwortlich für Beschaffung, Wartung und rechtzeitigen Einsatz der Requisiten
**Revue:** vielgestaltiges Unterhaltungsstück, bestehend aus Sprache und Gesang, Ballett, Chanson und auch Varietékunst (ab 1830)
**Rezitativ:** Gesangform in der Oper, die auf geschlossene melodische Form verzichtet und dem Rhythmus und Tonfall der Sprache folgt (»Sprechgesang«). Als »recitativo secco« (trocken) nur von einzelnen Cembaloakkorden, als »recitativo accompagnato« vom ganzen Orchester begleitet
**Rhapsodie:** freie, leidenschaftliche Vokal- und vor allem Instrumentalkomposition (19. Jahrhundert)
**Rondo:** »Rundgesang«; vielteiliges Musikstück, in dem ein bestimmter Abschnitt immer wiederkehrt (ABACA . . .)

**Sandrassel:** mit Sand gefüllte kleine Blechbüchse (in der ›Klugen‹ von Orff)
**Sarabande:** altspanischer Volkstanz im langsamen ¾-Takt
**Scala:** führendes Opernhaus Italiens in Mailand
**Scherzo:** aus dem Menuett weiterentwickelter, sehr schneller Satz (z. B. an dritter Stelle in der Symphonie) im ¾-Takt
**Schneiderwerkstatt:** Werkstatt zur Herstellung der Kostüme
**Schnürboden:** Obermaschinerie der Bühne, herablaßbare Querstangen zum Einhängen von Dekorationsteilen
**Schnürmeister:** verantwortlich für die Obermaschinerie
**Secco-Rezitativ:** → Rezitativ
**Septakkord:** aus vier Tönen bestehender Akkord (Grundton, Terz, Quinte, Septime). Dominantseptakkord: Akkord auf der 5. Stufe der Tonleiter, bestehend aus Grundton, Terz, Quint, Septime.
**Serenade:** unterhaltende Musik im Freien (meist instrumental)

**seriöser Baß:** tiefe Männerstimme in der Oper (z. B. Rocco im »Fidelio«)

**Sexte:** Intervall aus zwei Tönen (z. B. c−a)

**Sforzato:** Betonung für eine Note. Abkürzung: sf

**Simultanbühne:** Bühne mit mehreren gleichzeitig bespielbaren Schauplätzen

**sinfonisches Orchestervorspiel:** großangelegtes Orchestervorspiel einer Oper, in der Art eines Symphoniesatzes

**Singspiel:** heitere deutschsprachige Nummernoper (z. B. ›Die Entführung aus dem Serail‹)

**Soloszene:** großer Soloauftritt eines Sängers (z. B. Rezitativ und Arie)

**Sonate:** mehrsätziges Instrumentalwerk (ab etwa 1650)

**Soubrette:** heiteres weibliches Rollenfach der Spieloper (Blondchen)

**Souffleur (-se):** Person, die den Text während der Vorstellung mitspricht und den Darstellern bei Bedarf weiterhilft

**Spielbaß:** z. B. Leporello im ›Don Giovanni‹

**Spieloper:** Komische Oper mit gesprochenem Dialog, Weiterentwicklung des Singspiels (Lortzing)

**Spielplan:** Verzeichnis aller von einem Theater in einem bestimmten Zeitraum aufgeführten Werke

**Spielvorhang:** Hauptvorhang vor der Bühnenöffnung

**Spirituals:** religiöse Lieder der amerikanischen Schwarzen (genauer »Negro spiritual«)

**Sprechrolle:** gesprochene Partie in einer Oper

**Steinspiel:** spezielles Schlaginstrument bei Orff

**Stellwarte/Stellwerk:** Steuerzentrale aller Beleuchtungseinrichtungen des Theaters

**Stimmfächer:** weitere Unterteilung der Stimmgattungen (Sopran, Alt, Tenor, Baß) nach den Anforderungen und Eigenarten der Rollen

**Stumme Rolle:** Rolle ohne gesprochene oder gesungene Passagen (z. B. Diener)

**Suite:** mehrsätziges Instrumentalwerk der Barockzeit (besteht überwiegend aus Tanzsätzen)

**Szene:** Gliederungseinheit eines Aufzugs

**Tamtam:** Schlaginstrument; großer flacher Gong

**Tango:** argentinischer Tanz (seit 1900)

**Technischer Direktor:** verantwortlicher Leiter des gesamten technischen Bereiches im Theater (Werkstätten, Ton und Beleuchtung)

**Tedeum:** Lob-, Dank- und Bittgesang der katholischen Kirche

**Terzenmelodik:** in parallelen Terzen begleitete Melodie

**Terzett:** Gesangstück für drei Solostimmen, auch instrumental begleitet

**Thema:** melodisch und rhythmisch ausgeprägte, formal gegliederte Tonfolge

**Tonart:** festgelegte Folge von Ganz- und Halbtonschritten innerhalb einer Tonleiter (Oktave); hierzu gehören bestimmte, aus den Tönen der Tonleiter zusammengesetzte Harmonien

**Tonmeister:** verantwortlicher Leiter der Tontechnik

**Tonsatz:** Die Schule des Komponierens nach bestimmten Regeln (Töne werden zu einem Musikstück zusammen»gesetzt«)

**Tonstudio:** Raum für die tontechnischen Einrichtungen

**Tragödie:** Theaterstück mit tragischem, d. h. mit unvermeidlich unglücklichem Ausgang

**Tremolo:** schnelle Tonwiederholung durch Hin- und Her-»zittern« des Bogens bei Streichinstrumenten; musikalischer Effekt des Unheimlichen, Geheimnisvollen

**Trio:** Musikstück für drei (Instrumental-)Stimmen

**Tripelfuge:** Fuge mit drei selbständigen Themen, die nacheinander einzeln vorgestellt werden

**Tutti:** alle zusammen – das ganze Ensemble

**Uraufführung:** erste Aufführung eines neuen Werkes auf der Welt

**Variationen:** Veränderungen (meist der Melodie) durch Verzierung, Umspielung usw.

**Verfolger:** Scheinwerfer, mit dem ein einzelner Darsteller auf der Bühne »verfolgt« wird

**Verismo:** Stilrichtung der italienischen Oper im späten 19. Jahrhundert (Puccini), deren Handlung dem wirklichen menschlichen Leben nachgebildet ist

**Versatzstücke:** Teile der Dekoration, die auf dem Bühnenboden stehen

**Versenkung:** Ausschnitt im Bühnenboden, durch den Personen hinabgelassen oder emporgehoben werden können

**Verwaltungsdirektor:** Leiter der Theaterverwaltung, zuständig u. a. für die Finanzen

**Vibrato:** regelmäßige leichte Tonhöhenschwankung der Stimme oder des Instruments

**Volksdrama:** Oper, in der das Volk eine gewichtige Rolle spielt (verkörpert durch den Chor)

**Vorspiel:** Ouvertüre, Instrumentalstück zur Einleitung der Oper

**Waffenmeister:** zuständig für Waffen aller Art, ihre Beschaffung, Pflege und ihren Einsatz auf der Bühne

**Walzer:** Tanz im ¾-Takt, hervorgegangen aus Menuett und Ländler (19. Jahrhundert)

**Züge:** an Seilzügen hängende Querstangen im Bühnenturm

**Zwischenspiel:** auch: Intermezzo, Instrumentalstück zwischen zwei Aufzügen

# Ein Schauspielführer mit Pfiff und Niveau

**dtv junior Originalausgabe**
**Band 79038**

67 Bühnenwerke der Weltliteratur von der Antike bis zur Moderne werden in flotter, unakademischer Sprache vorgestellt. Aus Autorenbiographie, Handlungswiedergabe und interpretierenden Erläuterungen, die auch auf die heutige Aufführungspraxis eingehen, erwächst das Verständnis für die einzelnen Theaterstücke. Begriffserklärungen und Personenregister runden den Band ab.

Die vertretenen Autoren:

Sophokles · Shakespeare
Calderón de la Barca
Molière · Goldoni · Lessing
Goethe · Schiller · Kleist
Büchner · Hebbel · Nestroy
Ibsen · Strindberg
Hauptmann · Tschechow
Schnitzler · Thoma
Hofmannsthal · Zuckmayer
Horváth · Brecht · García
Lorca · Williams · Miller
Albee · Sartre · Beckett
Borchert · Frisch
Dürrenmatt · Hochhuth
Weiss · Müller · Bernhard

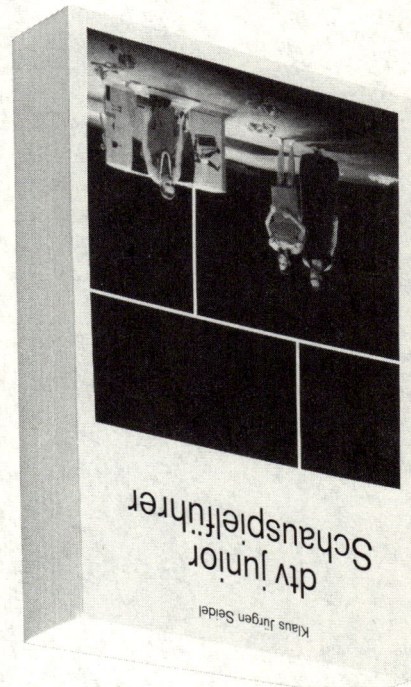

dtv junior
Schauspielführer

Klaus Jürgen Seidel